畅销书里的
日本
国民史

"大和民族"的形成

黄亚南　著

人民东方出版传媒
People's Oriental Publishing & Media

东方出版社
The Oriental Press

目录 /CONTENTS

第二章
劝学篇

第三章
经国美谈

第四章

当世书生气质

第五章

归　省

第六章
日本风景论

第七章
通俗书简文

第八章

不如归

第九章

肉　弹

第十章

近代文学十讲

序　言

　　民间传说，慈禧太后每次用膳要摆一百多道菜。这似乎不是无稽之谈，鄂尔泰、张廷玉编纂的《国朝宫史》所记载的乾隆朝皇太后的日用饮食原料额便足可以支撑这样的传说，更不用说是权倾天下的慈禧太后了。而在同一时代的日本，最高统治者的幕府将军每日的饮食就显得非常"寒酸"了。从记录将军饮食的《调理丛书》中可以看到，将军的一顿饭最多是一汤五菜，把酱菜碟子算进去也不会超过十个盘子。幕府将军这样"寒酸"的饮食实际上是国力的如实反映，难怪美国的海军准将佩里气势汹汹地率领军舰到达日本后，所提出的要求只是让日本答应允许过往的美国商船在日本歇脚。对帝国主义来说，当时日本孱弱的经济微不足道，不值一瞥。然而，"佩里们"大概没有想到在一百多年后，日本经济居然跃居"世界第一"。

　　日本从世界边陲小国一跃而成经济大国，起爆点是明治维新。很多人都希望了解其中奥秘，然而，到现在也没有一本结构完整、逻辑缜密、观点鲜明的著作对此做出完美的解说。事实上，去做这样的尝试也是十分困难的。因为史学论著无非是基于历史的细节而进行论述的集合，而论者会筛选细节，把历史当作"任人打扮的小姑娘"。所以这些论著往往是"靠不住"的。即使是不筛选细节的论者依然会"难免有误导人的地方"，因为总是有很多细节没有被发现，而没有被发现的细节可能和已经被采用的细节具有同样的历史作用。这就是"说话要有证据"的尴尬。

只要承认还有很多的历史细节未被发现，我们看历史的方式就只能是马赛克拼图式的。看日本的明治维新也得用这样的方法。

好在读史的意义并不在于还原历史，而是现实的借鉴。所谓"一切真历史都是当代史"，也就是说，只有"引起现实的思索，打动现实的兴趣，和现实的心灵生活打成一片"，历史才有意义。换句话说，无论我们多么清楚地看明白了历史，总结了多少历史的经验教训，如果对现实生活没有任何借鉴作用，那也就没有什么意义。所以，历史论著应该更好地去启发读者思考，而不是替读者做结论。马赛克拼图所提供的材料看起来非常琐碎，相互之间可能没有什么关系，但却具有启发读者思考的作用。因为读者要看清马赛克拼图就必须自己去分辨和解释。而这样的分辨和解释对读者来说，才是读史的意义所在。

本书采用的就是马赛克拼图意识的方式。通过对日本明治时代畅销书及其背景资料的介绍，提供材料，希望读者能够对明治维新究竟是怎么回事有所理解，进而对历史发展的动因有所思考，为现实的生活做些借鉴。这些畅销书曾经影响了一代日本人，对现在的我们来说，也同样具有启发的作用。而这些都需要读者自己去体会。比如，对本书引用的关于印花税的说明、关于一般民众也可以为国家的繁荣做出贡献的主张等，只有读者自己去感悟，才会有积极的意义。

为了增加读者对明治时代的临场感，本书采用明治年间出版的原作为底本，翻译了当时畅销书的部分内容，并在翻译方面也尽量模仿原作的写作特色。虽然做不到原汁原味，但多少能让人感受到那个时代的气氛。

维特根斯坦说过："我不愿用我的著作使别人免于思考。然而，假如可能的话，希望它能激发别人的思考。"这恐怕是历史学的真谛。

应该如何解读明治时代

1 谁创造了历史

为什么明治维新成功的原因很难总结

　　日本历史上第一个使用"维新"一词的大概是 18 世纪末日本九州的平户藩，当时的藩主松浦清为了重建摇摇欲坠的财政，以维新为名设立藩校，教育人才，进行改革。平户也是明末抗清英雄郑成功的出生之地，本来是商贾云集的富庶之乡，但在德川幕府时期却每况愈下，到松浦清继任藩主的时候，不改革恐怕就要维持不下去了。而改革的成功却招来了幕府的猜疑，尤其是藩校的维新名称让幕府放心不下。幸亏松浦清的大舅子，曾经担任过江户幕府老中首座①的松平信明从中调解，说"维新"一词出自《诗经》，而松浦清对幕府并无二心，平户藩这才没有受到处分。当然，那时候没有人会想到，松浦清的孙女所生的明治天皇，成了维新的旗帜，从而让德川幕府退出了历史舞台。

　　不过，这些因缘关系似乎并不是近年来学者把明治维新概念拉长的理由。使用长长的明治维新概念②，是因为长期以来在日本

①　老中是江户幕府常设的最高官职，通常有四五名，采用合议制，并轮番处理日常政务。老中首座是老中的召集人，地位最高。
②　参见苅部直：《維新革命への道——「文明」を求めた十九世紀日本》，新潮社，2017 年。

占统治地位的萨长史观无法说明明治维新成功的原因。当日本政府举办仪式纪念明治维新150周年之际，日本北陆地方举行的却是戊辰战争150周年的纪念活动，说明到现在日本国内对明治维新的评价还不能统一，而站在萨摩藩、长州藩这些胜利者立场上的萨长史观更是受到了越来越多的怀疑。按照萨长史观，江户时代日本闭关自守，故步自封。而世界列强对日本虎视眈眈，大有马上要鲸吞之势。于是，忧国忧民的幕府末年的志士们就起来振臂高呼，推翻了封建落后的幕府统治，通过明治维新，采用富国强兵的政策，不仅把日本建设成文明开化的国家，而且最终还让日本跻身于世界列强。但是，这种成王败寇的史观实际上阉割了日本的近代史。

首先，当时的日本到底有没有生死存亡的危机呢？当美国的舰队"黑船"来到日本的时候，日本的民众都把它当作一种西洋镜来看，还有人撰写了打油诗：太平梦醒上喜膳（上喜膳日语谐音蒸汽船，指"黑船"），四杯（指四艘美国军舰）落肚再难眠。这样的嘲讽并不是因为日本民众对危机麻木不仁，而是当时的帝国主义并没有鲸吞日本的意思，这从美国和日本最初签订的和亲条约上就可以看到，美国只是要求日本能对过往的美国船只提供淡水和燃料，让美国的船员能上陆稍作休整而已。1848年12月，美国总统在国会发言指出，美国获得了加利福尼亚，让隔着平静大洋的亚洲（中国）成了我们的邻居。而这个邻居给我们带来的贸易要远远超过美国与欧洲贸易的总和。我们开往中国的蒸汽船每月或者每周都要经过日本狭窄的海峡，我们需要启蒙日本，让它知道我们的商船会给它带来真正的利益^①。显然，过于贫穷的日本还没有引起美国人足够的兴趣。

更有趣的是由下级武士和没落贵族组成的维新志士一开始主张的是"尊王攘夷"，是不愿开国的，而被视为封建落后的幕府在当时却是坚定的开国推动者。然而，维新志士把幕府打倒后，却抛弃了自己攘夷的主张，而是接过幕府开国的旗帜，这也使得维新志士的斗争似乎是多此一举。为了显示他们的革命性，获取政权后他们只能把德川幕府描写得一团漆黑。然而，这实际上是一大败笔。在对德川幕府保存了很多记忆的明治时代，有很多人对此并不认同。夏目漱石在他的代表作《吾辈是猫》里坚决不用"明治维新"一词，而是使用"御维新"的说法，这实际上就是不承认明治维新是一场革命^②。永井荷风、芥川龙之介等一批具有江户血统的老江户也都抵制明治维新这一说法，从他们的体验和认识来看，明治维新实际上只是一场宫廷政变。然而，宫廷政变之说从另一个角度承认了萨长史观，即通过明治维新，日本从一个边陲小国到跻身世界列强，仅用了 20 多年时间。而正是这样的时间上的限制，实际上掩盖了维新志士前后行为上的矛盾，增加了说明明治维新之所以获得成功原因的难度。

明治维新为什么能够获得成功这个问题长久地困惑着大家，以致一部分专家学者也失去了兴趣^③。为了解决这个问题，苅部直

---

① 金子治司：《幕末の日本》，早川书房，1968 年。

② 前田爱：《幻景の明治》，岩波书店，1978 年。

③ 田中彰：《長州藩と明治维新》，吉川弘文馆，1998 年。

提出了长长的明治维新的概念，把明治维新的范围向前扩展到整个19世纪。而铃木淳把这个范围往后拖，扩展到明治中后期①。实际上，很早就有人尝试过把明治维新涵盖的时期拉长，比如远山茂树就把1841年当作明治维新的开始②。而福地源一郎早在明治时代就从德川幕府建立之时来论述明治维新发生的原因③。这些尝试都是试图用更多的细节来说明这一历史的转折。注意可能被发现的细节固然重要，但是，历史还有很多被遗忘和遗失的细节，而这些细节在历史上也同样发挥了作用。如果不考虑这些细节，不给这些细节留下合适的位置的话，那么我们得出的结论依然会有很大的漏洞。

明治维新之际所呈现的奇怪的历史逻辑证明了缺失细节的存在，制造传统而产生凝聚力的现场又掩盖了细节缺失的真相。通过对这两点的追究，或许对我们正确理解明治维新为什么获得成功这一问题有所助益。

奇怪的历史逻辑

明治维新虽然没有发生大规模的长期战争，但是暗杀恐怖活动却一直贯彻其间。最初的暗杀应该是樱田门外事件，被杀的大

---

① 铃木淳:《日本の歴史 20 維新の構想と展開》，講談社，2002 年。
② 遠山茂樹:《明治維新》，岩波書店，2000 年。
③ 福地源一郎:《幕府衰亡論》，民友社，1892 年。

老①井伊直弼是坚定的对外开放派，从后来明治政府继承了幕府的开放政策来看，这样的流血是否是无谓的牺牲呢？可以确定的是在井伊大老之后，德川幕府的权威迅速坠地，让明治政府的成立有了可能。

政权交替如果带来万象更新的效果当然也是一种进步，然而，明治政府通过暴力取代德川幕府，走的竟然还是幕府走的道路。明治新政府推翻德川幕府后用幕府张榜布告的方式给日本国民发出的第一条指令就是维持幕府的各项政策。进入江户的西南藩武士们并没有带来执政新风，而是五子登科般地接收了旧政权的一切。而且他们吃相还非常难看，甚至引起了西乡隆盛的震怒。几十年后，继承江户血脉的永井荷风还念念不忘，他指出"萨长土肥的浪士高呼不能落实的攘夷口号，巧妙地利用天皇的旗帜而颠覆了德川幕府，实际上他们都是没有文化的蛮族"②。不过，当时对此不满的人就不仅只是痛骂这些"蛮族"，而且还进行了更加血腥的暗杀。明治四年（1871年）新年刚过，在幕府末年参与谋划讨伐幕府"伪诏"的长州藩重要人物广泽真臣被刺杀在抱女人睡觉的床上③。而扫清了政敌的大久保利通也被刺杀在春风得意的路上。

用武力夺取政权的武士追求权力和享受似乎也算是天经地义，而他们被敌对势力所暗杀也属于冤冤相报的必然。但是，除了被

---

① 江户幕府非常设最高官职，通常只有一名，地位在老中之上。

② 永井荷风：《荷风全集》第 11 卷，岩波书店，1993 年。

③ 半藤一利：《幕末史》，新潮社，2008 年。

敌对者暗杀之外，很多推动明治维新的人却被自己创立的政府所消灭，这就非常匪夷所思了。明治维新后虽然"攘夷"不谈了，但"尊王"至少在形式上是不能撼动的，所以，明治新政府的最高官位必须由王公贵族来担任。但是到中央政府开始安定下来的时候，王公贵族连为政府装点门面的机会也没有了。1885年，在内阁制度成立的时候，一直担任明治新政府最高官位的三条实美却因为一个读不懂英文电报的理由而失去了出任首任首相的机会。

但是，三条实美还不是最冤的人，最冤的人大概是被明治新政府隆重请回来的西乡隆盛。西乡隆盛本来是积极的倒幕派，并亲自率领讨幕先锋队直扑江户，推翻了德川幕府。然而，西乡急流勇退，回到萨摩。问题是明治新政府当时内外交困，需要翻天覆地的大改革，但又怕各地领主造反，于是，政府的全班人马赶赴鹿儿岛，请西乡出山。

西乡隆盛重回政权的中枢取得了很好的效果。在西乡的主持下，明治政府成功地摧毁了各地藩主的武装，建设了服从明治政府的军队，不过，西乡本人却被他缔造的政府军逼进死路。西乡的死，不仅是他个人的悲剧，实际上也是日本武士阶层的悲剧。因为武士是推翻幕府统治的主力，但在胜利之后，反而被废掉了俸禄制度，失去了维持生活的经济来源。这也被称为"身份的自杀"。从阶层的角度来看，日本武士是被他们自己消灭的。

和武士们一起叫冤的还有支持倒幕的雄藩藩主。倒幕成功后，他们不仅没有得到更多的领地作为奖赏，反而连自己的祖传领地也全部失去了。还有，很多佛教徒也从经济方面大力支持了倒幕运动，没有佛教徒的捐款，刚刚成立的明治新政府恐怕连一天也运作不了 ①。但他们迎来的结果是废佛毁释，后来虽然没有被彻底打倒，但很多寺庙不得不分出一半的土地财产给神道建设神社。现在在很多寺庙的旁边都能看到神社的存在，就是明治时期神佛分别令等政策带来的结果。

西乡隆盛曾经说过，他是这个时代最有能力的破坏者，而大久保利通则是最有能力的建设者。然而，这个最有能力的破坏者在破坏了旧时代后就被自己创建的政府所歼灭，而被视为最有能力的建设者的大久保也在准备建设日本的道路上被刺身亡。西乡和大久保的死，非常典型地代表了曾经参与这场轰轰烈烈运动的人的命运，在推翻德川幕府后，他们又很快地革掉了自己的命。他们没有留下建设新社会的蓝图，只留下了他们的运动到底是为了什么的疑难问题。

创造凝聚力的现场

在自己革掉自己的命这种奇怪的历史逻辑推动下，留下来的日本人不得不寻找凝聚他们的力量，因此就产生了艾瑞克·霍布斯鲍姆所指出的那种传统的创造，即从国家的象征、国家礼仪乃至意识形态方面创造出很多好像固有的传统，从而使整个国家凝聚在一起。在日本，这样的传统创造并不是由政府统一规划布局

---

① 司马辽太郎：《明治という国家》，日本放送出版协会，1989 年。

的，而是由各方面的人，有的还是和政府针锋相对的人抱着不同的目的从各个层面上进行创造的。而这样的创造最后竟能从四面八方走到一起来，形成了日本作为近代国家的凝聚力。同时，这也是对以往很多细节的最理想的抹消。

1）民族的创造

民族意识往往是在外来势力入侵的时候觉醒的。明治时代盛行的欧化风气，刺激了日本民族主义情绪的形成。

维新志士本来是主张尊王攘夷的，后来接过政权后却一百八十度大转弯提倡开国，并且还认为只有接受西方文化才能让列强接纳日本。1883年落成的鹿鸣馆成了日本接受欧美生活模式的标志。然而，欧化风气的盛行，却滋生了反对这种欧化的国粹保存主义。"一面是鹿鸣馆高官醉生梦死，一面是政府执行保安条例，镇压民众"[1]，三宅雪岭等人愤而抵抗，成立了政教社，创办了《日本人》杂志，提倡国粹保存主义，以抵制全面西化。诚如这份杂志的名称所体现的那样，这个时期，日本人的民族意识也开始觉醒，出现了"大和民族"这样的概念。

1888年，一起创办《日本人》杂志的志贺重昂在《日本人》第2号上刊载的《关于〈日本人〉抱负的告白》中首次使用了"大和民族"一词。后来冈本雅亨进一步指出，志贺之前，不仅没有"大和民族"一词，而且不存在"大和民族"这样的民族集团和民

---

① 三宅雪嶺："自分の政治関係"第一次，《我観》，11月号，1924年。

族意识①。明治维新之际，日本国民的国家观念还是一个藩的观念，他们所谓的国家还只是指一个藩而已。②到明治中期，日本的民族意识开始觉醒。但是，志贺并没有对"大和民族"做明确的定义，他在《地理教科书》里也只是提道：是大和族，在日本人口中占最多数，而琉球人和大和族并不相同。然而，只要大和民族概念出现，就会有人去追加这个民族的来源和范围。

当时日本人类学学者如坪井正五郎等都继承了欧美学者爱德华·莫尔斯、菲利普·西博尔德等人根据考古发掘而提出的日本混合民族说，这种论述引起了日本社会的批判。1888年，东京帝国大学教授内藤耻叟指出，凡此国中之人种，无一人非神之御苗裔。并追究主张混合民族论者犯了侮辱国体、轻蔑皇威的大罪。类似这样以日本古代的神话为论述基础的批判者既否定了考古研究的成果，同时也抹杀了日本神话起源多样性的实际状况。就在1880年前后，日本爆发了祭神论争，突出了日本存在两大活神的现状，即除了天皇这个活神之外还有一个已经传了80代的出云国造这个活神的存在。当时，以伊势神宫为中心的神道势力要求在神殿主祭作为天皇源流的天照大神，但出云大社则主张幽显一如，主宰幽界的大国主大神也要祭祀在神殿上，从而引起了祭神的大争论。最后是明治天皇的敕裁让这场争论以出云派的失败而告终，日本实际上摒弃了其他神话系统，只承认万世一系的天皇系统为

① 冈本雅享："日本における民族の創造",《アジア太平洋レビュー》(5),
　　2008年。
② 德富苏峰:《吉田松陰》,民友社,1893年。

日本民族的来源。

但在争论过程中，连伊势神宫一派中也出现了很多支持出云大社的神道关系者。因为从神道的历史来看，在被大和政权征服以前，出云是一个独立的国家，拥有古老的神道传统。出云被征服后，出云王依然保持了神权并一直延续下来。而出云大社的权威也不容置否，日本传统上的 10 月叫作"神无月"，只有出云地区叫作"神有月"，这是因为各地的神都要离开本地汇集到出云去。这足见出云大社的神道权威。随着"大和民族"一词的流行，"出云民族"一词也开始出现。然而，"出云民族"的概念和意识能够从根本上否定天皇制统治的正统性，所以，这种"出云民族"的意识被认为是危险的思想①。实际上，持混合民族观点的坪井正五郎也坚决否认是莫尔斯的学生，甚至去英国留学的时候既不去上课也不与师友交流，只是一头扎进图书馆和博物馆，他对批评者回答说英国没有可以教他的老师。这样奇怪的行为说明了虽然从考古学的角度来看，坪井正五郎不得不采纳混合民族说，但是却很难抗拒强烈的民族主义情绪中的单一民族说。

明治时期，日本出现了从上古以来一直没有其他民族的单一民族说和征服者与先住民的混合民族说，随着日本民族主义情绪的高涨，混合民族说不得不去迎合单一民族说，最后随着万世一系的天皇制的深入人心，在民族国家形成的过程中，日本人忘记

---

① 参见：德谷丰之助："出雲民族考（13）"，《岛根評論》第 12 卷第 5 号，1935 年。"出雲民族考（18）"，《岛根評論》第 13 卷第 1 号，1936 年。

了他们是多民族混合而来的历史事实。

2）国语的创造

江户时期，日本列岛处于诸国并列、语言不通的闭塞状态。语言不通、交流不便的这种情况到明治政府成立20年后（1886年以后）依然没有得到改善。兵库县出身的小学教师青田节在去福岛县赴任途中，在火车上遇到了一个仙台的妇女和一个英国人。结果因为语言不通，他和仙台的妇女几乎完全不能沟通，而与英国人却能用英文做一些交流。青田在1888年刊行的《方言改良论》中大为感叹地说，同邦之人语言竟然如此不通可叹之极。

政府为了有效地统治国家，要掌握教育的大权，让国民使用统一的语言进行交流。虽然明治政府从明治五年起就在推行学制，显示了国家对教育的掌握，但由于明治新政府本来并没有建设国家的蓝图，自然也没有要创造国语的计划。为了让大家都能简单地阅读和书写，1870年前后，南部义筹、前岛密等人提出废除汉字，采用罗马字，而森有礼竟然提出直接采用英语作为日常语言的建议。这些激进的论调得不到社会的认同，反而更加凸显了统一的语言不仅要能够容易写，而且要说得明白、听得懂等基本要素。

上田万年等语言学家开始把东京山手地区有教养的日本人所说的口语当作日本的标准语言进行普及。这刺激了日本的小说家们，二叶亭四迷等小说家掀起了言文一致运动，试图让明显有汉文影响的古文文体变得接近近代的口语体。这样逐步形成的统一的标准语又成了文明开化的标志，是近代礼仪的体现，而学习和使用这样的标准语可以带来社会地位的上升。所以，在日本近代国语这一人工语言的形成过程中，比国家的强制政策更有效的是国民积极的参与。

在明治维新以前，日本人只有出生地的身份认同而没有作为日本人的身份认同，这当然和长期把人民固定在土地上有关。明治维新之后，针对西方文化的盛行，日本人自身的民族意识开始觉醒，而日本的国语出现，为这样的身份认同提供了明确的途径。1895年，日本的国语旗手帝国大学教授上田万年在《关于在帝国大学文科大学中设立国语研究的提议》中指出，日本帝国的国语是皇祖皇宗以来日本国民性思想的显表，是所谓大和民族的精神性血液，是人种结合的依赖和凝固剂，是带有以此来教育而形成的国民性性质。安田敏郎指出，把语言比喻为民族的血液是非常简明易懂的：说明语言既是不可或缺的，又必须是纯粹的[①]。到1894年，日本取得中日甲午战争的胜利后，民族主义情绪掀起了新的高潮，日本人的身份认同得到进一步的扩大。编写和出版日本第一本国语词典的大槻文彦也指出：一个国家的国语，对外是体现了一个民族的存在，对内则是团结同胞形成中央政府感觉的要素，一言以蔽之，国语的统一是国家统一的基础，也是国家统一的标识。

---

① 安田敏郎:《「国語」の近代史—帝国日本と国語学者たち》，中央公論新社，2006年。

1900 年，小学校令里第一次出现了"国语"一词，小学教科书的影响，加速了国语的普及。《日本国语大辞典》总编仓岛长正曾经指出："国语"一词好像很早就存在了，但这显然是一个误解。"国语"一词是日本为了作为近代国家跻身国际社会而创造出来的。1901 年，保科孝一在《国语教授法指针》中指出，国语是培养国民性精神、陶冶国民品性最有力的工具。渡部平次郎在 1907 年的《作为教师的准备》一文中也明确指出：国语的统一是国民性思想的统一，可以培养国民的团结精神。

1902 年，日本标准语提倡者冈仓由三郎在《国语统一问题》中指出，一个国家的语言如果分为几种地方语言的话，那么，国民之间的思想交流就不会充分，国民的团结力就不会充足，那个国家的统合力也就会显著地降低。所以，日本需要丢掉以前诸国时代的区分而推行共同性的生活，而为了做到这点，语言的统一比什么都重要。日本今后将发展到什么程度，要看国语统一到底能达到什么程度。这席话，点出了创造国语的作用和意义。

3）武士道的创造

民族国家的诞生，除了有国语这样的统一的标准语作为交流工具之外，还需要有一种民族性的精神凝聚国民。新传来的理论很难快速地为国民所普遍接受，所以，新的民族性精神往往需要从传统中去寻找。

江户的武士时代，武士的价值观也统治了日本社会。1876 年，明治政府宣布完全废除给华族士族的俸禄，从而消灭了镰仓幕府以来的武士阶层，当然也意味着武士价值观的没落。但是，明治政府里的高级官僚、新闻界的重要论客很多都是武士出身，他们时不时地会提起武士价值观这个模糊概念。福泽谕吉在去世前就曾经诘问过德川幕府最后的负责人胜海舟到明治政府任职是一种失去武士价值观的行为。而胜海舟则说，去留在我，毁誉由他。对什么是武士价值观没有正面回答。实际上这个时候，日本对于武士的价值观并没有比较清楚的说法。然而，就在福泽谕吉诘问胜海舟的前一年，新渡户稻造在美国用英文出版了《武士道》一书，采用西方的思维方式第一次系统地构建了近代日本的价值体系，指出日本人的精神土壤是武士的生活态度和信仰。针对西方的骑士精神，新渡户创造了武士道这种说法来显示日本也存在着一批道德高尚的人，日本绝不是野蛮荒漠之地。

不过，诚如后来批评者所指出的那样，新渡户既不是历史学家，也不是会武艺的专家，他从少儿时期就远离日本，生活在英语环境的外国，他所总结的武士道很难让日本的专家认可。但是，新渡户的《武士道》已经在国内外被广泛阅读，形成了巨大的社会影响，这也触发了日本人重新创造武士道的激情。山冈铁舟就口述了一本《武士道》在 1902 年出版，吐露了武士道的真谛是剑禅一致。他指出武士道的修行是进入无我之境，那样就可以毫不犹豫地报四恩（父母之恩、众生之恩、君王之恩和佛法僧之恩）。胜海舟也利用对这本书的评论巧妙地回答了福泽谕吉的诘问。山冈铁舟在幕府末年曾经孤身勇闯官军阵地，被西乡隆盛誉为"稀有的勇士"。他的论述似乎更有说服力。

东京帝国大学井上哲次郎教授对新渡户的《武士道》很不以为然，他编辑出版了《武士道丛书》，汇集了从日本战国时代以来有关武士道的论述，强调了君王之恩，认为忠君就是爱国。他引用《叶隐》中的"武士道即为寻死"，升华了山冈的无我之境，形成了为了国家而不惧死亡的武士道价值观。

新渡户稻造让"武士道"这一名称为世人注重，而井上哲次郎等人则给"武士道"填充了内容。虽然在昭和时期井上受到了弹压，但他的这种武士道价值观已经成为日本发动太平洋战争的精神基础。这样，武士阶层虽然被消灭了，但是明治时期创造出来的民族意识和民族主义情绪被冠上武士道的名称，成了凝聚日本国民的精神力量。

历史是人人参与的结果

维新志士推翻幕府政权后却放弃了自己的旗帜，反而接过幕府的旗帜继续前进，武士作为一个阶层被自己创立的政府消灭后，武士的精神反而成为凝聚国民的核心。这样奇怪的历史逻辑注定了日本不可能由某些英雄或者某些阶层来主导社会的发展[1]，比如日本从民族到语言乃至精神，在明治时代都有一个创造传统的时期，而这样的创造并不是由政府统一布局，按部就班地进行的，而是各个阶层以不同的目的所共同创造的。可以说，历史就是所

---

① 中村正直：《西国立志编》，木平谦一郎（出版者），1870 年。

有参与者各自行为所产生的结果 ①。

这里所谓的所有参与者并不是笼统的概念，而是完全可视的对象。内村鉴三不敬事件和《万朝报》的读者投票可以很好地说明所有参与者的含义。

为了防止自由民权运动的扩大，确立以天皇为核心的体制，1890 年，日本颁布了《教育敕语》，即以天皇的名义发表关于教育的基本方针。敕语发表后，从帝国大学开始，各个学校都举行了奉读仪式，对敕语鞠躬行礼。当时，第一高等学校（东京大学教养学部的前身，以下简称"一高"）也举办了这样的奉读仪式，学生教职员 5 人一班，轮流到敕语前奉读，鞠躬致以最崇高的敬礼。上个学期才上任的年轻教师内村鉴三和大家一样走到了敕语前，但内村心里非常纠结，作为基督教徒的他只能向唯一的神礼拜，所以，他只是微微低头表示敬意。然而，在其他人深深鞠躬的时候，内村的行礼非常扎眼，在底下近千名学生中出现了不满的声音，接着老师也开始提出批评，并要求内村重新鞠躬行礼，但内村认为行礼一次就够了而加以拒绝。

虽然一高的校长希望通过让内村再次行礼的方式使这次风波平息下去，但这件事开始发酵，超出了他可以控制的范围。一高的《校友会杂志》对当天的事进行了报道，并指出，本校教员内村鉴三敬礼不到位，玷污了这个神圣的场所。这扩大了这次不敬事件的严重性。而内村的同事冈田良平（日后成为京都大学总长

---

① 山本七平：《「空気」の研究》，文芸春秋，1977 年。

和文部大臣）、北条时敬（日后成为贵族院议员、学习院院长）、川田正（日后成为东京府立高中校长）等则成了攻击内村的急先锋。他们还率领学生冲到内村的家里进行批判。闻讯赶来的新闻媒体更是火上浇油地进行了连篇累牍的报道，从 1 月 17 日开始到 3 月底，《民报》《读卖新闻》等多家报纸杂志竟然对这件事报道了 150 次左右，形成了不把内村鉴三批臭批倒决不罢休的社会气氛。结果，迫于这样的舆论和气氛，一高不得不解雇了内村鉴三。

然而，这次不敬事件并没有随着内村被解雇而终结，两年后，也是在 1890 年，担任东京帝国大学教授的井上哲次郎在他的著作《教育与宗教的冲突》中，把这次不敬事件作为典型的反面事例，对《教育敕语》所代表的国家主义之敌——内村鉴三进行了严厉的批判。也算是机缘巧合，彻底批判了内村鉴三的井上没有想到最后自己也会因为言论而被社会舆论所弹劾。1927 年，他在《我们的国体和国民道德》中比较科学地论述到天皇的三种神器已经遗失了宝剑和镜子，传世的是仿制品，结果这触犯了头山满等国家主义分子，被认为是一种大不敬。在他们的攻击下，井上的著作被禁止发行，井上本人被迫辞去所有公职。

内村鉴三和井上哲次郎的先后被解职，在很大程度上是受当时社会舆论所迫的结果。山本七平把这样的社会情绪和舆论巧妙地比喻为空气，虽然看不见但确实存在，并且有很大的压力。而这种空气的形成是参与者情绪共同作用的结果，而参与者在空气形成后又好像人间蒸发一样会失去自我，不得不追随这样的空气。山本举出了一个著名的事例，就是"二战"进入最后阶段，在日本海军里谁都知道大和战舰的出击是愚蠢的自杀行为，但是，在出击的空气已经形成后，就没有一个人出来指出问题点，结果造成一炮未发大和战舰就被击沉的悲剧[①]。

当然这种空气的形成并不一定意味着悲剧的命运，日俄战争前的开战空气的形成，为日本以弱胜强提供了机会。

日俄战争爆发前，日本政府非常明白日本的实力比不上俄国，所以只想用国民高涨的开战情绪逼迫俄国人让步。但日本国民似乎并不理解政府这样的策略，他们反而认为日本政府软弱。东京帝国大学教授户水宽人等 7 名博士联名向政府提出了要求对俄开战的建议书。本来这是秘密向政府提交的，但有人把这个消息传给了报社，公开批判了户水等 7 名博士。为了不被断章取义，户水他们就把这个建议书的全文发表在《东京日日新闻》等报刊上，给社会带来了巨大的冲击，使得日本的舆论进一步偏向主战论。

在这样的社会气氛中，明治三十六年（1903 年）7 月，黑岩泪香创办的《万朝报》让报社内的记者各自把自己或主战或反战的主张发表在报纸上，让读者来选择。《万朝报》采用这种方式来决定报社的态度，是因为报社拥有很多反战记者，但是当时的社会形势已经偏向开战，如果继续主张反战的话，可能会影响报纸的销售。结果支持主战论的读者占绝大多数，《万朝报》也就选择了主战的立场。而主张非战的幸德秋水、堺利彦、内村鉴三等著名记者都辞职离开了《万朝报》。

---

① 山本七平『「空気」の研究』1977 文芸春秋

《万朝报》拥有一个叫作理想团的读者团体，这个团体本来是为了实现社会改良的理想而组织起来的读者团体，也是《万朝报》的固定购读者，可以算是这份报纸的有力赞助者。内村鉴三曾经在这个团体里讲解基督教精神，幸德秋水也向他们宣传过社会主义思想。本来他们认为理想团应该会站在非战论者一边，没有想到他们都支持主战论者。《万朝报》的经营者也无法忽视他们重要客户的意见，最终加入宣传战争、鼓励战争的媒体行列中去了。

所以，与其说是日本政府发动了日俄战争还不如说是日本国民发动了这场战争。日俄战争后，樱井忠温在畅销小说《肉弹》中如实地描绘了这种现象。

"在国民发出的真心真意的欢送声中，宛如长蛇的部队一步一步地向前进发。逐渐远去的军靴声和婆娑的枪械摩擦声，在这些热血沸腾的国民耳朵里都应该是一种勇敢的声音。此起彼落的喇叭声就是对挚爱的国民的告别声。男女老少挥舞国旗欢呼万岁震动了天地，对此，我们都在想要用什么样的行动才能报答这样的至诚。当我们冲向敌人的堡垒，耳边响起震耳欲聋的喊声，是会感到背后国民发出的如同潮水般的万岁声。"

也可以说，日俄战争是日本国民人人参与的结果。

明治文化分析框架的启迪

历史是人人参与的结果，这实际上是不用赘言的事实，但在通常的历史论述中往往会忘掉这个事实而急于得出一个结论。比如，我们看到了很多评价明治维新的著作，也看到了其中无数的争议。于是有很多读者读了司马辽太郎的著作后感到痛快淋漓，也有很多读者被半藤一利反司马史观的精彩论述所深深吸引。这种现象并不能用众口难调搪塞过去，因为历史应该只有一种事实，不同的看法也意味着对历史认识得不够全面。

历史著作的作者和读者都希望有一个结构完整、资料翔实、结论明确的论著，事实上他们也是这样去做了，于是有了长长的明治维新这样的探索。但是他们遇到很多几乎是难以克服的困难。比如，铃木贞美在《日本的文化民族主义》中提出的分析明治文化的框架就是这样一个很好的典型。

这个分析框架采用了学界常用的矩阵分析方法，非常简明地展现了历史发展中各种要素的相互作用。在明治文化的分析框架中可以看到近代化和反近代化的相互牵涉，也可以看到欧化与传统形成的相互牵涉，又可以看到欧化与近代化以及反近代化的相

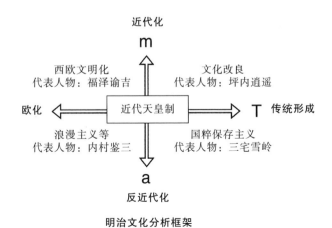

明治文化分析框架

互推动，以及传统形成与近代化和反近代化的相互推动。这展现了历史各个要素之间复杂的相互关系。然而，这个框架依然有很多的缺失，诚如铃木自己承认，还有很多事件并不能用这个框架来做很好的说明。实际上，这个框架最大的特点是平面的说明，而这也是这个框架最大的缺失。历史本来是以时间为轴展开的，而学界常用的矩阵分析方法却很难显示这一重要的因素。或者可以说，越是精密的理论分析，所呈现的漏洞也越是明显。这个明治文化的分析框架所具有的特点也告诉我们，想用简明的手法来指明明治维新之所以能获得成功的原因实际上是不可能的。

认识历史的线索还是应该从历史是人人参与的结果这一事实出发。评价明治维新和明治时代，还是应该来看一看这个时代日本人的精神面貌和他们的行为。正是因为他们的精神面貌和各种行为才形成了明治时代这样的历史结果。如何来观察也会有很多的方式，考察明治时代的畅销书无疑是一种比较有效的方法。因为畅销书不仅可以反映明治时代的社会状况，同时也对明治社会产生了深刻的影响。实际上，这种方法在150年前福泽谕吉已经在《文明论之概略》中提到。他说，求一国文明的所在，必先观察一国的风气，而这个风气就是一国人民的智慧和道德的现象。一国的智慧和道德就是每个人智慧和道德的总和。所以，通过对明治时期畅销书的研究，应该能帮助我们看到很多历史的细节，并给我们带来有意义的启迪。

2 阅读塑造日本人

近代读者的形成

如果说历史是所有参与者活动的结果的话，那也说明明治时代日本社会的变化实际上也是那个时代日本每一个个人变化的总和，从他们的变化中也能感受到历史变化的动能。

在明治四年（1871 年）出版的假名垣鲁文的畅销小说《安愚乐锅》中出现的民众都把"开化"挂在嘴边，非常朴实地显示了明治初期日本国民对文明开化的欢迎。但是，有这样的态度并不一定有这样的能力，接受文明开化是需要一定的读书能力的。明治初年日本人的识字率男性不到 50%，女性大概是 15%[①]。不过，识字率不等于读书能力，不用说当时的日本民众对政府的以汉语为基调的布告文书很难读懂，就是当时的报纸也不是一般民众都能读懂的。这可以从当时的新闻演说所（读报会）的盛行中看到。

由于一般民众读不懂报纸上的文章，一些有识之士就自发地组织读报会，为大家讲解报纸上的内容。这些类似听书的听众很快因为报纸文体的改革而成为小报的读者，很多新创刊的小报大

---

① マリウス・B・ジャンセン（編），細谷千博編（訳）:『日本における近代化の問題』，岩波書店，1968 年。

量采用假名注音的文体，成功地吸引了很多读者。而不读小报的书生则成为传统借书店的忠实读者。传统的借书店的做法是，书店的伙计背着一大包图书，走街串巷，把书背到学校的宿舍等书生住的地方，让书生借阅。明治十五年（1882年）后，采用西式装订的书籍大量出现，同时传统的草双纸①等故事书不再受欢迎，走街串巷的借书店迅速地被固定的借书店所取代，而固定的借书店往往开辟阅览室，提供公共读书空间。

公共读书空间实际上在明治初期就已经出现了。除了政府以及私人设立的图书馆之外，火车的普及也造就了很多公共读书空间。在一些旅馆酒店，甚至在避暑地也开辟了图书室这样公共读书的空间。在公共场合的读书，诱发了日本人读书习惯从读出声音的音读改为不发出声音的默读的历史性变化。火车上虽然没有明文规定禁止朗读，但周围乘客可能的反感会让读者噤声。而图书馆是有明文规定的。1872年设立的东京书籍馆就规定禁止出声的阅读，以后设立的图书馆，无论规模大小都彻底地禁止了出声的阅读。随着日本人对图书馆利用率的提高，默读的形式也就越来越普及。日本社会在公共场所对发出声音的阅读有了看白眼的倾向，即不再容忍了。

前田爱敏锐地感觉到了这种读书习惯变化所产生的意义②。日本传统的读书方法大概和世界上其他地方一样，都是发出声音阅

---

① 草双纸为日本江户时代出现的一种图文结合的小说形式。——编者注
② 前田愛：《近代読者の成立——音読から黙読へ》，岩波书店，1973年。

读的音读。欧洲传统上的读书也都是采取音读的方式，默读被视为一种奇怪的行为，一直到 16 世纪，信奉马丁路德改革的新教徒为了躲避迫害，才采用了默读的方式来读《圣经》[1]。宋代李昭玘《上眉扬先生》："每相过者，论先生德义，诵先生文章，堂上琅琅，终日不绝。"这不仅是中国古代读书的写照，也是对以朱子学为正统的江户时代日本读书的写照。在明治以前，日本的读书方式基本上是音读。在藩校私塾，都是在个人音读基础上大家一起轮流朗读和讨论的，而在寺庙附属的寺子屋以及家庭里，基本上是老师或者家长一个人读给大家听，这是在书籍非常珍贵的年代常见的场景。但是到明治以后，印刷技术有了明显的进步，书籍得以廉价地大量流通，读书变得相对容易了。但同时，在公共空间的音读造成了对其他人的干扰，引起了纠纷，从而迫使读书习惯发生改变。德富芦花曾经回忆在同志社大学读书时的情况：学习成绩全校第一、脸上有青春痘的尾形吟次郎在熄灯前的月色下徘徊在宿舍之间，以铿锵有力的金石之声朗诵东海散士的小说《佳人之奇遇》（1885 年出版），让宿舍里默读预习的同学们都听得热血沸腾。这段回忆既显示了音读的效用，也显示了读书习惯已经发生了变化。前田爱把这个变化归纳为三点：

1. 从均一性读书转向多元性读书（或者说从非个性化的读书转向个性化读书）。

2. 从共同体性的读书转向个人性的读书。

---

① 参见阿尔维托·曼古埃尔：《阅读史》，商务印书馆，2002 年。

3. 从享受音读转向享受默读。

从音读转向默读之后，意味着读书的人可以从群体的束缚中解放出来，可以不需要被迫接受师友家长的同样观念，可以进行独立思考，形成个人的价值观。也就是说，近代读者形成了。

读书国民的诞生

明治初年，中村正直曾经对日本国民状况做了无情的揭露，他指出虽然政府换了新妆，但国民却依旧是原来的样子，他们具有奴隶的惰性，对下骄傲对上献媚，喜欢酒色，不好读书，知识浅薄，气量狭小。但是，另一位学者西周①却认为日本国民在经历了维新以来的风霜之后，也得到了脱胎换骨的改变。中村指出的是实情，而西周的看法多少带有一些期望在里面。但是，日本社会的确是发生了变化，而能带来这样变化的主要因素是全民性的读书活动。

在日本具有独立思考能力的近代读者出现的时候，印刷品的全日本流通、铁路网带来的旅行读者以及遍布日本各地公共图书馆的建设等时代的变化又催生了日本读书国民的诞生。读书国民

---

① 西周，姓西名周（1829 年 3 月 7 日—1897 年 1 月 31 日），日本的启蒙思想家、哲学家、教育家。曾任德川幕府德川庆喜将军的政治顾问，明治维新后出任贵族院议员。具有极高的汉学素养，又曾留学荷兰。他努力翻译介绍西洋哲学并致力构筑了日本哲学的基础。他曾经创造性地使用汉字组合翻译了很多欧洲的知识概念，比如哲学、艺术、科学、技术等。

这一概念是内田鲁庵在大正年代提出的，指具有阅读书籍习惯的国民，永岭重敏把这个词的内涵扩大到阅读书籍报刊等一切读物。近代读者的概念是指具有独立思考能力的读者，而读书国民的概念就是指普遍具有阅读习惯的日本国民。而读书国民的诞生与日本民族国家的形成是在同一时期进行的，这也给近代日本的发展带来了具有决定性意义的影响①。

明治三年（1870 年），日本第一份日报《横滨每日新闻》创刊后，报纸就成为新时代的宠儿，大家争相创刊，在不到 10 年的时间里，日本各地出现了 200 多种报纸，到明治二十年（1887 年）已经有 597 种报纸。明治政府也认识到报纸的普及有助于对国民的启蒙，因而加以鼓励，并设置了很多免费的读报会和讲解所。这些官营读报会只是宣传政府的政策布告，不受欢迎，很快就被讲述社会新闻的民营读报会取代了，但是各种报纸的出现还是培育了很多读者。明治中期以后，随着日本铁路网的建设，形成了印刷品全国流通的渠道。原来通过水运或马车运输的报纸最快也只能隔天送到，无法发行到全国各地，而铁路运输则可以把当天的报纸运送到日本全国各地，及时送到的报纸获得了更多的读者。报纸的全国流通更加激化了报纸之间的竞争，使得这些报纸也很快形成自己的特色而吸引了不同类型的读者群。《滑稽新闻》在明治四十年第 143 期上用漫画的形式介绍了各类报纸的读者，官吏、

---

① 長嶺重敏：《「読書国民」の誕生—明治 30 年代の活字メディアと読書文化》，日本エディタースクール出版部，2004 年。

文士自不用说，就连娼妓、人力车夫，甚至乞丐也有自己的报纸可读。

铁路网建设带来的出版物的全国流通，也让更多的日本国民有机会接触到杂志书籍，从而加入到读者的队伍中来。而铁路客运本身也促使了很多读者的出现。乘客在封闭的车厢里往往无事可做，为了打发这样的无聊时间，很多乘客就会找书籍或者报刊等出版物来阅读，自己没有的话，还会向其他乘客借。夏目漱石在《三四郎》中就描写了三四郎在东海道的三等车厢里读书的场景。这个在明治四十一年出现的场景在以后的100多年里反复出现，说明日本国民养成了在车厢里阅读的习惯。

如果说报纸的阅读和旅行中的阅读多少带有些被动的感觉的话，那么，进图书馆阅读就应该是完全主动的行为。

明治初年，日本政府就推出了不少读书政策，比如设立读报会，建设公共图书馆等。但由于明治政府财政窘迫，很多公共图书馆维持不下去改作他用。一直到中日甲午战争后，日本获得了清政府的巨额赔偿金，公共图书馆的建设才重新走上正轨。而且，在日本社会上洋溢着"一等国民迈步于世界"[①]的气氛下，图书馆的利用率也出现了大幅度提升。

明治三十五年（1902年），日本图书馆的读者情况发生了一个变化，那就是地方的读者首次超过东京的读者。这显示了读者群从日本的首都向全国扩大的趋势。这一年，东京的读者人数为

---

① 富山房《日本家庭百科事汇》的广告词。

15.5 万人，而地方的读者人数为 16.9 万人。虽然加起来也只有 32.4 万人，读者群依然很小，但这个发展势头却非常迅猛，到 10 年后的明治四十五年（1912 年），日本图书馆的读者人数就达到了 395 万人，而当时日本的人口刚刚超过 5000 万，这 10 年的人口增长率不到 1.5%，而图书馆的读者增加了 10 多倍。不仅读者的人数大幅度增加，而且读者占人口的比例也大幅增加了。

本来图书馆的读者群主要是学生和中产阶级，但是图书馆建设的发展，也促使了其他阶层对图书馆的利用。明治十四年（1881 年），日本全国有 21 个图书馆，4 万多册藏书，但到明治最后的 1912 年，全国图书馆数量已经达到 540 个，藏书超过了 270 万册。图书馆的发展，为读者群的扩大提供了条件。《读卖新闻》在 1906 年 9 月 23 日这样报道过日本最大的图书馆帝国图书馆的情况：近来，图书馆里穿着饭单（罩在衣服外面防止衣服弄脏）和穿着油迹斑驳工装裤的人变得越来越多了。也就是说，商店的伙计以及工厂的工人也开始走进图书馆，这种情况在其他图书馆也可以看到，杂志《日本》在 1905 年就报道了职员工人做买卖的人越来越多地出现在图书馆这种新现象。而他们的出现给图书馆利用率的提升做了很大的贡献，这说明了当时的阅读已经从学生、中产阶级向劳动者层面扩展。

读者群的扩大与日本的教育制度有密切的关系。由于明治政府对教育的重视，包括女子在内的入学率迅速提高，1902 年，日本的小学入学率超过 90%，到 1912 年更是超过了 98%。这样的入学率提高了一般国民的阅读能力，形成了读者群的深厚基础。而通俗读物大量出现也为读者群的扩大做出了贡献。1899年,《帝国文学》对他们的读者进行过一次分析,认为车夫、杂役、艺人等受教育程度低的读者占绝大多数,而他们缺乏对小说的批判精神,追求的只是娱乐而已。

当时日本社会对这样没有批判能力的读者去读小说有很多的否定意见,认为"中等以下"的读者读小说会造成堕落。不过,岩谷小波就认为,不能因为危险就要禁止去江河里游泳,而是应该教会大家游泳。大家喜欢读小说,那么就提供健全的小说。他提倡应该把小说作为教育性的媒体加以利用,而不是一味地排斥。明治30年代流行的家庭小说在一定程度上起到了这样的教育作用。《帝国文学》就认为家庭小说是在一家团圆,其乐融融之间形成的浑然一体的爱情叙事诗,相信可以对改良社会有一臂之力。事实上,针对当时的读者需求,日本形成了很多小说的种类,有政治小说、言情小说、冒险小说、侦探小说、历史小说等,种类繁多,迎合了读者的各种需求,同时也进一步扩大了读者群。

这样,各方面的条件促成了日本民众阅读习惯的养成,这不仅对他们个人的成长,就是对日本民族国家的发展也发挥了不可估量的作用。

读书的目的

《帝国文学》认为读书对改良社会有一臂之力,这也是明治维新之际启蒙者的共同愿望。福泽谕吉和中村正直等人都认为国家是国民的总和，国民的素质决定了国家的形态，有什么样的人民就有什么样的政府。所以，人民应该以自己的意志站起来进行自我变革。而读书无疑是国民自我变革的有效武器。然而，读书本身并不是一件轻松容易的事，日本人是不是都有为了提高国家的地位而读书的自觉呢？

对这个问题，明治时代就有大量的回答。佑马尼书房在1994年复刻出版的《近代读书论名作选集》就有14卷之多。大场博幸根据这些资料，从读书能得到什么样的知识和如何有效地去读书这两个角度整理出从江户时代到明治时代日本人为什么要读书的轮廓①。

江户时代，大家读汉语古籍著作，着重于教养和人格培养。到明治初期，大家读西洋翻译著作，着重于实用和技能形成，到明治中晚期，大家读教养类书籍，又着重于教养和人格培养。

在江户时代，日本人的身份是固定世袭的，读书并不能改变身份但却是武士阶层的义务。"读书"一词本来是汉语词汇，日语中对应的是"勉强"，日本人不用"勉强"而直接用读书，是因为在中国读书是一种身份的象征，读书人是对参加科举考试者的尊称。日本直接使用"读书"一词，彰显了教养水平。即使是在明治初年，福泽谕吉他们的著作里往往有汉语的序言，可以说也是一种教养水平的体现。

---

① 大場博幸："明治期の読書論——読書の対象と方法"，《出版研究》第32卷，2001年。

明治维新以后，时代的需求发生了变化，指导大家学习的读书论也开始要求学习新的科学知识，希望读书能够成为在新时代有用的处世立身的方法。为此，对各种专业进行了详细的解说。畅销的政治小说《经国美谈》的作者矢野文雄在明治十六年（1883年）出版了《译书读法》，对当时的西洋翻译著作进行了分类。与个人有关的社会类译著是地理历史、修身、宗教、政治、法律、经济、礼仪。与个人有关的身体心理类译著是生理、心理、论理（逻辑）。属于身外之物的必要的译著是物理、化学、动植物、矿物、天象。属于身外之物的杂记类译著是文明史，进化论以及其他专业著作，纪行类，小说类等文学书。从这个分类来看，明治初年畅销的《西国立志篇》等书并不是十分重要，而重要的是西方的制度和科技方面的知识。类似这样的指导书在当时是比较多的，比如小野松塘在《学术研究法》中指出了读书的顺序，即从法学开始，依次为财政、论理（逻辑）、历史、地理、物理、化学、生理、算术、博物、簿记、作文、农商工业学、书法等。在这里基本上已经看不到教养人格的影子，而都是从实用和技能的角度进行的推荐。

然而，当大家知道这些实用和技能类的知识可以从日益完备的学校制度中获得后，日本的读书方向又发生了变化。在明治中后期，强调个人修养，从生活习惯到经济生活等各方面都做了细致规定的 John Todd 的 *The Student's Manual*（《学生手册》）竟然三次被翻译成日文，说明教养方面的图书再次成为读者关注的书籍。Todd 强调，第一，读书可以形成人的风貌；第二，读书可以积累知识；第三，读书可以激励人心。这时候的教养类图书也不只是强调精神方面，而是从个人的身体出发，强调去学习什么，又如何去学习。而西方的这种清教徒的价值观也为长期受儒家熏陶的日本社会所容易接受。当然这时候，日本读者追求教养性的读书，已经不是在追求传统的社会地位，而是追求具有特定生活态度的人格。也就是说，读书不是成功者必经的阶梯，而是其本身就具有十分重要的意义。

明治时代，日本有很多不具备批判精神的读者，他们往往更容易受报刊书籍的影响。而具有独立思考能力的近代日本读者则越来越明白读书对人格的形成有重要的作用。这样的书籍所产生的影响最终也必定会在日本的社会发展中反映出来。

3　明治时代的畅销书和马赛克拼图意识

畅销书和明治社会

笔者不太喜欢"畅销书"这个词，除了让人有轻薄流行的感觉之外，书的畅销与书本身的内容价值并没有对应的关联。但是，之所以认为畅销书是在文化史上具有重要意义的指标，那是因为畅销书不仅是在测定出版技术进化程度方面非常便利，而且还非常敏感地反映了时代的思想文化的指向以及社会风俗嗜好的变化。

这段话是日本畅销书研究先驱濑沼茂树在《书的百年史》序言部分说的。他明确指出，通过畅销书的变迁可以看到社会文化和风俗的变化推移。所以，日本有这样一句俗语：畅销书是时代的一面镜子。这面镜子不仅能反映时代的风气，而且还能照到人的内心。日本出版学会会长箕轮成男指出，在某个时代某个社会里流通传布的书籍往往是人们的心性最正确的表象。心性虽然是不可视的，但绝不是想象出来的，而是可以通过有形的书籍所显示出来的人们的意志、兴趣爱好和愿望等分析出来的，这对理解那个时代的社会具有非常重要的意义。所以，通过了解日本明治维新以来畅销书的变迁，也能更加深入理解明治时代的历史变化。

明治维新是日本接受西方文明，改变社会的历史过程。在此期间，日本人也经历了从睁眼看世界，积极吸收西方文化到对激进西化的反省，重建民族自信心的演变。而这一时期的畅销书的确反映了这种变化趋势。明治初年，与西方有关的信息成为日本人最为渴望的东西，介绍西方一般情况的《西洋事情》《舆地志略》等书的畅销，正说明西方世界的一草一木、一举一动都深深地吸引了准备开放的日本人。而《西国立志编》《劝学篇》《文明论之概略》等之所以受到读者的欢迎，也是因为日本人对启蒙的渴望。当政治家发现小说的有效性后，就推出了政治小说。而哲学的盛行，当然也就会带来小说的理论和实践，而这些实践不仅把文明开化编织进来，而且从表现本身做了很大的改革，轰轰烈烈的语言文体的改革也催生了日本标准语的诞生，这和日益觉醒的日本民族情绪结合在一起，成为日本近代的主流。

然而，为了让欧美列强接纳而积极引进的西化也招来了日本各方面的反省和抵抗。小说《归省》和论说著作《将来之日本》之所以能前后出版，也正说明了这种时代的变迁。《泷口入道》以华丽的古文体叙述的武士道故事，从内容到文体都完美地体现了国粹主义的精神，赢得了评论家的激赞，成为日本美文流行的先驱。《东西南北》等诗歌集的畅销，让日本国民尤其是青年陶醉其中。当然，国粹主义也不是这个时代思想的全部内容，随着日本民族主义的觉醒，他们的思想也出现了大跃进，宗教思想、社会主义思想都在文学方面开花结果，激励了各个层面的读者。

当《金色夜叉》等风花雪月的爱情故事赚取了很多佳人的眼泪后，正视现实、表现现实就成为新一代作家的历史使命，于是在日本出现了波澜壮阔的自然主义文学。《武藏野》被重新评价，而《乡村教师》等小说对现实的如实描写触目惊心，发人深省。

很有意思的是，当明治就要改元到大正的时候，厨川白村的处女作《近代文学十讲》出版，好像是赶在明治年间的尾巴上来做一个终结，虽然这本书是批评欧洲文学的，但欧洲文学已经深深影响日本文学的时候，借来对日本文学或者明治社会做一种总结和批判也未尝不可。

马赛克拼图

十多年前出版《谁能拯救日本：个体社会的启示》的时候，笔者对采用通过畅销书反映日本社会这一手法充满了信心。而今在撰写本书的时候实际上是非常忐忑不安的。明治时期的"启蒙思想"这一关键词让笔者进一步认识到畅销书不仅能反映时代的状况，而且能影响历史的发展。但是，启蒙思想到底是如何发生作用，产生了什么具体的影响，这方面的研究似乎不多。细细想来，这个问题可能和我们常会遇到的一个非常庸俗的问题很相似，我们在学校学数理化到底有什么用？虽然很难明确回答这个问题，但并没有人会否定学校教育的意义。

1947 年，美国密苏里新闻学院前院长莫特曾经为美国的畅销书制定了一个标准，即出版后 10 年之间，发行量达到美国人口 1% 的书籍就是畅销书 [1]。日本畅销书研究者泽村修治认为参

---

[1] Frank L. Mott, *Golden Multitudes: the stories of best sellers in the united states*, Macmillan Co., 1947 年。

照莫特的这个标准来论述日本明治时代的畅销书是比较合适的。如果书籍的发行量超过人口的1%，那么这本书的影响范围必定会超过人口的1%。因为除了新书的销售之外，还有图书馆以及个人藏书的借阅，还有二手旧书的销售等流通方式继续扩大书籍对人们的影响。同时，畅销书本身就是一个社会现象，必然会吸引更多人的关注。所以，一本畅销书的实际读者会远远超过其发行量。

虽然畅销书的发行量是如此之大，但这些书籍到底能起什么样的作用呢？日本日野市图书馆的一则宣传有很好的说明，试翻译如下：书籍具有这样的力量，而悄悄地给人支持，在读者心中播下小小的种子，并培育发芽，让它扎根。然后，在意外的时候发挥巨大的作用。有时给人支撑，有时给人勇气，让人的一生过得丰富多彩。

这则短短的宣传文很好地说明了书籍的影响力。尤其是"悄悄地"和"意外的"两个词更是十分的传神。但是，仅仅用潜移默化来说明书籍的作用显然还不够，我们还应该以更多可视的材料来证明。历史呈现给我们的往往是杂乱无章的各种细节，而且还有很多细节遗失了。但是，从这些细节上并不是不能看出一些眉目，就好像观看一幅马赛克拼图。如果凑近去看的话，是一堆杂乱的细节，但如果从一定的距离来看，就可以看清这幅拼图所显示的图像。

一将功成万骨枯，但史书上只记大将之名，而不会记士兵之名。但这些没有留下姓名的士兵们和传记中留下姓名的英雄豪杰一样，为世界文明的繁荣和进步做出了重大的贡献①。马赛克拼图虽然不能呈现全部的细节，但是保留了各个细节所在的位置，包括缺失细节的位置。正是这样的保留，才让我们看到尽可能真实的图像，如果没有这样的保留，那么我们看到的将是另一幅图像。而细节的错乱和缺失，也让我们在看马赛克拼图时需要一定的判断力。我们不可能看清历史的全部细节，同时，我们看到的细节又会影响我们对真相的判断。托兰斯肯弯曲幻觉是一个很好的证明。如果我们截取了不同长度的曲线，我们得到的印象也是不同的。当这个部分越短，我们就越会认为弯曲度小。但事实上这部分曲线的弯曲度是不会变化的。也就是说，我们看历史的时候，需要更多的细节，而错乱和缺失的细节也会有积极的意义。同时，如果我们不想迷失在这些细节里的话，就需要有看马赛克拼图的意识和判断力。

明治时代近半个世纪里，日本出现了多本畅销书，没有人会否定这些畅销书对明治时代的发展带来了很广泛很深刻的影响。如何来说明畅销书的具体作用，还是需要大量的细节。不仅是畅销书本身，而且还要有当时的社会状况的细节。虽然我们无法完全复原过去的历史，但是尽量多的细节总会帮助我们捋清一些线索。如果我们具有用马赛克拼图意识来看明治时期的畅销书的话，或许能比较真实地看到这些畅销书的历史作用，感受到历史发展的动能。

---

① 参见中村正直:《西国立志编》，木平谦一郎（出版者），1870 年。

马赛克拼图意识在理解明治维新方面起的作用

东京上野公园里有一座西乡隆盛的铜像，但是铜像揭幕的时候，西乡夫人不禁失声叫道，"我家的先生可不是这个人啊"。对这尊铜像不满的还大有人在，板垣退助就曾经让人重新绘制西乡隆盛的肖像供天皇御览。不过，铜像雕塑得不像本人应该不是制作方的问题。日后被誉为"日本近代雕塑之父"的高村光云在39岁时收到了制作西乡铜像的请求，这时距离西乡去世已经有21年了。高村应该没有见过西乡本人，而西乡又没有留下一张照片，可以参考的是西乡去世6年后意大利版画家参照西乡亲戚的脸通过想象画出来的一幅肖像画。这样，雕塑西乡像只能参考一些传闻加上制作者的想象了。高村虽然出神入化地展现了西乡威风凛凛的姿态，但也留下了铜像不像西乡本人的遗憾。

西乡隆盛的这尊铜像实际上就是马赛克拼图的一个典型事例。这尊铜像早已成为明治维新的象征，而这尊铜像的制作过程可以说也是我们对明治维新认识的一种象征。

西乡隆盛在明治维新之际最为光彩照人的一幕无疑是兵不血刃地占领江户，他也因此得到了可以世袭的2000石俸禄的奖赏。这是当时除藩主之外武士可以得到的最高奖赏，足以说明大家对西乡所做贡献的认同。然而，看一下历史的细节就能看到在这个历史性重要关头，西乡没有发挥出他的决策作用，他要赶回大本营报告，请求朝廷批准无血开城。这个时候的幕府实际上已经没有继续抵抗的实力和信心了，幕府代表胜海舟只能把保全其主君德川庆喜的性命作为交换条件和平交出江户城。不知道西乡是不是了解这种情况，而我们能看到的就是西乡隆盛因为太胖而不能骑马，只能让人抬着，在来回京都的路上颠簸不停地赶路的样子。江户城的无血开城，如果要归功于西乡隆盛的话，那也是时势造英雄的一个体现。实际上就是西乡隆盛的死也是时运的结果。由于身体欠佳或者其他原因，西乡隆盛并没有组织发动西南战争。但是，他的子弟兵做好开战的准备后，他也就不得不参与其中。然而即使是这样，西乡也没有实际去指挥。最后战争失败，西乡却要负责，只能自杀以谢天下。如果不看细节的话，西南战争就会被认为是一场西乡隆盛对抗明治政府的战争。

实际上也有一次机会可以让西乡隆盛避免这样的悲剧。迫于自由民权运动的压力，执政的大久保利通不得不邀请明治维新的元老重返政府，共同执政。那时也给西乡隆盛发出了邀请，但西乡给使者吃了个闭门羹，回绝了这次邀请。不清楚西乡是否知道接受这个邀请就是违背了自由民权运动的宗旨。实际上，当板垣退助等自由民权运动的领袖应邀重返政府后，遭到了他们同志猛烈的批判。当然这意味着大久保利通的成功，因为板垣等人的行为让自由民权运动进入了低潮。不过，自由民权运动不只是一场争权夺利的政治运动，也是一场社会性的读书运动。自由民权运动之所以能展开，就是以一场全国性的读书运动为基础的。

自由民权运动的斗士利光鹤松回忆说，他主张自由主义，是因为在东京郊外的五日市受到的感化。这个感化就是沉湎于阅读卢梭、斯宾塞、密尔等人的著作。明治初期，阅读西洋新思想著作的条件并不理想，有人无钱购书，有的地方即使有钱也买不到那样的书。自由民权运动为此创造了条件。有人提供自己的藏书给大家阅读，有人组织大家一起来阅读。读书带来的新思想刺激了很多年轻的日本人，同时也培养了他们的读书习惯。即使是自由民权运动的领导脱离了这场运动后，发现了读书有用性的民众也没有改掉读书的习惯。

正是这样的读书有用性，让明治政府重新认识到利用读书的价值。为了树立文明开化的标志，明治政府一开始是大力投入大学的建设，后来政府发现抓好小学的教育和对社会大众的教育对维护政府的统治或者说对建设强大的日本更加有利。于是，政府开始修订小学的教科书，强化万世一系的天皇制的爱国教育。同时，也强化了对社会大众的教育。明治三十年以后，政府一方面大力建设公共图书馆，积极扩大阅读层；另一方面发布《出版法》、《新闻纸法》等法令，审查图书的思想内容，进行管制。根据日本禁书研究大家城市郎的研究，到明治末期，永井荷风、森鸥外等人的作品以扰乱社会秩序而被禁止发行，其他自然主义的文学作品也遭到了发行禁止的处分，宪兵更是去抄了自然主义代表作家田山花袋的家。到明治四十三年（1910年）大逆事件后，明治政府对思想性的书籍进行了彻底的管控，对具有社会主义思想的片山潜、幸德秋水、木下尚江等人的著作全面禁止发行，连北原白秋、近藤远等人的诗歌集也不能幸免。这样的处理，对当时的作者和读者来说无疑是一种灾难，但同时也从另一个角度证明了书籍所具有的力量。

从细节来看，我们可以看到历史的不同侧面，如果具有马赛克拼图意识的话，我们就会注意到还有很多我们看不到的细节，这样反而可以看到更加真实的历史画卷。我们在看到上野公园的那尊西乡隆盛的铜像时，就可以明白用马赛克拼图意识去看历史的这种方法对更好地理解明治维新以及日本近现代的发展是有帮助的，而畅销书是如何影响日本人的细节缺失正是用马赛克拼图意识看历史的合适体现。

第一章

西洋事情

1 没有航海图的航海（一）王政一新

语言不通的列岛

明治维新以前，日本并不能算是一个现代意义上的统一国家，因为各地大名独立经营着自己的领地，拥有自己的军队，发行独自的货币。江户幕府不仅不能从各地大名那里征税，对大名领地内的事务也是无法插手的。这种状况与中世纪的欧洲有很多类似的地方。比如英国很多领主虽然忠于英国国王，但在军事上和财政上都保持了各自的独立性，英国国王并没有绝对权力去插手这些领主的内部事务。在 8 世纪前后，日本仿照唐朝的律令制度，在日本分设了 300 多个令制国并派遣国司进行统治，然而，这只是一种理想化的制度，因为大和朝廷根本没有足够的经济和军事实力来维护完整的统治机构，《万叶集》里就收录了农民扛着粮食缴纳给朝廷后饿死在回家路上的诗歌，这也说明了当时的生产力是极为低下的。所以，朝廷只能任由各地豪族割据为王，独立统治。日本战国时代之后，割据各地的大名领地都被称为国，更是形象地呈现了日本的分裂局面。

诸国分裂还有一个重要的象征，那就是日本各地的语言互不相通，交流十分困难。在明治维新之际，萨摩藩的军队在攻打会津城的时候，双方要谈判，但因语言不通，只好借用能乐的歌词，才展开了一些沟通。在刀光剑影中，双方的主将却一起载歌载舞，煞是滑稽。萨摩藩是偏于日本西南九州南部的藩，会津藩在日本东北地区，两地相隔数千里，语言不通似乎情有可原，且江户幕府的统治政策是尽量把人民固定在土地上，这也让各地语言很难得到交流。从 1811 年式亭三马的《狂言田舍操》里可以得知，离开江户 1 里路（约 3.9 千米）的距离，语言就不一样了。到明治六年（1873 年）文部少丞西泻讷在《文部省杂志》刊登的《说谕》中指出，日本东西长不过 2600 里，而东北的奥羽，中部的京畿以及西南的萨隅之间，语言不相通之状竟然如同外国。

西泻讷的指出也恰如其分，因为在江户时代，日本人并没有现代的国家观念，当时日本人的国家观念是指各个大名领地，武士忠于的是统治他们的大名。因为他们的俸禄是从大名那里得到的，幕府的将军并不是他们忠诚的对象，更不用说当时的天皇。对一般的老百姓来说，将军、天皇都是遥不可及的，他们服从的是大名以及大名手下的武士。只是到了明治维新之际才把大名的领地称为"藩"，把国降为藩，正说明了日本在这个时候开始出现统一国家的观念。幕府末年，长州、萨摩藩曾经被欧洲列强打败。这对鸡犬之声相闻的邻藩来说，那都是外国的战争，与自己是没有关系的，所以，大家都在旁边看热闹。可见，生产力的低下温存了日本各藩的长期独立运营的体制，而语言的不通也形成了各地的独立思想。当时的日本，从形式到思想内容，都只能说是独立诸国的联合体。

朝廷与幕府

虽然幕府将军不能插手各地大名领地内的事务，但对大名却有生杀予夺的权力，所以，将军是日本的实际统治者。然而，幕府将军的权力却是从天皇那里得到的，因为幕府将军是天皇任命的。不过，本来在幕府之上以天皇为中心的朝廷早就失去了实权，从镰仓幕府（1185—1333 年）到德川幕府（1603—1867 年），武士一直是实际的统治者。但是，有意思的是幕府将军虽然有实权，但却没有一个将军想把天皇废黜掉，或许是因为天皇的朝廷既无钱财又无人才，对将军早已构不成威胁，况且江户幕府在 1615 年给天皇的朝廷制定了《禁中诸法度》，立了很多规矩后，朝廷已经唯幕府马首是瞻，幕府又有什么必要多花精力去废黜天皇呢。更何况在万物有灵的日本，天皇一直拥有的神权也不是幕府将军敢轻易废除的。这样对神权的敬畏也有历史故事可以效法。1000 多年前，以天皇为核心的大和政权击败日本海沿岸的出云政权后，也没敢废除出云王的神权，从而让日本保留了和伊势神话系统并列的出云神话系统这两大神话系统。一直到现在，日本各地把每年的 10 月称为"神无月"，只有出云地方称"神在月"。就是说在这个月里，各地神都要离开各地而汇集到出云地方去。唯一例外大概是被认为是天皇祖先的伊势神社的神。尽管如此，天皇的收入只有 3 万石，而出云千家的收入还不到 5000 石。这些与德川幕府 400 万到 800 万石的年收入，自然不可同日而语。

然而，被限制在神权领域里的天皇和朝廷，在德川幕府鼓励的朱子学的发展过程中，重新获得了重要地位。1791 年，水户儒学者藤田幽谷在他的著作《正名论》里指出，幕府尊重了皇室，那么诸侯就会尊重幕府。诸侯尊重了幕府，那么公卿大夫就会尊重诸侯。这样，上下关系得以维持，而世道可以和谐。这种儒学正统的正名论，实际上让封尘已久的天皇的权威得到了重新发扬光大的基础。水户藩本来是德川家康第 11 个儿子的封地，是所谓的亲藩，即在江户的幕府将军如果绝嗣的话，就要从亲藩中选继承人。然而，水户藩却一直没有得到继承将军的机会，反而水户藩培养的水户学却最终要了德川幕府的命。德川幕府鼓励朱子学，《正名论》以儒学正统强调天皇的地位，埋下了幕府末年尊王攘夷的种子。

德川幕府维持了日本 260 多年的和平，说明其统治是行之有效的。虽然说到幕府末年日本社会也出现了动荡，但远不及当时清王朝面临的内忧外患那样的深刻和迫切。清王朝面临着被起义军推翻的危机，也面临着被列强瓜分的危机。当时美国并不认为贫穷的日本有什么值得榨取的经济利益，殖民日本得不偿失，它们要求日本开国只是为了在中美之间来往贸易的船只以及捕鲸船的中途休整而已。而日本国内各地的暴动也只是农民和市民要求改变生活而并没有推翻幕府的意思，更没有推翻幕府的能量。这个时候，幕府真正的内忧外患是日本统治阶层出现的变故。

从黑船出现的 1853 年到王政复古的 1868 年，在这 15 年里，幕府有从第十二代到第十四代的三代将军先后病故，加上主持幕府工作的总理级人物老中阿部正弘过劳死，大老井伊直弼被暗杀，幕府失去了主心骨而内部动摇不定，各种势力乘机兴风作浪，争权夺利，使得幕府的威信大幅降低，统治摇摇欲坠。

由于第十三代将军身体有恙，也没有子嗣。幕府不得不尽早决定下一代将军的人选。本来纪州藩的德川庆福（家茂）是第十一代将军的孙子，血统最近，继任下一代将军最为合适，但只是年纪太小，水户藩就希望由水户出身的德川庆喜接任将军，不过，水户藩虽然也是德川家康的后裔，但从水户藩成立以来并没有人出任过将军，要让德川庆喜出任将军，血统过远，难度非常大。所以，水户藩就开始串通京都朝廷的官员，希望朝廷插手来决定下一任将军的人选。这样，就让封尘已久的朝廷逐步取得了发言权，德川幕府的内部纠纷就变成了有外部势力参与的斗争了。这才是幕府面临的真正的内忧外患。

政变

庆应二年（1866年），年仅20岁的德川幕府第十四代将军德川家茂病死，让德川庆喜有机会出任第十五代将军，从而结束了德川幕府十年来的内部纷争。但这个时候，幕府的威信早已摇摇欲坠，而朝廷的地位日益上升，尊王攘夷成了一种主流的声音。尊王就是要重新树立天皇的权威，而攘夷就是反对开国，反对与外国人的交往。但是，对幕府来说，尊王就是否定将军，而在已经和欧美列强签订了通商条约之后，攘夷更是无从谈及。面对危机，继任不到一年的德川庆喜将军出了奇策，向朝廷发出大政奉还的通告，用撂挑子的方式胁迫天皇出面重新树立幕府的威信。这是因为幕府认定当时朝廷的大臣都没有统治全国的经验和能力，朝廷也没有足够的经济实力支撑政府的运转，事实上，朝廷连孝明天皇一周年祭祀的费用也无力支付，需要幕府来支援。所以，幕府计算好，天皇应该会挽留庆喜将军，从而可以再次树立幕府的权威。

但是，身价只有150石的公卿岩仓具视显然不愿意放弃出现在眼前的权力和财富，而西南雄藩的武士们也不愿意放虎归山而给自己找麻烦，他们是箭在弦上不得不发。于是在他们的策划下，朝廷下诏要王政复古，要求还是内大臣的德川庆喜纳官献地，交出一切权力。实际上，这次政变也是一场豪赌，因为德川庆喜当时就在京都，手下拥有近5000人的兵力，要把这几个搞政变的公卿和武士抓起来是毫不费力的。而发动政变的策动者也做好了在政变失败后挟持天皇躲进比睿山负隅顽抗的准备，甚至准备向德川庆喜投降。然而，不知是因为水户学的尊王思想侵蚀了水户藩出身的已经辞职的将军，还是因为内忧外患的幕府统治已经不值得留恋，总之，德川庆喜虽然握有重兵，却一退再退，最后竟然抛弃手下的将士，独自逃回江户城，旋即躲进上野的寺庙，对世上政事不闻不问了。

这样，明治新政府就不得不乘胜追击了。实际上，这个时候明治新政府并没有做好什么准备，临时组织了东征军却没有粮草，只能让东征军走到哪里吃到哪里，好在这个时候政治正确要紧，沿路的大名纷纷站队明治新政府，打开粮仓向东征军供应。而负责幕府善后处理的胜海舟以保全德川庆喜的性命为条件和平地交出了江户城，260 多年的德川幕府到 1868 年就终结了。不过，明治新政府取代德川幕府的过程中并不是一枪不发的，在此期间发生了明治新政府军和幕府势力之间的戊辰战争，从 1868 年 1 月打到 1869 年 6 月。虽然每次战役规模都比较小，但都非常惨烈，会津若松城攻防战，幕府方面的军队有一半人战死沙场。

1868 年 10 月，日本把年号改为明治。第二年 5 月，天皇以东巡的名义迁都江户，并把江户改名为东京。这样，明治新政府就取代了江户幕府，成为日本新的统治者。不过，明治天皇在京都紫辰殿祭祀天神地祇后的第二天，明治新政府就在德川幕府立榜告示的地方挂出五榜，明确宣布全面继承德川幕府的统治政策。所以，明治新政府取代德川幕府也可以说是人员的变换而已。诚如被誉为维新三杰之一的木户孝允曾经指出的那样，虽说是御一新，不过就一两千人尽力而已①。这直白地说出了这场政变的性质。

但是，一般的日本国民并不是没有参与这场政变，事实上他们是这场政变的社会基础。福泽谕吉曾经回忆说，在明治维新之际，同志之间都会相互庆祝，都说能看到这样的变化就死而无憾了②。实际上日本的一般民众并不是旁观者，而是以不同方式参加的参与者。比如庆应三年（1867 年）7 月以后，日本各地突然爆发了民众化妆跳舞的大骚动。他们根据"天降神符，好事连连"

---

① 木户公伝记（编）:『木户孝允文书』第三，日本史籍協会，1930 年。
② 福沢諭吉:《福翁百余話》，時事新報社，1901 年。

的神话，口喊"不是蛮好吗"的口号，男扮女装，不分昼夜地聚众跳舞，并纷纷到有钱人家要吃要喝，实际上形成了一场浩浩荡荡的要求改变世道的社会性运动。江户时代末年，各地财政日益恶化，大名们争相储备大米，造成市场上大米紧俏。这也使得民众的生活更加困苦，各地民众就寻找机会起来造反。由于并没有特定的领导人，没有统一的思想以及政治目的，各地斗争的对象也各不相同。但是，这场大骚动还是起到了加速德川幕府崩溃的客观效果。

2 历史大事记（1866—1871年）

1866年

1月，坂本龙马撮合木户孝允和西乡隆盛在京都萨摩藩馆见面，订立了萨摩和长州两藩武士之间的秘密同盟，尊王攘夷、打倒幕府的倒幕势力终于成形。

2月，幕府同意日本人进入开口通商地劳动和自由贸易，允许商人购入外国船只。

4月，幕府允许日本人去外国学习或经商。

5月，英美法荷挟四国军舰炮击下关的余威，迫使幕府签订江户协约，税率全部降为5%的从量税率。

江户米价暴涨，引起了贫民的暴动。

6月，幕府组织的第二次征讨长州藩的战争开始。

7月，德川家茂将军在大阪城病逝。

8月，朝廷下达征讨长州藩休战诏书。幕府失去实权，意味着德川幕府将要走到历史的尽头。

12月，德川庆喜出任第15代将军、内大臣。

孝明天皇去世。

这一年全日本的暴动次数是江户时代最多的一年。江户出现西餐馆。第一本日英辞典《和英语林集成》在上海出版。

1867 年

1 月，明治天皇即位。赦免了在 1863 年由萨摩藩和会津藩主导的政变中被赶出京都的尊王攘夷派主要人物，岩仓具视等被允许回京都。

2 月，受法皇拿破仑三世邀请，日本参加法国巴黎万国博览会，出品浮世绘等工艺品。

3 月，庆喜将军在大阪与英美法荷 4 国公使约定开放兵库港。但朝廷下诏不许可。

5 月，土佐藩的板垣退助等与西乡隆盛在京都会面，结成了一起起兵讨幕的盟约。

萨摩藩开办近代纺织工厂。

6 月，坂本龙马向土佐藩参政后藤象二郎提出了所谓的船中八策，要求设立议政局来决定政事，积极扩充海军，确定与外国货币的交换规则等。

9 月，江户大阪之间的汽船飞脚船开航，允许百姓乘船。

萨摩长州结盟，起兵讨幕。

10 月，前土佐藩主山内丰信建议幕府大政奉还。

讨幕密诏下达长州藩和萨摩藩。

将军德川庆喜上表大政奉还。第二天朝廷同意。

12 月，朝廷下达王政复古大号令。要求德川庆喜辞官纳地。

1868 年

1 月，萨摩和长州的藩兵和幕府军开始交战，戊辰战争爆发。

德川庆喜从大阪退回江户，而新政府则发出讨伐庆喜的命令，剥夺官位，没收领地。

3 月，新政府军大总督府参谋西乡隆盛和幕府陆军总裁胜海舟在江户城外会谈，商议和平交出江户城。

14 日，在向江户城发动总攻的前一天，天皇率领公卿诸侯在紫宸殿举行祭祀仪式，发表五条誓言。第二天，明治新政府公布五榜，宣布继承幕府的统治政策。

新政府发表神佛分离令。之后，演变成废佛毁释运动。

新政府准备实施赋税减半的政策，派相乐总三的赤报队去宣传，以争取农民的支持。但随着新政府在军事上的胜利，新政府取消了赋税减半政策，相乐的赤报队被当作替罪羊而遭到逮捕，其中 8 个队员当天就被斩首。

4 月，江户城无血开城。

5 月，福地源一郎因发表《强弱论》而被新政府逮捕。

7 月，改江户为东京。

9 月，年号从庆应改为明治。制定一世一元制。

天皇以巡幸的名义来到东京，新政府为了加深东京民众对天皇存在的印象，特地向东京民众派发了 3500 桶清酒。

12 月，旧幕府军占领整个虾夷地（北海道），成立政府，选举榎本武阳为总裁。

这一年，农民暴动接连不断。

1869 年

1 月，萨长土肥的 4 个藩主联名上表天皇，提出版籍奉还。

新政府宣布撤销各藩的关口，鼓励府县设立小学。

2 月，新政府制定报纸印刷发行条例，禁止对政府的批评。

东京禁止销售春画，男女混浴。为了移风易俗，禁止男女混浴。

5 月，制定出版条例，禁止非难政府和扰乱风俗的出版物，保护版权。

北海道五稜城开城，榎本武阳投降，戊辰战争结束。

6 月，274 个藩实行版籍奉还，取消公卿诸侯称号，统称为华族。同时任命原大名为藩知事。

创建招魂社（即后来的靖国神社）。

7 月，改革官制，废除议政官，设立 2 官 6 省制（神祇官和太政官，太政官之下设 6 省）。设立大学校。

8 月，改虾夷地为北海道。

10 月，萨摩藩请英国人制作军乐曲《君之代》。

12 月，东京和横滨之间开通电信服务。

这一年，和泉要助从西洋马车获得灵感而发明了人力车（黄包车）。风月堂开始销售面包。

1870 年

1 月，下诏大教宣布，推进神道国教化。

开通东京大阪之间定期航路。

赏罚不明引起奇兵队 [①] 暴动，被木户孝允镇压。

3 月，东京府设立深川工作场，招募 12 岁以上女工学习纺织。

政府设铁道系，开始测量东京横滨之间的铁路沿线。

4 月，禁止买卖人脑、胆、阴茎等器官。政府严厉命令各府藩
实施种牛痘。

7 月，京都东本愿寺继承人大谷光莹率开拓队到达北海道。

8 月，禁止销售鸦片，违者砍头。

9 月，布告藩制改革。允许平民使用姓名。

10 月，决定海军引进英国制度，陆军引进法国制度。

12 月，日本第一份日报《横滨每日新闻》创刊。

这一年，各地废佛毁释运动盛行，很多寺庙遭到破坏。各地
农民对新政府大失所望，暴动不断。

1871 年

1 月，日本第一个全国性制度邮政制度开始实施，最初的邮箱

---

① 奇兵队是 1863 年由长州藩高杉晋作创设的有武士、农民、町人参加的混成部
队，在明治维新时期参与了与幕府军的战斗。所谓奇兵是和正规军相对的一
种称呼。明治维新以降，日本政府改组政府军，奇兵队等被废止。

是木制的绿色邮箱。

2月，日本引进英国机械开始统一铸造货币。

4月，制定户籍法。

5月，制定新货币条例，采用金本位制，统一日本货币，货币单位为圆、钱、厘。

6月，西乡隆盛任参议。

7月，颁发废藩置县诏书。261个藩被废除，设1使（北海道开拓使）3府（东京府、京都府、大阪府）302县。

设立文部省，掌握学校。

8月，允许散发、废刀，允许平民、士族和华族通婚。

11月，以右大臣岩仓具视为正使，参议木户孝允、大藏卿大久保利通等为副使的上百人访欧使节团离开横滨前往美国，开始了为期近两年的外国访问。

这一年，政府废除通行证，一般民众可以自由旅行。都市从建筑到社交都流行欧美文化，并开始流行吃肉，牛锅店成为开化的标志。横滨设立有围墙的公共厕所。

3 畅销书概况：睁眼看世界

　　根据日本学者的研究，德川幕府末期对世界局势的变化已经有所掌握，比如，他们很早就掌握了即将来日本的佩里舰队的动向，甚至连舰船的船名也已经事先知道①。不仅政府层面对外国资讯有所了解，在佩里舰队真正敲开了日本锁国的大门后，一般的日本人也迫切希望去了解海外的情况。这种需求的迫切性压倒了明治维新之际国民对娱乐故事书籍的需求，给有关西洋的书籍带来了畅销的可能性。

　　1894年也就是明治二十七年，博文馆的大桥新太郎回顾明治时期出版状况时指出，明治以来日本出版的书籍不下十多万种，其中发行量最多的是《西国立志编》《西洋事情》《舆地志略》，为明治出版界一直津津乐道。可见当时日本的出版界并不是没有出版几本书而是出版了很多种书，但最为畅销的就是这几本关于世界情况尤其是欧洲情况的书籍。而这些书的畅销竟然让当时的娱乐故事类书的作者们也开始来模仿。比如当时娱乐故事的人气作者假名垣鲁文就迎合读者的需求，参照福泽谕吉1867写的《西洋旅行指南》，把江户时期的畅销书《东海道中膝栗毛》的故事搬到欧洲，写成了《西

---

① 松方冬子：《オランダ風説書—「鎖国」日本に語られた「世界」》，中央公論新社，2010年。

洋道中膝栗毛》。这里的膝栗毛是步行代替骑马的戏谑的说法。

在江户时代，中国出版的《海国图志》和《万国公法》已经是日本有识之士的必读图书。进入明治时代，"西国""西洋"更成为畅销书的关键词，连一般国民都希望对西方世界有更多的了解。福泽谕吉的《西洋事情》发行了数十万册，成为近代日本畅销书的起点。内田正雄编著的《舆地志略》成为小学的教科书，发行量超过了《西洋事情》，而中村正直编译的《西国立志篇》更是超过了 100 万册。当时日本的人口只有 3000 万人左右，可以推测读过或者听说过这几本书的人的比例是非常高的。

夏目漱石在他的自传体小说《道草》中曾经描写过这样一个场景：小学 6 年级的主人公抱着《劝善训蒙》和《舆地志略》，欢天喜地地奔回家。因为这两部书是他学习优秀而得到的奖品。《劝善训蒙》全名是《泰西劝善训蒙》，明治六年出版，是著名兰学家箕作阮甫的孙子箕作麟祥翻译的一本欧洲伦理学著作。把这两本书作为小学生的奖品，不仅说明了《舆地志略》等书的普及性，也说明了当时日本社会对西方文化的敬仰和学习的渴望。

日本国立情报研究所网罗日本各大学图书馆所藏书籍，整理出明治维新之际日本翻译出版的图书数据，发现从 1868 年到 1882 年，日本出版的翻译书籍接近 2000 种，占当时全部出版物的 20% 左右。毫无疑问这些翻译著作都是日本人睁眼看世界的材料，而这样的睁眼看世界，对日本的明治维新以及以后的社会发展都带来了深刻的影响。

1866—1871 年的畅销书			
出版时间	书名	作者·译者	出版者
1866 年 （庆应二年）	「西洋事情·初篇」 《西洋事情》初篇	福泽谕吉	尚古堂
1870 年 （明治三年）	「舆地誌略」 《舆地志略》	内田正雄	大学南校
	「西国立志编」 《西国立志编》	塞缪尔·斯迈尔斯 （Samuel Smiles）著 中村敬太郎译	木平谦一郎

《西洋事情》

1866 年尚古堂出版

出版解题：欲了解各国政治习俗，可阅读该国的历史

福泽谕吉出版这本书的时候是 1866 年，按日本的年号是庆应二年，也就是说这本书是在日本明治维新前夜翻译编写的。在此之前福泽跟随幕府的使团到访过欧美，亲身的体验刺激了福泽，为此他收集了很多欧美各国的信息。而本书实际上也是这些调查的报告。除了庆应二年出版的这本《西洋事情》之外，福泽谕吉还出版了《西洋旅行指南》《西洋衣食住》《西洋事情外篇》《穷理图解》《英国议事院谈》《西洋事情二篇》《世界国尽》等，到了明治二年（1869 年），福泽谕吉竟然勤奋地写出了 15 种以上的书。

其中，本书以及本书的续篇最为畅销。

《西洋事情》之所以吸引人，大概是在于比较系统地介绍了世界各国的国家制度和社会情况。福泽谕吉的介绍涉及政治、税制、国债、纸币、会社、外交、军事、科学技术、学校、图书馆、新闻、医院、博物馆、蒸气机、电信机、煤气灯等多种内容，并都做了详细的说明。比如就政治制度而言，就涉及了君主制、贵族制和共和制的区别，指出英国的制度是这些政治制度的组合。福泽又指出，文明国家有 6 大要诀，即法律保护人民对自由的享受，政府不干涉人民的宗教信仰，振兴科学，设立学校培养人才，在安定的政治下发展产业，发展医院和济贫院来救济穷人。福泽还介绍了外交方面有利用通婚、通商而建立君主国家之间的关系，签订条约防止战争，并且根据条约而互派大使等外交制度。这些都是当时的日本并不存在的西方社会制度以及相关技术。这对当时准备文明开化的日本来说，犹如及时雨般地送来了相关知识，当然会受到欢迎的。

《西洋事情》当初也只有 3 分册，由江户（东京）的尚古堂出版发行。当时日本的图书还是采用木刻线装的方式，3 分册的内容其实并不算多。后来，福泽又去美国考察，回来后修订了本书，增补了外篇 3 册。1870 年，又改编成 2 篇 4 册出版发行。

福泽谕吉出生之日，其父得到了康熙皇帝的《上谕条例》一书，所以欣然为新生儿起了谕吉的名字。父亲是下级武士，福泽谕吉从小也接受了武士孝悌忠信的教育。但是，严格的门阀制度带来的等级差别让福泽逐步产生了对这种封建制度的怀疑。18 岁以后，福泽不仅熟读了四书五经，而且把15卷的《左传》来回读了11遍。不过，他对介绍西方学问的兰学更感兴趣，经过努力钻研，终于成为日本著名的兰学家。1858年，受中津藩之令，赴江户开办兰学塾教授兰学，而这个兰学塾就是日本知名大学庆应义塾大学的前身。福泽还参与了一桥大学、神户商业高校、东京大学医科学研究所以及东京大学医科学研究所附属医院等一系列教学机构的创办，所以福泽也被誉为"明治的六大教育家"之一[①]。

福泽出版的第一本书是《增订华英通语》，这是一本把在美国买回来的广东话英语词典《华英通语》加上日语翻译和片假名注音的词典。他把原来的兰学塾改成英学塾，通过英语来大量吸收西方文化。这时候，福泽关心的是如何吸收更多的西方知识。1861年，福泽作为翻译跟随日本的使团访问欧洲，在路过香港时，他看到英国人对待中国人就像对待猫狗一样，看到了殖民主义帝国主义的真面目，深受刺激。为了避免日本也沦落到如此下场，福泽深感日本需要发愤图强。为此，他把幕府给他的旅费400两全部用来购买物理书、地理书等书籍，同时还对欧洲社会做了大量的调查。回日本后，福泽就开始翻译、编辑这些资料，到1866年出版了《西洋事情》。从这本书开始，福泽积极投身启蒙活动，在明治维新之际产生了巨大的社会影响。

---

① 其他五位是大木乔任（文部卿，制定学制）、森有礼（明六社发起人，文部大臣）、近藤真琴（攻玉社创始者）、中村正直（同人社创始人，著有《西国立志编》等著作）、新岛襄（同志社创始人）。

由于本书受到了读者的追捧，一时洛阳纸贵，远在京都的书商就自作主张地翻印了这本书，这些当然属于盗版书。为了维护自己的版权，福泽在明治元年（1878 年）向明治新政府提出了希望得到版权保护的请愿书，其中提到自己经手销售的《西洋事情》只有 4000 本，而京都方面有 3 种盗版，估计一共印刷了 9000 多本，加起来是 13000 多本。不过，福泽后来回忆说，自己经手销售的应该不低于 15 万本，而京都方面的盗版应该在 20 万本以上，甚至 25 万本以上。这说明进入明治年代以后，本书得到了进一步的畅销。日本畅销书研究者泽村修治指出：《西洋事情》就是日本近现代的畅销书的出发点[①]。

本书摘译（卷之一部分翻译）

卷之一

小引

西洋书籍舶来我国时来已久，译本亦为数不少。而穷理[②]、地理、兵法、航海术等诸领域之学问与日月同辉，辅佐我国文明之治，弥补武备之缺，益莫大焉。虽然如此，窃以为只研究外国的学问和技术，而不熟悉各国的政治风俗状况，就算掌握了学问和

---

① 澤村修治：《ベストセラー全史·近代篇》，筑摩书房，2019 年。
② 穷理，是物理、化学、医学、动植物学等的总称。

技术，而不归于治国之本，那就非但于实用无益，反而还可能招致祸害。欲了解各国政治习俗，可阅读该国的历史。然而世人于地理以下之诸学科①上唯求速成，故阅读历史者凤毛麟角，诚可谓乃学者之缺点。近日，笔者翻阅了英美出版的几本历史地理著作，就其中西洋列国之条做了摘译，每条揭示其要点，分为历史、政治、陆海军、财政支出四个条目，即以历史记载彰显时势的沿革，通过政治以明国体的得失，通过陆海军以知武备的强弱，通过货币出纳以示政府的贫富。盖此四则既为世人之眼所触及，就由此可以略知国外的形势和实情，可以甄别谁是敌人谁是朋友，朋友便以文明相交，敌人则以兵法相待，文武两用可以防止失误。这就是笔者的目的所在，并非如某些攘夷派所说的那样，了解对方之后便要讨伐对方。

……

书中各国之条所载四个条目只限于这个国家的情况。然而，西洋各国一般普通的制度和风俗，有很多与我国的制度和风俗大相径庭。下面各条是笔者对这些制度风俗的概要解说，作为本编的备考。这些都是文久辛酉年（1861年）笔者渡欧时所见所闻的手记，同时又查阅了经济学等书籍编辑而成的。虽说是欧洲旅行，但是前后不满一年，原本只是走马观花，无暇对各国国情做详尽的调查。故不能排除有传闻的谬误，事件的遗漏。这些不足唯有期待日后博雅之士匡正。

---

① 指兵法、航海术等诸领域之学问。

备考

政治

政治有三种形态。一为君主制，礼乐征伐均由君主一人主宰。二为贵族合议，国内的名门贵族聚集一堂掌管国政。三为共和政治，不问门第贵贱，只推众望所归的人士为领袖，与国民协议执政。而君主制又有两种不同的形态，唯国君一人之命是从的叫立君独裁，俄罗斯帝国、大清帝国等国的政治皆属此范畴。一国虽无二君但以一定的国律遏制君主权威的叫立君定律。现在欧洲各国多采用这种制度。

此三种政治形态虽取向不同，但亦有一国之政兼而用之的，比如英国，虽以血统立君，以王令而号令国内，这是君主制。同时，国内的贵族会于上院议事，这又属于贵族合议的政治。不问出身门第，选举众望所归的人士组成下院，这又是共和政治。因此英国的政治是三种形态混合的一种无与伦比的制度。另外，即使是所谓君主独裁的政治，事实上也非一人独掌生杀予夺大权。譬如俄罗斯帝国的皇帝，虽然人民对他敬仰如神，但他也不能凭借个人意志而独揽国政。也有国家虽称为共和政治，其实名不副实。1848 年，法国共和政治下的法律之苛刻，远远超过了当时被称作君主独裁的奥地利。纯粹的共和政治应为民意代表相聚而议国政，丝毫不掺入私见，这种政治当属美国最为成熟。虽然美国建国以来历史已近百年，但是却从未发生过触犯国法的事情。

在欧洲政学家的学说里，大凡称得上文明政治的可谓有六条要诀，如下所示。

第一条　自主任意

国法宽厚，不束缚人。人们各司其所好，喜好做士便做士，喜好务农便务农，士农工商之间没有任何差别。本来就不论门第，不以朝廷官位而轻蔑他人，上下贵贱各得其所，丝毫不侵犯他人的自由，以发扬各自的天赋才能为宗旨。贵贱的差别只限于履行公务时尊重朝廷的官位，在其他方面则士农工商并无差别，只不过对知书达理的劳心者敬为君子，对不能识文断字的劳力者视为小人而已。（本文中"自主任意"、"自由"之词并非随心所欲、放荡不羁、目无国法之意，而是概说此国人民相交时，并不有所顾忌或低三下四，尽情施展各自能力之意。英语中称之为"freedom"或"liberte"，目前日文中尚无合适的译词。[①]）

第二条　信教

人们信奉自己皈依的教义，政府不加干预。从古至今，由于宗教争议而动摇人心、亡国害命的事例为数不少。即使在英国，自汉诺威家族当政以来，只信奉新教，曾一度下令，在国内禁止其他宗派，然而爱尔兰人自古信奉天主教，不听令于政府。因此政府又修改法律，规定信教应该听凭各人之意。但是，因政府一直信奉新教之故，或大建教堂，或排斥其他宗门的传教士而对新教的传教士予以厚禄，这些都容易失掉人心。近来英国又立一法，规定非新教徒即使德才兼备也不能提拔任用为执国政的大臣。鉴

---

① 从"本文中自主任意"到"尚无合适的译词"，为原注。

于以上情况，据说皈依天主教的教徒纷纷举家移居他国。这即是政府失去信教原义的一个事例。

第三条　鼓励发展技术、学问，开通新发明之路

第四条　创办学校培养人才

第五条　政治保障，安稳生活

政治稳定，不搞变革，号令必行，信而无欺，人人依赖国法而安居乐业。譬如国债不偿还，或者流通货币贬值，或者公司违法操作、或者钱庄破产等，都意味着政治没有给予保障。如今法国皇帝的金钱存入英国的钱庄，也正是该国制度稳固，值得信赖的一个佐证。

第六条　使人民免于饥寒之患，即设立医院、贫民院等设施，救济贫民

税收法

西洋各国有以制造品贸易立国的风气，其收税之法，于日本、大清帝国等国家的制度不同。兹举英国的税法以示。

海关关税占岁入最高份额。其中对酒类、烟草的征税最重。1852 年，海关税收为 3117 万多英镑，税务局官员的工资及奖金等加上各种杂费不足 65 万英镑。可以推知税收法的简便。

国内物产及政府特许之税收

并非对所有国内的物产都要征税，且物品不同税率也有轻重。要交税的物品有如下几类：酒类、酒曲、烟草、纸张、肥皂、蜡烛、煤炭、木材、玻璃等。譬如酿造一百桶（每桶约七斗装）啤酒征收 1 英镑 11 先令的税金；一千桶以下征收 2 英镑 2 先令的税金；四万桶以上征收 78 英镑 15 先令的税金。

政府特许之税收是指接受政府颁发执照而另外缴纳的税金，即卖酒、卖酒曲、生产香烟，以茶店、餐馆或马车为家业（如同江户的轿子铺）等属此类。另外，冬季要获得捕猎的许可，也要缴纳规定的税金。

印花税

房屋的借贷、有关金银的契约、钱庄的支票、汇款单、财产的借贷、典当、物品的转让、招收学徒（指手艺人招收有期限学徒）、结婚、离异、遗嘱、就任官职、火灾保险、海难保险、出版报纸、收取金钱等，立字据时，都要盖上官府之印，以作日后之证，并缴纳规定的印花税金额。譬如金钱交易时，如果金额为 20 英镑、合同的字数在 2160 字以下，需缴纳 2 个半先令的印花税。如财物典当的金额在 250 英镑到 300 英镑之间，则缴纳 7 个半先令的印花税。300 英镑以上，每增加 100 英镑就要追加 2 个半先令印花税。这些都有明确的规定。如果不加盖官府证明之印而私自交换字据，日后即使产生纠纷，也不能请求政府裁决。而且法律还规定对此类事情以欺瞒政府的罪名予以罚款处理。

土地税房产税等

土地税没有城市与农村区别，只取决于土地面积的大小和优劣等级。其税率大致以一年收入的二十五分之一为基准。譬如如今在城市或农村有一块土地，市价为 1000 英镑，如果租赁给别人，这块地的租金通常是土地市价的百分之三四，即 30~40 英镑。

缴纳二十五分之一给政府即是这 30~40 英镑中的二十五分之一。上述是将土地租赁给别人时的税率，不过如果要在自己持有的土地上盖房子，或者自己耕作，政府就委派官吏来对这块土地进行鉴定，测定租赁给他人一年应该收取的地租额，并把这个地租额的二十五分之一定为税金缴纳给政府。房产税之法与土地税并无任何区别（土地税和房产税都规定为二十五分之一，而贫民院等设施，房产税的税率大致为二十分之一）。

除了土地税、房产税以外，还有奴仆、犬、马、车等税。如果雇用一个 18 岁以上的奴仆，雇主必须缴纳 1 英镑 1 先令的税金。如果是 18 岁以下的奴仆，则缴纳 10 个半先令。如果拥有一辆驾驭两匹马的四轮马车，税额是 3 英镑 10 先令，如果是一匹马的话税额就是 15 先令，一匹马的税额是 10 先令，一条狗的税额是 12 先令。

家产税 ①

凭靠经商或者传授学问技术维持生计的人应把一年所得利润的二十五分之一向官府缴纳。这叫作所得税。另外政府官员以工资来维持生计者，纳税与商人并无区别。

邮票 ②

在西洋各国，邮政的权力完全归属于政府，商人无权经营邮政业务。因此，不要说与国外通信，即使在国内也不能私下寄送

① 1887 年日本开征所得税，以后统一称为所得税。

② 1871 年，日本创立邮政制度，开始使用"邮便切手"（邮票）、"邮便役所"（邮局）、"邮便取扱所"（邮局）、"邮便局"（邮局）等名称。在此以前，多用"飞脚"（日本传统的货物递送系统）这样的名称来翻译西方邮政系统的名称。

信函，一定要使用政府的邮票。政府制作一种叫作邮票的印花纸，以定价出售。大家买后，在邮寄书信时，依据路程的远近、信函的重量，将相应的邮票张贴在信封的一端，然后投入邮筒里，就能寄送到收件人处。这个所谓的邮筒并非出售邮票的官营邮局，而是指在市内大概每个街区都有一户人家置放在室外的一个箱子。大家把信件投入其中，积攒一段时间后取出分送到各处。这个邮筒归属于政府的邮局，送信的工钱从政府那里收取。

邮票的大小为七八分^①左右，根据金额不同分成不同颜色。据说如今全世界的邮票大约有 2400 种。各国之间签订通邮条约，互相提供方便。譬如有人从法国寄信到英国，在法国贴上价值 8 苏法币的邮票，从法国的邮局运至伦敦港，法国政府收取 4 苏，从伦敦港把信件送往各地由英国政府负责，故收取 2 苏，共计 6 苏。邮票原价 8 苏，扣除 6 苏，剩余的 2 苏作为信件的运输费及杂费。因此法英之间如有书信往来，邮费的四分之三则为两国政府的利润（苏为法国的货币名称，附录有说明）。

国债

西洋各国虽然贫富程度不均，不过在天下太平之时，一般来说年度收支大抵能保持平衡。如战争带来非常规费用之时，政府就会在国内发布号令，发行有价证券向国人借钱，这叫作国债。不过虽然发布了号令，可是并非勒令富豪商贾一定要出钱购买，而是取决于各人的意愿，不愿意购买的人也并不强求。他国之人如愿意购

---

① 1 分 =0.33 厘米，当时邮票的大小约 2 厘米见方。

买，也一概来者不拒。西洋各国的政府没有不利用国债的。英国历年来国债逐渐增加，到 1862 年，其国债总额高达 8.94 亿英镑。国债利息以一年三分的利率计算，达到 2682 万英镑（国债的利息通常为三分至三分半，四分以上的利息极其罕见）。政府每年只是支付国债的利息，很少有归还本金的。购买者持有这种有价证券，只要每年得到三分的利息，恰如持有现金，也就不会去要求政府偿还本金。所以这种有价证券在全国范围内相互买卖，可以作为现金的代用品，如纸币一样。然而，由于各国的政体、贫富以及利率的高低不同，各国有价证券的价值也不尽相同。政府如能确保每年支付利息，有时还能偿还本金的话，这种有价证券的行情自然看好。如果政府经济拮据，非但不能归还本金，而且每年利息的支付也不能保证的话，或者即使能支付利息归还本金，但是该国家政治朝令夕改，从前的国债不能兑现，这种有价证券的价值就会大打折扣。

《舆地志略》

1870 年大学南校出版

出版解题：国家地理的意识往往是在民族意识形成时凸显出来的

《舆地志略》是内田正雄翻译编辑的介绍世界地理的图书，展示了明治初期对世界地理的认识，体现了当时的科学研究成果。全书分四编十二卷（一共十三册）。在"总论"后，从日本开始，分别介绍了亚洲、欧洲、非洲、美洲以及阿西亚尼亚洲（大洋洲）和南极洲的地理状况、风土人情、饮食习惯以及文明开化的程度，并配备了很多用木版、石版和铜版制作的精美插图。1872年，日本发布近代学制时，就指定本书为日本各地小学和师范学校的教科书。本书对明治时代日本人在认识世界时所产生的影响不可估量。

国家地理的意识往往是在民族意识形成时凸显出来的，日本在奈良时代编纂了《古事记》《风土记》等历史地理著作，就反映了天皇制国家形成时的民族意识，当时需要用一种关于天皇的神话来维系从各个部落统合而来的国家。江户时代，各藩出现了各地的地理志，也是反映了各藩的领土意识。1826 年，青地林宗曾经接受幕府的命令摘译过德国地理学者的地理书，书名也是《舆地志略》，但没有印刷出版，很少有人知道，说明当时日本社会还没有这样的需求。明治维新之际，结束了锁国锁藩的状态，又出现了统一的国家地理的意识。明治政府出于了解全国租税的目的，于明治二年就在民部省设置了地理司，负责调查各地的地图、户口以及租税事宜。这无疑也强化了国家统一的意识，但是，因为政局变化，地理司没能完成日本地理志的编撰工作。

幕府末年，魏源的《海国图志》在日本有 30 种翻刻本、校订本，还有 16 种日文翻译本，可见世界地理类图书在日本深受欢迎，福泽谕吉在 1869 年出版的世界地理入门书《世界国尽》也发行了 10 万册以上。在民部省地理司还在调查日本地理的时候，在文部省工作的内田正雄就参考在荷兰留学时购买的杰克·克拉莫（Jacob Kramers）的《地理手册》（Geographisch-statistisch-historisch Handbook，1850）和亚历山大·麦凯（Alexander Mackay）的《现代地理指南》（Manual of modern geography, mathematical, physical, and political，1859）以及理查德·菲利普斯（Richard Phillips）的《普通地理入门》（Goldsmith's Grammar of General Geography，1819）等地理著作，翻译编写了这本介绍包括日本在内的地理著作，迎合了社会的需要。

明治三年（1870 年），《舆地志略》第一卷出版，到 1880 年，《舆地志略》四编十二卷（全 13 册）全部出齐。初编由明治政府在明治二年设立的大学南校（是把幕府时代的昌平学校、开成学校和医学校三校合并而成，内部分为西洋学派系和国学与汉学派系。1877 年，以西洋学派系为主，大学南校与大学东校合并为东京大学）出版发行。从第二编（卷四到卷七）改为文部省出版发行。这个时候，本书早已经被指定为日本各地小学和师范学校的教科书，也就是说到卷七为止，本书是官方的出版物。

从第三编（卷八）开始，由内田家的修静馆出版发行。然而在第三篇（卷九）出版后，内田正雄病逝，以后各卷的出版面临停顿的危机。文部省时代的同事西村茂树整理了内田正雄的草稿，经过润色修订，最终编辑完成了第四编（从卷十到卷十二）的全部书稿，让本书得以完整的内容呈现在读者的面前。

内田正雄出生在幕府将军的直系武士家庭，后来成为旗本①内田主膳的上门女婿，因此改姓内田。而因为有旗本的身份，在 1862 年作为海军留学生被派往荷兰留学和接受幕府委托建造军舰时，内田被幕府任命为这批留学生的领队。不过，内田对艺术的热情明显高于对海军的热情，他在留学期间不仅自学油画，还收集了很多欧洲的油画。后来他把这些油画运回日本，在明治初年的各种展览会上展出，让没有机会接触西方油画的日本人大饱眼福。

1867 年，内田乘坐蒸汽军舰"开阳丸"回日本，不久德川幕府瓦解，日本开始了明治维新。内田改名为正雄，进入明治政府

---

① 旗本是日本武士的一种身份。主要是指在江户时代俸禄不超过一万石，但有资格直接觐见幕府将军的高级武士。旗本拥有自己的领地，并充任幕府的警备以及行政司法财政等方面的职务。

工作，不过不是在海军部门，而是在文部省工作。在此期间，他参加了文部省的古迹调查工作，同时开始撰写文章，发表了《舆地志略》等一系列著作。明治六年（1874 年），从文部省辞职，专门从事翻译和写作。三年后因病离世，年仅 39 岁。

根据 1875 年《文部省第三年报》记载，《舆地志略》在内田辞去文部省工作的时候就已经印刷了 12 万套左右，不仅当时其他出版物的印数不能与之相比，就连福泽谕吉编著的《世界国尽》也只能甘拜下风。而这个时候，本书还没有全部出版完毕，如果再加上修静馆出版的第三篇和第四篇所带来的发行量，本书当之无愧地跻身明治的三大出版物。

本书之所以赢得广大的读者，数量众多的精美插图是本书畅销的原因之一。这也和内田喜欢油画有密切关联。虽然本书插图超过 400 多幅，但是，如果完全按照他的意愿出版的话，那么插图可能会多 10 倍以上。

本书摘译（第一卷部分翻译）①

总论

从山川海陆的位置形势到风雨寒暑、人兽草木的异同以及各国人民的种类风俗语言政令等，地方不同而各有不同。总论这些的称为地学，这类书籍称为地志。然而，其内容非常浩瀚，其

---

① 译文中（ ）为原注，[ ] 为笔者注。

端绪颇为多数，所以，大凡在通考地球上之事物时，或可大致分为三种。第一，从地球的形状运动到度数等全都与天文有关的作为天文部；第二，论及海陆山川的位置风雨寒暑的自然等全部与地势地质有关的作为地理部；第三，各国的境界形势以及人民的风俗、沿革等全部与人事相关的称为邦制部。盖第一第二出自天造的自然，万古少有变更，但是第三关于人力，所以，变革不常。本书虽然也因袭这三部，举说各国的异同。但要预先了解其普通的概略，要知道一般有关的名分等，所以，在卷首略述其大概。

天文部：地球的形状及自传说

以前考察人的栖息地的地球时，其表面虽有山岳河海的凹凸，但以为其全体如平面而且不动，这是因为地球至广至大，而不能知其所极。之后文学开启，对此研究越来越精，最后终于得知其形状圆体如球而且自我旋转片刻不停。盖因其全体至大，所以人们日常看不出其球形样子，虽然如此，但稍加注意便可得而目击其真面目。比如在风平浪静之时，在海边目送远去的船舶，船越走越远，船的帆樯虽然可见但船身已没于水面之下而不能见，又越来越远，帆樯也从水面隐去。其距离尚在望远镜之力可及之处，然而已经不能看到了。但登上丘陵或者高塔，还可以清楚地看到。正如图中甲虽不能看见丙但乙尚能看到那样，不以远近而因高低可见可隐之物，水面弯形如桥梁，其实并不平（其他还有数例现省略）。

图ス弯海
ノ为形面

乙
丙　　　　　　　　　　甲

又，因为地球的全体为球形，若在其周围转一圈，而且方向不变的话，最后就会回到其出发之地。此实验于今更不足为奇。假设从日本驾快船向西航海，到欧洲后方向不变继续西行，过美洲又经过太平洋就可以回到日本。由此可知地球的形状及可以周转。各地皆以地球的中心为下，至于我们住地的地下亦如此，而表面并无上下左右之别。一切百物都在地面安住自不用说，其道理是与地球的引力有关，一切百物不能离开地面。这也是造化妙力，可窥一斑（地球又按照轨道运行，一直在太阳周围转，不差一定的距离，其道理也是与引力有关。引力之说附在理学，此处不详论）。

又，地球自我旋转一刻不息，这就是成为昼夜的原因。今仰视日月星辰的运行，可见日夜从东向西运行，而地球似乎不动。但推究起来，其实都是因为地球自转，其表面自西往东旋转而人不察觉，所以，看见天象相反地运转。犹如舟行，船上人不觉舟行而感到岸上树木都向后退去，这是同样的道理。

如前面所记地球为圆形，则可以测算其表面的一部分而推测其全体。根据历代名家的计算，地球周长为一万零一百九十三里余，据此可知地球的直径有三千二百四十七里。其表面分陆地、海洋，陆地又划分为许多邦国。现做有缩小地球的雏形，装在三只脚的架上，称为地球仪。以此可以理会海陆的位置各国的分布等。而且，据此仪器可习知地球的旋转度数以及地学上有用的虚线种类。

地球日夜旋转，其中有真轴，位置方向万古不变，名为地轴。其两端为南北两极。图中甲乙便是。圆球虽然旋转，但两极不会动，而中央则转速很快。又中央的表面与南北两极同等距离处有一条线，来回一周把地球分为南北半球，此线就是赤道。图中丙丁便是。

……

经度纬度及时刻之差

大凡要确定圆球表面各处的位置距离，可以在其表面画许多纵横线体，数其线可以计算。又球面上的线体不论画在哪里，兜一圈的话必定为正圆之圈，其大小不均，圈线的中心与圆球的中心同处一地的话，就是最大的圈线，也就是与圆球的周线相同，称之为大圈。所以，用直线贯穿球面中心连接两端而在表面画圈线时，必然得到一个大圈。在地球的表面上本来是不能画线的，但假设有这样的虚线，就会得到测算的方便。纵线皆与赤道直角相交，会于南北极，凑合为大圈，即为经度，名为当地的子午线。横线皆与赤道平行为圈，故而越接近两极圈越小，此为纬度，称为平行线。所以，经度纬度就是平等区划的纵横线而已，皆根据一定之法而画之，按数理学之定则圆周分三百六十，则三百六十分之一就是一度，一度的六十之一为一分，一分的六十分之一为一秒。地球的纵横线也是如此。首先把赤道周围分三百六十度，在每一度上画子午线，汇集到两极。从赤道到一个极点为圆周的四分之一即九十度。每一度上画平行线，自然就是纬度。

纬度从赤道开始向两极数，到九十度为止。如说我东京处在北纬三十五度三十五分处，这是在赤道以北的此度数处。经度并没有天然的起点，所以各国都以京城或者制作航海历的司天台"天文台"为起点，向东西各数一百八十度。英国以其京城旁边的绿林"格林尼治"司天台为本初子午线。且此处制作航海历为一般通用，所以也有其他国家采用此经度为本初子午线（本文所用经度皆以东京为准）。

赤道以及子午线都是地球的大圈，其一度各有二十八里零三，故南北各处的距离即其间子午线的长度，知其纬度之差（得知两处的纬度的话，将其数字大的减去数字小的剩下的就是），乘以里数就可以得到两地的距离了。东西的距离即两处子午线的距离，子午线都汇集于两极之故，纬度不同其间距离也不相同，所以，赤道上的一度与其他纬度上的一度距离并不相同，离两极越近两地距离越短，如三十五度处一度有二十七里远，而到八十五度处，一度只有二里半。

经度之差显示了时刻之差。地球以二十四小时转一圈（即一昼夜），所以，一小时转经度十五度。各地皆以向阳面为白天，背阳面为黑夜。以太阳到各地本初子午线正中时为正午。比如，现此地为正午，可知其西方之地，太阳还在不到本初子午线正中，所以是午前。而其东方之地，太阳已经通过其本初子午线，所以是午后。所以，经度东西相距远近则时刻相异。若经度相隔一百八十度，则我们是正午，而他们是半夜。此处日出时，大概是彼处日落时。高纬度（指靠近两级之地）之地东西相距不远，但时刻之差甚大，也是因为经度相差之故。

……

地理部：世界之大别以及五大洲的幅员

全地球的表面为三千三百零七万九千四百多平方里。这可以分海陆两大部分。陆地的表面为八百六十四万七千六百七十平方里。海面为二千四百四十三万一千七百多平方里。所以，陆地只占地球表面的四分之一，海面占四分之三。海面是陆地的三倍。

陆地之大者称大洲（或者大陆）。其中有许多山川邦国的区别，即从世界大区分来看，东半球是亚洲、非洲、欧洲，西半球是南北美洲。澳大利亚是岛屿最大者，因其形广大之故，近世也算其为一大洲，称澳大利亚洲，连同附近岛屿统称为阿西亚尼亚州［大洋洲］。所以，全世界大区分把南北美洲合为一洲，共分为五大洲。

……

邦制部：世界人口之大略以及人种的区别

地球上各地人民的总数虽不能确定其详细数目但大概不下十亿，其区别如下：

亚细亚洲［亚洲］人口：六亿五千二百万

欧罗巴洲〔欧洲〕人口：二亿六千五百万

亚非利加洲〔非洲〕人口：七千万

亚米利加洲〔美洲〕人口：五千八百万

阿西亚尼亚洲〔大洋洲〕人口：二千一百万

以上所举大半为推算数据。亚洲、非洲内陆地区居住的原始部落，本来就不能得到其详细的人口资料。其他还未文明开化之国，自己尚不要求记载其人口，故也不能精算。但是根据许多地学家的经验推算，可以多少了解如前记那样诸州人口的大概。

世界人民其外貌骨骼各不相同，大致可分五种。其一蒙古人种、其二高加索人种、其三埃塞俄比亚人种、其四马来人种、其五美洲人种，其特征大致如下：

蒙古人种又称黄人，头颅偏方，脸面平扁，颧骨突出，鼻梁不高，皮肤为土黄色或褐色，头发多而黑，胡须少或无。身材不是很高。中亚以东的日本、中国、后印度等人皆属此种。又，欧洲北部芬兰拉普兰德人及居住在北极圈周围的因纽特人皆属此种。又，土耳其人虽然混杂但也属蒙古人种。

高加索人种又称白人，头颅偏正圆，脸面近椭圆，前额直立，鼻梁隆起，身体高大，肤色蛋白色中带红，头发多而褐色，眼睛呈碧蓝。欧洲都是这种人。肌肤乳白色是此种属的本色，但地方阳光照射强烈之处其色逐步变黑，欧罗巴南部住民逐步色带褐色。又，非洲北部及阿拉伯、印度的住民属此种属，因在炎热地带，其肤色黑暗如焦土。

埃塞俄比亚人种又称黑人，头颅窄，左右偏扁，前额倾斜，颧骨高鼻梁低，鼻孔大，嘴唇非常厚。肤色漆黑，头发卷曲。非洲土著都是这种人。又，美国为奴隶者都来自非洲。澳大利亚、新几内亚诸岛的土著也属此种。

马来人种又称棕色人，颅顶偏窄，面部宽阔，颧骨突出，身材不高。皮肤黄褐色，头发黑而软，类似蒙古人种。印度诸岛及马来亚半岛的土著居民皆属此种。

美洲人种又称铜色人，骨干类似蒙古人种，颧骨突出，面阔而不平，眼睛凹陷，鼻孔阔而高。肤色近赤色如铜。或偏黑，头发疏而黑，胡须少或无。美洲土著皆属此种。

关于以上所举处之区别，本来所属之处土著有判然之别，但人种混交，逐步产生其中间种类，而其子孙又与其他人种混交，终于出现有人不知所属。所以各地有不少属于中间种类的人。前面所举五种之中，又有根据地方不同产生许多区别。比如朝鲜人、中国人等，皆同种，但又可以看到外貌性质自有差异。又，世界人口按其人种来区分的话，大致如下：

蒙古人种：四亿七千万人；高加索人种：四亿人；埃塞俄比亚人种：八千万人；马来人种：四千万人；美洲人种：一千万人。

……

开化之等级

世界人民的生活立足点以及风俗、政令、伦理、学问技术等都有不同，其开化程度也不平均，而且其区别也开始混同。但是粗略可以分为如下等级：

甲，蛮夷。

人类之中最为下等，不知人伦之道，最未开智觉，只知求男女之情与温饱之欲而已。而且捕鱼狩猎的工具略具一二之外，其他一无所有。然而，同类之中也自有酋长，而且不同地方风化也有深浅。

其一如澳大利亚及南美洲偏僻之地的土著，住在广漠山野或者海滨，裸体赤足，吃鱼虾及虫类，而不知米麦粮食。住在树木的空洞里或者地下的洞穴里。或者住在兽皮搭建的棚子里或是夏日遮阳的茅舍里。

其二如从事渔猎，住在海边或者河边的北极地方的土著。常年以鱼肉兽肉为食物，披兽皮，冬天住在地下洞穴中。部落之间有所交流，比前者稍微有所进步。

其三如北美的土著等，以狩猎为生，常与猛兽搏斗，具有凶悍的风俗。也有极少的妇女从事农业，也有形成大部落的。

乙，未开之民。

与前者相比，智觉稍微有所进步。大家拥有一些财产，皆当地所产。无货币，不知开发矿山（此类中自有等级，其下等之人与甲一起在本书中总称为野蛮）。

其一称为游牧之民。多在从里海之滨到阿拉伯、西伯利亚、鞑靼等全亚洲内陆之地，在可放牧的地方与家畜同居旷野之地，搭建帐篷以避风雨。不从事农业。放牧后等水草消耗殆尽，他们就全部转往他处。家畜有牛、马、羊、驴、骡等。寒冷之地有人放牧一种名为快鹿的鹿，以此为衣食来源。炎热之地如阿拉伯、波斯等地都牧养骆驼。

其二为从事半游牧半农耕之民。形成村落，居住一年或两三年，但不会建永久的村落。阿拉伯、阿富汗等属于此类。

其三为从事农业兼从事牧养家畜或从事渔猎之民。其中已经有制造货物，经营商业的人。非洲及南洋群岛的土著属于此类。他们之中很多没有文字，或者有文字的部落不断发展可称之为邦国。他们自有法令，服从首长的约束。但也有以根据残酷的风俗袭击其他部落，掠夺人口财产，贩卖奴隶为业的人。以前印度及亚洲内陆属于此类。不同地方，风俗及开化程度的深浅也迥然不同。

丙，半开之民。

从事农工商等行业，讲习文字技艺，与他国贸易，生产货物，出品土产，知道开挖矿山。并且有重礼仪的风俗。与未开之民相比，其开化程度远远超出，已进入高等之域。波斯、土耳其等属此类。然而，半开之民的固有习俗皆尊古，更不崇尚开化进步。总以自己是天下第一而以他国为夷狄。虽然有胜过自己的但并不知道要去效仿。贵族蔑视平民，男尊女卑，人情乖戾。讲究理学，沉溺荒诞。缺乏知识，不精器械而劳无益之人力。贵虚饰，远事情。人情交际多表面温厚，背面残忍。全部依照古来传授的仪式体裁而不知切实的状况。半开之民往往处于君主政府之下，君主自有威权而国民不得参与国政。这就是与开化之民的一大区别。

丁，文明开化之民。

农商百工之业盛行，学术技艺发达，四民各安其业。西洋各国及美国属此类。此民之征效，不受造化之力的压抑，以事学问技术而相辅相成。又，爱以友谊广交四海万国。不讲究旧法门第，而推崇贤明与学问技术。虽然他们的人情风俗各国并不相同，但总体来说是少虚饰，富有廉耻心。法律明确，刑罚极宽。

在其他文明之国，有确定的宪法。君主政府不能擅自私有邦土，不能以威权来统治国民。国民也都独立不羁，不会成为君主的奴隶。财产属于个人，政府要保护它而不能剥夺它。

《西国立志编》

1871 年木平谦一郎出版

出版解题：人民应该以自己的意志站起来进行自我变革

《西国立志编》是英国塞缪尔·斯迈尔斯《自助论》（*Self-Help*:
With Illustrations of Character, Conduct, and Perseverance）的日文翻
译本。翻译者是静冈学问所教授中村正直。明治三年（1870 年）
以木版刊刻出版，初版有 11 分册。出版人为静冈藩的木平谦一
郎，这部翻译本也像原作一样很快就成了畅销书。原作在英国被
称为"维多利亚时代中期的圣经"，而本书在日本则被誉为"明治
的圣经"。

曾经有人问中村正直为什么不翻译兵书等实用的书呢？中村
回答说，西洋诸国的强大并不是因为它们兵力的强大，而在于人
民有自立的权利，政府民选，法律公正。国家的强弱在于人民的
品行，因为国家是人民的集合体。世界各国应该通过文化的交流，
获取丰足的生活，享受和平与幸福。而兵者凶器也，一个人的生
命比地球还要重，用武力侵犯他国，草菅人命，是罪大恶极的。

可惜的是，相信武力的人还有不少，我们是不是更需要以真诚和善良来完成天赋的使命呢？

从中村的回答中可以看到他要强调的是文明国家不是依靠蛮横的武力，而是应该以道德取胜。而要靠道德取胜就必须让国民具有道德，国民的素质也决定了国家的形态。在这尚未完全开化的社会里，人民应该以自己的意志站起来进行自我变革。本书这样的论说对习惯听命于政府的日本国民来说无疑是一种振聋发聩的启迪，而其中介绍的300多位西方人物的励志故事和成功故事更是激励了明治初期的日本青年。中村主张一般民众也可以为国家的繁荣做出贡献，使得当时读者趋之若鹜，本书开卷的"天助自助者"也成为脍炙人口的名句。由于福泽谕吉在《劝学篇》提出的论点和中村的这种论断有相同之处，所以，本书的畅销对福泽谕吉《劝学篇》的畅销有巨大的促进作用。

1832年，中村正直出生在江户时代一个下级武士的家庭，从小熟读儒家的四书，后来进入幕府直辖的学校昌平坂学问所学习英文。1866年，已经成为幕府御用儒学者的中村正直被任命为日本派遣的留英学生监督官，带领12名留英学生去英国留学。然而，1年之后，德川幕府就崩溃了，中村只好急忙回国。英国友人弗理兰德在与中村告别时，送给他两本英语书，一本是斯迈尔斯的《自助论》，一本是约翰·斯图尔特·缪勒的《自由论》（*On Liberty*，这本书严复曾翻译成中文，书名为《群己权界论》）。当时从英国坐船回日本，路上要用三四个月，中村就在旅途中读了这两本书，他被自助精神深深打动，并从英国人独立自尊的活动中看到了做人的基本。在担任静冈学问所教授的时候，他接触了很多日本青年，更觉得有必要把这两本书翻译出来给更多的日本人阅读。

翻译稿完成于明治三年十月，为了本书的出版，静冈藩的执政大久保一翁从藩的财政中借出了出版资金，学校组头木平谦一郎负责出版的具体事务，到第二年七月，《西国立志编》终于问世。这一年中村正直正好40岁。本书出版后受到了出人意料的欢迎，据说负责印刷的有100多个拓印师、装订师，从早到晚不停地印刷装订，但门口还是挤满了提货的商人，催促声此起彼伏。供不应求的紧张导致市场上还出现了黑市价，也出现了很多盗版。有收藏家收集的明治时代本书的各种版本达到了26种之多[①]。中村遗嘱把版权交给博文馆，他死后发行了缩印本，成为明治时期的一种长销书。福建人林白水于1907年东渡日本，曾经把本书翻译成中文，由商务印书馆出版发行。

明治五年（1872年），中村翻译的斯图尔特·缪勒的《自由论》出版，日文书名为《自由之理》。这本书也成为当时的畅销书。自由党领袖河野广中曾经回忆他读了《自由之理》而改变了攘夷的思想，开始追求人民应该享受自由的权利。

---

① 瀬沼茂樹:《本の百年史—ベスト・セラーの今昔》, 出版ニュース社, 1965 年。

本书摘译（第一编部分翻译）

第一编 论邦国和人民的自助

穆勒①曰：一国之尊贵价值是其人民尊贵价值之总和。

迪斯雷利②曰：世人常信法律者分外之多，相信人民者分外之少。

一、自助的精神

"天助自助者"这句谚语，是确然经验之谈，仅在一句之中就包含了迄今为止的人事成败的实验。所谓自助，就是独立自主而不依靠他人的行为。自助精神，是产生人类才智的根源。推而言之，具有自助精神的人越多，那个国家就越充满活力，繁荣昌盛。

能够自助者，必有不可阻挡的生长之势。然而给他人支援越多，也必定使其人丧失自己顽强奋斗的意志。所以，师傅对徒弟过分严格，就会让徒弟失去自立的意志。压抑人民的政治法律，必将使人民失去经济的自立，失去活力。

二、人民乃法度之本

国家所制定的制度哪怕是尽善尽美但也不是真正能帮助人民

① 约翰·穆勒（John Stuart Mill，1806年5月20日—1873年5月8日），或译约翰·斯图尔特·密尔，英国著名哲学家、心理学家和经济学家，19世纪影响力很大的古典自由主义思想家。
② 本杰明·迪斯雷利（Benjamin Disraeli，1804年12月21日—1881年4月19日），犹太人，英国政治家、小说家。曾两度出任英国首相。

的东西。而人民根据自己的意志站起来进行自我变革的话，这才能真正地给他们带来利益。

但是，世人都错误地认为自己能够幸福，过着平稳的日常生活，不是靠自己的能力，而是托法制之福。而且还认为人民能够继续发展也是有赖于法律的制定。这样，法律的制定便成为分外尊贵的通俗之说。

三年或五年之中，各府县推举一二人进立法院，为国法尽力讨论，即使他们尽心尽力，但在人民的身上却很少有实际利益。不仅如此，从古到今，日益明白的是朝堂官署往往阴虚而无阳实，多有禁乱遏恶之用，少有劝善励行之用。只是有保护的作用。保护人民的生命，保护人民自主的权利，保护人民的产业而已。

即使是极善的法律，也只是保护人民安享尽心尽力获得的成果而已。即使是极严的法律也不会让懒惰的人变成勤快的人，也不会让酗酒的人变成禁酒的人。法律是不会让人产生修身治家、克己灭私之志的，是不会让人去变革的。而在其他人美好生活习惯的影响下发奋起来的远比法律的影响大。

三、国政返照人民之光

国家的政治，是人民每一个人的东西汇集起来放射光芒的返照。这是因为人民是政治的实体，政治只是人民的一种投影而已。比如说，这里有个国家，人民品行都非常恶劣，哪怕这个国家的政治暂时非常优秀，最后也会变得非常腐败，和人民坠入同样的恶劣水准上去。又有一国，如果人民的品行都非常优秀的话，哪怕这个国家的政治暂时非常腐败，但国家也会继续发展，政治也能跟上人民的水准。

其实，国家是由人民所组成的。集合所有人民的性质而成形的是这个国家的法律和政治。也就是说，人民的水准和政治的水准一定是相等的，就像水一样，在升降过程中，各自会找到自己的水平。品格高尚的人民必须由品格高尚的政治来管理，愚恶的人民则会被愚恶的政治来统治。纵观古今的历史，可以看到很多国家的优劣强弱是与这个国家的人民的品行密切相关的事例，而很少能看到这个国家的政治的好坏与国家的优劣强弱密切相关的事例。

也就是说，国家是所有人民资质加起来的集合体，所谓文明开化并不是其他，而是那个国家的男女老少，各自端正自己的品行，努力工作，磨炼和发挥自己的才能，这些集合起来便成了文明开化。

四、国家的盛衰

国家繁荣昌盛是人民各自勤奋努力的综合之物。人民衰退是人民懒惰只顾自己以及不好行为的集合之物。所以，对国家来说最坏的东西就是人的利己心和邪恶心。此风不断增长的话，即使制定法律一时取缔了这些坏的东西，这些坏的东西也会重新冒出来并不断地增长。只要大家不忏悔自己的过错，不改正恶劣的行为，恶习以及其他社会问题就不能根除。所以，忠爱仁义之人，不必专门去改法度修政事，而应尽力去鼓励人民，教导他们，让他们能够自觉地约束自己，积极阐述自己的意见，尊重良心，尽量做好事。

大概人与在被外部统治下所产生的利害之间的关系非常小。盖因人间万事都与自我管理、自我做主有密切的关联。所以，对独裁国家的人民，无论被什么样的恶政所统治，我们都不能蔑视他们，称之为奴隶。只有不知修德行，被利己心和邪恶心所支配的人，才更加适合奴隶这个称呼。

无论制度怎样改变，或者变法度换执政，也无法拯救心怀私欲成为奴隶的人，无法让他们自力更生。那样国家的政府在推行以专权压制人民为尚的谬误期间，无论是换官吏，改政事，尽心尽力，都不能带来利益。诚如玻璃镜里的影子，虽然变动流转却没有永续的功效。

国家有自主自立之权，但其自主的基础是在人民的性格品行之上。而这人民的性格品行实际上是人民志同道合，争取社会安定，促进国家发展的担保。

穆勒指出：即使是在霸政的国家，如果存在能自立的人民，那么，这个国家就不会产生最坏的事态。而无论什么样的政体，只要压抑或者破坏人民的自立，那都可以称之为霸政。

五、恺撒主义和自助论以及反对论

在论述如何治世之道的时候，从古至今都是谬说相转为主，翻过去又重来。有人以恺撒（古罗马之帝，专欲擅权，使权势归人君）为主，有人以人民为主。也有人推崇英国君民商讨制定的例律。但是，如果不是以自立为根源来论述的话，那么就无法摆脱这些错误。

恺撒认为人民都承认他是君主，服从自己，并因此而获得利益。具有这种思想的人大概愿意为人民提供所有的东西，而不愿意由人民自己来做事。只要以此为师，必定会存在违背人民是非善恶的判断心，陷入专制政治里去的可能。恺撒主义是极恶的神像，崇尚它的话就是崇拜权力，极端地来说，那只是崇拜用权力获得的财富。

与此相对，自助的精神是非常平稳的想法，让人不去滋生弊害。世间之人对此如能很好地理解的话，恺撒主义就会被废掉而没有复活的机会。因为恺撒主义和自助精神是互不相容的仇敌。

维克多·雨果曾经这样论说笔和剑：

笔如果不能杀掉剑，那么剑必然会杀掉笔。反之亦如此。

这句话可以用来说明恺撒主义和自助精神的关系。

六、威廉·达根 [1] 的自立论

讨论起国家的政治，有人主张民主，有人力主君民协商之法。但是，不论及自立的根源，这些都不是真正的政治道路。威廉·达

---

[1] 威廉·达根（William Dargan，1799 年 2 月 28 日—1867 年 2 月 7 日）是爱尔兰 19 世纪时最重要的一名工程师。

根非常热爱自己的祖国爱尔兰，在爱尔兰首都都柏林举办的博览会闭幕式上，他这样说过：

我在这里说一说真话。每当我听说"人的自主自立"这样的话，就会想起我的祖国爱尔兰和居住在这里的人。自主自立是从我的祖国爱尔兰产生的东西，也是从其他国家来到我国的人要得到的东西。但是，我从内心深处觉悟到的是，在产业上的自主自立，其全部都是由我们爱尔兰人民自己的力量所赐。

我想，经过爱尔兰人民勤劳努力，有了今日这样的昌盛，发出繁荣的光辉。这是前所未有的壮举。但是，不应该在这里止步。我国人民已经取得了一定的发展成绩，而从现在开始应该要继续发挥吃苦耐劳的坚强毅力，以期获得更好的发展。如果我国人民努力而勤劳的话，在一个很短的时期内，我国人民每个人就都能够得到同等的安宁，享受到同样的幸福，可以获得同等的自主自立的权利。也可以迎来可以享受与外国人同等幸福和幸运的日子。这是我的厚望。

七、不分贵贱，勤劳忍耐之人，于世有功

所有的国家发展到今天，都经过几世几代的奋斗。有人劳心费思，有人苦其肢体，而获得成功。具有忍耐恒久之心而勤恳工作的人并无尊卑贵贱之分。从古至今的这些人所积累的点滴智慧终于汇总绽放开启伟大的文化。

无论是在文艺领域，还是在各种行业领域，揣摩钻研，并把

这些内容不间隔地传授给下一代，这样，在刚开始的时候还是混沌不清的，但可以发现突破口，进而可以厘清所有的东西。所以，现代的人，既然是继承了祖先的智慧和勤劳积累起来的财产，就应该把这些增补阐明，传给后代。

八、英国人具有自助精神

英国人民具有自助精神，自古以来他们就有奋起活力，在各方面都发愤图强的风俗。从群众中崛起成名，成为比名门出身的人更伟大的人，这是任何时代都会有的事。而英国之所以有这样的活力，其源泉就在这里。

但是，更加值得注意的是，我国的发展并不是几个名人之功。我们不能忘记那些齐心合力地为国家做出贡献，创造极大的利益而推动国家发展的不知名的卑微之民。史书上记述大战之时，只记大将之名，而不会记士兵之名。但是，士兵个个都有英雄的资质，英勇奋战，才传来了捷报。人民的贡献可比士兵的战斗，虽然他们的姓名没有流传后世，但是，和传记上留下姓名的英雄豪杰一样，为世界文明的繁荣和进步做出了重大的贡献。这样的事例比比皆是。

虽然是至微至贱的老百姓，一生勤恳工作，正直、忠厚、节廉，为他人模仿的话，就不仅生前可以对国家的发展做出贡献，即使是死后也能做出贡献。这是因为，只要有一个善行之人，他的行为必然会影响其他人，然后，他们互为模范，影响后世也广泛地学习他们的榜样。

九、实践中的学问

鞠躬尽瘁，从事职业，可以说就是最有效果的实践学问，也具有促进他人奋起的效果。在大小学校、乡塾可以学到的，与这种实践学问相比，不过是初入门的皮毛而已。

可以说，我们从每天的阅历中得到的实益要远比从学校教育得来的东西更加优秀。无论是在家里，还是在通衢大道上，无论是在账台后面，还是在店铺的里面，无论是在织机上，还是在犁锄下，无论是在写字楼里，还是在工厂中，只要是有很多人热热闹闹地忙于工作的地方，就都是实地体验型学问的场所。席勒把这样的教育称为人类的教导。即在日常的行为举止中自我修炼，倾注精力注重克己。

因为是通过实际的体验来学习的，所以，人在一生中，全心全意地工作，取得应该取得的成绩。这些体验与只是从书本上得来的东西相比有天壤之别。

培根指出：一般来说，书本上的知识并不产生在实践中有用的人，而且也存在不学习而具有才智的人。但是真实有用之学只有在实践（对实事实物熟视观察）中才能获得。这种说法不仅说清了把握人生实学的要领，还说明了修养心灵之道。所以可以断言，人为了自身的成就，从劳动中得到的要比从书本中得到的多。从经验中得到的要比从学问中得到的多。从工作中得到的要比教育中得到的多。而从对活生生的人的观察中得到的要比从传记中得到的多得多。

劝学篇

1 没有航海图的航海（二）改革动力

江户城无血开城的缘由

在明治新政府军准备对江户城发起总攻的前一天，即 1868 年 3 月 14 日，西乡隆盛和胜海舟代表新旧政府达成了和平交接的协议。主要理由是大家都认为如果发起总攻，江户势必成为火海，生灵涂炭，惨不忍睹。但胜海舟对西乡并没有吐露真正的理由，几天后，胜海舟去拜访英国领事巴夏礼的时候坦白了真相，即幕府已经没有钱继续购买武器了。幕府要继续抵抗的话，那也只能拼一个鱼死网破，玉石俱焚的结果。西乡隆盛当然不会察觉到这点。或许对他来说，兵不血刃地占领江户城是喜出望外的结果。

虽然这时候戊辰战争还没有结束，但明治新政府还是和平接管了江户城，新政府于明治二年（1869 年）2 月以后搬到了江户，并把江户改名为东京。

这个时候，明治天皇才 15 岁，没有留下任何政治性的发言。所以，明治新政府是公卿和雄藩联合执政的政权，实际上由武士具体运作。明治新政府的结构是总裁 1 人，议定 16 人，参与 14 人。总裁是由王公贵族的三条实美担任，此公以优柔寡断著称，而议定都由各藩的头面人物充任，争的是面子却不想负什么责任。结果，政府主要是靠参与们在实际运营。而参与们就是倒幕运动的实际担纲者，有的连下级武士都不是，比如伊藤博文和山县有朋都是农民出身。

新政府的构成主要是西南雄藩的下级武士，以前并没有在各藩有过执政经验，更不用说是对全国的统治。而来自京都的王公贵族长期被边缘化，也没有执政能力。先搬到东京的木户孝允给还留在京都的太政官三条实美写信，述说了当时东京政府里的实情：倒幕派武士的气焰比以前更加嚣张，但除了争名夺利之外，对如何治理国家，维持国家万世昌盛并没有什么想法。这批人实在是难以承担建设国家的重任。

但是，就是这批人占据了政府要职。他们进入东京后，除了开始追求荣华富贵，还考虑到自身的安全，因为新政府手上并没有军队。戊辰战争中与幕府军作战的政府军实际上是各藩军队的联合体，战争结束后，他们都各回各藩，新政府手里并没有一支部队。依靠武力夺得政权的人当然知道武力的重要性，各藩的军队随时可能成为新政府的威胁。这样，策划组织新政府军成了明治新政府的首要工作。但问题马上来了，明治新政府财政有困难。

江户时代，各藩的经济是独立的。当时日本全国的产值大概有 3000 万石，而德川幕府可以获得的大概是 400 多万石，其他归各藩所有。明治新政府全面继承了幕府的领地，再加上没收了一些敌对藩的领地，所以，获得了 800 万石的财政收入。但是，由于战乱影响了农业生产，占岁入 90% 左右的土地税更难交齐。而政府的岁出包括各官省经费、陆海军费、各地方诸费、国债本利偿还、各种俸禄以及扶助费、营修堤防费、恩赏赈恤费以及杂费，哪一样都是无法节省的。明治新政府只能靠滥发纸币等政策性收入来支撑政府的运营。或许，也只有到这个时候，新政府的官员才体会到德川幕府为什么会那么轻易地放弃政权了。

明治前半期政府收支状况（单位：万日元）

■ 经常岁入　■ 政策收入　—— 岁出总和

争相版籍奉还之怪

由于租税收入根本不能维持明治新政府的正常运作，新政府只能乱发纸币，但是，新政府的纸币很快失去信用，迫使新政府要考虑其他方法来增加岁收。

当时，明治新政府继承的只是德川幕府的领地和收入，这只占当时日本总收入的百分之十几，其他收入都归各地大名所有，如何尽快解散各藩的军队和占有他们的岁收，就成了明治新政府的当务之急。就在这个时候（1869 年），兵库县知县伊藤博文等人提出了版籍奉还的建议书，建议让各藩把土地和人民全部归还给明治新政府，也就是交出全部的税收。不过，新政府知道，鲁莽地接受版籍奉还，从而否定幕府时代藩主与藩士的主仆关系，破坏那样的传统社会秩序，稍有不慎，就会引发全国性的动乱。果然在伊藤博文的建议公开后，各地武士就提出强烈抗议，要求处罚伊藤等人。大久保利通也不满伊藤的建议破坏了新政府的计划，因此，伊藤博文受到了处分。

当然，新政府并没有放弃接收全日本土地资源和统一财政的想法。为了防止可能出现的反抗，新政府特地隆重地邀请已经回到萨摩老家的西乡隆盛到东京任参议，实际上是想借用他带来的军队为后盾来统一全日本的税收。然而，没有想到的是，版籍奉还（1869 年）以及废藩置县（1871 年）等剥夺各藩权力的行动，竟然是在各藩争相要求下落实完成了。当时的英国领事巴夏礼曾经指出，如果是在英国的话，这样粗暴的改革，不经过数年的战争是不可能完成的，而日本竟然用一纸诏书就解决了问题。这是不是一种称赞不得而知，但至少说明了争相版籍奉还令人诧异。这里究竟有什么蹊跷呢？从盛冈藩自愿废藩置县的过程中可以窥见一斑。

盛冈藩在戊辰战争中曾经与新政府军对抗，投降后，作为敌对势力受到处罚。第十五代藩主南部利恭被转封到白石藩，收入也被削减了三分之一。南部利恭手下重臣带动盛冈藩的民众掀起了要求停止转封的运动，声称盛冈地区没有南部利恭不利于地方安定。结果同年 7 月，明治政府以盛冈藩上交 70 万两白银缴纳金为条件，同意南部利恭复归盛冈藩。然而，盛冈藩的财政早已破产，无法缴纳 70 万两白银。于是，盛冈藩向明治政府提出愿意废藩置县。考虑到对其他地方的影响，明治政府一开始并不想这样处理，但经不起盛冈藩的再三请愿，于明治三年（1870 年）同意废除盛冈藩设置盛冈县。

　　盛冈藩的事例只是一个代表，各藩之所以愿意版籍奉还，主要原因就是他们的财政早已濒临破产，戊辰战争后，各藩的债务平均达到了年收入的 3 倍以上，各藩的经营已经难以为继。而版籍奉还和废藩置县却可以保证原藩主从各藩收入中得到 10% 的收入，对藩主来说当然有极大的诱惑力。至于萨长土肥这 4 个主导明治维新的藩也争相上表要求版籍奉还，究其动机，诚如大隈重信所说的那样，那是这些藩希望通过版籍奉还，再论功行赏，政府将会分配更多的土地和人民给他们。这样，有人不得已，有人想乘机捞一票，结果，从平安时代以来维持了千年的由特定领主支配其领地的国家体制就这样波澜不惊地完成了改革。

　　1871 年 8 月，明治政府正式发布了废藩置县的诏书，设 3 府302 县。各藩的旧藩主不再出任知藩事，同时，原来各藩支付给武士的俸禄也由明治新政府承担。各藩的藩札（货币）也由明治政府作价回收。通过废藩置县，明治新政府如愿以偿地接收了日本全国的土地资源，统一了全国的财政。但它很快就发现这笔账并不合算，因为它所接收的支付义务要远远超过政府可以得到的全国税收，尤其是原来各藩武士俸禄的发放，更是让明治政府感到压力巨大。于是，明治政府决定不再承担从各藩继承下来的给武士发放俸禄的义务。这也只有不顾传统的藩主与武士的主从关系的明治政府才能够做到，而当时有 200 多万的武士失去收入，当然会引起社会的动荡，激起反抗。明治新政府的巧取豪夺所引起的社会不满，在不到十年的时间里最终以西南战争的形式爆发了出来。

私欲是改革的动力？

就在明治政府闹钱荒的时候，政府高官却组织了一个大型使节团以豪华的规格周游了世界。根据当时的政府财政资料推算，这次使节团的费用为78万日元，而根据当时的回忆资料，费用可能要达到100万日元。明治四年（1871年）政府的租税收入只有2000万日元，当时日本全国的治水预算也只有100万日元，可见这次使节团的费用是多么巨大。

享受这样的巨额花费，实际上也是实力派人物争权夺利的结果。1871年，大隈重信根据美国人弗洛贝奇的建议，提出了由他组团出访欧美各国的提议。弗洛贝奇让大隈相信，出使外国回来后可以提高他在政府里的发言权。然而，大隈的政治对手也相信这点，于是就展开了争夺出使权利的明争暗斗。结果形成了以右大臣岩仓具视为正使的使节团。其他政府高官都非常珍惜这次出访的机会，谁也不肯放弃。结果当时政府的80%的骨干都参加进来，加上公派的留学生，组成了100多人的超大型使节团。

然而，在使节团已经出发后，出使的目的却依然不明朗。现在通行的说法是修正不平等条约，但是，使节团出发时竟然没有携带国书，并不符合国际惯例。当"黑船"第一次来日本的时候，幕府早就预先知道了美国舰船的船名，说明在江户时代日本就有获得世界各国情报的渠道，所以，应该不会不知道条约的交涉是需要国书的。就算当时是为了修订不平等条约，但在出使的第一站就知道没有这种可行性，那就应该打道回府了。但是，使节团成员继续享受着公费旅行，竟然用了近两年的时间才陆陆续续地回日本。当时，日本社会流传了这样的讽刺顺口溜：

条约没有改成，巨款已经用光。
喂，岩仓使节团，还有什么话可讲？

尽管如此，岩仓使节团并不是一无所获。首先，美国在谈判时的冷酷，让日本使节团知道了国际交涉的严峻，而在英国用2个月等候女王的召见，更让日本感受到国际地位的悬殊。不过，最有收获的应该是与德国的铁血宰相俾斯麦的会见，因为俾斯麦在使节团面前的一番讲话是日本出多少钱也买不到的。俾斯麦说，国际法只是强权者的工具，对他们有利的时候，就抬出国际法，对他们不利的时候，就把国际法抛在一边，而使用武力来压制。德国在这方面吃足了苦头，所以才吸取教训，努力成了世界强国。而在明治维新的时候，日本视国际公法为神圣不可动摇的东西，为此还高榜揭示要求日本百姓必须遵守。但是德国首相让日本知道了什么是强国的作为。

没有争取到出国机会的人当然也没有放弃为自己争取更多的权益。二叶亭四迷在《浮云》中揭示了最底层的职员为了保住工作机会必须去讨好科长的情景。事实上，明治新政府任人唯亲，政府高层职位基本上被西南雄藩包揽。在这样的人事关系中，公私往往难以区分，行贿受贿也是家常便饭。山县有朋和井上馨所涉及的腐败事件在明治初年都是有名的事件。

在山县有朋掌握的兵部省（后来分为陆军省和海军省）里，山县的部下山城屋和助因为这层关系不仅成了陆军物资的供应商，而且还无抵押地从陆军省获得了巨额贷款去欧洲进行投机。据毛利敏彦的研究，山城屋和助从日本陆军省借出了80万日元的巨款，这相当于当时日本政府岁收的1%，陆军省预算的10%。能借出如此巨款，行贿是必不可少的，山县有朋等长州派陆军高官都获得了相应的交换利益。但是，山城屋和助的投机失败了，不得不死在陆军省内的一间房间里。陆军内部借此开始排斥山县有朋这一派。但在西乡隆盛的保护下，山县有朋保留了在陆军中的影响力，得以成功地改革了日本陆军，实现了全国征兵制。当然，这个时候公私依然很难分辨，因为陆军任用的基本上都是原长州藩出身的人，留下了"陆军是长州"的说法。

在井上馨掌握的大藏省里，演绎了公开抢夺民间矿山的尾去泽铜山事件。幕府时代的商人村井茂兵卫曾经借贷给南部藩55000日元。当时藩里的平民借钱给藩主还必须照顾藩主的面子，借条上只能写收到藩主多少钱，在藩主还钱的时候，把这预先的收条交上去。明治初年的人对此应该也是很清楚的。但是，井上掌握的大藏省却以此为凭据，没收了村井经营的铜山。毛利敏彦指出，明治政府让村井还南部藩的钱，应该是看中了这个铜山。实际上村井为了获得铜山的经营权花费了 124800 日元，而明治政府却把这座铜山以 36000 日元、十五年无利息分期付款的超优惠条件转卖给服务于井上馨家族的政商冈田平藏。冈田平藏自然投桃报李，在铜山上竖立起"从四位井上馨所有"的招牌。这个事件被传出去之后，引起了大家的公愤。然而跟随岩仓使节团出访的木户孝允为了保护自己的部下，赶回日本带着涩泽荣一四处活动，为井上馨平息了这件事。井上馨摆脱了被捕入狱的窘境后创建了三井物产，后来又活跃在日本的外交舞台上，为修改日本的不平等条约做出了很多贡献。

当然，腐败事件并不是原长州藩的特权，萨摩藩的核心人物黑田清隆就曾利用北海道开拓使的职权为自己牟利。明治新政府历年来对北海道的开拓投资了 1400 多万日元，但北海道开拓使长官黑田清隆竟然在 1881 年以 38.7 万日元的代价，分 30 年付款的方式，把这个开拓事业转让给他的同乡好友五代友厚。新闻记者发现了其中的猫腻，《每日新闻》等报纸纷纷发表文章予以揭露，在社会上引起了巨大的抗议之声，但这并没有影响到黑田清隆出任日本第二届内阁总理一职。明治初年所发生的这些腐败事件基本上没有影响到当事者在日本政治舞台上的地位，或许为自己、为自己的帮派牟利也是这些政治实力人物从政的出发点。不知是不是这些活生生的事例，给了年仅 22 岁的田口卯吉很大的底气，让他在《日本开化小史》（1877 年）里理直气壮地指出：开化的原动力就在于人对私利追求的本性。

2 历史大事记（1872—1877 年）

1872 年

1 月，日本第一次全国人口普查。男性为 1679.6158 万人，女性为 1631.4667 万人，一共是 3311.0825 万人。

2 月，取消土地买卖禁止令。

4 月，允许僧侣娶妻生子，荤素不忌，留发平服。设立北海道开拓使学校（札幌农学校的前身）。

5 月，东京到神奈川的铁路从品川到横滨部分开通。1 天 8 趟来回，单程 40 分钟。1 个月的乘客为 7 万人次。东京开设师范学校。

6 月，禁止私葬，埋葬时必须请神官或者僧侣到场。《邮便报知新闻》创刊。

7 月，横滨的高岛嘉右卫门的煤气厂完工，在县厅前建设煤气路灯。

8 月，公布全民皆学的学制。分小学、中学、大学 3 阶段。取消对学生的生活费补助，规定受益者负担学费。

9 月，东京和大阪之间的电信开通。

10 月，官营富冈制丝场开业。

11 月，布告明年采用太阳历。公布银行设立条例，允许民间开办银行。

1873 年

1 月，把明治五年 12 月 3 日，改为明治六年 1 月 1 日。这次历法改变是因为蒸发了明治五月的 12 月，政府可以少付一个月的薪水给政府职员。但太阳历的突然采用带来了混乱，民间继续使用了一段时间的旧历。

公布征兵令，执行全民皆兵政策。

2 月，默认基督教。

3 月，允许日本人与外国人通婚。

4 月，政府不允许报纸刊载政府官员公务和外务活动的新闻。

5 月，日本第一所公立图书馆在京都开设。政府禁止官派留学生去民营企业就职。

6 月，米价上涨引起福冈 10 万农民起来斗争。

7 月，发表地租修改条例，准备统一地租和租税制度。

8 月，确定教职名称，大学称"教授"，中学称"教谕"，小学称"训导"。

10 月，政府决定再次派遣西乡隆盛去韩国。木户孝允、大久保利通、大隈重信、大木乔任不满政府决定而辞去参议。天皇根据岩仓具视的参奏终止了派遣西乡隆盛的决定，西乡立刻辞去参议和近卫都督。史称明治六年政变。

11 月，设立内务省，大久保利通任内务卿，掌握了日本各地府县长官的任命权，并掌握了警察，形成了大久保的独裁体制，让日本趋向警察国家。

1874 年

1 月，前参议板垣退助、后藤象二郎、副岛种臣、江腾新平等提出设立民选议员的建白书。虽然建白书在很大程度上表露了失意士族的不满，但结果是引发了日本的自由民权运动。

2 月，征韩论者江腾新平带来士族在佐贺县暴动。1 个月后被镇压，江腾等被判死刑，立即执行。大久保利通和大隈重信提议出兵台湾。

日本最初的学术团体明六社成立。《杂志明六》创刊。另外，庆应义塾出版社创刊福泽谕吉主编的《民间杂志》。

3 月，设立女子师范学校。西周在《杂志明六》上发表用罗马字母书写日语的主张。

5 月，西乡重道率兵进攻台湾。

6 月，设立北海道屯兵制度。

7 月，日本政府无偿借给三菱运输船 13 艘，用于进攻台湾的运输。这确立了三菱的经营基盘。

9 月，政府掌管电信业务。

10 月，清政府赔偿日本 50 万两白银，解决了台湾问题。

11 月，《读卖新闻》创刊。

这一年，运动会，演说会盛行。日本渔民前往澳大利亚捕捞珍珠贝。

1875 年

1 月，统一邮局称呼，开始邮局兑换业务。

2 月，三菱开通上海到横滨的国际航线。这是日本第一条国际定期航线。

外务大臣森有礼和广濑阿常举办新式婚礼，福泽谕吉做证婚人。

废除幕府的各种租税，设立车税、酒精税和烟税。

4 月，颁布废除左右两院，建立元老院、大审院、地方官会议的诏书。

5 月，批准与俄国交换桦太（库页岛）、千岛的条约。

6 月，内务省设立东京气象台。第 1 届地方官会议召开。

公布报纸条例、诽谤律。强化取缔反政府言论。

7 月，元老院开院。

田中制作所（东芝的前身）在东京新桥设立。

8 月，根据报纸条例，政府对《东京曙新闻》主笔末广铁肠发出了处罚。

9 月，修改出版条例，出版物归内务省管控。

日本策划了江华岛事件。

10 月，政府派遣田边太一去小笠原诸岛，显示了积极占有的意欲。

11 月，由于政府对言论的管制越来越严，很多人被捕。《明六杂志》不得不废刊。

这一年，日本从美国引进葡萄、橘子和橄榄树苗。全国小学达到 24225 所。

1876 年

1 月，全国人口为 3433.8404 万人，其中男性为 1741.9785 万人，女性为 1691.8619 万人。

2 月，日本利用江华岛事件，让朝鲜接受不平等条约。

3 月，公布废刀令，禁止平民带刀。

4 月，政府招聘英国人技师，设立品川硝子制造所。近代玻璃工业开始得到发展。

7 月，三井物产的设立得到政府认可。

8 月，为减轻政府负担，停止向华族士族支付俸禄。引起士族不满，在日本西南部爆发了士族的反抗。

发生高桥阿传在藏前旅馆杀死富商事件。

9 月，北海道开拓使在札幌设立啤酒工厂。元金泽藩士清水诚在东京设立火柴工厂。

10 月，在福冈县和山口县发生士族暴乱。

12 月，《中外物价新报》（《日本经济新闻》的前身）创刊。

1877 年

1 月，由于上一年地租过重，在日本全国引起了 20 多起农民暴动。所以，新年伊始，政府宣布减免地租。

西乡隆盛学校的学生夺取了政府弹药库，西南战争爆发。

2月，政府组织征讨军，因三菱的运输能力不足，给三菱贷款80万美元用于采购8艘船舶。

3月，杂志《团团珍闻》创刊，为躲避因批判政府而被查封，采用了以圆圈代字的方式，以讽刺时事。

4月，东京开成学校和东京医学校合并成立东京大学，设法、文、理、医4个学部。改东京英语学校为东京大学预备门，附属东京大学。

西乡军因为军费不足而发行西乡纸币。

5月，第十五银行设立。随即日本政府向该银行签订借款协定，以支付西南战争的军费。

6月，日本加入万国邮政联合条约。

东京颁布最初的交通规则。

8月，在上野公园举办第一届国内劝业博览会，入场人数达45万多人。

9月，美国人发现大森贝冢。大森贝冢为日本考古学发祥之地。

西乡隆盛兵败自杀，西南战争结束。西南战争的战费达4100万日元，几乎用尽了当年全日本4800万日元的税收。过度的消耗使得日本朝野都不能再用武力来解决争端。不过，也有人靠西南战争发了财，促进了民间的投资。

11月，东京第一家晚报《东京每夕新闻》创刊。

12月，允许设立东京证券交易所。

3 畅销书概况：启蒙教育

　　明治初年，读者对近代化的渴望形成了对了解文明开化的强烈需求，而适时而出的相关书籍部分地满足了这样的需求。福泽谕吉先后出版的《劝学篇》《文明论之概略》都成为读者争相阅读的对象，成为明治初期的启蒙书，同时也成了当时的畅销书。

　　作为启蒙书，福泽谕吉的著作具有平易近人的明显特征。比如《劝学篇》初编第一句"天不造人上之人，也不造人下之人"就通俗易懂，十分震撼人心。这样的效果也是福泽谕吉所苦心经营的效果。早年福泽在大阪向绪方洪庵学习兰学的时候，曾经被告诫，书籍翻译需要从读者的角度来翻译，如果拘泥于原文，用大量的汉字来翻译，尽管翻译得比较正确，但读者读不懂的话，也就失去了意义。这些告诫影响了福泽的一生，在他写文章或者翻译的时候，都十分注意读者的阅读能力，他认为自己的著作不仅要让没有接受过多少教育的农民及城市居民读得懂，而且也要让那些来自穷乡僻壤、完全没有受过教育的人能理解。所以，他常常学习唐代的白居易，把自己的文章读给不识几个字的妇女儿童听，如果觉得他们听不懂就回来修改。这种力争让大家都能读懂的文风对福泽谕吉的著作在社会上的流传起到了推动的作用。

　　当然，作为启蒙书，书的内容必符合当时的社会需求。中村静太郎翻译的缪勒著作《自由之理》强调每个人的个性，对习惯于通过对经典著作的轮读共读而形成共同意识的日本知识阶层来说冲击尤为强烈。江户时代的封建制度，不仅把人民固定在一个地方不得随意迁徙，而且把大家的身份固定下来，很难改变。这样的制度对形成日本人普遍注意周边环境而随时协调的性格有很大的影响。随着文明开化而传进来的西方强调思想和言论的自由，鼓励表达个人主张的论调，对明治初期的日本人来说都是非常新鲜而又刺激的。

基于启蒙主义的文明史观而写成的《日本开化小史》也成了深受欢迎的畅销书。作者田口卯吉自己就是受到了福泽谕吉的启蒙影响，同时，又用这本书传播了启蒙思想。可见在明治初年，启蒙教育的影响力。

启蒙不仅反映在思想内容上，也反映在所使用的形式即文体上。1866年，幕府所用的青年儒者中村正直在要求去西洋留学的志愿书上这样开头写道："通天地人谓之儒"。这完全是汉文写法，但内容却是在强调学习西洋的重要性。这篇志愿书非常典型地说明了汉文在明治维新之际的重要作用：不仅幕府时代要使用汉文，就是在把西方的概念翻译过来的时候也需要汉文，传统的假名日文并不能胜任这样翻译的。在把参照基准迅速地从中国文化转向西洋文明过程中，日本知识层通过重新组合汉字来完成了对西方概念的翻译，比如用《尚书》的"革命"翻译 revolution，用《易传》的"文明"翻译 civilization，把汉语中集会、结社之意的"社""会"组合成"社会"来翻译 society，再组合成"会社"来翻译 company 等等。日本评论家加藤周一指出，如果没有汉文，可以说日本的近代文明就很难成立。

但是，启蒙的对象即一般的日本国民并不是人人都掌握了一定的汉文基础，如果不用大家都容易理解的文体，启蒙思想也就难以让大家接受。所以，启蒙主义者开始更多地使用接近日常口语的文体。在这样的变化过程中，当时的知识层又不自觉地吸收了西方的思维方式。比如，对概念定义的强调，对概念秩序的分别以及人称代词的明确使用等等。随着西方思维方式对日本社会的渗透，日语的表达方式也发生了进一步的变化。新的文体实际上也是明治时代日本人的精神体现。

1872—1877 年的畅销书			
出版时间	书名	作者·译者	出版者
1872 年 （明治五年）	「学問のすゝめ」 《劝学篇》	福泽谕吉	福泽谕吉
	「自由之理」 《自由之理》	约翰·穆勒（John Stuart Mill）著 中村敬太郎译	木平谦一郎
	中村正直（号敬太郎）翻译的约翰·穆勒（又译为约翰·斯图尔特·密尔）《论自由》。明治初年代表性启蒙书籍		
1875 年 （明治八年）	「文明論之概略」 《文明论之概略》	福泽谕吉	福泽谕吉
1877 年 （明治十年）	「日本開化小史」 《日本开化小史》	田口卯吉	田口卯吉

《劝学篇》

1872 年福泽谕吉出版

出版解题：有什么样的人民就有什么样的政府

《劝学篇》本来是福泽谕吉在故乡中津开设学校时为同乡写的一篇劝学论述，但有人见了就说，此书不应该只给中津的人阅读，而应该广为传布，让大家都能从中受益。于是，福泽谕吉就听从这样的劝告，把此书交给庆应义塾排字印刷。没想到，此书一出，竟然供不应求，当时的活字排版技术还不成熟，为了及时供应市场，福泽谕吉又采用木板雕刻，用传统的印刷方法进行印刷。本书本来只有一篇，因为读者喜爱，福泽谕吉就继续写下去，这样前后一共写了十七篇，最后，每篇至少印刷了 20 万册，合计超过了 340 万册，成为明治初期畅销的书之一。

是什么内容让明治时期的读者这般如醉如痴呢？首先，《劝学篇》提出了自由、独立、平等这在日本历史上从未有过的价值观，开卷第一句"天不造人上之人，也不造人下之人"就让很多日本人如梦初醒。在自由、独立、平等的社会里，传统的身份制度已经失去了作用，而通过读书学习，不仅能改变自己的命运，还能造就民主的政治，产生宽容的政府。也就是说，有什么样的人民就有什么样的政府，而人民要过上幸福的生活，就必须努力读书学习。

从第二篇开始，福泽谕吉详细解说了平等独立的概念，并强调了在野公知的先导作用。他否定封建社会忠义的意义，而强调法制的重要性。他认为禁止人民的自由，会让人在背后产生怨恨，而这是人最大的不道德。所以，政府和社会不应该限制和妨碍人的自由。也就是说，福泽谕吉认为国民主权国家的主权者是人民，而人民若不改变传统的意识，就难以建设新时代的国家。

到明治维新之际，日本国民仍深受传统儒家的影响，没有自我的意识，对政府充满畏惧。福泽谕吉认为，日本要保持独立，跻身近代国家之列，就必须用欧美近代的政治思想来启蒙沉浸在封建思想里的日本人。《劝学篇》以平易近人的文体，娓娓动人的言说，打动了很多陷于明治维新之际混乱的日本人，从而也成为当时最为畅销的启蒙书籍。

1872 年，本书初篇出版，初版本采用清朝活字排版，西洋纸两面印刷，共二十四页。当时因为还没有纸型，增印不方便，所以后来改为木刻版印刷。到 1876 年十七篇全部出齐。早期的活字版在日本现存 10 册左右，而现在比较通行的是 1880 年出版的合订本。

本书初篇的署名为福泽谕吉和小幡笃次郎，以后各篇署名都是福泽谕吉，而合订本的署名也是福泽谕吉。有人认为初篇署名加上小幡笃次郎是福泽谕吉为了提携后进，但也有可能是小幡笃次郎撰写了草稿。小幡笃次郎也是中津藩藩士，自幼熟读四书五经，后来跟着福泽谕吉到江户学习英文，并成为福泽谕吉私塾的塾长。1868 年，他出版了著作《天变地异》，科学地解说天文地理的自然现象，引领了明治时代科学启蒙书的热潮。这本书的内容后来被纳入日本小学课本。1890 年，小幡笃次郎还被推举为贵族院议员。

本书摘译（初篇全文翻译）

初篇

天不造人上之人，也不造人下之人。也就是说天生的人万人同位（平等），生来并无贵贱上下之别。本应活动万物之灵的身心，以天地间万物为资，以达衣食住之用，自由自在、互不妨害，个个可在这个世界上安乐度日。但环顾现在的人间世界，会看到有贤人也有愚人，有穷人也有富人，有贵人也有贱人，他们之间为什么会有这样的天壤之别呢？理由很明了。《实语教》说，人不学无智，无智者则为愚人。所以，贤愚之别是学与不学所造成的。

而且，世间有困难的工作，也有容易的工作，把做困难工作的称为身份高的人，把做容易工作的叫作身份低的人。操心劳神的工作都是困难的，只用手足的体力活都是容易的。因此可以把医生、学者、政府官员、做大买卖的町人（商人）和雇用许多帮工的富农等称为身份高贵之人。身份高贵的话，他们的家自然会富裕，从底层的人来看那就高不可攀了。但如追根溯源，就可以知道这只是有无学问之力所造成的差别，而不是天注定的。俗语说，天不予人富贵，而富贵可以在勤劳中获得。所以，如前所述，人生来并无贵贱贫富之别，只有勤学多知的人能成为贵人成为富人，不学的人则成为穷人成为贱人。

学问并不是指能识难字，能读难懂的古文，能咏和歌，能作诗等空空的文学。这类文学虽然也能给人们以精神安慰，并且也有些益处，但是并不像一直以来世间儒学家和日本国学家们所说的那样可贵。自古以来，汉学家很少有善理家产的，和歌拿手同时也善于经商的町人也非常稀有。因此有些有心机的町人农民，看到他们的子弟努力读书学习，就担心以后家业要中落，这种做长辈的心情是可以理解的，因为这类学问的果实远在天边赶不上日常的需求，这便是明证。所以我们应当把不切合实际的学问放在一边，应该专心致志去学接近世间普通日用的实学，如学习伊吕波四十七个字母，学习写信、记账，练习打算盘和使用天平等等。再进一步要学的话，还有很多要学习的东西。例如地理学不仅介绍日本国内的风土人情，而且还介绍世界万国的风土人情，物理学则是考察天地万物的性质并探究其作用的学问，历史则是由非常熟悉年代记的人对古今万国情况研究的书籍；经济学是从一身一家的生计来说明天下家庭的学问，修身学则是阐述修身交友和处世的天然道理的东西。以这些为学问，势必要参考西洋的译本，书中内容大多用日语假名字母，便于学习。至于有才能的青年，就让他直接读外文。对各项科学都要实事求是，就其事而从其物，追求相近的道理以满足目前的需要。以上是世间一般的实学。人不分贵贱上下，都需要全部学好的心得。有这样的心得之后，士农工商各尽其分，各自经营家业，那么，人可以独立，家可以独立，天下国家也就可以独立了。

对于治学来说，懂得分际非常重要。人生来无拘无束。生为一个男人就是男人，生为一个女人就是女人，并且是自由自在的。但如今高唱自由自在而不知分际，则容易陷于恣情放荡。也就是说分际就是基于天理，顺乎人情，不妨害他人而达到一个人的自由。自由与恣情放荡的界限也就在于妨害他人与否。譬如花自己的钱，耽于酒色，放荡无忌，似乎是个人的自由，其实绝对不然。因为一个人的放荡能成为众人的榜样，最终会糜烂风俗，有伤教化，因此虽然他所花的是自己的钱，但他的罪也是不可饶恕的。

自由独立之事不仅体现在个人身上，也体现在国家之上。我们日本是亚洲东部的一个偏僻岛国。自古不与外国交接，仅凭本国的物产自给衣食，也没有感到有所不足。自从嘉永年间美国人来日以后才开始对外交易，以至今日。开禁后有多种议论，有人叫嚣要锁国攘夷，但所见异常狭隘，有如俗语所谓井底之蛙不足与其论天。日本也好西洋也好都处在于同一天地之间，照着同样的太阳，看着同一个月亮，共同拥有海洋，共同拥有空气，要是人民情投意合，就会将彼此多余的物资相互交换，并互教互学，既不会有耻辱的感觉也不会有骄傲的感觉，相互同获便利，共谋幸福，从天理人道而互相友好。为了理，对非洲的黑奴也要敬畏；为了道，对英美的军舰也不需要惧怕。国家遭到侮辱的时候，日本国民就应一个不落地牺牲生命也要维护国家的荣誉，只有这样才可以说是国家的自由独立。至于像中国人那样，好像本国以外别无他国，看到外国人就统称为夷狄，把他们看作是四条腿的牲畜，贱视他们，厌恶他们，不考量自己的国力却妄想驱逐他们，结果反为夷狄所窘迫。这实在是不知国家的分际之故。如就个人来说，就是还没有理解天赋的自由就陷入恣情放荡中去了。从王政一新以来，我们日本政风大改。对外以国际公法交接各国，对内向人民宣示自由独立的原则，已经允许平民冠姓、骑马，这是开天辟地以来的一大美事，可以说是奠定了士农工商四民平等的基础。从今往后，日本国中人民不会再有与生俱来的等级差异，只有因其才德和行为举止带来的地位。譬如人们不能轻蔑政府官吏，那是理所当然的事，但这并不是因为其人身份高贵，而只是因为他们具有才德，忠于职守，为国民执行可贵的国法，所以不是人贵而是国法之贵。旧幕府时代，将军御用的茶壶可在东海道通行无阻，是大家都知道的，此外将军饲养的鹰比人还要尊贵，行旅之人在路上碰到御用的马都要避让，总之只要加上"御用"二字，就是砖石瓦片也都成了很有威严的东西。世上之人从数千百年的亘古以来，虽然对其憎恶，却又自然相习成风，从而形成了上下之间相互难堪的风俗。但终究都不是出于法的可贵和物的可贵，而只是借政府的威力，让人生畏，妨害人们自由的卑鄙做法，是不具实质的虚威而已。到了现在，这种浅薄的风俗制度在日本国内应该已经绝迹。因此人人可以安心，即使对政府有所不满，也不必将之隐藏起来，暗中埋怨，而应遵循正常的程序，心平气和地诉说，毫不客气地议论。只要合乎天理人情，就是舍命也要力争，这就是作为一国人民的分际。

如前所述，基于天理，个人和国家都是应当自由而不受拘束的。假如有妨碍一国自由的东西，哪怕是世界万国，与之为敌也不足惧，假如有妨碍个人自由的东西，哪怕是政府官吏亦不足惧。何况近来已经有了四民平等的基础，处处可以安心，只要依从天理就可以努力行事。不过每个人都有他相应的身份，而且按照身份应具备相应的才德，要具备才德就须明白事理，要明白事理就须识文断字，这就是学问为首要任务的缘故。照看现在的情形，农工商三民的身份比以前提高了百倍，呈现出将要与士并肩之势，而且现在政府已经有采用这三民中的人才之路。他们就应当重视自己的身份，好自为之，不做卑劣之事。大概世界上再没有像无知文盲那样又可怜又可恶的人了。由于无知之极，就会恬不知耻，由于自己无知而陷于贫穷与饥寒交迫之境，但却不怪罪自己，反而妄自怨恨邻近的富人，甚至纠集徒党，强行暴动，酿成变乱，那真可谓恬不知耻，憨不畏法。这些人一方面依赖国家的法制来保障自身的安全，维持一家的生计，而另一方面又为了自己的私欲而破坏所依赖的法制，前后岂不矛盾？还有些出身清白和有相当财产的人，只顾发财而不知教育子孙。未受到教育的子孙变得愚蠢也就不足为奇。结果流于懒惰放荡，把先祖的家业一朝化为烟云的不肖子孙也为数不少。统治这样的愚民，绝不能用讲道理的方法来晓谕他们，只能施之以威来迫使他们畏服。西洋的俗语说：愚民之上有苛政，就是指此而言。这并不是政府苛刻，而是愚民自招的灾祸。愚民之上如有苛刻的政府，那么就会有良民之上有良好政府的道理。因此在如今我们日本国内，也是因为有这样的人民，所以就有这样的政治。假如人民的道义比现在还要差，而且沉沦于不学文盲，那么政府的法度就会比现在更为严厉。假如人民都有志于学问，明事理，并向往文明风气，那么政府的法度就会更加宽宏大度。可见法度的宽严，只是按照人民有德无德来调整。没有人喜欢苛政而嫌恶仁政，也没有人不愿本国富强而甘受外国欺侮，这是人之常情。生于今世而具有报国之心的人，谁也不必身心交瘁，忧虑不安，只要主要的努力方向是基于人情，先端正自己的品行，笃志博学，具备适应其身份的智德，则政府施政即易，人民接受其统治而不为苦，从而各得其所，共同维护全国的太平。现在我们劝学的宗旨也就在这一事而已。

《文明论之概略》

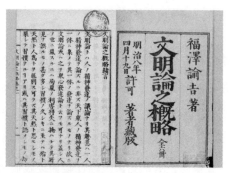

1875 年福泽谕吉出版

出版解题：文明的独立不是靠上层的权力，而是靠个人的公智所形成的

福泽谕吉在《福泽全集绪言》中曾经对《文明论之概略》的出版有过这样的说明：

以前的著作和翻译主要是以输入西洋新事物和排斥我国旧习俗为目的的。然而到了明治七、八年（1874—1875 年）的时候，社会也终于稳定下来，人们的思想也开始成熟。在这个时候，笔者想应该向深受儒家影响的遗老们宣传文明思想了。我们不仅不需要与他们为敌，而且还需要让他们赞同我们。这样，笔者编撰了 6 卷文明论的概略，因为这些读者大概都要 50 岁以上，老花眼的人比较多，所以，就采用以前《太平记》那样的大字本体裁来印刷。本书出版后，很快就意外地销售了几万册。虽然笔者不清楚这些遗老到底是不是熟读了这本书，但收到了很多老先生的亲笔来信。据说有名的西乡隆盛先生也通读了这本书，那么，少年子弟就更应该来读这本书了。

诚如福泽谕吉自己所说的那样，本书是面向还没有完全接受近代文明的遗老们的启蒙书。同时，如何文明开化也是新日本的课题。这都使福泽谕吉必须在《西洋事情》《劝学篇》等著作的基础上有体系地叙述近代文明。

本书分六卷十章，阐述了文明的含义及智德在文明中的地位和作用。文明社会的发展已经过了三个阶段：野蛮、半开化和西洋的现代文明。日本文明尚处于半开化阶段。内田正雄在《舆地志略》中曾经指出国民不得参与国政是半开化和文明开化的重要区别，这与福泽谕吉论及的"日本只有政府，没有国民"如出一辙。所以，属于半开化的日本需要赶上西洋文明，赢得真正的独立。这就需要日本努力追求智德，力求个人的独立。因为智德是文明发展的动力，而个人的独立才是国家的独立。

福泽谕吉的这种文明论观点显然是受到了欧洲自由主义思想的影响。在本书中，福泽谕吉引用了法国政治家弗朗索瓦·基佐的《欧洲文明史》、英国历史学家亨利·巴克尔的《英国文明史》、英国哲学家约翰·斯图尔特·缪勒的《论代议制政府》等著作。而第三章关于文明本质的说明，几乎是抄译了《欧洲文明史》的内容。基佐认为，人的知性发达可以给社会带来利益，而社会状态的改善有益于人性的发展。也就是说，个人的进步就是文明的发展。在日本争相模仿西方社会制度的启蒙时代，福泽谕吉通过对西方思想的翻译，从而非常本质性地把握了个人主义这个近代社会的基本原理，并通过本书的出版在日本进行了传播。

对福泽谕吉来说，文明化也是向西欧式的近代主权国家进化的一种表现，而近代国家就是对内保持和平及保障有秩序的国民生活，对外就是军备扩张，以武力和扩张保护国家利益。这种认识不仅使他在日后发表了脱亚论说，而且在中日甲午战争的时候为了统一社会舆论，激励军民的斗志，为筹措军费，福泽谕吉不惜前后奔波，用另一种行动解释了"天下众人的精神"应该如何发达的一面。

本书初版本有在明治八年（1875 年）四月十九日获得出版许可的说明，但究竟什么时候发行并没有任何记载。同时也记载了作者藏版，说明是作者自己出版的。《福泽全集绪言》说本书销售了数万本。明治八年版是本版印刷的，明治十年，出版了采用 5 号活字的活字版，本书 414 页，定价 2 日元。活字版重印了多次。

本书摘译（第三章部分翻译）

第三章　论文明的本义

接续前章，这里就应该论述西洋文明的来历，在论述来历之前，首先要明确文明究竟为何物。文明之为物极难形容，不仅难形容，甚至社会上还在争论是否要肯定文明的问题。究其原因，是因为文明的字义，既可以广义解释，也可以狭义解释。若按狭义的字义，可以认为就是以人力增加人的需要，增多衣食住的虚饰。若按广义的字义，那就不仅在于追求衣食住的享受，而且要砺智修德，把人提升到高尚的境界。如果学者能从其字义的广狭上着眼，就无须喋喋争辩了。

"文明"是一个相对的词，其范围并无限制，只能说它是摆脱野蛮状态而逐步前进的东西。交际活动本来是人类的天性，如果与世隔绝就不能产生才智。家族相聚，也不是人际交往的全部，只有参与社会，与他人接触，其交际越广，法律也就越完备，从而，感情就越和睦，见闻也就越广阔。"文明"一词英语是"civilization"，来自拉丁语的"civilidas"，是国家的意思。所以"文明"一词就是在形容人的交际逐渐改进，是在说明与野蛮不法的孤立正相反的一个国家体制的形成。

……

现在假设几个问题，来说明文明的所在。

第一，这里有一群人民。表面上安乐自在，轻徭薄赋，司法公正，惩处有道。也就是说，这里的人民，衣食住处置得宜，已经十分满意。但是，这里只有衣食住的享受，没有智德发展的自由，把人民当作牛羊来牧养，只是注意其饥寒。这样的社会，不仅有上面的压制，而且有来自四面八方的压挤，以前松前藩对待虾夷人就是如此。这能说是文明开化吗？在这种人民当中，能看到智德的进步吗？不能。

第二，这里又有一群人民。表面上虽不及前一种人民那样安乐，但还没有落到不能忍受的地步。生活享受虽少，但智德的发展道路并没有完全堵塞，也有人主张高尚学说，道德信仰还算进步。但是，这里并无自由的大义，一切事物都会妨碍自由。人民虽然也可以获得智德，但那样的获得恰如贫民获得救济的衣食一般，并不是自己去获得的，而是仰仗于他人的结果。人民也可以去求道，但是并不是为自己寻求而是为别人寻求。如亚洲各国的人民，束缚于神权政府，已经失去了活力，而陷于愚蠢卑屈的深渊，这种状况，能说是文明开化吗？在这种人民当中，能看到文明进步的迹象吗？不能。

第三，这里又有一群人民。他们自由自在，但是毫无秩序，也毫无权利平等的气氛，大欺小，强凌弱，只凭暴力支配整个社会。例如，昔日欧洲的情形就是如此。这能叫作文明开化吗？虽然文明的种子在这里萌芽，但现在这个样子并不能称之为文明。

第四，这里又有一群人民。人人都享有不受任何限制的自由，人人都各尽所能，而无大小强弱之分。欲行则行，欲止则止，各人的权利义务没有差别。然而，这些人民尚未懂得人际交往的意义，人人都把力量用于个人身上，不去关心全体的共同利益，不知国家为何物，不辨交际为何事，世世代代，生生死死，出生时的状况和死去时的状况没有什么不同，虽然经过若干世代，在这块土地上却依然看不到人类发展的痕迹……虽然不乏自由平等的风气，但是这能够说是文明开化吗？不能。

以上四个例子中，没有一个可称其为文明。那么，怎样才能称之为文明呢？所谓文明是指人的身体安乐，道德高尚之事，或者指丰衣足食，品格高贵之事。仅以身体的安乐就能叫作文明吗？人生的目的不仅仅为衣食，若仅以衣食为目的，人就如同蚂蚁，如同蜜蜂了，这不是天的约定。或者仅以道德高尚就能叫作文明吗？天下之人都贫居陋巷，箪食瓢饮，如同颜回，这并不是天命。所以，如果不能使人的身心两个方面都各得其所，就不能称之为文明。而且人的安乐是没有限度的，人的道德品格也是没有止境的。所谓安乐，所谓高尚，正是指其发展时的状况，所以，文明就是指人的安乐和道德的进步。同时，这种人的安乐和道德的进步是依靠人的智德而取得的，所以，归根结底，文明可以说是人类智德的进步。

前面说过，文明至大至重，包罗人间万事，其范围之广是无边无际的，并且还在不断地向前发展着。人们如果不明白这个道理，往往会产生很大的谬误。有人说，既然说文明是人的智德的表现，可是纵观现在西洋各国人，却有很多不道德的行为，既有用行骗来经商的，又有用威吓来谋利的，这能称之为有道德的人民吗？又如在号称最为文明的英国统治下的爱尔兰人民，生活无着落，一年到头只吃马铃薯过活，这不能称之为有智慧的人民。由此可见，文明未必是和智德联系在一起的。可是，说这种话的人，认为目前的世界文明已经登峰造极，却不知文明是指正在不断前进的过程。今天的文明连半路都还没达到，岂能遽然看着是尽善尽美的状态呢？像这种无智无德的人就是文明社会的疾病。要求现代社会就要文明登峰造极，就如同在社会上寻求一个十足健康的人一样。世界苍生虽多，但是能够找到一个毫无疾患，从生到死没有得过一点疾病的人吗？那是绝不可能的。从病理上说，假设一个人似乎很健康，但也只能说是带病的健康，国家也像人一样，就算称之为文明，也一定会有很多缺点的。

又有人说，既然文明至大至重，世间万物都必须朝着它发展而不能躲避。然而，文明的本义不是在于上下权利平等吗？试看西洋各国文明的形势，改革的第一步一定是推翻贵族。英法及其他国家的历史都历历可证，近者在我们日本，废藩置县，士族已经失去了特权，贵族也丧失了威风，这也是文明的趋向。若从这个道理去推论，文明国家似乎是不应该拥戴君主，是不是这样呢？笔者的回答是，这完全是用一只眼观天下事之论。文明之为物，不仅既大且重，并且既宏且宽。文明既然至宏至宽，岂无容纳国君之地？既可容纳国君，又可保留贵族，何必拘泥于这些名称而发生怀疑呢？基佐氏的文明史里有这样的话："君主政治，既可以在国民等级森严的印度施行，又可以在人民权利平等，不知有上下等级之分的国家施行，同时还可以在专制压迫的世界施行，而且也可以在开化自由的地方施行。君主恰如一个珍奇的头，政治风俗就好像躯体，同一个头可接于不同的躯体。君王恰似一种珍奇的果实，政治风俗好像树木，同一种果实可结在不同的树木上。"这些话很有道理。

世界上所有的政府，都只是为了便利而设置的。只要对文明有利，政府的体制不应拘泥君主抑或共和的名义而应求其实际。有史以来，纵观世界各国的政府体制，有君主专制、君主立宪、贵族合议制、庶民合议制等不同的体制，但是不能单从体制来判断便利与不便利，最重要的是不能偏于极端。君主政治未必不好，共和政治也未必都好。如1848年，法国的共和政体虽有公平之名，其实非常残酷。奥地利在法兰西斯二世时代，虽是独裁政府但实际上却很宽宏。现今虽然说美国的共和政治优于清政府，但是墨西哥的共和政治则远不及英国的君主政治。所以，虽然说奥地利和英国的君主政治好，但不可因此而推崇清朝的君主政治。虽然美国的共和政治值得称赞，但不可效法法国和墨西哥的民主。评论政治应从实际出发，不应只凭其名称。况且，政府的体制并不会千篇一律，因此，在议论时，学者宜宽心，不可偏执。古今争名而害实的事例是有不少的。

……

世上凡事，若不经过试验，就不会进步，即使经过试验而顺利进步，现在也还不会达到进步的顶峰。所以从有史以来直到今天，可以说世界还处于不断试验中。目前各国的政治，也正处在试验之中，遽然定其好坏实属论外。只能把对于文明有较多好处的称为好政府，较少的甚至有害的称为坏政府。所以评论政治的好坏，应从衡量它的国民所达到的文明程度来决定。世界上既然没有达到文明顶峰的国家，也就没有尽善尽美的政治。如果文明真的达到了顶峰，那么不论什么样的政府都属于无用的废物，那个时候，还有什么体制可选？还有什么名义可争呢？如果现在的世界文明还正在发展的途中的话，不言而喻，政治也应该处在发展的途中，各国之间只是相差几步而已。以英国和墨西哥相比较，不出英国的文明之右，那么其政治也不出其右。美国的风俗虽然不好，却有比中国的文明略胜一筹的地方，但也不能说美国的政治就比中国好。所以，君主政治和共和政治，如果说好的话那就都好，如果说不好的话，那就都不好，而且政治并不是文明的唯一来源，它是随着文明而进退的。前面已经讲过，它和文学、商业等都是在文明的一部分里运作的。

所以，可以把文明比作鹿，把政治等比作射手，本来射手绝非只有一人，射法也因人而异，不过他们的目标都是对鹿射而得之。只要能获得鹿，不管是立射还是坐射，哪怕是徒手捕获亦无不可。如果专拘泥于一种的射法，就射不出能射中的箭，不能获当得之鹿，那就可称之为笨拙的猎户了。

《日本开化小史》

1877 年田口卯吉出版

出版解题：英雄豪杰的主张之所以能盛行，是因为都基于一般民众的利益

《日本开化小史》是日本近代第一本有体系的文明史著作。叙述了从日本的远古时期一直到江户末年的政治、社会变迁的历史。作者田口卯吉不仅从有关生产技术、宗教等社会事件的叙述来阐述日本社会进步的过程，评价其得失，而且，还试图从物资和精神两个方面对历史事件进行分析阐述。虽然在明治以前，日本也有比较系统地叙述日本历史的著作，比如南北朝北畠亲房《神皇正统记》、江户时代新井白石的《读史余论》以及塙保己一检校的《群书类从》等，这些都是以帝王将相为中心的传统史学著作。而采用西方新思想结合日本史料编写的日本历史是田口卯吉的创举。因此，田口卯吉也获得了与福泽谕吉并驾齐驱的名声。

田口卯吉认为历史有三种叙述方法，一是编年体，即把各种资料按时间顺序罗列起来，所以这绝不是历史，只是历史资料而已。二是记事体，记录人物事件，显示时代的推移。由于记录本身不具备对事物评论的功能，所以也只能算是一种有用的旁证资料。三是史论体，即以一定的立场来推论社会全体的发展变化。田口卯吉采用第三种史论体来编写历史，但并不以自己的标准来评判，而只是阐述因为有这样的事由，所以有这样的事件产生。而之所以这样叙述，是因为田口认为在社会的发展过程中无论什么事情的发生都不是偶然的，而是处在社会进化的大理支配之下发生的。所以，一切事物都彼此关联相互消长。即使是出现英雄豪杰，也不能推翻这个社会进化的大理，最多只能加速或者推迟社会的变化而已。所以，认识这种社会进化的大理，了解其在社会发展过程的作用，就能依此类推社会将来的变化。也就是说，考察历史的变化，分析社会的现状，可以预知将来的发展。由于田口具有经济学的造诣，他在论史的时候强调经济是社会发展的基础，只有物质生产有了发展，财富分配有了进步，才会有文明的进化。所以，田口卯吉史观的核心就是尊重社会的物质基础和认识社会进化的大理。

田口卯吉认为社会进化的原动力就是追求私利的人的本性。人为了保护自己的生命，获得更富裕的生活而进行的各项活动从物质和精神两个方面构建了文明的框架，所以采用放任自流的政策就能让社会自我拯救，如果社会无法自我拯救，就说明社会已经到了必须变革的阶段。虽说这样的论述非常粗糙，但考虑到当时还处在明治维新的启蒙阶段，而田口卯吉本身也只有22岁，能有这样的论断，应该说已属不易了。

出生在下级幕臣家庭的田口卯吉从小接受的也是儒家教育，他从《易经》找到出典给自己起了一个鼎轩的号。明治维新后，田口家的武士俸禄被改革掉，失去收入的一家人不得不自找出路，各自谋生。田口苦学了英语和医学。同时，他又进入中根淑的私塾学习《左传》《日本外史》。进入大藏省翻译局后，他专攻经济。1879年出版了他的研究成果《自由贸易日本经济论》，把英国古典经济学引进日本，被誉为"日本的亚当·斯密"。在研究经济的同时，田口卯吉还阅读了弗朗索瓦·基佐的《欧洲文明史》、亨利·巴克尔的《英格兰文明史》。在接触了这些文明史之后，他发现原来日本的史书常常只是历史事件的记录，而很少涉及事情的原因和结果。但是，历史学不应该仅仅是收集资料，而必须对那些历史事件进行说明。所以，他认为日本需要一种新的开化史体，即叙述涉及全社会的事件的起因和结果的历史记载。于是他就着手撰写了《日本开化小史》。

本书最初是由作者自费出版，采用线装本装订，全书十三章分为 6 册，从 1877 年得到出版许可后开始出版，到 1882 年全部出版完毕。没想到出版后反响很好，本书成为当时的畅销书。不过，根据福泽谕吉在《日本的历史》中记载，田口卯吉其实并没有完成他撰写日本国史的计划。这可能和田口卯吉后来转向实业有关。他不仅创办了《东京经济杂志》，而且还参与了东京股票交易所（即现在的东京证券交易所）的经营以及担任两毛铁道的社长参与了铁路的运营。1890 年以后，更是当选了东京府议会议员和国会议员。虽然在这些繁忙的实业和政治活动中，田口卯吉还是抽出时间，编纂了《国史大系》《群书类从》等历史资料，但完整的日本国史还是没能最后完成。

本书摘译（第十三章部分翻译）

第十三章　德川氏治世之间焕发的勤王之气

在我国这样进步之际，有一于德川政府不利的元素发达起来。那是什么？是尊王之风大为增进之事。当德川家康勘定祸乱后，深知王室有可惧之处，故而表面予以尊重而实际上完全要压制。本来与战国溃烂之际相比，王室自己不费吹灰之力而受黎民百姓的崇拜，领多额的俸禄，幸福程度不只是天壤之别。但人智开化，开始可以评判历史的时候，见德川氏万般政务集于一手而把王室供于虚位，产生复兴王室的想法也是人之常情。这也是德川家康所不得不防的地方。然而，这样心情的增进也非一朝一夕的事，二千二百九十七年①德川三代将军治世之时，肥前岛原有耶稣教之乱，其原本也是大阪的残党，一开始就有破坏德川政权的精神，只是他们要团结人心的借口不是勤王而是耶稣教。那些奸雄愤不能成其志，欲以武力反抗政府，但一定会先付诸舆论，如果当时的舆论不偏向勤王，他们也就不会非要用勤王的借口。他们不出于此而据耶稣教，就是知道勤王之说与当时舆论并不契合。

————————

① 二千二百九十七年，这是日本以神武天皇即位为元年的纪年法即所谓的皇纪算出的。皇纪是在明治五年制定，明治六年实行的。二战后虽未被正式废除，但很少有人采用。皇纪比公历早660年，皇纪二千二百九十七年即为公元1637年。

之后又经过十四年至二千三百十一年（1651年），有由井正雪和丸桥忠弥之乱。正雪本来并不怕死，只想留万世的臭名，如果勤王之说在当时盛行的话何不以此为借口而团结人心呢？然而他的借口并不出此反而假托德川家的亲藩纪州公的谋反，可知当时勤王之说还不盛行。以后天下一直太平，自发地形成针对当时社会最需要的教则训言也是自然的趋势。德川政府的构成是封建制度，破坏封建制度就是不忠之心，所以，随着天长日久忠义之教在社会上形成，到汉学旺盛时硕学鸿儒更加鼓励忠义之教。其实儒教原来也是封建时代所产生的，主张君臣之名分，正好十分适合于巩固当时的社会结构。加上不同地位的人所看到的事物也会不尽相同，德川时代所推行的孔孟之道，比纯粹的孔孟之道更推崇忠义之事。那样的话，所谓的忠就是为了君主而奋不顾身的意思，所谓孝就是为了父亲而不怕痛苦的意思。虽然他们并非没有中庸之道，但维持封建制度的人都是这样的心情，而且随着斗转星移，这样的心情越来越旺盛。英雄豪杰也就没有不受到鼓舞的，二千三百五十二年（1692年）前后，水户黄门光圀就极力鼓动这样的风气。光圀的主张就是尊崇王室，确立天皇的正统，排斥佛教，明确君主的名分。所以，大肆收集我国的古籍，以此编纂大日本史、礼仪类典等。又重金聘请明朝遗臣朱舜水，劝学中国古籍，奖励据孔孟之道而彰显的忠义之教。然而，让社会人心最震撼的是在凑河修建了楠木正成的墓，并题写了"呜呼忠臣楠子之墓"。在此以前，楠氏的名望并不显赫，只有几个儒者读旧史认识到他的事迹而钦佩仰慕。在光圀在凑河修建了楠木正成的墓之后，连农村童子也都知道楠氏是什么人。大家都认为勤王是人世间最有荣誉的事。其后不久，到二千三百六十一年（1701 年），有了赤穗之臣替主报仇之事。其事情值得可怜，其进退非常有序，所以海内一般的人也都非常仰慕。俳谐师作俳谐，戏作家写《忠臣藏》，儒者著义人录，诗人歌人各用其擅长的手法来赞美他们。在社会上尊崇忠义的时代，大家对他们受到极刑而感到惋惜。

……

社会上所盛传的舆论，虽说是经常由英雄豪杰首倡，但实际上不外乎是符合一般人民利益的东西。那么忠义之教，为什么能带来利益呢？这是因为当时是封建制度，社会以君臣关系而成立，而忠义之教是最适合于维持这种社会的。又如劝善惩恶的世间之教，也都不是圣人所作而是集合了愚夫愚妇的舆论的东西而已。

这样的忠义之说在社会上传扬，引起了与德川政府的封建制度相冲突的结果。不管怎么说，在我国最大的忠义主义不是忠于德川家而是尊崇王室。这随着历史的发展而为一般人民所知。光圀本来是没有让人心背叛德川家的想法的，但是，既然知道忠君为善事，而人君最高贵的莫若天子，所以，就推崇忠于王室之人。如赤穗义士的行为，如其他戏剧小说所记载的忠义之士的行为，都是忠于他们的主君。忠于他们的主君可以巩固封建制度，忠于主君的主君又会怎么样呢？忠义之教越来越显著，在古代王朝繁荣、人类智慧越来越彰显的时候，他们应该认识到所谓的忠义之气不是对他们的主君，而是对主君的主君。从理学上来说，主君的主君与我们毫无关系，但人情感触绝不是这样的。而且，人类的贵贱之分也极大地助长了这种气势。人情所尊敬的并不可亲，抑或贤不肖之差没有如此之大，但也不会有相亲之时有尊敬之意。传闻名声而不能亲交，感到有吸引力，自然会产生尊敬之念。那时，王室在平安京，不关世间政务而深深隐退，这成为诱发世上尊敬之念的原因。尤其是在了解了从蒙昧时代王室有连绵不断的传承的正统之后，人民之间逐步产生了我们日本是属于天子的认识，普天之下，率土之滨，莫非王土王臣。虽然在中世纪，赖朝等人以狡猾之才盗取王权建立了将军政府，但真正的神权还是在王室手里。

此事的第一个原因是和学逐步发达而神道开始隆兴。神道之说，是在王室衰微镰仓政府兴起之际而形成的。后鸟羽院的时候（十四世纪中期），卜部兼直撰写了《神道大义》。以后度会家行撰写了《类聚神祇本源》。南北朝的战争时期，北畠亲房收集资料撰写了《神皇正统记》，这样，神道稍稍有了一定的体系。以后从足利氏转到战国时代，神道完全衰落，不见有书籍出现。到德川氏镇定海内，有儒者关注我国古事时对神道也有研究。林道春、山崎暗斋、新井白石之辈都有著书。但都像山崎暗斋一样，对此并不深信。然而，和学者真渊、宣长、笃胤等诸子对此却热心提倡，让大家知道了我国是作为神国，由神的子子孙孙登位统治，在世界上是无与伦比的值得尊敬之国。随着神道的发展，尊贵皇统的气氛也日益隆盛。热心宗教的人并不关心什么理论，迷信我皇室的祖先是神之论，勤王的气氛也从中产生。那样，忠义之气就不讲了，而产生了勤王的气氛。这种气氛逐渐郁结，最后到高山彦九郎、蒲生君平之辈时，更是感叹王室遭欺凌，于是就不顾性命地游说诸侯鼓舞武士庶民。

……

然而，这个时候，勤王的气氛还没有形成破坏德川政府结构的势力，但是发生了出乎意料的事。那就是19世纪50年代初期，美国"黑船"穿越太平洋到我贺浦，要求通商贸易之事。在此之前，三代将军的时候严禁与外国通商，海内一般民众几乎不知有日本之外的国家，听说过名字的也只有中国、朝鲜和琉球而已。而佛祖的本国天竺，也被认为是天外之地。那个时候，并不是没有外国侵犯我国，到19世纪50年代后半期，已经有很多外国船来往于我国近海，但都在偏远地方登岸，所以，也只有拥有雄心壮志的人才对此愤怒。然而，美国船到我国是在邻近江户的地方，他们要求签订通商的条约，兹事体大，绝不是以前可比的。而且，他们是强迫要求通商，如不答应就立刻诉诸武力。

……

但外交一开，永远维持德川幕府的制度就基本无望了。德川政府的制度在防诸侯及人民反乱方面最为致密，所以二百五十年的长时期内无一诸侯叛乱，但到海内联合面向外敌之时，封建制度的区划就成为完全无用之物。古语说，同舟逢飓，吴越相救。所以，秦兵强时则六国联合，法兵强时则英日联合，当其联合之时，就不是六国，就不是英日。外船的突入，日本人民之恐怖，都是非常之事。此时封建分子早已破灭，那种重氏族的习气也从社会上被扫去。诸侯内部都实行改革，让心怀日本国的人执掌藩政。这个时候，他们心中不再有忠于其君之念，不再有热爱其藩之念，只是一心担忧日本国而少存勤王之志①。如此人物，岂能是封建之人，应该完全是郡县之人②。因此，灭德川幕府的，表面上可以说是封建诸侯之力，但实际上是爱国志士利用封建社会的遗物即一种团结来达到其目的的。因此，德川政府灭亡四年后，明治政府就废除封建而设置郡县，海内无一人因为忠其君侯而抵抗的。封建制度盛行之时，人民有爱藩之念而无爱国之心，敌国外患增强之时，人民有爱国之心而无爱藩之念。从现在德川氏末路时有爱国之心而无爱藩之念来看，可知德川政府之所以灭亡，和封建制度之所以灭亡是一样的。那样的话，它的灭亡也是一种命运，何必归咎于一二执政者的过失呢？

---

① "忠于其君"和"勤王之志"指忠于各藩藩主。
② 指心怀天下之人。语出《史记·秦始皇本纪》："今陛下兴义兵，诛残贼，平定天下，海内为郡县。"

第三章

经国美谈

1 民族国家的诞生（一）制度草创

各派角力中的体制摸索

明治维新之际，新政府明显经验不足。政府制度在各派势力的角力和摸索中不断变化，导致了中央官制变换得令人眼花缭乱。

庆应三年十二月（1868 年 1 月），王政复古的大号令下达后，明治新政府废除了征夷大将军的职位，同时也废除了摄政、关白等传统朝廷的官职，改设总裁、议定和参与 3 种职位，组成了明治新政府的领导核心。但是，总裁一职并不是古代王朝的旧制，而是德川幕府在 1862 年幕府改革时创设的官职，所以不到半年就被明治新政府废除了。1869 年，明治新政府仿照古制正式引进太政官制度。3 个月后，又改为 2 官和 6 省制度，2 官为神祇官、太政官。在太政官之下设民部省、大藏省、兵部省、宫内省、外务省和刑部省，同时，全面改订官位（官职和位阶），废除了传统的官职。然而，这还没有稳定下来，到明治四年（1871 年），废藩置县后日本再次改订官制，废除了原来的官位相当制，设立了全新的 15 个等级的官制。而比较重要的改革是神祇官降级为神祇省，隶属太政官。在太政官制之下，设立正院为执行机构，左右两院为咨询调整机构。这样的官制变革一直到明治十八年（1885 年）日本内阁制度成立后才基本消停。

官制的变化，就是各派势力角力的结果。比如，神祇官的兴废就事关要不要神道国家化，也和各种势力想如何利用天皇有关。原来的朝廷大臣一开始想独占高官位置，但他们并没有统治全国的经验和能力，不得不依靠辅助他们的西南武士，只能重新任命大久保利通、广泽真臣等人为参议，负责政权的运营。不过，西南武士也没有执政的经验，具体的统治还是需要依靠德川幕府的旧臣。与原来朝廷大臣不同的是萨长土肥等藩出身的武士虽然内部分歧不断但却能一直牢牢地掌握了政权的运营。

行政管理本身非常复杂，需要有一定的专门知识，所以，在明治新政府各部门里还是保留了大量的幕府旧臣。这样不仅圆满地完成了政权交接，而且还维持了政府运营的稳定性。但是，对政权运营做出很大贡献的幕府旧臣并没有得到相应的地位，比如在废藩置县后，萨长土肥等西南雄藩出身的武士担任新政府敕任官（由天皇任命的高级官员）的比例达到了近70%。这些政府高官又以出身的藩为单位呼朋引类，形成了藩阀进行争权夺利。

明治六年（1873年）政变后，西乡隆盛等人辞职下野，社会更加不稳定。大久保利通为了整理混乱的各项改革，设立了内务省统括国内事务。但是，大久保的集权行动招致了各地不满情绪的高涨，板垣退助等人发起了自由民权运动，反对政府的专制。而新上任的左大臣岛津久光则表示反对改革。政局愈加混乱。掌握有行政、财政和警察等一揽子大权的大久保利通对此也感到非常棘手，就希望木户孝允重回政府来缓和大家对他独裁的批判。而木户则想联合板垣来削弱大久保的权力。板垣则希望乘此机会让大久保同意引进议会制度，从而对自由民权运动有所交代。这样，这3个人怀着各自不同的目的，在明治八年（1875年）汇聚在大阪进行了会谈。史称"大阪会议"。为了实现自己的目的，大久保不得不原则上同意引进立宪政治。大阪会议上，3个人都达到了自己的目的，木户和板垣也重回政府担任参议，形成了新的体制。然而，仅仅过了半年，3人之间又发生矛盾，板垣辞职离开了政府，大阪会议体制崩溃了。

大阪会议体制是大久保、木户和板垣等三方势力相互利用的结果，非常典型地体现了明治维新之际各种势力为他们自己的利益而奋斗的现象。虽然大阪会议体制维持的时间并不长，但为日本在不久之后建立立宪体制，引进议会制度奠定了基础。可以说，这是大阪会议体制的宝贵政治遗产。

最初的全国统一制度

江户时代，日本是诸国的联合体，幕府对各地大名是统而不治，各藩保持了各种运营的独立性。虽然到明治维新之际，各藩的债务平均超过年税收的3倍，财政几乎面临破产的边缘，已经很难维持下去，但对已经有数百年历史的这种统治制度也没有人敢轻易改变。虽然在明治维新后，各藩都愿意版籍奉还，把土地和人民都交还给天皇，但明治政府还是任命原来的藩主为知藩事，维持了他们对各自领地的实际控制。对民众来说，只是藩主改了个名称，他们应该缴纳的年贡还必须如期缴纳。

版籍奉还后，明治政府公布了职员令，制定了中央和地方政府的官员制度，各藩的统治机构也开始逐步全国统一，各藩的独立性也逐步削弱。但对明治政府来说版籍奉还的效果并不理想，因为明治政府还没有完全掌握全国的税收，需要采取进一步措施来确保财政收入。明治三年（1872年）大藏大辅大隈重信提议要实施"全国一致之政体"，确立军事、教育、司法和财政四个方面的国家制度的建设，而当时的府县藩等地方统治机构的并列则妨碍了国家制度的建设。这样，废藩置县的措施也就呼之欲出了。但是，废藩置县的意见书早在明治二年陆奥宗光就已经提出过，因为没有被采纳，陆奥不得不辞职下野。明治政府之所以这样不敢贸然行事，是因为他们担心如果实施废藩置县，那么就意味着要彻底地端掉原来的诸侯们的利益，而拥有军队的这些诸侯应该是不会轻易答应的。所以，明治政府就邀请西乡隆盛重新出山，用他带来的军队作为废藩置县的军事后盾，这才在明治四年（1871年）7月宣布废藩置县，终结了德川幕府260多年的封建制度。各藩解散了藩兵，藩主交出武器和他们居住的城堡，集中住到东京。日本的地方行政机构改为1使3府302县，使是北海道开拓使，府是东京、京都和大阪。县就是原来的诸藩直接改过来的，因为数量太多，就对县进行了大规模的合并，改成1使3府72县。开拓使本来就是中央高官。府设知事，县设县令，全部由中央政府委派。这样统一了全国的行政机构。

不过，日本近代最先完成的全国统一制度是邮政制度。明治四年（1871年）1月，日本创立邮政制度。这距离世界最初的邮政制度的创立仅仅只有 30 年，比中国的大清邮政早了 26 年。而这个邮政制度之所以能够最快地建设成功，这与熟悉各项旧制度和当时的社会环境的幕府旧臣有很大的关系。

明治政府作为集权的中央政府亟须把中央的各种命令传达到日本各地。虽然当时江户时代的驿站制度还继续存在，但由于幕府的财政困难而早已不堪利用，明治新政府就必须依靠其他民营的驿传组织（又称为"飞脚"）来传送。苦于经费不足，新政府只能要求各个官署厉行节约。同时，新政府也希望飞脚等驿站组织能够协商降低收费标准，不料驿站组织都经验老到，他们看到新政府亟须发送大量的政令反而乘机抬高了传送的价格。在这样的混乱中，当时主管邮政事务的前岛密建议新政府只能参考西方列强的运输和通信体制，创建日本的邮政制度。

作为幕府旧臣，前岛密比较清楚传统驿站制度的问题，必须彻底进行改革。前岛根据美国传教士威廉姆斯曾经给他描述过的美国的邮政制度，提出了具体的邮政制度的设想。前岛在引进西方邮政系统的时候，利用和改造日本传统的驿站制度，使得邮政制度得以迅速地在全国建立。

1871 年 4 月，邮政系统开始运营，到年底，邮政系统已经扩大到长崎。到 1872 年年底，全国的邮局已经超过了 1150 家，其中只有 12 个邮局是政府直接经营的，其余都是由各地豪绅和有钱人来资助的。当时，能够从事国家的事业，对乡村的豪绅来说都是十分光荣的事，而前岛就积极利用民间这样的心态，对无偿提供土地和房屋的豪绅给予世袭的公务员身份，让他们积极参与建设全国的邮政系统。这样，就在比较短的时间内，日本成功地建设成了全国性的邮政系统。

邮政制度的建设在明治维新以后日本国家建设过程中具有非常重要的意义。前岛密在他的自传《鸿爪痕》中指出，一个帝国没有普通的通信路，而官私远近的事情不相通，人情疏远，风俗不同，语言相隔，这在政治上是极为不利的。

明治初年的三大制度改革

废藩置县之前，各藩维持了独立的教育制度，明治政府无暇也无力去建立全国统一的教育制度。事实上，明治初年，政府连建一所大学的计划都难以实施。废藩置县后，随着文部省的设置，全国性教育制度的制定就不可避免了。不过，这个时候，明治政府更加关心的是通过对德川幕府的各种否定来强调他们夺取政权的正当性，所以把教育改革也当作是一种对幕府的否定。在德川幕府时代，武士有免费接受教育的特权，那是因为武士必须服从藩主或者将军，为他们卖命。明治初年制定的学制否定了武士的特权，而提倡学习是一种为自己将来着想的私事，读书不再是为了国家而是为了自己，所以，谁得利谁就需要支付读书的费用。

在这个前提下，1874年，明治政府发表了学制，确定了近代学校制度。学制看起来非常高大上，但其实并不切实际。因为这只是文部省在组织翻译了法国的学制后，囫囵吞枣地进行仿照而没有顾及日本的实际状况，明治政府并不能像法国那样筹措教育经费。虽然设计要设立八所大学，但实际上只建了一所大学即东京大学就无力再继续下去了，日本第二所大学京都大学等到中日甲午战争清政府赔款后才有资金得以建立。小学校也只建了12558所，远远没有达到原来设计的目标。而且，明治政府也不能确保教师的薪资。所以，当时的教育还是要靠各地有财力的人支持才能维持。比如著名的开智学校建设经费的70%就是从当地居民那里募集而来的。

学制虽然要求国民能平等接受教育，但让国民自己来承担教育费用的方针却妨碍了这个目标的实现。到森有礼担任文部大臣的时候，认识到教育是关系到国家将来发展的重大事项，就废除了推行不下去的学制，发布了教育令，强化了国家对教育的支配。

明治初年，明治政府的另一项重要的制度建设是兵制建设。明治政府实际上是依靠武力夺得政权的，他们当然知道武力的重要性。然而当时明治新政府手上却没有一支武装力量来保卫他们自己，所以，明治政府亟须创建一支自己的军队。

戊辰战争结束后，由各藩组成的政府军便解散，武士们各回各藩。依靠武力夺得政权的人当然知道各藩的军队随时可能成为新政府的威胁，所以，明治政府还希望通过征兵组建政府军的同时解散各藩的军队。

最早主张通过征兵制组成日本陆军的人是兵部大辅大村益次郎，但他触犯了武士们的利益，明治二年（1869年）大村就遭到了暗杀。明治政府更感到了建立自己军队的迫切性，急忙在1870年制定了征兵规则，但是没有实际的效力。1871年，西乡隆盛把他训练的由萨摩、长州和土佐等三藩的藩兵组织的近卫队准备献给天皇的时候，山县有朋指出，近卫队不再是藩兵，一旦有情况，萨摩出身的近卫队也必须向萨摩的藩主开火。西乡也同意了。也就是从这一刻开始，日本出现了不再属于各地诸侯而属于国家的军队。三藩出身的一万名士官被编为日本最初的陆军，共有9个大队和6个炮兵队。

然而，这毕竟还不是全民皆兵制度下的军队，不过，1871年公布的《户籍法》为全国征兵制准备了条件。本来《户籍法》是明治政府为了正确地把握人口动向以便征收更多的税收而制定的，未曾想政府利用这个《户籍法》就可以在全国范围内征集20岁的年轻人入伍。1872年11月，日本政府借天皇之名颁布了全国征兵的诏书。次年1月，山县有朋在东京等地设立了6个镇台后正式发布了全国征兵令，从日本各地征集了3.6万青年入伍，组成了日本正式的国家军队。

当然，这样的制度并不是大家都欢迎的，原来的武士恨这样的制度剥夺了他们成为军人的权利，而很多年轻人恨这样的制度迫使他们当兵，于是，武士酝酿造反，而很多人利用各种方法来逃避兵役。比如有名的事例有夏目漱石把户籍迁到北海道，因为当时规定北海道的人不需要服兵役。福泽谕吉一边赞成征兵制，一边想办法让自己的儿子逃避了服兵役。

种瓜得瓜，任何政治的行动背后都有"利益"的驱动，长州藩出身的山县有朋在全国征兵的同时，几乎把原来三藩出身的近卫队全部遣散，而重用长州藩出身的士官。结果，在陆军的将军中，长州藩出身的占据了多数。而萨摩藩则在海军的建设中扳回一局，主导了海军的人事。当时，社会上都称："陆军是长州的，海军是萨摩的"。长州和萨摩两藩执掌日本陆海军的局面一直维持到第二次世界大战结束。

在明治初年，明治政府还有一项重要的工作就是税制改革，确立财政制度来保证政府财政收入的稳定性。

江户时代以来，农民都是用大米来缴纳年贡的。由于幕府末期米价变动很大，所以政府的财政收入也就极不稳定。明治政府于 1873 年制定了《地租修正条例》，进行全国土地测量，确定了农民对土地的所有权，同时决定了地价。在此基础上，课税的对象从收成改为地价，把用实物来交税的方式改为用金钱来交税，从而稳定了财政收入。明治政府规定税率为地价的 3%。由于政府希望得到更多的税收，所以把地价定得很高。这样虽然税率只有3%，但对农民来说却非常沉重，以至于他们不得不起来暴动，反抗政府的税收政策。迫于这样的情况，明治政府在 1877 年不得不把税率下调为 2.5%。

明治初年的学制、兵制和税制这三大制度改革，都是国家直接对国民个人义务的要求，实际上这也是日本向近代民族国家转型的里程碑。

2 历史大事记（1878—1883 年）

1878 年

1 月，驹场农学校（东京大学农学部前身）开校。

作为西南战争的善后处理，政府决定削减各省厅 50% 的预算，但陆海军的扩张预算不削减。

2 月，横滨的英国领事宣判走私鸦片的英国人无罪。

3 月，涩泽荣一、益田孝所倡议的东京商法会议所得到政府认可而成立。

时事讽刺杂志《团团珍闻》第 56 号刊登北海道开拓使黑田清隆斩杀其妻的传闻，政府不去调查事件真相，反而查封了《团团珍闻》杂志。

4 月，《邮便报知新闻》首创刊登围棋棋手的对局谱。川崎正藏在筑地创办造船厂（川崎造船）。

5 月，制定创业公债证书发行条例。

大久保利通被暗杀。《朝野新闻》刊登暗杀者岛田一郎等人写的《斩奸状》，受到停刊一星期的处罚。

6 月，第一国立银行开设釜山支行，日本银行首次扩展到海外。

7 月，东京府立脚气病医院设立。明治维新后，日本人开始经常吃大米饭而普遍得了脚气病。

长崎高岛煤矿爆发矿工暴动。旋即被镇压，100多人被捕。

8月，西南战争后，政府财政困难，不仅没有公平地论功行赏，而且还克扣军饷。东京的近卫炮兵队发动了叛乱，但第二天就被镇压了。这是日本实行征兵制度后第一次士兵叛乱。

9月，东京海上保险会社成立，这是日本第一家保险公司。

12月，制定参谋本部条例，废除陆军省参谋局，使政府失去了对军队的统率权。

1879 年

1月，废除斩首刑。

《朝日新闻》在大阪创刊。

2月，大藏省首次公布政府年度决算报告。

3月，高松凌云等创立为贫民治疗的同爱社（同爱医院）。

从松山开始的霍乱流行全日本，死者超过10万人。

日本政府以武力为背景，废除琉球王国，改为冲绳县。4月4日才公开对外宣布。5月，清政府对日本的行动不予承认，提出了抗议。

4月，自由民权运动的指导人物植木枝盛出版了《民权自由论》，以各个阶层都能接受的口语体的书写形式宣传自由民权思想。

6月，改东京招魂社为靖国神社，国家承担运营费用，由内务省、陆军省和海军省共同管理。

7月，东京各区设立一座庶民学校。

英国公使告知日本政府不同意马上修改条约。

9月，废除学制，公布以提高国民素质为目的而改编普通教育的教育令。

10月，三菱开通日本到香港的航路。

废除拷问相关的全部法律。

11月，安田银行成立。

12月，东京禁止室外报纸的叫卖。

1880年

1月，以福泽谕吉为中心的庆应义塾关联者所组成的日本最初的社交俱乐部交询社成立。

2月，为了振兴日本贸易，在神奈川成立了正金银行。

福冈的筑前共爱会起草《大日本派法大略展望书》，这是民权派的第一部宪法草案。

3月，北海道开拓使建设甜菜制糖工厂。

4月，三菱汇兑店（即后来的三菱银行）开业。

制定集会条例，规定政治集会和结社需要警察的事前许可，禁止军人、教员和学生参加集会。

文部省提倡儒教修身，发行西村茂树编辑的《小学修身训》。

5月，公布地租特别修正许可，规定今后5年土地价格不得改变。

6月，日本人独自开通了滋贺县的逢坂山隧道。

7月，外务卿井上馨向各国公使提交条约修改案。

参照法国法律制度，制定刑法和治罪法。

10 月，驻中国公使穴户与清政府协商关于琉球分割和最惠国待遇的条约。清政府不批准。

宫内厅采用普鲁士军乐家弗朗兹·埃克特编曲的《君之代》。陆军省不承认其为日本国歌，直到 10 年后，公布《教育敕语》，才开始在日本普及。

11 月，因为财政紧张，而军费不断扩张，政府决定把官营工厂转卖给民营企业。日本主要政商得到这些官营工厂后，形成了财阀的基础。

12 月，修改上一年公布的教育令，强化国家统制。

1881 年

1 月，重设警视厅。

东京发生明治时代最大的火灾，11000 户房屋被烧掉。

制定就学督促规则起草心得，督促儿童就学。

2 月，强化对出版物的检阅，各种出版物必须提交给内务省警保局。

福冈的向阳社改称玄洋社，逐步向以头山满为核心的国家主义团体演变。

3 月，群马县爆发了榛名农民暴动，要求继续在被政府收归国有的土地上采伐和放牧。政府出动警察镇压了这次暴动。

制定宪兵条例。

《东洋自由新闻》创刊，中江民兆为主笔。但社长西园寺公望按照政府的要求辞职，一个月后废刊。

大隈重信参议提出参照英国政党内阁制度的国会开设意见书，提议在1882年举行议员选举，1883年召开国会。但该意见书提出后，与伊藤博文等人发生了对立，大隈重信不得不辞职走人。

4月，东京到大阪之间定期的马车运输开通。

交询社在《交询杂志》上公布该组织起草的宪法草案。

日本基督教青年会牧师小崎弘道在日本最早介绍社会主义。

5月，民权运动的核心组织立志社起草人民主权及一院制议会为中心的宪法草案。

7月，废除斩首刑后，最后的刽子手改行当刀剑鉴定师。

黑田清隆北海道开拓使涉及贱卖国有资产的舞弊行为被揭发。但这一事件被当作政府内部的权力斗争的武器。

8月，东京的气温连续1个月超过29摄氏度。

10月，政府公布10年后召开国会的敕谕。规定由政府官员起草宪法，经天皇裁定后公布。确保了政府在立宪过程中的主导权。

日本最早的全国性政党自由党在东京成立，板垣退助出任总裁。

1882年

1月，公布军人敕谕，规定军队直属天皇，强调军人对天皇的绝对服从。

法国画家比果来日，在杂志上发表了很多讽刺画。

《东京日日新闻》和东京《横滨每日新闻》之间展开主权归属的大论战，波及了其他报纸参战。

2月，规定东京只能开设10座剧场，并设临官席，强化对剧场的管理。

天皇指示文部卿，要求贯彻儒教主义的教育方针。

3月，伊藤博文参议赴欧洲调查宪法。

福地源一郎等组织立宪帝政党，发表钦定宪法和天皇主权的党纲。

上野博物馆和动物园开园。

4月，自由党总理板垣退助在岐阜县遇刺受伤。

大隈重信、河野敏镰、矢野文雄（矢野龙溪）等在东京成立立宪改进党，发表尊王保民，扩张国权和地方自治为内容的建党趣意书，并选大隈重信出任党的总理。

滋贺县的自由民权主义者古泽滋等制作"自由万岁"旗，迎接板垣退助。这是日本首次使用"万岁"一词。

5月，霍乱流行，东京死者超过5000人，日本全国死者达3.4万人。

6月，嘉纳治五郎设立柔道讲道馆。

为解决西南战争的战费问题，政府公布了日本银行条例，以期确立近代货币和信用制度。10月，日本银行正式营业。

7月，朝鲜发生壬午之乱，日本乘机派遣军队，进行武力干涉，扩大了日本在朝鲜的权益。

10 月，大隈重信、小野梓等人设立东京专门学校（早稻田大学的前身）。

11 月，福岛县围绕着道路建设计划发生了县令和自由民权运动之间的尖锐斗争。

3 畅销书概况：小说与政治

　　读书绝不是一件轻松的事，江户时期武士读书是一种义务，而明治初年的读书是为了立身处世。但是通过苦读成为社会精英的往往只是一小部分人，大多数人还是希望读书能给自己的生活增添一些乐趣。比如，到明治维新走过 10 个年头后，日本人虽然对"西洋"继续保持了极大的兴趣，但他们的注意力已经从启蒙书籍转向了小说。当时西方的科幻小说更以无比的新奇吸引了日本读者的眼球。明治初年的三大畅销书刚刚满足了日本人对探求地球这个世界的好奇心，凡尔纳的《八十天环游地球》已经用当时最新的科技演绎了一出环球旅行的精彩故事，这当然会吸引无数的日本读者。除了科幻小说，欧洲的人情小说、政治小说也获得了很多的读者。丹羽纯一郎翻译的《花柳春话》初篇就是这类小说的代表。

　　川岛忠之助翻译的《八十天环游地球》是第一本从法文翻译成日文的作品，由于社会状况相差很大，川岛不得不在翻译的时候加上一些原文没有的说明，以便让读者理解。更多的时候是直接翻译不做任何说明。可以说，川岛翻译的精度是比较高的。当时日本的翻译往往并不忠实于原文，很多是译者的编译甚至是在此基础上的发挥。1889 年，森田思轩翻译的雨果的小说《侦探》被认为是日本忠实原文翻译的开始。不过，这本小说也是从雨果的遗稿集《见闻录》里抽出一部分来进行翻译的，而且主要是根据英文版翻译的。日本对森田的翻译评价非常高，把他的这种翻译称为"思轩调"。

雨果也是政治小说的代表作家，他的作品也启发了当时的日本作家。同时，读者的兴趣从启蒙书籍转向小说，这也改变了日本作者的写作倾向。1877 年爆发的西南战争让日本政府和反政府势力都感觉到武装斗争已经消耗了日本的国力，斗争转向自由民权运动。这时候，主张自由民权的政治家发现小说为广大日本读者所喜闻乐见，于是他们开始把他们的政治主张用小说的形式发表出来，形成了日本的政治小说热。立宪改进党党员矢野龙溪的《经国美谈》借希腊故事讽古喻今，成为明治时期政治小说的代表作。而樱田百卫则发表了反映自由党思想的小说《西洋血潮小暴风》。由于这些政治小说主要反映了自由民权的思想，所以也被称为"民权小说"。

《高桥阿传夜刃谭》虽然不是政治小说，但也是反映了当时社会状况的小说。一桩女性的杀人事件，被塑造成惊人的毒妇故事，既转移了当时人们对社会不满的视线，又符合政府惩恶扬善的宣传，可以说也是一本具有政治意义的社会小说。

1878—1883 年的畅销书			
出版时间	书名	作者·译者	出版者
1878 年 （明治十一年）	「新説八十日間世界一周」 《八十天环游地球》	儒勒·凡尔纳（Jules Gabriel Verne）著 川岛忠之助译	丸屋善七
	「花柳春話初篇」 《花柳春话》初篇	布尔韦尔—李顿（Edward George Bulwer-Lytton）著 丹波纯一郎译	高桥源吾郎

1878—1883 年的畅销书			
出版时间	书名	作者·译者	出版者
1878 年 （明治十一年）	明治时期最早完整翻译西方小说的代表作。原作为英国政治家、小说家爱德华·乔治·布尔韦尔—李顿创作的 Ernest Maltravers 和续篇 Alice，讲述了一个贵族和平民女儿克服种种困难的恋爱故事		
1879 年 （明治十二年）	「高橋阿伝夜刃譚」 《高桥阿传夜刃谭》	假名垣鲁文	金松堂
1883 年 （明治十六年）	「経国美談」 《经国美谈》	矢野龙溪	报知新闻社

《八十天环游地球》

1878 年、1880 年丸屋善七出版

出版解题：对日本人来说周游世界不啻是一次地理大发现

本书原著 *Le tour du monde en quatre-vingt jours* 是法国作家凡尔纳在 1873 年出版的一本科幻小说。也就是在这一年，日本近代历史上最大的一次官方公派出国的使节团结束了世界周游回到日本。他们用的不是八十天，而是一年零九个月。在这个时代，对日本人来说，周游世界不啻是一次地理大发现。当精通法文和英文的川岛忠之助遇到凡尔纳的这本原作后，萌发了把这部小说翻译成日文的念头也是非常自然的事。

小说主人公福格、路路通以及印度少妇奥姐在路上所遇到的出人意料的困境和他们摆脱困境的冒险，还有英国的侦探菲克斯一路上的处处刁难等等都深深地吸引着日本读者。对明治的读者来说，这篇小说的题材犹如江户时代的人气小说《东海道中膝栗毛》的延长或者翻版，然而故事发生的地点则从日本扩展到全世界，主人公在伦敦、苏伊士运河、印度的遭遇，香港的风情以及北美大陆上横贯的铁路又都是文明开化初期日本读者想了解的事。从对其他民族风俗的猎奇，到穿越国际日期变更线的惊讶，这些夹带着很多近代化的地理和科学知识的内容，让依然在保留了很多江户风俗的日本社会里憧憬西洋文化的日本人受用无穷。

本书的译者川岛忠之助本人就是学习西方知识运用西方知识而在明治时代走向成功的一个典型。在"黑船"来到日本的 1853 年，川岛出生在德川幕府一个下级武士的家庭，然而在他 6 岁时，就失去了父亲，而明治维新后，又失去武士本来可以得到的俸禄。所以，川岛 15 岁就去横须贺制铁所学徒，在那里学会了法语，这为他以后的发展创造了极好的条件。因为语言优势，他很快被各家商馆看中，在经历了大藏省管辖的富冈制丝所翻译之后，他被聘为横滨和兰八番馆的掌柜，成了有为的生丝进出口商人，得到了和涩泽荣一等财界巨头接触的机会。1876 年，当时日本的投资大王雨宫敬次郎请他做翻译一起去美国参观了当年开幕的费城世博会。在乘坐横跨美国大陆铁路的时候他买了本书的英译本，跨国旅行中阅读这本周游世界的科幻故事，让川岛感慨万分，萌生了翻译的念头。实际上同样被本书打动的还有美国《世界报》记者娜丽·布莱，她从 1889 年 11 月 14 日开始，按照书中的路线花了 72 天周游世界，创下当时周游世界的一项纪录。当然，喜欢这样旅行的人并不是只有她一个，她的纪录很快就被打破了。这也说明，在欧美，本书所描写的周游世界的旅行也是非常吸引人的。

川岛忠之助在翻译本书的时候，采用的是汉文调，但很多是用汉字组成的日文，然后再对照原文，选择与原文相近的词意，所以，比较忠于原文。但是，由于当时法国和日本的社会情况截然不同，原文中的很多词直接翻译的话，日本读者可能摸不着头脑，所以，川岛在这些地方都花费功夫，加注了说明，增加了一些内容。经过 1 年多的努力，翻译好的《八十天环游地球》于1878 年由新兴书店丸屋善七出版发行。该书店的创始人早矢仕有的看到了这篇小说的市场可能性，所以，他积极运作，大胆地采用西方装订技术装订这本翻译小说，使之以崭新的面貌出现在日本读者面前，这为本书的畅销做出了贡献。出版发行《八十天环游地球》是丸屋善七早期的主要出版活动，而早矢仕有的以其非常敏锐的眼光抓住当时很多日本人崇洋的心理，积极引进西方书籍，最终把这家小书店发展成日本最大的书籍进口企业丸善。不过，丸屋善七只出版了本书的前篇，本书后篇于 1880 年由庆应大学出版社出版。

川岛忠之助因为翻译了这本小说而成为明治时代日本最早翻译法国文学的人物。不过，川岛只留下了《八十天环游地球》和《虚无党退治奇谈》这两种翻译书，后来就转型成为银行家。虽然川岛引火点燃的科幻小说热在井上勤、森田思轩等人翻译了《月世界旅行》《十五少年》《海底旅行六万里》的推动下更加热火朝天，但川岛本人却再也没有回来继续翻译。在横滨正金银行大股东堀越角次郎的推荐下，川岛被该银行派驻法国长达14年。实际上丸善的创始人早矢仕有的也是横滨正金银行的创始人，他和川岛的关系在出版《八十天环游地球》的时候就非常密切了。川岛回国后顺利地升任了该银行常务取缔役。或许是长期在法国的生活让他失去了对海外世界的新鲜感，从而让他再也提不起笔来了。

栗本锄云指出，中国和日本的小说，在厄运四方压迫，进退维谷之时，前来搭救的并不是神佛，而是狐狸妖怪。但是读这篇小说，发现摆脱困境，拯救危机的只是金钱而已。

本书摘译（明治十一年刊行的本书第一回全文翻译）

第一回

1872年，龙动①白林敦花园坊赛微乐街七号即1814年西锐登物故之家，住着一位改进舍社员②，虽然他刻意地不引人注目，但还是赢得了奇癖家③的名声。他就是斐利亚·福克氏，一位绅士。

继承了可以说是大英国光荣的雄辩家西锐登之迹的福克氏沉毅自重且其履历无人知晓，其风度优雅，真可以说是英吉利上层

---

① 江户时代，日本用汉字"龙动"音译英国首都London，明治时代短时期内也曾用过"伦敦"一词。

② 指出资的成员。

③ 指古怪之人。

社会之花的一位绅士。有人曾认为他像拜伦，但不同之处是拜伦有美髯，经千年而不会衰老，而神色自若。不容置疑的是福克氏是英国的市民，但恐怕不是龙动之人。没有人曾看到他出入证券公卖社①、银行以及其他商社，也没听说在龙动的码头边停过装载着福克氏货物的漕船。他既不在官衙奉职，又不闻名于代言②学校，更不闻他出席诉讼之庭，在法官面前争输赢。福克氏非工非商亦非农，又不叙齿在大英国官立大学校、龙动大学校、工人学校、西邦文学学校、法律学校，或者大英国女王亲自护翼的工术学校之间。在英国首都存在着万种社、会③，数量不计其数，但即使到害虫驱除研究社为止也找不到福克氏是其社员的记录。那么，如要问他到底是做什么的，他只不过是改进舍的一个社员而已。若有人奇怪像他这样身世暧昧的绅士也能名列如此堂堂的改进舍，如果知道他在巴林兄弟社有若干存款，他开出的支票任何时候到该兄弟社总是可以毫无障碍地兑换现金，所以他是有信誉的人，而且是由兄弟社的介绍加入改进社的，那个疑问就可以得到解释了。

此福克氏是个富人吗？这不容置疑，可是他的财富是怎样来的呢？就连最能侦探他身世的人也不能回答这个问题，或者即使想知道也觉得不应该去探知。不管怎样，他既不浪费，也不吝啬。只要有人说想要成就对公众有利之业、仁恤之举等善事但缺乏钱

---

① 指证券交易所。

② 指律师。

③ 社、会指社团商会等组织。

财的话，他总是悄悄地投资赞助。以此可见其为人。

再也没有像他这样沉毅自重的人了。平生沉默寡言，金口难开，所以让人觉得他更加神秘。然而他的行迹之明确宛然如皎日，而其所为之事总是严整均一，是很有规律的，一举一动总是那样准确而有规律，让人对他产生猜测和想象。他曾出门旅行过吗？在地理方面，没人比他更通晓，如论什么幽邃僻陋之地，他都知晓，如数家珍。以此可推测他是一个漫游者①。在社中喧嚣嚷嚷，众说纷纭地讨论有关某某旅行家失踪而无人知其生死的时候，只要他一开口，简要说明他的所见，就能让大家停止讨论。他所推测预言之事，与日后的事实不相符合的到现在还没有发生过。可见他的确是游遍天下的人（即使没有实地游遍天下，但在精神上是游遍天下的人）。然而，这些年来福克氏没有离开过龙动。就连和他相知最长久的人也没有听说过有不在从改进舍到他家的路上而在其他地方遇到他的人。

他唯一的娱乐只是一种骨牌游戏而已。这种沉着安然的娱乐最适合他的性格，所以他常常赢钱，但赢来的钱绝不放入自己的囊中，而全部充为仁恤之资。这笔钱金额并不小，由此可见他博弈并非为了赌钱，而只是在索求遨游。对他来说打牌是一场困难的角力，但不动身体，不劳四肢而得其果，所以甚合他的性格。

人们也没听说过福克氏有妻子儿女，不过，这类诚实君子而

---

① 即旅行家。

无妻子的并不少，所以，也没有什么可奇怪的。他也没有亲戚朋友，只是独居在赛微乐街的住宅里更不为怪。以前并没有人出入其家，所以，也没有人知道其内部的样子。他的午餐晚餐分毫不差地都在改进舍里同一室内同一桌子上进用。他没有请过客，也从没住过改进舍为社员准备的完美的卧室。一到十二点，他就回家睡觉。正因为如此，他只要一个仆人就足够了。二十四个小时之中，他在家里有十个小时，是睡觉盥洗的时间。他站起来徘徊的话一定是在改进舍入口处一个房间里铺着镶花地板上，要不然就是在圆塔下装有玻璃顶和红云斑石雕刻柱子的殷实回廊里，而且他的步伐均一不变。在他的饮食方面，改进舍内有精肉鲜鱼甘美乳酪，只挑最好的，由庖宰者细心调理。穿着乌黑礼服态度庄重的侍者用萨克斯出产的花纹漂亮的桌布为他铺在桌子上，用特别的器皿盛上菜肴。又用玲珑玉杯盛上雪莉、波特等加上桂皮或者香蕨的葡萄酒，为了让美酒凉爽，加上了花了巨额费用从美国运来的供改进舍社员之需的冰块。

如果说像他这样生活的人算是奇癖家，那么奇癖并非没有可取之处。

赛微乐街的住宅并不富丽堂皇，但却十分便于起居。而更可爱的是主人的状态始终单一不变，所以，仆人的职掌也非常简易。但是，福克氏对他仅有的一个仆人要求非常严格，不容有分毫的时间误差。正如这个十月二日的事，福克氏因为他的仆人詹姆斯·伏斯特端来的剃胡子用的热水不是八十六华氏度而是八十四华氏度就辞退了他。并告诉他取代他的人将在十一时到十一时半之间来见福克氏，让他等着。福克氏正襟危坐，双脚并拢得像受检阅的士兵一样，两手放在膝盖上，挺着身子，抬起头，看着时钟指针的移动（他的时钟显示年、月、日、周、时、分、秒，是非常繁杂的器械）。按照福克氏日常惯例，听到十一时半的钟声，他就会离开家到改进舍去。此时福克氏正在便室①，听到有人敲门。那个已被辞退的仆人詹姆斯·伏斯特走了进来，给主人带来了一个三十来岁的壮汉，说这正是要替代自己的新仆人。福克氏问新仆人："你是法国人，名叫约翰吗？"新仆人回答说："某②叫若望，路路通是某的外号。这是因为某万事精通，什么事都能做，人们都这样看某，这个外号是恰如其分的。只是某自信还是个诚实人，所以，对贵人毫无隐藏，全部如实告白。某已经尝试过种种职业，首先是闯江湖的唱歌师，继而当过马戏班的轻技师，在秋千架上翻腾某不让雷奥达，在一条架线上舞蹈不下于布龙丹。③后来又成为体操术的教师。为了让某的特长能为公众利用，最后在巴黎成了消防队的伍长。在某的完整履历书中还记载了救过大火灾的功绩。然而，希望尝尝安安稳稳的生活滋味，来到英国作家仆已有五年。如今腾出手脚之际，传闻斐利亚·福克君实乃大英国中最为严格之贵人，更是刚毅不挠之绅士，钦慕之余，今日如愿得到推荐，面谒贵人。能侍奉贵人的话，某甚至可以连'路路通'的绰号也可以忘掉。"说罢垂手而立。绅士说："路路通倒

---

① 指休息室。

② 某是江户时代和明治时代日本人常用的自称。

③ 雷奥达和布龙丹都是马戏团著名演员。

是适合我的索求。关于你的身世我已经得到良报。你可熟知我的需求吗？"仆人说："熟知。"主人说："好的。现在你的表几点了？"路路通从衣袖中取出一只巨大的银表说："十一时二十二分。"主人说："你的表慢了。"仆人说："对不起，这只表绝不会慢的。"主人说："你的表慢四分钟。不过，只要记住这个误差就没有什么障碍了。从现在一八七二年十月二日星期三上午十一时二十九分开始，你就成为我的仆人了。"说罢，福克氏站起身来，右手拿起帽子，用一种像自动木偶一样的动作把帽子戴在头上，不多说一句话就出去了。一会儿路路通听到两次关门的声音，先是主人出去了，后面是原先的仆人詹姆斯·伏斯特出去了。最后，在赛微乐街的家里留下的只有路路通一个人了。

《高桥阿传夜刃谭》

1879 年金松堂出版

出版解题：民众想知道的不是事实而是新奇和刺激

1876 年 8 月 27 日，东京浅草藏前的旅馆里发生了一件古董商被杀的杀人事件。两个星期后，26 岁的高桥阿传作为杀人嫌疑犯被捕。1879 年 1 月 31 日，高桥阿传被判处死刑并立即执行。这件事在当时的日本成为一个很大的社会话题，报纸争相报道，在阿传被处死后第二天报纸上就出现了关于阿传故事的连载。

然而，报纸似乎也是各种传说的中转站。从高桥被捕之后，一个迫于生活压力，为了金钱而委身于人的寡妇逐渐被描绘成欲壑难填、生活糜烂的毒妇。据《小说魅惑》杂志编辑透露，在高桥被处死后，明治政府委托假名垣鲁文执笔写了这部小说《高桥阿传夜刃谭》，也就是说国家政权用小说的形式把高桥塑造成毒杀亲夫又谋杀情夫的毒妇，从而把她钉在了道德教育的耻辱柱上。明治政府之所以急于做这样的舆论引导，可能和 1878 年发生的皇宫守卫队的武装叛乱有关。被称为竹桥事件的叛乱是守卫部队不满政府削减他们的军饷而爆发的，因为削减军饷不仅造成了他们的生活困难，也影响到他们故乡的家庭生活。叛乱很快被镇压，而皇宫守卫队竟然叛乱，这震惊了明治政府在不到两个月里政府就毫不留情地处决了50多名叛乱参与者，但是这样的严厉措施受到社会的批判，被认为是比黑暗更黑暗的判决。为了转移社会舆论，明治政府需要其他的社会话题，而谋财害命的故事能吸引社会的关注，高桥阿传就成了最好的材料。

不过，《小说魅惑》这样的透露也没有其他佐证材料可以证明。实际上当时很多文字记录的都是传闻，不知有几分真假。但不管怎么说，当时的日本社会对阿传的故事津津乐道是真真实实的事。

实际上高桥阿传的人生充满了艰辛，她一生出来就被送给人家做养女，长大结婚后没几个月又被休妻回来。后来与高桥浪之助结婚也不被祝福，不得已夫妻二人只能离开家乡到横滨谋生。然而高桥浪之助却得了麻风病。为了给丈夫筹钱看病，阿传只能去站街卖身。浪之助病逝之后，阿传继续过着颠沛流离的生活。至于阿传为什么要在浅草藏前的旅馆里杀死古董商也有很多传说。一种说法是这个古董商曾经抛弃了阿传的姐姐，让其忧郁而死。阿传是为了替姐姐报仇，但真实情况依然扑朔迷离。不管怎么样，这起杀人事件引起了社会的广泛关注。在阿传被处死的第二天，假名垣鲁文在自己创办的《假名读新闻》上发表了《毒妇阿传之话》，其他小报如《有喜世新闻》之类也同时开始登载阿传相关的文章，这些文章都吸引了众多的读者。阿传被处决后第4个月，著名歌舞伎演员河竹默阿弥把高桥阿传的故事搬上舞台，引起巨大反响，也让"毒妇"成了阿传的代名词。一直到 1935 年，新闻记者出身的小说家邦枝完二出版了实地采访的小说《阿传地狱》，才让阿传的名誉有所恢复。

假名垣鲁文原名野崎文藏，是江户末期到明治初年的戏作[①]作家和新闻记者。在报纸（当时都是有锦绘插图的画报）逐步取代戏作作品的明治初年，已经在戏作方面成名的假名垣鲁文开始给报纸投稿，并于 1875 年模仿《读卖新闻》创办《假名读新闻》。在报纸上，假名垣鲁文撰写了一些关于艺伎的纪实小说，也获得了社会的好评。所以，他来撰写高桥阿传的故事也属于不二的人选。根据《毒妇阿传之话》改名的《高桥阿传夜刃谭》在阿传被处决后第二个月就由金松堂出版了，初版共分八篇 24 册，花了两个月时间出齐。假名垣鲁文的学生野崎左文回忆说，当时本书的销售大概在四五千套。这在明治初期已经属于畅销书了。

本书摘译

第二十三回　女夜叉显本性残害痴汉

恶念点燃了就好比往柴火上浇油，用水是灭不了这种恶念的，不到蹬腿断气之时，心里的这把火是无法灭掉的。

再说阿传花言巧语，诱惑后藤吉藏出了茶店，来到浅草御藏前片町的丸竹大谷三四郎开的旅馆。他们被接到二楼一间八贴的

---

① 戏作 18 世纪后半叶兴起于江户，是对通俗小说之类的读物的总称。——编者注

房间。整理了衣裳后，阿传来到账房点了酒菜，并在旅客登记簿上记下：熊谷县下武州大里郡熊谷驿新宿，茶渡世内山仙之助，三十八岁。同住所，妻松，二十五岁。

两个人先后去洗了澡，回到二楼房间。风从格子窗吹进来，驱赶了一些热气。没等多少时间，侍女从楼下端来酒菜。阿传放松了衣带，举杯献媚来劝吉藏。吉藏本来就好这口，来者不拒，很快就有十二分的醉了，歪倒在榻榻米上。阿传让侍女挂好蚊帐，一起把吉藏抱到蒲团上躺下。这个晚上吉藏就住在旅馆了。不知是不是知道阿传设了陷阱，吉藏没有把交易用的钱和货品带在身上，可算是一种侥幸。

阿传一边看着吉藏入睡的样子，一边在枕边盘算着毒计。无论怎样，哪怕是牺牲色相也要把吉藏带的两百块钱拿到手，这是因为吉藏也非常狡猾，轻易是骗不到手的。只有按照事先准备的计划，亲手断了吉藏的气息，才能拿到手。十八的月亮已经偏西，阿传四顾无人，拿出从穴仓家出来时偷偷携带的剃刀，吹灭床边的夜灯，再一次确认吉藏入睡的样子，悄悄地卷起夏季的被子，就着吉藏伸出来的手躺进去，左手抱着吉藏的脖子，右手拿起剃刀刺进吉藏的咽喉处，吉藏顿时绝命。阿传看着他咽气，然后用被子包好吉藏的尸体，看起来依然是睡觉的样子。从蒲团下拉出吉藏的商人藏钱带子，从里面摸出一包纸币藏到自己的怀里，然后在尸体旁打盹。天亮后，阿传拉开雨窗①一条缝隙，拿出那包纸

---

① 雨窗是为了防风、防盗、遮光、防偷窥用的日本建筑构件，通常装在窗户或者面向院子的门的外面。一般白天打开，夜晚关上。

币查了一下。纸币虽然不少，但都是十钱的面值，加起来也只有两百块钱的一成，阿传不免大吃一惊，这与交易的定金相差太多。但是现在反悔也来不及了。阿传定了定神，拿出吉藏随身带的笔墨，在纸条上草草写了如下的文字：

此人五年前杀害了我的姐姐，还想对我非礼。我忍耐至今，现在终于为姐姐报了仇。如今我要去姐姐墓前报告，然后会去自首，绝不会卑怯。请这样去报官。川越出生的松。

写完，还按上了指印。阿传把这张纸条放在吉藏的尸体旁。太阳已经东升，楼下的侍女要来打开雨窗，阿传从蚊帐中出来说，喂，大姐。我丈夫①昨晚喝多了，到现在还睡得很死，请不要吵醒他，等他自己醒来，如果把他吵醒的话他会大发雷霆的。蚊帐也先这样不要挂起来。侍女答应后毫不奇怪地下楼去了。过了一会儿，阿传也下了楼对侍女说，我要去附近买东西，早饭先准备我一人份的。早饭端来后，阿传慢悠悠地吃了三碗饭，拿起小包出了门。

丸竹旅馆的人等到中午也不见吉藏起身，觉得奇怪。侍女就上二楼，在蚊帐外面看到吉藏头枕在枕头上，身体一动也不动。侍女感到诧异，就打开蚊帐，拉开被子一看，血泊中的吉藏已经断气。侍女大吃一惊往后跌倒，惊恐万分地跑下楼。旅馆的老板、老板娘以及账房听闻后都上楼来看，只见吉藏的喉咙被刺穿，面色难看。大家都面面相觑，不知所措。后来发现了蒲团边阿传留

---

① 吉藏和阿传是伪装成夫妇住进旅馆的，所以，阿传对旅馆的人称吉藏为丈夫。

下的纸条，又吃了一惊。于是向第五方面第一分署报警。

却说阿传心平气和地走出丸竹旅馆，走向新富町三丁目三番地今宫秀太郎的磨刀店。因为从穴仓家偷偷拿出来的剃刀在昨晚杀害吉藏的时候弄坏了一点，就这样放回去于心不安，就想让今宫磨一下。然后就回了穴仓家。阿传拿来一些钱给一直被她责骂的阿菊，还向一直欠着钱的商店付了一些钱。那天黄昏，和市太郎接二连三地逛了商店，回来的路上又到八丁堀地藏桥的军鸡店喝了酒。市太郎后来回忆说，这大概是阿传对这个世界的最后告别。那个晚上，阿传和市太郎又买了白萝卜等一起回了穴仓家。

藏前大谷三四郎的丸竹旅馆报警之后，相关检视的官员带着医生来现场勘定。确定凶器是剃刀，又从留下的纸条上确定了杀人者就是同伴的女人，于是详细询问了这个女人的长相。根据这些东西，嗅觉灵敏的侦探如同天眼照射很快就掌握了阿传的踪迹，二十九日上午 9 点左右，阿传在去新富町的行川家的路上被侦探盯住，立刻就被抓住了。阿传被投入监狱，很快就被带到法庭审讯。阿传不说真情，只说是为报姐姐之仇。姐姐阿兼是阿传的异母姊妹，是原来上野国沼田藩的武士广濑半右卫门的私生子，前几年被后藤吉藏所杀害。"我一直找机会报仇，终于有机会相遇，正想要怎么样也要报仇。我们一起到大谷的旅馆同宿的时候，吉藏逼迫我做小妾，如听从的话就不杀我。吉藏拿出隐藏的短刀来强迫我，我拼命反抗，寻机逃跑。吉藏紧追不舍，不想酒喝得太多，忙乱中自己把刀刺进了自己的喉咙而绝命。虽然我留下了为姐姐报仇的纸条，但实际上我并没有刺杀吉藏。"对这样首尾不一致的供词，法官就举出阿传平素欺诈的事来诘问她，但毒妇巧舌如簧，绝不承认。法官只能把阿传再关进监狱，第二次提审的时候，阿传还是百般狡辩，一点也没有认罪服法的意思。法官无奈再把阿传关进监狱，几天后，设了一条计策。（第二十三回完）

《经国美谈》

1883 年、1884 年报知新闻社出版

出版解题：用小说来提倡确立民权、振兴国家

在明治维新后日本自由民权运动最盛行的时候，邮便报知社
社长矢野龙溪发表了这部小说，为自由民权运动推波助澜并获得
巨大的成功。不过，这部小说的问世却是因为一个意外的机会。

当时矢野龙溪还是大隈重信等人在 1882 年刚刚组建的立宪改
进党的核心人物，不仅要负责报社的运营还要兼顾党的组织工作，
同时还要站在前面参加与自由党的论战。所以，矢野每天都非常
繁忙，根本没有时间写小说。他因为过度操劳而病倒，而这一病
倒反而促成了这部小说的诞生。在病床上他阅读了希腊古代史，
触发了用小说来宣传自由民权理念的念头。出院后，用口述的方
式让报社的记者佐藤藏太郎记录下来，经过矢野的修改后，以《经
国美谈》的书名在 1883 年由邮便报知社出版了这部小说的前篇，
第二年，又出版了后篇。无独有偶，后篇的撰写也是因为矢野旧
病复发而养病在家的时候完成的。

《经国美谈》借用古代希腊的历史题材来叙述确立民权、国权伸张的主题，宣传矢野所在的立宪改进党稳进温和地推动社会变革的政治主张。由于害怕政府不满这种政治主张而禁止政治小说的出版，矢野没有选择时代接近的英国革命和法国革命的故事，而是选择时代久远的希腊历史，借希腊的故事来宣传他们的政治主张。矢野给小说人物赋予了仁智勇等观念，也可以说是一半是翻译一半是创作的作品。矢野后来曾说过希望读者能同时获得阅读正史和小说的享受。使用的是雅俗折中体，即半文言半口语的一种明治初期的小说常用的文体。这都说明《经国美谈》在写作上明显受到了江户时期的戏作代表作《南总里见八犬传》以及《三国演义》的影响。

　　《经国美谈》初版的封面上同时印有 *Young Politicians of Thebes* 的英文书名，是明治以来的崭新手法，强调了开化，引领了时代的潮流。本书出版后不断重印发行，书的畅销给矢野带来了数千日元的版税，这笔钱在当时足够一个日本人周游世界，而周游世界是当时日本人的向往，于是矢野就使用这笔版税在1884年走访了欧美。当时的《开化新闻》特别指出，矢野龙溪是日本使用版税而踏破万里波涛的第一人。

　　中日甲午战争前，矢野龙溪极力主张日本必须扩充海军，还发表了他的东洋战略。中日甲午战争后，矢野作为日本的全权公使驻北京两年，于1896年开始接收清政府派遣的留学生。1989年升任全权大使后继续为日本接收留学生而游说，1900年日本政府通过了相关接收留学生的条例，开放了外国留学生留日的大门。

1899 年，矢野龙溪离开日本政坛，与田川大吉郎等人设立社会问题研究所，开始钻研社会主义，并对外宣称自己是社会主义者，发表了乌托邦小说《新社会》。他还与田岛锦治、德富猪一郎、三宅雄二郎等人在一起，作了多次关于社会主义的宣讲。然而，在时事的不断变化中，这些曾经信奉社会主义的名士最后都走上了不同的道路。

本书概要

古希腊有很多城市国家，北部有个民主国家齐武。齐武的公会堂里有民政党（正义之党）与专制党（邪恶之党）相对立，形成了正邪不同的两大势力。公元前 382 年，齐武的专制党蠢蠢欲动，企图推翻民主政府实行专制统治。而民政党也有所察觉，也在时刻提防。

年轻的民政党党员巴比陀英俊潇洒，满腔正义。他祖上也是齐武的名门，留下了很多资产，让巴比陀生活得无忧无虑。巴比陀的生死之交威波能足智多谋，刚正不阿。虽然也是名门出身，但到他这一代已经没落了。虽然巴比陀想把自己的财产分一部分给他，但他坚决不肯接受，情愿过清贫的生活，因而巴比陀的生活也不敢奢侈。这一天，这两个好友又在一起为国事而担忧，威波能离开后，他们的另一个好友玛留带了几个人匆匆闯了进来，对巴比陀说邪恶之党在斯波多军队的支援下已经发动了政变。玛留虽然脾气暴躁，却非常正直勇猛。眼见敌人已经动手，他希望巴比陀立刻召集民政党同志与专制党决一死战。然而捕捉他们的邪恶之党人已经赶来，仓促之间，巴比陀要求民政党的同志赶快转移到邻国阿善去，他们自己也随即离开巴比陀的家。途中追兵越来越近，巴比陀的坐骑不慎掉进波宁河，不知生死。玛留等人只能含泪赶往阿善。

专制党在齐武首都大肆搜捕，威波能等民政党政府官员和议员在公会堂被捕，齐武陷入专制党的白色恐怖的统治中。

波宁河的打鱼翁从河里救出了奄奄一息的巴比陀，巴比陀身体恢复后，打鱼翁就让儿子护送巴比陀平安地到达了阿善。

齐武民政党义士之所以去阿善讨救兵，是因为前几年齐武人民曾经帮助过阿善人民反抗专制政治并取得了胜利。然而，阿善的执政者虽然妥善地安置了齐武义士，却不愿与斯波多正面交锋。义士们只能诉诸阿善的人民。巴比陀的讲演慷慨激昂，赢得了阿善的人心，却招来暗杀之祸。幸亏阿善人的帮助才逃过一劫。

斯波多出兵帮助齐武的专制党推翻了齐武的民政党政府，引起了希腊各国的反感。为了平息大家的批判，斯波多把所有罪责都归罪于将军法美，对他罚款并撤职。但这只是表面文章，法美不仅没有真正缴纳罚款，而且很快得到重用。做了这样的表面文章后，斯波多伙同齐武的专制党对民政党义士进行了残酷镇压，他们宣判了民政党政府高官以斯明等人的死刑，各国法官都敢怒不敢言。威波能也做好了赴死的准备。但有义士把威波能从监狱里救了出来，他们一起逃到了北面的邻国法斯须。

巴比陀等齐武义士在阿善苦苦等了 3 年多，终于等到一个时机。伪装变节的义士比留利利用出使阿善的机会和巴比陀等人见面，共同设计诱杀专制党骨干。在法斯须的威波能接到这个消息后，写信劝说巴比陀说，恢复民政最好不要使用暗杀的手段而应该堂堂正正地与他们决战。然而，在阿善的齐武义士们不肯放过这样的机会，纷纷按计划冒死潜回齐武。在约定的日子，比留利在家中设宴招待专制党骨干，在他们喝得酩酊大醉的时候，巴比陀率领 12 名义士解决了这些专制党的骨干，然后率义士又奔赴专制党巨魁令温知的家，在那里巴比陀又亲自斩杀了令温知。

威波能担心义士们失手，也带人赶回齐武，这时候，邪恶党首领骨干已经被除掉，于是他们一起汇集到公会堂，宣布推翻专制党的政府，驱逐斯波多的军队，恢复民主政治。当天，斯波多的军队从齐武全境退出，齐武恢复了宁静。

推翻专制，百废待兴。齐武重新选举 400 名公会议员，又选举巴比陀威波能等 4 人为总统官。但巴比陀和威波能都申明推翻专制并不是为了自己做官，所以固辞不受。大家只能同意，而由在得票方面排名其次的加伦和势应本任总统官。公元前 378 年 1 月 1 日，新行政官员和议员全部宣誓就职。

齐武恢复民政后，国力猛涨，成了希腊各国的盟主。而斯波多非常不甘心，国王亲自率领军队大举入侵齐武。齐武军民拼死抵抗，斯波多派人去阿善挑拨阿善和齐武的关系，齐武形势危急，巴比陀率领 300 多神武军浴血奋战，终于突破重围回到齐武首都。斯波多国王见无法攻陷齐武首都，就让士兵四下掠夺，然后撤兵回国。

但斯波多不甘失败，派大将里雅思率大军再次侵犯齐武。齐武总统官势应本想出一个策略去分化斯波多和阿善两国，阿善便与斯波多绝交，而齐武上下同仇敌忾，坚守不出。斯波多只能故技重演，再次在齐武首都郊外纵兵掠夺，然后撤回本国。

不过，斯波多也不达目的决不罢休，于是由国王阿是刺亲自率领大军第三次入侵齐武。这次，斯波多的大军更是诡计多端，终于攻占了齐武首都。然后斯波多国王分兵几路进攻齐武联盟各邦。这时候，阿善人举兵来帮助齐武，又派大将卡布里亚斯率部去增援齐武联盟各邦。战局不利，斯波多国王撤回本国，而以将军法美代替他指挥。齐武将士制定新的战术，击溃了斯波多军队，法美将军沙场殒命。

斯波多军队对齐武的连年掠夺，加上农产歉收，齐武发生了饥荒。齐武将士请求幽美国帮忙，在中途截获斯波多的粮食。在幽美和阿善人的帮助下，齐武人成功地夺得了粮食。斯波多准备重振海军旗鼓，打造军舰。但阿善国海军出击，击败了斯波多海军。

连年的战争让希腊各国希望早日结束战争，过上和平的日子。于是在公元前371年，希腊各国特使齐集斯波多首都协商互不侵犯条约之事。由于斯波多和阿善私底下已经达成谅解，要瓜分希腊的霸权，压制齐武。斯波多国王阿是刺亲自出面，态度傲慢，齐武特使威波能看破了斯波多的伎俩，据理力争。这个时候，阿善派出的特使虽然是有名的辩士但却默不作声，显然想暗地帮助斯波多。最后，威波能代表齐武拒绝会盟。于是，斯波多又找到借口，发动同盟各国40万大军大举入侵齐武。齐武也汇集同盟军队部署在边境上迎敌，但人数比斯波多的大军少一半。然而，齐武人选威波能做统帅，采用新战术对战斯波多，而巴比陀又率神武军冲锋陷阵，终于击败了斯波多大军。齐武把斯波多阵亡将士的尸骨体面地送回斯波多，而在战场上竖立了胜利纪念碑。这一战，斯波多彻底失去了霸权，而齐武在希腊各国中声威大振。

战败的消息传回到斯波多，但斯波多的人民没有停止节日的狂欢，反而连战死者家属也相互庆贺。斯波多也修改法律，废除了斩杀战败逃兵的规定。阿善国王猜忌齐武的强大，急忙从中调停，让各国各自休兵，希腊各国终于迎来了和平。

但斯波多再次毁约，借机进攻齐武的盟国阿鲁加西亚。齐武派兵去救盟国，威波能设计围魏救赵，率军直接进攻斯波多首都，斯波多闻讯只能让大军急忙赶回去防守。然后斯波多挑唆阿善人进攻阿鲁加西亚，威波能再次率军击退了阿善大军。但齐武却传出流言蜚语，诬告威波能叛国，于是威波能被捕。虽然威波能在法庭上竭力辩解自己的清白，但还是被判了刑。斯波多和阿善联合攻击齐武，齐武军队起义，迎接威波能做统帅，击败了来犯之敌。阿鲁加西亚对威波能言听计从，筑堡垒以防斯波多。齐武在希腊各国中的声威日益高涨，终于成为列国的盟主。

| 第四章 |

当世书生气质

1　民族国家的诞生（二）文明开化

生活西化是让列强接受日本的条件

明治时代的日本人认为，文明就是西方的生活式样，开化就是引进西方的生活式样。而生活西化是让列强接受日本的条件。

明治初年，东京流行这样一首歌谣：

敲一敲半发头，可以听到因循姑息的声音。

敲一敲总发头，可以听到王政复古的声音。

敲一敲短发头，可以听到文明开化的声音。

半发头　　　　　总发头　　　　　短发头

也就是说，从大家的发型上可以看到他们对社会变化的态度，这非常典型地反映了生活样式和社会变化的关系。

跟随佩里将军来日本的传教士威廉姆曾经记录了幕府末年日本人日常生活的样子。"日本女性随意敞胸露怀，走起路来大腿也会裸露出来。而日本男性更是在肚子下用布条简单地围一下就在外面行走了。"

这样近乎裸体的衣着实际上也与当时经济状况有关，对日本人来说，实际上也是非常平常的风俗，但从传教士的角度来看，那就是近乎野蛮了。结果，选择文明开化的明治政府也认为要让欧美人接受日本，日本人需要从服饰开始改革，不仅政府官员要穿着欧美式样的服饰，后来被称为制服，而且，也必须要求普通百姓放弃随意裸体的习俗，所以，从明治元年（1868年）开始，日本在外国人比较多的横滨禁止裸体习俗，明治四年（1871年），东京市政府也发布了裸体禁止令。第二年，东京又发出了禁止男女混浴的条例，政府用欧美人的社会观念作为文明开化的标准要求日本国民接受，对违反者加以处罚。

把文明开化直接当作让西方接受日本的条件的最典型事例就是鹿鸣馆的诞生。当时日本政府主要的外交课题是与列强交涉废除外国人的治外法权。但是，日本社会的很多传统让外国人认为日本还处在未开化的时代，尤其是日本依然存在的凌迟和斩首等刑罚更让外国人有理由保持治外法权等特权。为了让外国人放弃顾虑，当时的外务卿井上馨在推动欧化政策时想建造一座欧式迎宾馆来招待外国人，以表明日本已经是一个文明国家。

鹿鸣馆是由英国建筑师乔赛亚·康德设计的二层西式建筑，内设大餐厅、酒吧、会客室、图书室和台球室等西式设施，最著名的是二楼的大舞厅。1883 年 11 月，井上馨在鹿鸣馆举行了落成庆祝舞会，招待了 1200 名内外宾客。实际上这一天也是井上自己的生日，用舞会庆祝生日也是开时代的新风。不过，日本的政府高官和贵妇人要适应西方的舞会还要学习很多东西，在连夜举行的舞会上，出现了各种笑话。为了凑足舞伴，不仅动员了很多艺伎来练习交谊舞，而且还动员了很多女校的学生，这还引起了很多非议。这也说明，为了让西方接受日本，当时的日本人还是十分认真的。

不过，社会的传统依然有很大的能量，日本社会对西方的生活方式并不能马上全盘接受。明治七年（1874 年）正月，具有社会影响力的报纸《邮便报知》就刊登了一篇批判社会风俗的文章。"近年有一可笑之事，女学生穿着男人的日式裤子，昂首阔步，毫无羞耻之意。这样的奇异风俗，实乃国耻。更有甚者，穿着男人的日式裤子的女子还有可能学男人的样子站着小便"。这实际上是借批判女学生奔放的举止来批判文明开化的社会风气。也就是说，尽管明治改元将近 10 年，但日本社会对生活的西化依然有很大的抵抗。

1887 年，皇后发表《思召书》，传达给各大臣、敕任官和华族，鼓励女子穿洋装。这是因为日本国内出现了批判生活西化的民族主义情绪，当时兼任宫内大臣的伊藤博文就想利用皇后的权威来巩固文明开化的成果。有意思的是,《思召书》鼓励女子穿洋装的理论武器是复古,从古代日本的大化改新所形成的衣裳制度在江户时代遭到破坏,女子的服装需要复古,而上衣下裳(裙子)的洋装符合古代的衣裳制度。虽然这里的逻辑关系比较牵强,但是,用复古的理论给文明开化添加合理性,具有很强的说服力。

开化继续进行,而传统也依然保留。日本在文明开化过程中也保留了很多传统的习惯。一直到上个世纪末,日本很多上班族都是外出穿西服,而回到家里就换上和服。在东京狭窄的公寓里会想办法保留一间榻榻米的房间。

饮食习惯与家庭观念的变化

不仅生活习惯要西洋化,就是日本的饮食也需要改变。当时,有一本鼓励肉食的启蒙书《开化的入口》指出,西洋人年过四十的老人依然红光满面,腰板硬朗。但是日本人年过四十就颜色憔悴,腰酸背痛,毛病百出。当时大阪医院的波多因先生认为,这是日本人没有肉食习惯造成的。日本人要得到西方人的认同,就需要改变不吃肉的习俗。和西方人多有接触的政府高官,尤其是长期出国访问的岩仓使节团的实力人物,都认识到日本传统的伙食营养严重不够,所以都极力推崇肉食,提出了"文明开化从吃肉开始"的口号。

假名垣鲁文在他的名作《安愚乐锅》的开头是这样写的:"士

农工商、男女老少、贤愚贫富，如果不吃牛肉锅那就不是开化之人"。为了推动日本社会的西洋化，明治政府决定让天皇出来做榜样。明治四年（1871 年），日本政府通过新闻报纸，介绍了明治天皇积极剪掉头发改变传统的发型，又改穿西服，并开始吃面包、牛肉，喝牛奶。大久保利通认为，宣传天皇的西式生活，既能增加国民对天皇的亲近感，同时又能宣传和推广所谓的文明开化的生活。明治七年（1874 年），士族出身的木村安兵卫烘烤的赤豆馅面包得到机会献给了天皇并得到了天皇的夸奖，成为宫内厅的御用商人。这给木村带来了极大的声誉，也让有馅面包成了市场的畅销品。

虽然政府鼓励文明开化，但进展依然缓慢。这固然有思想保守的一面，实际上也有经济跟不上的一面。比如当时一顿正式的西餐，价格是 25 钱，而工厂里工人的月工资只是 60 钱，哪有能力去享受西餐呢？不过，吃牛肉还是开始在日本流行，那个时候，东京街头开出了很多牛肉火锅店。本来日本人认为牛马等家畜是重要的劳动力，加上宗教的宣传，所以长期以来多数日本人没有吃肉的习惯。但是，天皇开始吃面包、牛肉，喝牛奶，还是推动了日本社会对牛肉、面包等的接受。当初，面包是作为军队的伙食开始引进日本的。不过，由于技术的问题，烘烤出来的面包比较难吃而不受欢迎。陆军军医森鸥外更是坚持白米饭更适合日本人，从而反对在陆军中推广面包。但是，白米饭给那些吃惯粗粮的士兵带来了脚气病，而且，在日俄战争时，日军认识到在阵前煮饭远没有面包方便，加上俄军俘虏又教会日军俄式面包的烘烤方法，面包开始在日本军队中普及。而退伍的军人又把吃面包的习惯带进了日本社会。

这一时期日本的饮食习惯也发生了巨大改变，进而改变了日本的家庭关系。到明治初期为止，日本一般老百姓也是一日三餐，早饭是米饭和味增汤，中午大概是茶泡饭和酱菜，晚饭是米饭、味增汤还有煮蔬菜等。这些都放在一个盘子里，大家随便找个地方吃，吃完后，就把餐具各自收起来。所以，一家人吃饭往往不在一起。这是因为在幕府时代，武士支配的社会特别强调上下关系，在家庭生活方面也有这样的严格的关系，所以也就不允许全家围坐在一起吃饭。到明治中期，日本已经出现了很多西餐馆，日本人也开始习惯使用桌椅。所以那个时候，在日本的家庭里出现了一种小矮桌，这改变了一日三餐的风景，也就是说从这个时候开始，日本家庭成员可以聚集在一个小矮桌前一起吃饭了。这样其乐融融的全家团聚不仅改变了家庭的气氛，也显示了家庭关系中绝对权威逐步消失，家庭成员的一切都是家长包办负责的情况开始改变。

明治十一年（1878），《近事评论》杂志上刊载《伊藤博文公的丑闻》一文，批判了伊藤博文不仅拥有众多的妻妾，而且还夺走了友人的情人。然而仅在一年前，同样的《近事评论》杂志所刊载的文章却将伊藤博文这样的寻花问柳当作一种美谈进行了赞美。可以说正是一家团圆的家庭气氛改变了日本的家庭观念，废娼论者甚至提出以前男人们外出寻花问柳就是因为没有这样一家团圆的美好气氛。

日本传统的家庭观念是基于中国儒家思想结合日本特殊情况而产生的一种观念。这种观念以维持从祖先代代相传的家为至上的命题①。在这一命题之下，家督（家长）是维系家族存亡的不可或缺的要素，所以，每一家都会千方百计地确保他们拥有家督以及家督继承人，江户时期，养子和招女婿的盛行也就是这种观念的反映。当然，日本人也重视血统，生孩子就成了一种任务，拥有众多妻妾也意味着有更多的机会完成任务，所以，家督拥有众多妻妾当然不成问题。这种传统的家庭观念在西方生活方式的冲击下逐步发生变化，随着启蒙思想家提倡的一夫一妻观念和废除娼妓的主张逐步得到社会的认同，像伊藤博文那样的男女关系就开始受到批判。

家庭观念的变化从用词上也得到了体现，日本传统上只有"家"这个概念，而"家庭"这一概念是在明治 20 年代以后才在日本社会上取得主流的地位。

近代产业给日常生活带来的巨大变化

文明开化的另一个标志是照明的变化。明治时代煤气灯开始得到普及，最初在明治五年（1872 年），横滨的外国人居留地出现了煤气灯的路灯。而当时日本家庭的照明使用的都是蜡烛或者菜

---

① 牟田和恵："明治期総合雑誌にみる家族像"，《社会学評論》第 41 卷第 1 号，1990 年。

油灯，日本开始引进煤气灯后，很多家庭也开始使用，煤气灯得到了一定程度的普及。不过，由于煤气提供以及使用的危险性等问题，多数的日本家庭以及商铺还是在使用油灯，甚至还出现了煤气灯亡国的非议。后来电灯出现，日本家庭里的煤气灯和油灯就先后退出了历史舞台。

1882 年，东京银座点亮了电灯，新奇的事物吸引了很多日本人从四面八方赶来观看。不过，这时候日本点亮的还是弧光灯，但到 1885 年，日本在东京银行集会所就第一次点亮了白炽灯，这离 1879 年爱迪生发明白炽灯才 6 年时间。紧接着到 1886 年，日本成立了第一家电力企业：东京电灯会社（即现在的东京电力株式会社），并在东京浅草设立具有大容量发电能力的发电站。电力进入了日本的社会和家庭，给大家的日常生活带来了巨大的影响，近代的产业发展也和日本的家庭生活密切地捆绑到一起。1887 年，日本其他大城市如大阪、神户、京都、名古屋等都先后成立了电力企业，电灯在日本的家庭中得到了普及。1890 年，日本警视厅允许在电线杆上贴广告，这样在以后的一百多年里，林立的电线杆以及电线杆上的广告就成了日本到处可见的风景。

给日本国民生活带来最大变化的应该是铁路。明治五年（1872 年），日本第一条铁路开通，这距离世界上第一条铁路的开通只有 47 年。因为铁路运送的速度超过了当时日本人的想象，以致出现乘客不相信已经到站而死活不肯下车的现象。铁路建设也是各方角力的战场，主张增强军备的西乡隆盛等人坚决反对，支持建设的大隈重信还遭到了暗杀的威胁。沿线的商家害怕铁路冲击他们原有的市场而坚决不让铁路从他们那里通过。更有一些迷信的观念认为铁路会带来妖魔鬼怪，给大家带来厄运。结果，铁路建设只能绕开一些商铺云集的地方。由于在品川地区买不到土地，只能在海上筑坝修铁路让日本第一条铁路开通。在东京的西部，也因为农民们相信铁路会带来妖魔鬼怪而不肯出让土地，结果就在偏僻的地方形成了一条从东京中野到立川之间长达24公里的笔直的铁路，成为铁路史上的一个奇观。然而到明治末年，大家终于了解到铁路的开通可以带来巨大的经济效益，于是就开始想方设法地把铁路引进到自己的地方。

铁路的开通，改善了地理上的距离给国民带来的闭塞感，促进了大家的交流，也改变了很多的生活习惯，比如说创造出了车内阅读空间，使得阅读从发出声音的音读变为不发声音的默读，而默读对提高个人的思考力有很大的促进作用。铁路的运营更是改变了日本国民的时间观念，给日本的近代化带来了深远的影响。到明治初年为止，日本采用的是中国传统的太阳太阴历，同时采用不定时法，即把白天和黑夜各分为6个时辰，但因为季节不同，昼夜分布也不同，所以，各个季节的每一个时辰的长短也就不一样。这在古代，很适合人们的生活习惯，但是，火车的运营就要求无论在什么季节，每个时辰的长短都必须保持一致，否则，就会出现混乱。也就是在日本开通铁路的1872年，日本采用了与欧美相同的太阳历，并采用了定时法，即规定每一个小时的长短都必须一样。这样的改变，让对时间观念比较模糊的日本人变得时间观念非常强，不仅铁路有时刻表，就是公交车也有时刻表，而且不仅是火车，就是公交车也都能按照时刻表来运营。这样的时间观念当然会影响到日常生活的每一个角落。

2 历史大事记（1884—1886 年）

1884 年

1 月，井上哲次郎、三宅雪岭等人组成哲学会。

2 月，黑田清辉留学法国，先学法学，后改为油画。

陆军卿大山岩访问欧洲，考察兵制。

第一国立银行与朝鲜政府签署海关税处理业务条约。

3 月，废除地租改正条例，地价和税率固定化。

5 月，自由党员汤浅理兵纠集农民袭击高利贷者以及警署。

9 月，自由党员发起加波山暴动。

制定兑换银行券条例，发行可兑换银币的日本银行券（日元纸币）。

7 月，为了设立贵族院，政府颁布华族令，分华族为公侯伯子男五等。

三游亭圆朝发表《怪谈牡丹灯笼》，9 月以速记本形式出版，引领了各种速记本出版的高潮。

8 月，儒学者元田永浮起草《国教论》，宣传以儒教为根本的国教论。

森鸥外留学德国。

9 月，茨城和福岛两县的自由党员发动加波山暴动。

10 月，决定从 1886 年开始，新财政年度从 4 月 1 日起算。

自由党高层无法统御党员，宣布解散。

11 月，自由党员先后发起暴动，而从 11 月 1 日之后发生的秩父农民暴动规模最大，时间最长。县当局已经无力应对，最后由日本政府出动军队，才把这次暴动镇压了下去。

1885 年

1 月，植物学家矢田良吉、诗人外山正一等创办罗马字会，提倡用罗马字母书写日语。

政府募集了 696 人去夏威夷务农，这是日本政府组织的第一次海外移民。到 1894 年为止，日本政府组织了 26 次海外移民，共近 3 万名日本人移民夏威夷。

2 月，尾崎红叶等人组织砚友社。

3 月，东京山手线开通品川到赤羽的部分。

福泽谕吉在《时事新报》上发表脱亚论。

4 月，公布专卖特许制度。

5 月，日本银行发行最初的兑换银行券为 10 日元。

6 月，日本政府决定兑换以前发行的政府纸币，并把这些纸币销毁。然而，为了处理这些纸币，引起了通货紧缩，造成 10 万以上的农民为了纳税而转卖农地。很多妇女去海外做妓女。当时在上海的日本妓女多达 800 人，妓女问题成为社会大问题。

7 月，以酱油、糕点为试点，实施间接税。

日本铁路东北线大部分开通。

医生渡边鼎和杂志记者石川映等成立束发会，宣传既经济又卫生的束发运动。

8月，经济状况进一步恶化，政府修订教育令，削减地方的教育费用。文部省通知公立学校必须收学费。

防锈涂料获得日本最初的专利。

10月，涩泽荣一、大仓喜八郎等成立东京瓦斯会社。

日本加入米法条约。采用米为长度单位。

11月，制定种痘规则。

12月，废除太政官制度，成立内阁制度。太政官、左右大臣、参议、各省卿等职务被废除。伊藤博文任第一任总理大臣（首相）。虽然规定内阁是天皇的辅弼，但是没有明文规定内阁各部门之间的权限，从而在法律上各省大臣各自独立承担责任。

1886 年

1月，设北海道厅。

2月，公布公文形式以及公文的公布手续。

东京师范学校组织行军旅行，这成为日本学校修学旅行的起源。

3月，公布帝国大学令，东京大学改为帝国大学。

修正参谋本部条例，设陆军部和海军部。

国学者物集高见发表"言文一致"主张，提倡以口语书写文章。

4 月，公布师范学校令、小学校令、中学校令。形成了到第二次世界大战结束为止的日本学制。

公布海军条例，分日本全国为 5 大海军区。

东京大学预备门改为第一高等学校，大阪分校改为第三高等学校。

5 月，公布法院官制。

文部省公布教科书检定条例，开始了教科书的检定制度。

物理学家田中馆爱橘发表 ROMAZISINSI，提倡用罗马字母书写日语。

6 月，长野县轻井泽成为避暑胜地。

7 月，东京电灯会社（即东京电力）开业。

规定东经 135 度为日本标准时。

9 月，美术调查委员冈仓天心和其导师去欧洲调研。

10 月，英国汽船在和歌山海面遭难沉没，英国人船长以及 26 名船员乘小艇获救，而日本人乘客全部被抛弃，没有一个人生还。

12 月，樱井女校校长矢岛楫子等成立妇人矫风会，主张禁酒禁烟，提高女性品位。

3　畅销书概况：畅销书的多样化

明治时代第一个十年，日本的政治小说获得巨大成功，出现了《世路日记》《佳人之奇遇》《雪中梅》《二十三年未来记》等畅销小说，并且还让政治小说的作者矢野龙溪和末广铁肠获得了可以周游世界的稿费，但是，从小说的角度来看，这些政治小说的技法还非常幼稚，而且在日本国语尚未定型的时候，这些小说的文体也体现了转折时期的纠葛，并不适合近代日本人阅读。于是，坪内逍遥发表了《小说精髓》，来指导日本小说的写作。坪内不仅提出了小说写作的理论，而且还发表了他自己的小说《当世书生气质》，用他的实践给日本小说界指明了方向。不过，坪内虽然开创了新风，但改革得并不彻底。他的很多主张要等到他的学生二叶亭四迷的写作活动才得到落实和展开。

然而，这时候，畅销书已经变得更加多样化。除了翻译的书，介绍欧美的书，还有政治小说之外，辞典和经济类书籍也出现在畅销书的行列。德富苏峰以犀利的言论带来了畅销书《将来之日本》，让言论著作登上了畅销书排行榜。而德富苏峰也从故乡熊本来到东京创办了民友社，出版《国民之友》综合性杂志，宣传平民主义思想。从1891年开始，德富苏峰把在《国民之友》上刊登的评论、随笔汇集成册，以国民丛书的形式出版，一直到大正二（1913年），出版了36集，全部印量达数百万册，显示了德富苏峰言论在日本的影响力。民友社后来还出版了《归省》《幕府衰亡论》等很多登上畅销榜的书籍。

《将来之日本》是田口卯吉创办的东京经济杂志社出版的，而田口本身也是明治初年畅销书《日本开化小史》的作者，经济杂志社似乎有了这样出版畅销书的基因，出版的《大日本人名辞书》也成了畅销书。实际上，经济出版社还出版了《泰西政事类典》《日本社会事汇》等辞书，受到了日本社会的好评。在《大日本人名辞书》出版一个月前，富山房出版了天野为之的《经济原论》，发行量超过 3 万册，让日本的畅销书出现了经济类书籍。

进入明治时代第一个十年，日本也开始从各自为政的诸侯联合体向统一的民族国家发展，而国民阅读的兴趣范围也随之越来越广泛，畅销书的多种多样化也显示了这样的社会变化。

1884—1886 年的畅销书			
出版时间	书名	作者	出版者
1884 年（明治十七年）	「世路日记」《世路日记》	菊亭香水	东京稗史出版社
1885 年（明治十八年）	「佳人之奇遇」《佳人之奇遇》	东海散士	博文堂
	描写了爱尔兰和西班牙斗士们为了摆脱列强的支配而奋斗的民族自决运动，是一部社会派历史小说		
	「当世书生气質」《当世书生气质》	坪内逍遥	晚青堂
	「大日本人名辞书」《大日本人名辞书》	嵯峨正作	经济杂志社
	1885 年 12 月出版，分正续两篇，共 1600 页		

1884—1886 年的畅销书			
出版时间	书名	作者	出版者
1886 年 （明治十九年）	「雪中梅」 《雪中梅》	末广铁肠	博文堂
	描写了为理想而奋斗的青年的恋爱和日常生活，是一部社会派青春小说，在当时日本青年人中很有人气		
	「二十三年未来記」 《二十三年未来记》	末广铁肠	博文堂
	是一部描写了日本将要开设国会的近未来幻想型政治小说。到日本开设国会为止一直非常畅销		
	「経済原論」 《经济原论》	天野为之	富山房
	作者把在东京专门学校（即现在的早稻田大学）作的关于古典经济学的讲义在 1886 年汇集后以《经济原论》的书名出版，在 10 年里重印了 21 次。作者在把英国的古典派经济理论介绍给日本方面做出了巨大的贡献，与福泽谕吉、田口卯吉一起被誉为明治时代的三大经济学家		
	「将来之日本」 《将来之日本》	德富猪一郎	经济杂志社

4 代表性畅销书详解

《世路日记》

1884 年东京稗史出版社出版

出版解题：明治维新以后人民渴望成功，但实际上人世行路依然最为艰难

1880 年，佐藤藏太郎以鹤谷向水生的笔名在大分县的《田舍新闻》上连载了小说《月冰奇遇：艳才春话》前 13 回。1882 年，东京的出版商把这部已经增写到第 24 回的小说分上中两册出版，作者署名改为菊亭香水。第二年，三明堂把下册加进来，准备以《疾风妒雨：花月情史》为书名出版，并刊登广告，宣传说这是一部"近来无双的情史"，但最终并没有出版。到 1884 年，东京稗史社再次修改本小说书名，以《世路日记》的书名出版了完整的这部小说。广告词是：此书强调人世行路最为艰难，在网罗我国（指日本）现时人情的基础上，叙述了落魄才子和薄命美人颠簸在人世之间的艰难苦恨的故事。

也就是说，同一部小说，原先被标榜为"近来无双的情史"，而后来则被认为是"强调人世行路最为艰难"的小说。这样的书名变化显然受到本书"序言"开头的"甚矣哉。人世行路之难"（原文如此，不是译文）的启发。东京稗史社之所以要用"世路"为书名，是为了要强调当时社会更加关心的立身处世的题目。从而让这部小说成为日本第一部青春励志性小说。

故事梗概是这样的。青年教师久松菊雄和他的学生松江竺坠入情网，对松江垂涎已久的不良少年安井策太郎发觉此事后，向当地的权贵进谗言告发，把久松贬到偏远地方任教。对于这样的不公平处理，久松放弃了有一定社会地位的教师身份，转而到大阪深造，发誓一定要自主独立，出人头地。而松江竺的继母也乘机策划让松江竺嫁给了她的亲戚。然而松江竺却不能割断对久松的思念，让丈夫很不高兴，于是把她休回了娘家。继母看到松江被赶回来，也一怒之下把她赶出家门。在雪地里深感绝望的松江选择了自杀，但是，她被他们的媒人救了下来并让松江住在他家。

久松在大阪得到了良师益友的帮助，学有所成，写出了一本《社会道德篇》的著作。为了这本著作的出版，久松请求大富豪秋田先生帮忙，而秋田的女儿千代子为久松的才气所倾倒，不顾一切地要追求久松。然而这个时候，久松接到父亲病危的电报，就立刻动身回家乡。在父亲死后，久松在郊外遇到了分别 6 年的松江，得知松江的结婚是继母的策划而非本愿，松江实际上一直在为久松守节。久松为此深深感动，于是和松江结了婚。之后，久松和他的朋友结城松雄一起去东京开始了政治活动。

不过，后来的文学评论都认为这部小说是一部政治小说，但是，就作者本人而言一开始并没有写政治小说的企图，从本小说书名的再三修改上也可以看到这一点。在小说内容里也可以确认这一点，在小说的上篇和中篇里根本没有政治的意识，只是在小说的下篇结尾的时候，才出现了带有政治色彩的内容。小说作者佐藤藏太郎 1881 年到东京来之前，一直在故乡的大分县学习生活，到东京后开始了 33 年的记者生涯。从佐藤的生活经历来看，也是一个从偏僻的地方经过个人奋斗而进入大城市并站稳脚跟的成功者。所以，佐藤当初想叙述的是青年男女为摆脱社会传统的束缚和家庭制度的压制而努力，为了追求个人感情的解放而奋斗的故事。可以说，这也是作者本人的希望和追求，也可以说，这就是当时大家所追求的近代社会的人性。而这样的希望和追求得到了当时很多青年的共鸣。出版社敏锐地把这样的追求和社会政治相结合，把这样的恋爱故事贴上时代进步的标签，从而引领了社会风气，也让这部小说一再地畅销。

创办于 1882 年的东京稗史出版社是从翻刻江户时期的故事书《八犬传》等开始活动的。它们强调要通过改良稗史戏曲等出版活动，来矫正时弊，芟除陋习，把日本变为佳气蔼然之自由乐园。出版《世路日记》也应该是出版社这种理想的具体实践。1895 年，佐藤增补了《世路日记》，增加了很多政治活动的部分。从而使本小说变成以恋爱为出发点，以通过奋斗成为政治家为目标的真正的政治小说。

本书摘译（从第一回到第三回全文翻译）

第一回

晓鸦初啼，太阳未升。四围山色朦胧，金星犹在西天。堂堂大楼的东窗泛白而四隅尚暗。满堂静寂，更无人声。只有时钟的机械声凄然如许。楼里有一小室，室内堆放了很多书籍器械，壁龛里悬挂着永田方正制作的万国地图，墙壁上挂着文部省编辑的单词图和连词图。此何人之室也？此乃当时开明之世，普天之下率土之滨，到处都建设的小学校。

此时，有一少女怀抱书籍算盘，款款登校。她是本校学生松江竺，年方十五，貌美如玉，风姿恰似待放的花蕾。阿竺前来教师办公室报到。此时室内孤灯犹未全灭，余焰恰如草间孤萤放出之光。而灯下少年凭几而眠。他就是本校教师，因彻夜读书，到拂晓时不觉睡着。阿竺连呼数声，少年终于醒来，边打哈欠边抬头。阿竺连忙报到。少年教师姓久松名菊雄，尚未弱冠，却是天资伶俐，博闻强识，好作文章，又善和歌。无人不称赞其才学。又爱花卉通草木。绝非寻常少年可比。教师睡眼蒙眬，看了阿竺，又去看时钟。室内昏暗看不太清楚时间，大概知道还不到 5 点。菊雄起身，收拾书桌，整顿仪容。在书桌边正襟危坐，问阿竺。卿今日何以上学甚早。其他学生是否也有登校者？阿竺脸带羞涩，低声回答，尚无其他学生登校。于是教师和颜悦色地说，难怪如此。其他学生尚未登校，这是卿平素之勤勉为他人之所不及的缘故，余深信不疑。可想而知，今日考试，卿必得优等，更不会有比卿更优秀的。然则，众学生尚未登校，卿可以入室相对，何必屈居廊下板席。

教师此话，是出自平时非常钟爱这勤勉少女的缘故，抑或是另有所求，且听下回分解。

第二回

谁谓水无心，浓艳临近变波色；谁谓花不语，轻漾激荡动影唇。无情的水花尚且如此，何况有情的人类呢。

此时阿竺羞涩满面，婵娟般的花容泛起红潮，一时间不能抬头，恰如一枝海棠承临风。菊雄又说，啊，卿何以沉思如此，为何迟疑不进？请速速进来请速速进来。余有一忠告想对卿说却一直找不到时机。庆幸现在其他学生不在，可以细诉衷肠，怎能隔窗而谈，请速速进来。

卿何以深思如此。卿从未为他人吞炭 ①，何以不出声？卿平素的聪明耳朵何以听不见余之言语。这不像卿平素的活泼。请移座请移座。

然则，卿若以为余才疏学浅，语不中听，就不必移座进来。卿意果然如此，他日余复何言。不，不用等他日，今日余对卿又复何言。卿对余也无什么可问。啊。卿现在之所以不肯进来，应

---

① 《史记·刺客列传》："漆身为厉（癞），吞炭为哑，使形状不可知。"

该就是这个缘故。余复何言。余言已尽。卿可速去。

说完，翻开书桌上的书，放声朗读而目不斜视。

阿竺听闻此言，大惊失色。双袖掩面，哭泣不止。过了一会儿，阿竺止住哭泣，擦掉眼泪，整顿衣服。怨恨的眼睛盯着教师，慢慢说道：妾何以不听老师的话。老师与妾如无真爱，何以一直眷顾？老师平素宠遇之厚，妾私下感激不已。世上并没有像老师那样爱护妾的人，老师就是妾的恩人。虽然说身体发肤受之父母，而老师的恩情也亦如此。妾如何会不听老师的话呢？

虽然妾不会不听老师的话，但现在之所以不肯向前，亦有缘故。为解老师之怒，且听妾来解释。

老师曾经对妾说过，瓜田不纳履，不是因为不想取其果实，而是不想招惹怀疑。李下不整冠，不是因为不想盗其果实，而是不想让人见怪。现在老师单身一人在室内，虽然妾很丑陋但毕竟是女子。如进去和老师并坐，就会被人怀疑。即使是侧旁无人，亦有杨震四知[1]。且读本告诫，暗处自有神明监察。妾在低年级时的老师教导不曾忘怀。一条狗吠叫会引起万条狗吠叫，这是人世间的常情。如果风言风语流传开来，妾固然懊恼，对老师的名誉更会有所毁伤。妾不得不谨慎行事。现在没有听老师的话而移座向前，就是这个缘故。妾不是不听老师的话，还望老师海涵。

---

[1]《后汉书·杨震传》：（杨震）当之郡，道经昌邑，故所举荆州茂才王密为昌邑夸，谒见，至夜怀金十斤以遗震。震曰："故人知君，君不知故人，何也？"密曰："暮夜无知者。"震曰："天知，神知，我知，子知。何谓无知！"密愧而出。

还没有说完，红泪数行已经掉落下来，纤纤素手拎起双袖，掩面低头哭泣良久。

第三回

心不在焉则视不能见，听不能闻。信哉古人之言。此时教师虽然在朗读书桌上的书，但眼睛却茫然看不到所读的地方，只是任由嘴唇动而作专心的样子。当听了阿竺的辩解后，心中郁闷顿时云消雾散，更感到阿竺的亲切，于是掩卷复坐，和颜悦色地说，啊，余说过头了，请宽恕。卿思虑周到，情意亲切，余深感惭愧，感谢不已。如果卿不是以此为托词的话，就请到室内来，有什么可招嫌疑的呢？

阿竺闻言，破涕为笑，向前进到室内。此时时钟正好敲响5点钟。菊雄起身打开窗户向外眺望。然而又坐下。此时，阿竺羞涩依然，静等教师说话。菊雄微笑，慢慢说道：啊，为何卿之胸襟如此狭隘。刚才余所说之言并非真意，只是一时戏言。卿勿介意。

余虽未对卿明说，但深感卿的才能智慧，因此而不能不怀对卿的眷恋之情。余对卿的思念之情比三大陆的小石子还多，请卿可怜明察。

阿竺满面红潮，低声回答，妾之心也是同样的，衣带渐宽终不悔，老师天资聪明，老师容貌美丽，妾一刻也不能停止对老师的爱恋。然而，对愚钝之妾来说，即使是焦虑至死，老师也是水中之月，镜里之花，可望而不可即。只得自我反省，掐灭这难以熄灭的情焰，压制这难以平静的恋波。因为没有机会，所以到今日也未曾诉说这些话，而今日何其庆幸，有机会面对老师而倾诉衷情，妾虽死也无遗憾。妾爱慕老师之心，不仅是三大陆小石子的数目不能相比，就是那五大洋的海水的量也不能相比。

菊雄不等阿竺说完话，就颤颤巍巍地向前，问道：卿之言果然当真？阿竺说，妾发誓绝无虚言。泪眼相顾，传送不尽之言。两人情投意合，正要想拥抱之时，说时迟那时快，忽听过堂有人声，两人惊起，遗憾而别。欲知师生关系如何进展，且听下回分解。

《当世书生气质》

1885 年晚青堂出版

出版解题：小说必须用细腻的客观描写来反映人物的心理活动

《当世书生气质》被誉为日本近代小说的原点，主要是从小说的主题思想的方面来评价的，因为这部小说在形式上还没有完全摆脱江户时代以来的戏作（通俗小说）的影响。尽管在这部小说发表前，坪内逍遥已经发表了文艺评论集《小说精髓》，强调小说最重要的是描写人情，其次是社会现状和风俗，并对小说的写作方法做了具体的说明。他主张小说必须用细腻的客观描写来反映人物的心理活动，从而作为排除道德说教以及功利主义的功能。《小说精髓》就是日本近代文学的理论，而这部小说应该是《小说精髓》理论的实践，但是对传统形式的突破并没有想象的那么容易，最终摆脱戏作形式的小说还要等坪内的学生二叶亭四迷写完小说《浮云》才算完成，这部小说的贡献就是在内容方面的突破。所以，加藤周一认为，坪内是用旧瓶装了新酒①。

江户时代戏作的主题主要是扬善惩恶，而明治初期的很多小说也大同小异，基本上都是叙述贫穷少年（往往是书生）为了伸张正义而艰苦奋斗，在遇到婵娟式的美女之后更加起伏跌宕，但最后总能击败恶人而达成目的。《当世书生气质》在故事叙述方面继承了这种方式，有所不同的是这部小说基于个人的生活体验而传递了作者的主张和信念，宣传了独立自主的志向和西学为用的民族主义思想。而这样自传性、告白性同时又是进行文明批判的内容才是这部小说之所以成为日本近代小说原点的主要原因。

坪内逍遥在 1884 年构思了小说《游学八少年》，实际上是模仿泷泽马琴的《南总里见八犬传》，但在《小说精髓》里，坪内形成了自己的文学理论，就不得不放弃了《游学八少年》的写作，转而创作《当世书生气质》。小说的男女主角小町田粲尔和艺伎田次实际上就是坪内自己和他的恋人薄云，其他出场人物也是坪内周围的人。所以这部小说得以非常形象地展示了当时青年的风貌。从 1885 年 6 月开始，晚青堂以杂志的形式分册出版了《一读三叹 当世书生气质》。作者署名为春之屋胧，这是坪内逍遥早期的笔名。本书的本文采用清朝四号活字，全部附有假名注音。采用和纸印刷和线装装订，每册大约 20 页。初版发行了 1000 册左右。到 1886 年年初，出版了 17 分册。本来还有结尾一册，但一直没有下文。同年 4 月，晚青堂汇集 17 册内容以线装版形式分 2 卷出

---

① 加藤周一：《日本近代思想大系〈16〉文体》，岩波书店，1989 年。

版，接着又出版了西式装订的一册本。到 1889 年，共和书店刊行了本书的第 7 版，1892 年，大川屋又刊行了本书的第 9 版。在此期间，作者对本书又做了三四次修订。大川屋是出版赤本（面向大众的廉价书）的主要出版社，大川屋刊发本书也说明了当时本书已经受到读者的欢迎，拥有了一定的读者群。

出生在武士家庭的坪内逍遥从小接受汉学教育，并在母亲的影响下，11 岁就出入书籍租赁店，借阅了大量的江户戏作等娱乐书籍。从东京大学毕业后开始翻译西方小说，并交结了一班文人，这段时期的生活成了《当世书生气质》的素材。不过，坪内逍遥只留下 4 部小说作品，在完成小说《细君》之后，就再也没有写小说。坪内逍遥小说家的经历只有 4 年，他终止写小说，据说与二叶亭四迷的《浮云》带来的对他的批判有关。后来他任职早稻田大学教授，主要从事戏曲研究和创作。

本书概要

第一回（全文翻译）

世间万物何其多，时来运转是浮世。

幕府繁荣昌盛时，武士独占大江户。首都改名东京后，文明开化世道变。贵贱上下无差别，有才有智便登用。立身扬名刹那间，黑色马车显威风。青年也把胡须留，什么小路①都庄严。通

---

① 日本的公卿有叫绫小路、万里小路的，这里泛指公卿。

衢大道特热闹，也有公卿把车拉。荣辱盛衰多多少，世事无常不须叹，有了智慧就能活。春天过后风霜来，商人哭泣不景气，十人就有十种色。原本东北地方人，有欲就到大都会。荣利之处集众人，财富才智聚拢来。四面八方来都会，各色人等不一样。其中人数谁最多？人力车夫与学生。七年以前曾推算，他们人数有六万。如今人数更为多，车夫学生到处有。此处学生下宿处，那边车行亮行灯。胡同里面英语塾，十字街口乘客等。"失敬"问候语混合"劳驾"招呼声，晴天木屐①痕夹杂人力车轮印。实在是骇人的书生流行，还有那惊人的车夫繁昌。

为了他日春风得意，金玉满堂，故而今日无不发奋，刻苦努力。诚然好事一桩。若此数万学生之辈，皆能成大学者，那么不大的日本，学者必将接踵联袂。再说那人力车夫，争先恐后地争乘客，唯恐最要紧的生产资本有半点浪费。只是乘客太少，挣不了多少钱。也有告别乡关但又学无所成而客死他乡的，也有沉湎声色放下身段而不能毕业的。这种样子也能持续一二百年。途中遇到学者（痛苦）②的话也不担心，先说请放心。不过从本人的角度来说，当然是遗憾万千懊恼之极的，从国家的角度来看，这样的损耗也是十分可惜的。这些书生之所以不得志，也是有其原因的。但其因果关系也都各各不一，不可思议。他们之中有旧时气质的丁髷发型③的人，也有从地方来的人，总让人摸不透。也没

---

① 晴天的木屐屐齿比较浅，雨天木屐屐齿比较深。

② 作者用的是日语的谐音，讽刺书生。

③ 本来是江户时代武士的发型，这里指比较落后的人。

有什么故事来描述他们隐秘的胸怀让读者知道。然而，前车之鉴，后事之师，因果关系不得不考。虽说作者沉默是金，但读者自得也是花。

离花入松霭，春霞绚丽留余白。①

此刻，春霞染遍了樱花名胜的飞鸟山②。山上山下，花海人潮，好不热闹。四月樱花盛开季节，不分上下贵贱，一起出来观花游玩。升平世界，好不快活。

感谢光顾。扇屋③女招待款款伏地打招呼送别客人。从扇屋里走出七八个男女，已经醉醺醺脚下打滑了。走在前面的客人大概是一个老板。用外行人的眼光来看，他不是银行的取缔役，就是金融街的买办。他外套一件米泽的羽织④，里面是朴素的琉球布做的棉袄，头上的水貂帽子压在眉前。在这个季节是穿得多了一点。年纪四十三四岁，怀表的金链子在胸前一晃一晃，完全是老派人物的打扮。跟着后面的年纪三十五六岁，大概不是银行的高级干部，就是交易厅的捎客，穿得也非常得体。他看着前面的老板说了几句话。后面的一个是二十六七岁的青年男子，既不像官员又不像商人，用门外汉的眼光来看，应该是个代言人（律师）。他围

---

① 服部岚雪的俳句：はなを出て松へしみこむ霞かな。
② 东京观赏樱花的名胜，在北区王子。
③ 北区王子的料理店。
④ 羽织是一种长及臀部的日本和服外套，一般用在防寒和礼装。

着一条过时的素色缩缅①的围巾，戴着海獭②皮帽，穿着有黑七子模样的丝绸羽织，一副贫弱的装饰。尤其是南部布做的薄棉袄，更是让人难以接受。不过，他这个人倒是不肥不瘦，身材高大，眉清目秀。他的脸好像是在歌舞伎名优松岛屋的脸上镶嵌了名优五世市川小团次的眼睛一样。他朝气蓬勃，只是脾气有点怪。巧舌如簧，听起来有点甜。但运气不好的时候，就非常刺耳了。看来有缘才得消停③。

两个艺伎好像是数寄屋町来的，又好像是新桥④那边来的。一个年纪二十五六，一个才十七八岁⑤，都非常漂亮。尤其是年轻的那个更是难得的尤物，而且还是刚入行的新人。杨柳细腰，婀娜多姿，面如桃花，眼似杏仁。一举一动惹人爱，一颦一笑扣人心。仿佛是著名的花旦三世泽村田之助的再生。然而脸上似乎总有一丝愁容，但仔细看时又不见。笑盈盈爱娇之中一闪愁容，也是一种变化无穷的妙趣。以书生式的妄评来说，那真正是所谓尤尼棣⑥（统一）和乌八拉伊雅棣（变化）合二为一的典型，是有道理的美貌。艺伎后面跟着两个穿粗布衣裳的男人，不用说是艺伎的跟班。

---

① 缩缅是一种日本的特殊织法的丝绸，和我国绉绸有些相似。
② 明治初年十分流行的海獭皮帽很多都是假冒的。
③ 此人就是吉住洁，身份是律师，本来应该十分体面，但因为是小说里的反面人物，所以作者故意把他描写得十分寒酸。
④ 明治时代，柳桥、新桥的艺伎等级比上野数寄屋一带的高。
⑤ 是本小说的女主人公，是艺伎，艺名叫田次，幼名阿袖，又叫阿芳。
⑥ 尤尼棣是英语单词"unity"的读音。书生在说话时常常夹杂英语单词，是一种时髦。

从笔者第三者的角度来看，这两个人大概常常会被客人认为是多余的东西。

这群人走出扇屋，过了飞鸟桥，来到山脚边，那个老板停住了脚步。回头招呼着年轻人说，吉住先生请看，如此的绝色美景，现在就打道回府岂不可惜？请留步，反正车夫等在那里，我们去那边挂着草帘的茶屋休息一下吧。吉住说，好一个夕阳，不得不说格外壮观。园田先生怎么样？结伴一起走一走。园田说，赞成赞成非常赞成。好在赏花人已经散去不少，怎么样，童心焕发，来个捉迷藏的游戏吧。小年、田次也参加吧。这也算是个运动。小年说，呵呵呵，怎么能呢？像我这样的老太婆，哪能穿插在这种人群中呢？园田说，哼，怎么就那么老了呢，田次怎么样？田次说，阿姐不玩的话，我也不玩。三个男人对一个女人，哪有赢的道理。吉住说，哦，小田，来吧来吧。我会帮你的。现在玩了捉迷藏，也是出演时不会摔跤的练习吗？田次说，又来了，尽说不吉利的话。我讨厌。吉住先生的帮忙是靠不住的。园田说，那是很危险的，他会去推人家的屁股的①。小年说，呵呵呵，正是那样的。吉住先生嘴巴甜，骗了多少小姐妹。吉住说，啊呀，风向变了。哎，梅公，快来帮帮我。梅公说，嗨，今天怎么净防守了呢？吉住说，那是当然的，三国同盟一起来攻，我一个人怎么能抵挡。小年说，您也树敌太多，到处拈花惹草的。吉住说，我怎

---

① 日语中"帮忙"和"推人的屁股"在发音上只有一字之差，所以可以用来开玩笑。

么拈花惹草了？小年说，那我就说了，角海老①的……吉住说，招架不住啦。园田说，吉住先生投降啦。梅公说，身上有瑕疵，怎能敌得过口齿伶俐的人呢？嘿嘿。吉住说，要造反呢？连你这个家伙也来欺负我。好好记着。说着就来打梅公，梅公笑着躲开了。田次说，好了好了，一起去那边吧。哎呀，请看，三芳先生不知什么时候已经一个人跑到茶屋坐在那里呢。小年说，还真是。一边说一边对跟班说，金公，你和梅公一起先过去，吩咐车夫做好准备，我们一会儿就回去。金公说，好的，知道了。便向山脚方向走去。田次说，好了，走吧。两个艺伎嬉笑着追着园田和吉住去了。

樱花烂漫的树荫下有一排挂着草帘的茶屋。群鸟在暮色中乱飞，赏花人也各自散去，在这里休息的人也越来越少，显得更加幽静了。

有风流才子旁若无人地高声吟咏，也有相扑拔河捉迷藏的，正是，乘兴度黄昏，春日已忘浑。一群十余名，醉酒十二分。脚下荡秋千，面色斜阳中。明日课业多，回家催促声。不用说，这是书生们在赏花。这群人是某个私塾运动会后继续留下来的书生，已经都是酒足饭饱，到处杯盘狼藉。或睡或去，醉态百出。

有一书生②不胜酒力，被灌了几杯，好不难受，只得远离人群，在一棵树下仰面而卧，前后不觉。到这个时候还熟睡未

---

① 位于东京妓院集中地——吉原的有名妓院。

② 本小说男主人公，名叫小町田粲尔。

醒。虽说已经到了春天，但到了黄昏时分，风还是非常寒冷的。大家回家急促的脚步声终于叫醒了书生。只见这个书生年纪二十一二，清瘦而个头不高不矮，脸色苍白，鼻挺目清，五官端正，看上去是颇有品味的人。然而，从他凹陷的脸颊和特质的发型来看，好像还有一点神经质，俗称是所谓苦劳型的人。他的服装又怎样呢？这天因为是星期天，又是在观赏樱花，大概也是要尽量穿得好一点，所以，是穿着一件关东地方丝绸面的棉袄，应该是父亲穿过的东西，最近拿出来浆洗过一次。领袖全部一尘不染，变成鼠色的绵缩缅的兵子带①有些线头垂在衣角，好像是在遮掩旧的袴子②。这也是苦劳型的标志吧。羽织的丝线织法也是老式的，应该是用母亲的外套改做的。证据也是十分明显，因为浆洗得变色了。从他的服装来看，虽然不是大户人家的子弟，但也不是来自农村的孩子，应该是东京府下小官吏的儿子。只是从袴子的长短来看，应该也是一个失去了母亲的人。这都是作者旁观的独断。

书生一觉醒来，见四下无人，几个朋友也都不见了。书生一惊起身就往山脚方向走去。迎面遇到一个人撞到他身上。对不起，真是对不起。一个姑娘的声音传过来，书生吃惊蓦然回首，对方看到书生的面孔也大吃一惊。哎呀，您不是阿哥吗？书生说，是的，你不是阿芳吗？真是好久不见了。姑娘说，真是阔别多日。

---

① 兵子带，又称兵儿带。男性和服所配的腰带。原来是萨摩藩15岁以上25岁以下青年所用的带子，明治维新后开始在东京流行。
② 袴子是日本和服的一种下裳。

您一向可好？令堂大人健康无恙吧。上上个月准备去看望令堂的，这个月一定会去，这也是家父的命令呀。书生说，自从前年和你分别后，总是见不到你，虽然都在东京。姑娘说，越是见不到，越是想见您。书生说，我也非常想见你。不过，你变了很多，不注意的话，还认不出你呢。一边说一边真切地看着姑娘。姑娘说，真是不好意思。正在说话间，吉住跑近了，后面跟着艺伎小年。小年追上来说，吉住先生，等等吉住先生。跑什么呀。请等一等。您跑得太快，人家追不上啦。看看，这不是田次小姐吗？是因为撞了人家在赔礼道歉吧。和她开个玩笑。说着手指前面的角落说道，角海老就在这边。吉住说，什么呀，撞到人家在赔礼吗？没有关系，书生不讲理，我去说一说。小年拉住吉住的衣袖说，什么讲不讲道理，撞到人家应该赔礼。

田次说，阿哥，我有很多事要听您说，有很多事要对您说。只是今天和客人在一起。不得不先分手。书生说，啊，没关系，你先去客人那边吧。什么时候我们再见面。虽然这么说但意犹未尽。田次也不想离去，真是好久不见，想和您多待一会儿。那么……声音越来越低，请点我一次吧。书生说，哎，会点的。田次说，请点我到茶屋去吧。一年叫一次两次。太想和阿哥见面了。令堂会责怪您的，所以，悄悄地叫我吧。您也是修行中的人，那个①吗，我会想想办法的。正说着，园田的声音传来，田次——。田次回答，哎——，这就来。唉，哥哥哟，不要失约啊。书生说，

---

① 指点艺伎的费用。

啊。就什么也说不出来了，茫然地站在那里。再见。田次边说边朝别处走去。书生盯着她的背影一动也不动。

吉住猜想，那是田次的老客户吗？几度回顾，眼神充满了嫉妒。再看书生脸色发白，紧盯着这边看。目光相遇，仿佛蟾蜍对毒蛇，不能让。毫不知情的三芳和园田。三芳说，喂，吉住先生，回去吧。园田说，先生，捉迷藏的游戏已经结束了，还要做什么呢？啊，回去吧。吉住被催促虽然往山脚走，但还是有什么不放心。依人的艺伎，目送的书生。回首的田次，眼里流动的是双方的真情。虽然可以看出非常难过，但又看不出是恋爱，不能是恋爱。看不清两个人的心中到底想什么。收回心来见小年，歪着脑袋有点怪。小年说，真奇怪。田次说，大姐怎么了。小年说，哎，那个吗，刚才园田先生馈赠的东西不见了。

还在茫然遐想的书生突然觉得有人敲他的背，吃惊地回头一看，"我道是谁？原来是须河呀。你还在呀"。须河说，"有情况吧，你知道那个艺伎吧"。小町田听了不觉脸上发烧，笑着搪塞道："为什么我会知道她呢？"须河说："那么，你们不是谈笑了很长时间吗？"小町田说，"哎，那个吗，是她和客人们捉迷藏，不小心撞到了我，而向我赔礼道歉呢"。须河说，"即使是那样，为什么是那样的彬彬有礼呢？一定是非常拉布（热爱）你吧"。小町田说："哈哈哈，蠢话不要说。那个那个，大家都回去了吗？"须河说，"嗯，刚刚送走他们。竟然出了七八个杜兰卡夺（醉鬼），我和仓濑好歹把他们都送上了车。真是的，干事的活儿不想再干啦"。小町田说，"我在那棵松树下醉倒，这些事都不知道，失敬失敬。如果能海鲁普（帮助）一下的话就好了"。须河说，"哎呀，太阳下山了，回去吧"。小町田说："仓濑怎么样了？"须河说，"在山脚下的茶屋等着呢。宫贺喝醉失去了知觉，他应该正看护着呢。啊，我也醉了。醉枕美人膝，醒握天下权①"。

---

① 当时的流行语。

《将来之日本》

1886 年经济杂志社出版

出版解题：日本的将来应该是一个生产性的、平民社会的和平国家

轰轰烈烈的明治维新给日本带来了翻天覆地的变化，这不仅从政治制度上可以看到，而且在日常生活中也可以明显地体会到。然而，日本今后到底会向哪里发展呢？对这个问题，明治维新的元勋们还没有来得及回答就都撒手人寰了，首先来做明确回答的使命就落在了一名刚刚 20 岁出头的青年德富猪一郎（苏峰）的身上了。

1863 年出生在肥后国（熊本县）下级武士家庭的德富苏峰自幼熟读儒家四书五经等经典，后来去东京学习英语，又转入京都同志社英学校（同志社大学的前身）求学。由于卷入学生骚动而无法毕业，想去东京做新闻记者的梦想也破灭了，于是他就回到家乡和父亲德富一敬一起创办了大江义塾，教授英文、历史、政治和经济等课，培养了宫崎滔天等学生。同时，对德富苏峰来说，在大江义塾的 4 年里也是专研英国维多利亚自由主义思想的时期，也是他形成平民主义思想的重要时期，他对当时的日本政府中弥漫的国权主义和军备扩张都持批判的态度。1885 年他把《第十九世纪日本之青年及其教育》刊登在田口鼎轩创办的《东京经济杂志》上，获得了好评。第二年，田口卯吉的经济杂志社又出版了德富苏峰的成名作《将来之日本》，回答了日本将要向哪里发展的问题。

德富苏峰认为，虽说将来的事只有上帝知道，但我们却不得不去尝试做推测。更重要的是，将来的社会会发展成什么样子，应该是基于我们对将来社会的期望。也就是说，我们必须对将来有所期望，并且努力地去实现这样的期望，才会迎接我们所希望的社会的到来。具体来说，日本应该是一个生产国，应该是一个平民社会，应该是一个和平的国家。而要实现这样的社会目标，那就需要改革之后还是改革。这样明快的论断拨开了明治维新以后笼罩在社会上的谜团，他主张不以武力取胜，主张以生产为中心的自由平等，这些言论对当时弥漫着富国强兵、脱亚入欧思潮的日本社会无疑是一帖清醒剂。让很多的青年明确了发展的方向，重新树立了人生的目标。

本书出版后，当年就 4 次重印，成为当时的畅销书。这也让年轻的德富苏峰在日本的中央论坛上有了一席之地。1887 年，东京的集成社把《第十九世纪日本之青年及其教育》改名为《新日本之青年》重新出版，也成了畅销书。根据德富苏峰自己的回忆，这两本著作的销售都具有势如破竹的销量，带来了巨大的社会影响力。于是，他集结友人于 1887 年成立了民友社，创办了《国民之友》杂志。德富芦花、山路爱山、竹越与三郎、国木田独步都是初期的员工。这本杂志涉及了政治、经济、教育、宗教、文艺等各个方面，是日本最初的综合性杂志，备受社会瞩目，销售量达到了惊人的 10 万本。由于当时日本就要制定宪法，国民尤其是青年对国家政治都非常关心，民友社及时地给很多青年提供了发表言论的平台，并在其中成为引领舆论的先锋。而德富苏峰也在这样的潮流中进一步增强了他的影响力，《将来之日本》和《新日本之青年》所主张的平民主义得到了进一步的宣传。

1890 年，德富苏峰另外成立了国民新闻社，创办了《国民新闻》报纸。主张平民主义的《国民之友》杂志和《国民新闻》报纸都处于时代新潮流的前端，获得了社会各界的欢迎。不过，在中日甲午战争前后，由于德富苏峰转向国家主义，发表《大日本膨胀论》，支持日本政府的扩张政策，民友社的言论倾向也随之改变，从批判政府改为拥护政府。原来的读者认为其已经变节，掀起了不买《国民之友》的运动。在这样的情况下，德富苏峰只能停办《国民之友》，把自己的论说舞台集中到《国民新闻》上来。然而，这时候的《国民新闻》已经和当时的日本政府过从甚密，被称为政府的御用报纸。原来在民友社担任编辑、翻译的德富芦花在发表小说《不如归》成名后依然坚持原来的思想，最终不得不对外发表公告与变节的兄长德富苏峰诀别。

本书摘译（绪论和结论的部分翻译）

绪论

路易十五曾经为法国做过悲哀的预言：我死之后必将洪水滔天。现在，这样的洪水已经冲到我国，我们都置身于这样的波涛中。如果有人问，日本的将来将会如何，我们将如何回答呢？

人总是想知道将来会怎样，尤其是我们日本人。因为现在的日本正处在有史以来无与伦比的可喜可惊的时代。变化是万有的大法则，我国已经发生巨变，而且是向好的方向在转变。三十年前，我们日本文明还是奄奄一息，前途堪忧，然而电光石火，方向一变，我们以高昂的意气追踪着泰西文明，并达到了可以与之竞争的局面。试想，若把德川将军家齐以及江户的市民从坟墓里叫出来站在银座街头放眼看的话，街道、货物、往来车辆以及行人的谈吐，大概会令他们认为这是天外万里的乌有之乡吧。

而现在的变化不是退步而是进步，今日的战场不是最后的战场而是第一场的战场，我们面临的不是绝望而是希望。我们推翻封建社会才过了十多年，而国会的召开也在四五年后，昔日上下分明的社会已经变得平等，宗教信仰也有了自由。而从锁国论到自由贸易，从攘夷说到内外杂居，变化之快，如梦如幻。

这样的变化不仅体现在我们耳目可以接触到的政治、社交、衣食住行方面，而且还体现在形而上的层面，道德、信仰、交际、体面、思想等标准都有了颠覆。只是我们还不能充分认识到，实际上这犹如被风折断的老树枯枝上又发出的刺破青天的新芽，是前途有望的时代。与其说是日本的变化，不如说是日本的复活。旧日本已死，而今日生存者都是新日本。

但是，日本的将来又将如何呢？政治家、商人、学者、宗教家，无不担心挂念，谁都想知道将来的变化。但社会不是单分子的结晶，而是非常复杂的分子的集合体。我们不能取其一部分就来断定将来的变化。社会的各个组成常常相互推动，往往互为因果，其现象必然是千差万别。所以，想知道将来日本的政治、经济、宗教，学术者都不能只顾一点而必须把握全体。也就是说，需要了解全方位的日本的将来变化。这也是我们所有问题的归结点。

对这个问题，柏林的权谋政治家加以关注是以为奇货可居，伦敦的哲学家加以推究是希望找到社会学的材料，新英格兰的宗教家为了传播基督教而思虑，以为自由是盎格鲁－撒克逊人特有之物的学者担忧蒙古人种能不能享受这样的恩惠，以黄种人朋友自居的侠义白人疑惑日本将来能不能成为独立的国家。国内的在野政治家，专研学问的青年书生，或者热心的基督徒，慷慨的爱国者，他们都会为此而深思，也会为这个问题的解释而苦恼。

我们如何来看待这样的苦恼呢？对过去的事，古人的足迹尚在，我们可以从中得知。对现在的事，我们耳濡目染，也可以从中得知。但是对将来的事，我们的眼前仿佛有一道黑暗的帷幕让我们什么也看不清。又好像向山中人问山的面目，向河中人问河流的形状，向改革的人问改革的将来，这都得不到合适的回答，因为我们都身在其中。现在是改革的时代，如果有人问改革将会如何，那么，我们只能回答说改革的将来还是改革，洪水之后还有洪水。

过去的事可以评论，现在的事可以观察，而将来的事虽具有炯炯慧眼，也只能做些猜测。可以说日本的将来只有上帝才知道。然而，对这个虽尽全力也可能是徒劳而返的重大问题，我却不能不做尝试去推测。因为在将来的日本将会变成什么样的问题里，还有一个将怎样去变的问题存在。我们虽然不能回答将来的日本会变成什么样的问题，但将来会怎么样去变化则和我们每一个日本人息息相关。这也让我不能沉默，毫不迟疑地申述胸中之意。

虽然这两个问题相互关联绝不能分离，但我国的将来会变成什么样应该是从我们的希望出发的。凡是有价值的希望必然可行，否则就是空望。亿万个空望不敌一个可行的希望。社会有社会必然的形势，而我们纵然有万千希望也不敌这样的形势。所以，我们对将来日本的希望必然要和这样的形势保持一致。所以，我们绝不能对将来的日本怀抱空望，而必须要有可行的希望。什么是可行的希望？那就是我们的社会要顺应自然的形势，因势利导。只要日本的社会不受他人干涉和妨碍的话，那么，日本的将来也就可测而定了。

将来的日本会变成什么样？会怎么样去变化？这两个问题密切相关，从第二个问题的解释里也可以推测到第一个问题。然而，我们不能止步在这里，而应该进一步向前，讨论我国将来的治理方针。那就是改革的将来还是改革。

结论

虽说我们日本将来必定事多，但第一急务还是在维持一国的生活。而维持生活的手段也非常多，但主要还是武备和生产这两种主义。而其手段的不同与一国的风气、品格、制度、文物、政治、经济、教育、文明等密切相关。我们再进一步来解释我国的生活应该用什么主义来维持。从世界的境地来看应该是生产的境地，从天下大势来看应该是平民主义的大势，我们再来对我国做局部的观察，实际上，目前我国的境地是最适合生产的境地，我国的形势是最适合平民主义的大势。可以看到我国现在正处于这种境地和形势之中。我们要用来预测我国将来的材料已经完备，我们可以对这些材料综合考研，采信其最为光明正大的东西。

我们可以在这里断言，我国将来的样子应该是一个生产国。生产机关的发达必然合乎情理，根据自然的结果，应该是一个平民社会。假设我国人民不愿费一举手一投足之劳，那么洪水必然在我国泛滥。假设我们舞剑挥戈与之抗争，洪水则会更加猛烈地泛滥开来。无论是适应还是反抗，无论是忠实的伙伴还是执着的仇敌，无不在这浩浩然巨大羽翼中相互笼络，并以此为达到目的的利器。让英国革命阒然成功的不只是弥尔顿、汉普登这班人，他们的查尔斯国王应该是革命的首倡者。煽动维新改革的也不只是佐久间、吉田、西乡之辈，那个井伊大老可以说是改革最早的提倡者。顺应历史潮流的以此为利器，反抗这种大势的也以此为利器。既知以人力可如何，那就不如把事情做得更好。

所以，我们日本的将来的发展，唯有顺应这种自然之势，因势利导而已。达人能明了，浑顺天地势。这样的话千真万确。

我本一介草莽书生，与世间既无所求，也无不平。为什么自讨苦吃而如此悲壮慷慨呢？实际上只是想学有理想的洛阳少年。随衮衮诸公歌颂中兴的天下，非不知沐浴其恩泽的利便。朝夕变化，如云飘如风来，非不知媚世情雷同附和的安逸。仗剑横行千里，只问主义的正邪，不论手段的善恶，非不知行险事业的快乐。如要被人容纳接受，那么人云亦云，亦步亦趋是最为得策，但这只是欺天，欺人，更是欺骗自己。假如我也这样做，那么在我们的爱国侠义的先辈面前就无地自容。这就是我之所以不顾自己浅薄而大张旗鼓地申述区区意见的缘由。

我们都希望皇室尊严和安宁，国家繁荣昌盛，政府稳定。这些希望也都至情至理。然而，如果国民得不到安宁、自由、幸福的话，那么国家就一天也没有存在的必要。而让我们住在茅屋中的人能沐浴如此的恩泽，只有让我们的社会变成生产性的社会，而这也必然会带来平民性的社会。也就是说，我国采用和平主义，建设商业国家和平民国家就能确保我们的生活，确保皇室的尊严，确保国家的发展，确保政府的稳定。而维系遥远将来的最好的手段并成为将来的治国方针，就是把这一手段付诸实践。

我既然已经相信，哪里还能默不作声。哪怕世人诬告我有罪，我也心甘情愿。因为我们的心事明白如日，总有可以表白的一天。我只是担心，如果我国人民对跟从天下大势之事稍有迟疑，那么那些碧眼红发之人将会像波涛那样侵入我国，把我国人民驱逐到海岛上去，而在我们的故乡建设一个大商业国和平民社会。所以，我的愿望就是大家神速雄断让维新大改革的势头再百尺竿头，更进一步。如果我国人民不能做泰西人所能做的事，那么泰西人必将取代我国人民来做。到那个时节，回想起洛阳少年的话就为时已晚了。

| 第五章 |

归　省

1 民族国家的形成（三）制衡机制

武装斗争的代价

用武力夺取政权的事实让大家都觉得武力斗争是有效的手段。实际上，在德川幕府垮台之前，因为物价飞涨，社会动荡，很多农民和市民出来提出他们申述的行动就是搞暴动，而倒幕派也积极利用这些农民和市民的暴动，让社会更加混乱，以便他们从幕府手里夺取政权。在倒幕派取得政权后，暴力斗争依然是政治斗争的一个选项。

曾经是明治新政府定海神针的西乡隆盛因为在征韩论上的提议得不到大久保利通等人的支持便愤而挂冠而去，竟然也没有人出面挽留。结果西南诸藩出身的各级官僚和军人六百多人一起辞职离开了政府，这没有瘫痪政府，反而让大久保利通得到了很好地充实自己权力的机会。1876 年，为解决明治政府的财政危机，大久保果断地终止了对华族和士族的俸禄发放。将本来要继续发放的俸禄以公债的形式支付给华族和士族，但这些公债 5 年内不得兑换，5 年后分 30 年折旧。考虑物价上涨以及时间周期等因素，与原来的俸禄相比，这些公债非常不值钱，让那些依靠俸禄生活的士族遭到了重大的打击。

士族本来是明治维新的主力军，但在明治维新以后，真正能分享到胜利果实的人并不多，这使他们积累了很多的不满。终止发放俸禄，让他们的不满达到了饱和点，1876 年 10 月以后，对政府的开化政策和剥夺武士特权、终止发放俸禄的政策有极大不满的熊本县、福冈县以及山口县的各派党徒先后发动了武装暴动。这些暴动虽然被残酷地镇压了下去，但并没能彻底扑灭反抗的火苗。1877 年 2 月，西乡隆盛被抬出来率兵出发讨伐当时的政府。明治政府立刻组织镇压，从而爆发了明治维新后最大的一次内战：西南战争。

本来西乡隆盛认为自己率领的是久经沙场的武士集团，具有顽强的战斗力。而明治政府军都是刚刚通过征兵征集来的各地青年，没有经验且训练不足，应该是不堪一击的。没有想到明治政府花费巨资购买了新式武器，政府军的步枪一分钟可以发 6 发子弹，士兵可以趴在地上补充弹药。西乡隆盛的战争经费只有 60 万日元，他们没有资金购买新式武器，使用的旧式步枪一分钟只能发 2 发子弹，而且需要站着补充弹药。这样，西乡隆盛的武士再勇猛，结果还是成了政府军新式武器的靶子，死伤惨重的西乡隆盛部队很快就从主动进攻变成了被动挨打的局面，西乡隆盛见大势已去，只能剖腹自杀。历时半年多的西南战争也就结束了。

被奉为"战神"的西乡隆盛最后也兵败自杀，这让其他准备武装抗争的反政府派失去了战斗意志。同时，巨额的战费也让政府不能继续承受。明治政府虽然把西乡隆盛率领的叛乱镇压了下去，但为此付出的战费高达 4200 万日元，而当年的税收也只有 4500 万日元。这样巨大的军费让日本政府几乎破产。武装斗争的代价对政府和反政府势力来说都过于沉重，所以，明治政府承诺召开国会，让国民的意见有申诉的地方，而国民也不愿意继续牺牲生活乃至生命，在找到一些出气口可以出气后也都停止了武装斗争，改用请愿，最后用选票来说话。

自由民权运动的高涨

明治六年（1873年），板垣退助等人主张的征韩论被从欧美视察回来的岩仓具视等重视国际关系的人否决，西乡隆盛带头辞职离开了政府，板垣退助、后藤象二郎、江腾新平和副岛种臣等也一起辞职下野。不过，有很多萨摩藩出身的人物并没有和西乡隆盛共进退，他们留在东京，先后得到了任用。而土佐藩出身的官僚几乎全部辞职离开了政府，他们在板垣退助等人的领导下，开始酝酿自由民权运动来反对明治政府。

1874年，板垣退助、后藤象二郎、江腾新平和副岛种臣等组成爱国公党，批判政府独断专权，向政府左院提出设立民撰（选）议院建白书，并在原土佐藩的根据地高知设立了立志社，并在报纸上宣传民选议院的建议。板垣等人发起的自由民权运动，本质上是被迫下野的政治家企图重返政府的政治活动，但这一活动以从法国留学归来的中江兆民所宣传的卢梭的自由主义思想（社会契约论）为理论武器，从而发展成有高度政治要求的社会运动。这场运动很快就吸引了很多日本国民的关心，本来对明治维新寄予厚望但又被排斥在外的农民和资本家成为这次运动的真正的推手。板垣等人趁热打铁，于 1875 年成立了全国性的爱国社。全国性的自由民权运动给明治政府带来了巨大的压力，大久保利通就和木户孝允、板垣退助等人在大阪协议，同意制定太政官正院负责行政，元老院和地方官会议负责立法，大审院负责司法的三权分立制度。板垣因此很快复职，重新做了参议，而失去领导的自由民权运动就进入了低潮。

明治时期代表性的畅销小说《不如归》也反映了明治六年政变后产生的自由民权运动不顺利的一面。这部小说并不是完全空想的虚构，而是有实际人物为原型的塑造。男主人公的原型是三岛弥太郎，他的父亲是三岛通庸，出身萨摩，曾任福岛等县的县令，虽在基建方面有所建树，但更出名的是对福岛的自由党的彻底镇压，被称为"鬼县令"。不过，与同样是萨摩藩出身的大久保利通相比，三岛通庸对自由党的镇压手段就是小巫见大巫了。1875 年，自由民权运动进入低潮，然而这导致了对政府不满的士族只能接连地发动暴动，引发了社会的动荡，结果遭到了血腥的镇压。自由民权运动的核心人物江腾新平被他昔日的战友大久保利通毫不留情地处以斩首的极刑。在西乡隆盛自杀后，士族们失去了继续武装斗争的能量，只能重新回到自由民权运动中来。

西南战争后，地租的增加引起了农民的反感，农民成了反对政府专权的民权运动的新生力量。这样士族的民权运动和豪农的民权运动结合起来，形成了一股巨大的社会力量。爱国社也开始重新组织，并在 1880 年举行的第 4 届大会上组成了国会期成同盟，进一步要求召开国会。他们还主张修改地租，受到深受地租重压之苦的农民的欢迎，让自由民权运动得以在全国范围内展开。而政府则在 1875 年公布《谗谤律》《新闻条例》，在 1880 年公布了《集会条例》等来压制言论的自由。

然而，国会期成同盟不顾政府的弹压，于 1881 年公布了他们拟定的宪法草案，引起了日本国民对宪法的关注，各地纷纷推出了各自草拟的宪法。由于在 1881 年政府再次发生人事变化，伊藤博文运作罢免了主张开设国会的大隈重信，但同时为了安抚反对派，政府也同意 10 年后召开国会。实际上伊藤博文利用了自由民权运动要求召开国会的主张进行了一次政局变动，从而巩固了在大久保利通被刺杀后自己的政治地位。而伊藤博文等人想经过 10 年的风化，自由民权运动也会不了了之的。但是，伊藤博文的策略引起社会舆论的批判，民权运动反而进一步高涨。下野的大隈重信在第二年就组织了准备参选的立宪改进党，而国会期成同盟也改组成自由党，准备参加国会选举。尽管政府采取了很多分化政策，但是，国会的召开已经变成不能否定的路线了。

天皇制下的超稳定结构

明治维新的王政复古让天皇重新进入政治的核心，但是天皇统而不治，只是高高在上并不实际负责行政。20 世纪初在日本法学界占有统治地位的天皇机关说就是对这种现象的理论说明。

1889 年，也就是在国会召开的前一年，日本颁布了《明治宪法》(《大日本帝国宪法》)。虽然宪法规定日本的主权归天皇，但是天皇机关说并不认为天皇就是国家，而是作为法人国家的最高机关。具体来说就是天皇不是为了自己，而是代表了人民来统治国家的，所以天皇虽然是国家的最高统帅，但具体事务应该由国务大臣担当并负责。行政、立法、司法、军事等各部门互不隶属，独立运营，虽然天皇并不插手各部门的人事和其他具体事务，但各个部门却必须对天皇负责。这实际上形成了日本政治权力格局上的一种平衡，无论哪个部门膨胀，都会因为天皇的存在而受限制。所以，表面上日本政坛上政治家走马换将看似动乱不安，但实际上日本政府的统治是非常稳固的。虽然从 20 世纪 30 年代以后，所谓的天皇主权说占据了上风，但并没有实质上改变这样的超稳定结构。

明治维新打着王政复古的旗号，明治新政府就恢复了太政官制度。出于传统的身份制意识，政府首脑都是由皇族或者公卿来担任的，但他们并没有执政能力，各藩的藩主也没有执政的能力，政府的运营还是要靠倒幕派的武士。虽然日本中央政府的制度一再变化，这种陪臣执政的局面一直没有改变。直到 1885 年日本内阁制度的诞生。农民和武士出身的政治家才名正言顺地出任行政最高领导的内阁总理一职。不过，与太政官相比，内阁总理的地位显然逊色不小。太政官实际上等于古代的宰相，拥有极大的权力。内阁总理只是各省厅大臣的首班而已，这也规定了日后日本政坛无论出现多么强势的政治家，也无法旁若无人地实施独裁统治，因为他们绝没有可能发展到取代天皇的程度。当然，毕竟内阁总理拥有实权，比如农民出身的伊藤博文在成为内阁总理之后，也就拥有了炙手可热的权势。而好不容易得到的权力，他们也是不会轻易放弃的。

至于1890年国会的召开，实际上并不是政府希望的结果，但已经阻止不了。为了应对反政府派可能占国会多数的情况，伊藤博文等人希望制定一个对行政法比较有利的宪法，所以，他们并没有参照英国的议会内阁制度，而是参考了普鲁士宪法，保持了内阁直接对天皇负责的制度。在《明治宪法》公布后的第二天，当时的内阁总理大臣黑田清隆在鹿鸣馆举行的午餐会上发表了超然主义的演说，明确表明政府要超然于政党之外，不受政党政治的节制。也就是说，无论国民选举出来的民意代表说什么，政府都有不听的权力，实际上是把国会当作一种摆设。紧接着，主导起草这部宪法的伊藤博文也发表演说，支持黑田的超然主义。然而，国会召开后，政府的预算必须由国会批准。为了让预算得到国会的批准，政府就以官职和金钱来分化在野势力，这招致了国民的批判，遭到政敌的攻击。伊藤博文见势不妙，于是改变对超然主义的支持，开始组织立宪政友会，转向政党政治。政党成立1个月后，伊藤博文就以立宪政友会总裁的身份出任内阁总理，诞生了日本宪政史上第一个正式的政党内阁。

但政党政治也不能保证内阁运营的稳定，因为政党之间的意见不合，第四次伊藤内阁不到一年就下台了。而这以后，日本的内阁总理就像走马灯似的不断换人，然而，日本社会并没有因此而发生混乱。

明治二十三年（1890年），日本举行了第一届国会选举。缴纳国税 15 日元的 25 岁以上的日本男性拥有投票权。缴纳国税 15 日元的 30 岁以上的日本男性拥有被选举权。虽然自由民权运动在国会召开前发生了分裂，但在全部 300 个席位中，板垣退助领导的立宪自由党夺得 130 席，大隈重信的立宪改进党夺得 41 席。这些属于自由民权运动的党派占据了国会的多数席位。同一年，《裁判所构成法》确定大审院为最高法院。在形式上确立了日本的三权分立的制度。

2 历史大事记（1887—1891 年）

1887 年

1 月，皇后发表思召书，鼓励妇女穿西式服装。

东京电灯会社使用移动发电机，首次供鹿鸣馆点亮白炽灯营业。

2 月，德富苏峰创办民友社，创刊《国民之友》杂志。

3 月，天皇下诏拨出 30 万日元皇家私费给内阁充作海防费。

政府公布所得税法，对年收入超过 300 万元的征收所得税。

4 月，首相官邸举办化装舞会，遭到舆论的批判。

东京警察监督各家各户设立垃圾箱，由专门人员负责回收垃圾。

5 月，公布私设铁路条例。

6 月，大桥佐平创立博文馆，出版《日本大家论集》。

7 月，公布文官考试制度。

9 月，与外国修改条约的交涉失败，井上馨外务大臣辞职。

10 月，后藤象二郎设立丁亥俱乐部，促进民权运动组织大同团结。

民权派人物片冈健吉向元老院提出地租轻减、言论集会自由、挽回外交失败的三大事件建白书。

11 月，东京电灯会社向市内配送电。

12 月，保安条例公布，570 名民权运动者不得靠近皇居 3 里的距离。

1888 年

1 月，日本最初的通讯社时事通信社创立。

日本最早的自行车企业帝国自行车制作所设立。生产了第一批日本国产自行车。

在东京浅草出现马肉店。

4 月，志贺重昂、三宅雪岭等成立政教社，宣传国粹主义，创办《日本人》。

中国人郑永庆在上野开办日本第一家咖啡馆"可否茶馆"（可否的日语发音和咖啡谐音）。

公布地方行政单位的市、町村等制度。

设立起草宪法的枢密院，第一任首相伊藤博文转任枢密院议长。黑田清隆接任首相。

5 月，日本麦酒酿造会社以麒麟为品牌开始销售德国式的啤酒。米津风月堂开始销售冰激凌。

6 月，大同团结运动的核心人物后藤象二郎创办机关刊物《政论》。

《日本人》刊载长崎高岛煤矿虐待矿工的情况，引起社会的巨大反响。

7月，大藏省公布直接税和间接税的种类，规定国税、地方税以及区町村费为直接税。

8月，《读卖新闻》刊登7月的磐梯山火山爆发的惨状照片。这是日本首次在报纸上刊登的新闻照片。

文部省规定修学旅行细则。

11月，日本最早的少年杂志《少年园》创刊。

1889 年

1月，修订征兵令，实现全民皆兵主义。

2月，全文加假名注音的以图画为主的《风俗画报》创刊。

公布《大日本帝国宪法》。

在出席青山练兵场阅兵式的天皇前，小学生们三呼万岁。以后，三呼万岁成了日本的传统。

公布众议院选举法，25岁以上的并缴纳15日元直接税的男子具有选举权，30岁以上的具有被选举权。

3月，宫武外骨因在自己的杂志《顿智协会杂志》上刊登讽刺帝国宪法颁布式的讽刺画而被东京轻罪裁判所判处入狱3年，罚款100日元。

后藤象二郎进入内阁担任递信大臣，大同团结运动出现分裂。

5月，东京、京都、奈良各设帝国博物馆。

大隈重信外务大臣在伦敦《泰晤士报》发表修改条约的文章，引起日本国内的反对运动。

7 月，东海道铁路全线开通，从东京新桥到神户，每天运营来回各一班。

10 月，枢密院议长伊藤博文反对大隈重信的条约修改方针而辞去议长一职。大隈重信遇刺受伤。

冈仓天心等创办东洋美术的专门杂志《国华》。

山形县私立小学为促进贫困儿童上学开始提供学校午餐。这是日本小学午餐制度的源头。

11 月，群马县议会通过废娼建议案，并宣布从 1894 年开始废除公娼。东京府会否决了同样的议案。

1890 年

1 月，中江兆民等成立自由党。

栃木县足尾铜山污染问题爆发。

2 月，德富苏峰创办《国民新闻》。

流感暴发。

3 月，三菱的岩崎弥之助购买到皇居前面的大片土地，这些土地成为三菱财阀的发展基础。

博文馆开始分册出版《日本文学全书》（全 24 册）。

东京女子高等师范学校创立。

日本最初的西洋风格的酒店帝国饭店竣工，11 月开业。

4 月，公布《民事诉讼法》《商法》。

5 月，三菱造船所建造日本第一条钢铁船筑后川丸（610 吨）。

米价比上一年上涨了一倍，东京有人饿死。

6 月，新潟发生米骚动，2000 多贫民袭击米商和富豪。县知事要求军队出动镇压。

7 月，举办第一届众议院选举，选民人数为 45 万人，占总人口的 1.14%。立宪自由党等"民党"获得了胜利。11 月，第一届帝国议会正式召开。在议会中占优势的"民党"强化了与政府对决的姿态。

10 月，公布关于以忠君爱国为核心的国民教育方针的敕语《教育敕语》。

11 月，由英国人设计的浅草的新名胜凌云阁开业。12 层高的塔形建筑物里安装了日本第一部电梯。

12 月，留学德国的北里柴三郎发现破伤风的血清疗法。

1891 年

1 月，博文馆创刊《少年文学》丛书。

在第一高等中学的开学仪式上，教员内村鉴三拒绝向《教育敕语》礼拜。2 月，内村被免职。

2 月，川上音二郎剧团在大阪上演根据矢野龙溪的《经国美谈》改编的戏剧。

3 月，公布度量衡法。基本单位为尺（1 尺＝ 1.33 米）、贯（1 贯＝ 3.75 千克）

日本正教会复活大教堂在东京神田落成。

5 月，俄国皇太子访日在滋贺大津遇刺。对事件的判决显示了日本司法的独立性，为废除治外法权带来了良性影响。

6 月，统一小学对天皇照片的敬礼、朗读《教育敕语》等各种典礼仪式。

9 月，上野到青森的铁路全线开通。

10 月，爱知县和岐阜县一带发生 8.4 级大地震，死者 7466 人。岐阜市有 1/4 的房屋倒塌。

11 月，文部省命令各学校必须设立安放天皇和皇后照片以及《教育敕语》的奉安殿。

制定小学教则大纲。

12 月，民党在众议院要求政府从预算案中削减造舰等费用，与政府发生对立，松方正义首相解散众议院。在 1892 年举行的众议院全国大选的时候，松方内阁以行政权力严重干扰了这次选举。

3 畅销书概况：归省之后无归省

"归省之后无归省"是一句双关语。《归省》是 1890 年民友社出版的宫崎湖处子写的小说，也是他唯一的一部小说。这篇小说获得了很高的文学成就，让宫崎本身也很难再次突破，所以，当时日本文坛流行着"归省之后无归省"这样一句话。但如果从整个日本文坛乃至整个日本来说，明治第二个十年正好是一个中间节点，"归省"是对过去的再认识，但"归省"之后，就再也回不到原来的地方去了。日本在形成统一的民族国家之后，就迅速地走上了帝国主义的道路，从而离江户时代和明治维新越来越远，从此更是"归省之后无归省"了。

德富苏峰在《将来之日本》意外地畅销后，又把旧作《第十九世纪日本的青年及教育》改编为《新日本之青年》出版，告诫青年要担负起社会的责任，获得了不同寻常的反响。而德富苏峰创办的民友社也是明治中期不断推出畅销书的出版社，除了他自己之外，还有宫崎湖处子、德富芦花、国木田独步、山路爱山、森田思轩等畅销书作家，在当时形成了所谓的民友社派，他们撰写了从言论到小说的各类畅销书。

仿佛是为了迎合教育帝国主义时代青少年的需要，这时候，在日本文学中出现了面向少年的畅销书。《黄金丸》就是其中的代表作。而类似《黄金丸》这样的少儿书籍模式，即简单化的善恶对立和暴力对决实际上也成了以后日本少儿书的楷模，一直影响到现在。从小阅读了这类书籍的人是比较容易接受帝国主义教育的。

若松贱子翻译的《小公子》（中文翻译为《小少爷方特罗伊》）也是一本面向少儿的小说。原作者是英国出生的美国作家弗朗西丝·伯内特，这本小说也是她的成名作。讲述了生活在城市底层的美国少年最后继承了英国贵族爵位的故事，这本小说似乎也寄托了妈妈们的希望，获得了她们的追捧。若松翻译的《小公子》最初是在 1885 年创刊的《女学杂志》上连载的，而这本杂志也是妇女解放运动的一个产物，并成为与《国民之友》并称的两大杂志。文明开化也让日本的妇女开始觉醒，宣传女权主义的书籍慢慢增加，末广铁肠的《雪中梅》等小说也为女权主义思想的传播助了一臂之力。

通俗小说奇才村上浪六以一己之力推出了侠客小说，在当时竟然可以压倒尾崎红叶和幸田露伴的红露文学，还能对峙侦探小说的流行，并在文学上做好了迎接国粹主义的铺垫。而他的处女作是《初三的月》，正是这篇小说让他登上了日本文坛。

《浮云》的出现，终于完成了坪内逍遥提倡的小说改革，同时也让日本的文体有了一个明确的发展方向。这在文体方面也彻底告别了传统文体，日本的文学和文学表现都进入了一个新的时期。

1887—1891 年的畅销书			
出版时间	书名	作者·译者	出版者
1887 年 （明治二十年）	「雪中梅統編　花間鶯」 《雪中梅》续篇《花间莺》	末广铁肠	金港堂
	政治小说《雪中梅》的续篇，叙说青年政治家苦苦摸索后，参加大选获得胜利的故事		
	「新日本之青年」 《新日本之青年》	德富猪一郎	集成社
	《将来之日本》意外畅销后，德富猪一郎（苏峰）又把在大江义塾讲演的内容增补校订后以《新日本之青年》为书名出版。主要论说了教育的目的在于让个人肩负起社会的责任		
1890 年 （明治二十三年）	「帰省」 《归省》	宫崎湖处子	民友社
1891 年 （明治二十四年）	「こがね丸」 《黄金丸》	岩谷小波	博文馆
	「小公子」 《小公子》	弗朗西丝·伯内特（Frances Hodgson Burnett）著 若松贱子译	女学杂志社
	弗朗西丝·伯内特在 1886 年创作的儿童小说。同年，若松开始翻译成日语，发表在《女学杂志》上。翻译文文字优美，受到森田思轩和坪内逍遥的赞赏。1981 年，女学杂志社出版本书上卷		
	「三日月」 《初三的月》	村上浪六	春阳堂
	明治时代一时风靡的人气作家村上浪六的处女作		
	「浮雲」 《浮云》	二叶亭四迷	金港堂

4 代表性畅销书详解

《归省》

1890 年民友社出版

出版解题：故乡是温馨的，现实是残酷的，但只能一往无前

明治时代废除了传统的身份制，只要凭个人的才学就能出人头地。所以，很多日本青年从农村来到东京等大城市，追求他们的理想。但是，理想虽然美好，现实却十分残酷。被称为神童的宫崎湖处子也是怀抱美好理想来大都市闯荡的一个青年，但是事业发展得并不顺利，以致感到无脸回故乡。一次艰难决定的回家省亲，让湖处子深感故乡的安逸，发出了和陶渊明同样的感慨。但是，他已经不可能回乡落户了，他还要继续在大都市打拼。湖处子的处境，从小的一面来看，象征在明治时代的一代青年；如从大的一面来看，岂不是当时日本这个国家发展的象征？过去再怎么美好，都已经不能回去了，只能充满信心地继续闯荡下去。

宫崎湖处子本名八百吉，1863 年出生于福冈藩的农民之家。他从小爱读书，小学毕业就通读了《日本外史》《十八史略》等书。中学时已经写了《古文真宝后集》，有了一点名气。他的父亲想把他送到东京的陆军教导团，但后来改变了主意，不让他去服兵役，而让他躲避到佐田的外祖母家。在那里湖处子一边在小学任教，一边阅读《八大家读本》，对佐田的自然美非常倾倒。这也培育了湖处子的爱乡之情。后来他回家务农，研读陶渊明的田园诗。

1885 年，湖处子进入东京专门学校（现在的早稻田大学）学习，毕业后又去帝国大学的专科学习。然而，在大都市的奋斗并不顺利，湖处子在精神方面和经济方面都出现了问题。为了改变困境，他就去东京郊外的下总流山（现千叶县流山市）豪农秋元三左卫门家做家庭教师，充满人情的乡村生活让湖处子的精神状态有了好转。1888 年秋，湖处子得知父亲的死讯，但他依然因打不起精神不敢回乡，就再一次去了东京，进入东京的国民新闻社做记者。他不仅撰写文艺批评，而且还负责报纸的编辑，他的工作得到了德富苏峰的认可。第二年，他开始用湖处子的笔名发表抒情散文和诗歌，后来被认为是日本近代诗的先驱。

在父亲去世一周年的时候，湖处子在兄长强烈催促下，时隔 6 年终于回家探亲了。但是，对于这次探亲他总是忐忑不安，当初离开家乡的时候，是多么充满希望，但现在自己什么目标也没有达到，不知道家乡的亲人会不会热情地接待他。回到家乡的时候，湖处子才知道他的担心是多余的，家乡的亲友还是一如既往地对待他，对他的回乡都表示了热忱的欢迎。让湖处子再次感受到与都市不一样的田园世界是多么美丽，多么理想。

虽然分别了 6 年，与湖处子定了亲的姑娘还是很温情地款待了湖处子，让湖处子得到了深深的安慰。湖处子在家乡待了 18 天，这 18 天可以说是湖处子获得活力和灵感的 18 天，湖处子已经无法按捺住要把这一切都写出来的心情。回到东京后，湖处子很快就写完了这篇题为《归省》的小说，交给了民友社出版。这本书用优美而流畅的文笔歌颂了故乡的田园之美和淳朴的风土人情，立刻受到了很多读者的欢迎，从而成为畅销一时的书籍。

这篇小说是湖处子的小说处女作，也是唯一的一篇小说。加上这篇小说又被誉为日本近代文学史上最出色的田园文学，所以，就留下了"归省之前无归省，归省之后无归省"的赞词。而这也是反映了一个时代的恰当比喻。

本书摘译

三、吾乡

野外罕人事，穷巷寡轮鞅。

白日掩荆扉，虚室绝尘想。

时复墟曲中，披草共来往。

相见无杂言，但道桑麻长。

桑麻日已长，我土日已广。

常恐霜霰至，零落同草莽。

陶渊明《归园田居·其二》

第二天早上，我很早起来，跑到前夜走过的路上，只见弦月形地把我们村庄环抱起来的大佛、鬼城、片峰、小隈等北方的一百峰容貌依旧还沉睡在刚刚出现的朝霞里。清岩寺传来温暖人心的钟声。

诸山晓色天已亮。一百峰也露出了像洗过了一样清晰的脸庞。炊烟深处可以看到山村野水、四处纵横的水郭、长堤，还有遍地的晨露、平野上洋溢的秋色，满眼都是故乡的幻影。

南方有一座像屏风般的屏风山，没有其他余脉，仿佛是平野和天际之间的一幅堆云。因其距离和眺望的适当的话，其山色能显示天气的变化。但凡在这个小世界里，空中出现什么革命，总有一些异状可以远眺到。所以，此山从远古时代开始就有了天气预报的名声，现在依然给村妇提供了很好的晴雨表。有时候，此山上如有岩石般的黑云就会带来傍晚的骤雨，晴天如带有一抹暗红的色彩的话，就是预告马上要阴天了。比如夕阳投射在秋天的薄暮上血红一片，或者叠翠清爽，浮动着如蒸出的紫岚，那么隔天肯定是晴天。如果屏风的一边毫无异常，而另一边突然变暗的时候，鸟就在原野上到处乱飞，收割的人就没有工夫磨镰刀，打捆的人迅速地扔出打好的捆。各自散去后，暴雨就落下了。而在昨夜的昏暗今早还没有完全褪去的山顶上，晓色苍白，可以知道今天一天都是晴朗的天。

唐朝爱山的诗人曾经吟咏过"相看两不厌，只有敬亭山"，实际上，我们以屏风山为友也是由来已久的。我也是在此茫茫野色之暮里，犹如陶渊明之徒，在"山气日夕佳"的时候，"悠然看南山"的过客而已。一年之间，此山早上比我们早起，晚上比我们晚睡，暗暗地在指责我们的懒惰。

现在，田里是稻谷生长的季节，一眼望去是无边的青穗。在早上的阳光中，一缕缕炊烟在村南村北升起，纵横的乡间小路宛如城市的道路相互交叉，形成了迷宫般的弯弯曲曲的道路。在我四周的田地里，现在还是朝气之世，露水之国，还没枯黄的秋草穗头，往外蔓伸的青芋叶心，还有那垂在如琉璃般茄子底部的天之灵液，仿佛是天仙的眼泪和美人的灵魂那样熠熠生辉，给予了这几天开始吹起来的秋风生命，又转成风吹不止，状如扇子的芋头叶子就不停地扇着，仿佛是鸟的羽毛。

我披着衣服走在野路上。小溪从旁边流出，穿过田间形成小河，开始变得混浊，但其涓涓流水声的沉淀，就是以前清冽的兆头，其春流、秋流、寒流之时都争着要留住斜晖。

两岸的白杨掉下的枯叶在风吹来的时候好像就在和客人打招呼。我曾在这里写过一首诗。

晚渡无人月满陂，
前村家远待舟迟。
多情秋柳拟春柳，
野火残烟卷翠丝。

我还在这条或宽或窄或前进或回流的河流的河堤上行走着，逐渐地感觉到太阳光的热量，就坐在树荫下的一块石头上休息。这块石头以前是一个路程碑。

　　在我眼前连着的是白壁处处，茅屋斜斜，断郭棱棱，从南到北的一排排绿竹青树将它们串联起来。可爱的家乡。阳光从村子四周的竹丛中穿透过来，让简陋的白墙显得斑驳多姿。这里已经是村外，是村子里最贫穷人的居家。村子的两端，隔着袅袅炊烟，青色最深而且宽广的地方是以前武士的旧城郭。维新带来的巨变，让任何地方的武士都受到冲击而凋零。我们家乡的武士受到的打击更是严重。本来他们一些人在我们家乡兴起一个养蚕的产业，村里有五分之一的土地成为桑田，他们也保持了社交场上的体面。但是眼看着他们之中十有八九被潮流冲走，现在都成了农民。于是，把传家的宝刀典卖了，买来不知出处的镰刀，以战场上杀敌的气概一股脑儿地在秋天的田地里割稻子。驯服的骏马也只能勉强地下地干活。他们的学问在农业上毫无用处，对他们的专业唯一有用的是，平素击剑柔术而锻炼出来的健康的身体。他们坚韧不拔磨去棱角，甘与下等的佃户为伍，得到了世上有限的幸福。当时的诗人歌颂道：切莫等闲视，即便鹿角落地时。他们从武士变成农民，当中流过多少眼泪，发过多少感叹啊。

　　大概我们家乡发生的武士和平民的沉降，是我曾见到过的最有趣的记事。他们那些称作士族的人，住在茂密的竹林那边，从而与平民相区别。其竹林外的道路，对平民的孩子来说，即便是白天也像有幽灵出现的地方。那里吹出来的风，带有恐怖的腥味，用隐藏在后面的声音来袭击过客。曾记得在小时候，我非常害怕那看到我的影子就咆哮着追出来的猎狗，还有那拔出刀追上来的武士的孩子，让我好几次惊叫不止。来我家的武士都非常蛮横，瞪着大眼睛盯着我父亲，加上刀鞘的暗光，让我们不敢再玩快乐的游戏。只是他们参加会津战争回来后，趾高气扬地给我们讲述斩首如割草，追敌如撵兔的故事的时候，让我产生了为什么没有出生在武士之家的遗憾。

当时我被称为神童而讨厌吃肉，父亲开玩笑地说我家出了个高僧。后来父亲告诉我说，当今维新之世，可以用智慧谋求高位大官。我很害怕地说，农民的儿子如何学切腹呢？当时，之丞、之进等雄壮的名字已经不流行，我的父亲也穿着裤去村厅工作，我们从寺子屋转到小学校也开始穿裤。在学校里，我的名片和座位一直排在武士的孩子们之上，我对他们也倍加尊敬，他们也往往在我面前低头行礼。那个时候，在我家玄关前武士也都低头行礼了，他们收起了以前的长刀和羽织，严厉的眼睛也变得非常柔和。以前他们根本不会和我母亲说话，现在也正眼相待了，还经常夸我在学校学习的成绩。我得到许可可以从祖父的书房里抱出汉书带到村塾去的时候，那个竹林外的道路也就不再让人悚然生畏，那里的房屋出现了很多空屋，竹林也被砍伐掉开拓成了田地。猎狗消失了，武士的孩子成了我的朋友，成了农家的孩子。请看吧，昔日骄傲的武士也成为今日林外可怜的人。

这样在二十年前由武士和农民两个阶层组成的我们家乡现在成了都是农民的村子了。从福冈归省回来以及去东京以前的一些日子里，我也是一个农夫。我依然记得，在大热天锄栗草，在大冬天种芥子这两件事。实际上我并不能做好，尤其是后者需要一些种地的智慧和技巧，所以，像我们这样的学生农夫除了忍受积雪、极寒、疲劳以及其他婢仆的嘲笑之外，没有多大的作用。当然，我也能一天拔一千根苗，栽数百行秧，也能扶犁耕土，但他们说我拔的苗常常是断的受伤的苗，我栽的秧往往种不活，我耕的土太过散乱而无法种菜。我热心撒的肥料他们也不会赞扬，而只是把我笨手笨脚的动作和累得脸上发白当作谈笑的材料。以后我就作为比儿童年长一些而且地位比较高的既不是下命令的人也不是听命令的人，过着享受散步、野餐和陶渊明诗的日子了。

现在来到生活的大迷宫、人世间的中心大都市，步步维艰，终于觉悟到我的才能还不足以养活我自己，感叹我徒手空拳，幡然悔悟昨日之非。我想，远大理想藏在胸中犹如酒精，一喝起来就全忘了。荣华富贵好似浪花，越是追逐越是逃得很远。归去来兮对故友，我的烦恼也就暂时消失了。看吧，他们的眼睛没有被贪婪之华迷茫，他们的呼吸中没有城里人的铜臭气味，他们的语言里没有沽名钓誉的气息，嫉妒和怨恨也不会侵蚀他们的心灵。他们的脸因为喜欢笑而皱褶，他们的头发因为风雪而发白，除了生儿育女之外没有其他苦恼，除了一杯美酒之外没有其他奢求。他们最后留下儿女去世，只有墓和碑留在这个世上。他们的生活宛如一场梦，他们的生命是和平的白天与和平的夜晚的长长连锁。

……

我曾想过，老子谈玄，是遥想伊甸园的生活。孔子说明教，是中和眼泪之谷。虽然眼泪之谷可以中和，但绝不是伊甸园。然而像我们家乡这样以淳朴的风俗过简单的生活，实际上是离帝乡不远的并不难找的乐园的模型。孔子如果来的话，能够找到很多地方进行批评。老子来的话，就只会笑而不语了。帝国宪法已经颁布，但他们明年的代议院并不想把这不如意的世界改变为如意的世界。新的町村制度实施后，竞选村长变得激烈起来。虽然外务大臣为了修改条约而和各国展开谈判，各个政党演绎着朝野的抗争，但这里的人们还只是关心明天的天气。他们每天早上出门到各处去，但晚上一定回到各自的家里。牛马在白天也到野外去，但至今还没有离开过这个地方。天虽长但天不老，地虽久但地不古。春花、夏云、秋月、冬雪，百世可知。在这和平之乡的外面，山静如太古是什么样的地方啊？怎样做我出了这个地方才能回来？怎样做我的船才能逆转方向？可悲啊，我已经吃了智慧之果，现在也只有这个家乡像伊甸园、近伊甸园。我要经常回来，追忆儿时的我。

《黄金丸》

1891 年博文馆出版

出版解题：日本儿童文学的先驱

《黄金丸》是博文馆最初的儿童文学作品，同时也是日本最初的儿童文学系列丛书的第一册。由于这个时代还没有专门为儿童写的故事，连儿童文学这一名词也没有，岩谷小波根据德文 Jugendschrift（juvenile literature）创造了"少年文学"一词，意为少年儿童用的文学。作者非常自负，认为这篇《黄金丸》是现代文学界前所未有的"新现象"。而事实也证明作者的用心没有白费，这样的开拓非常成功，本书出版后反响非常好，并作为儿童文学作品首次跻身日本畅销书行列。而本书的畅销也使得博文馆的这套儿童文学系列得以继续发行，最终全部系列作品达到了32 种。

本书作者岩谷小波，原名季雄，出身在富裕的官僚政治家家庭。由于其祖先是近江水口藩的医生，所以他从小就被安排将来成为医生的人生道路。在他 10 岁的时候，在德国留学的长兄岩谷立太郎从德国给他邮寄了奥托的童话集，本来是想让他学习德文用的，因为德语是学医学必须掌握的语言，没想到这本童话集却开启了他文学创作的道路。结果，他不顾家人的反对，放弃了考大学继续深造，转而进入砚友社，在机关杂志《我乐多文库》上发表了《五月鲤》等小说，并与尾崎红叶等密切交流，写了很多少男少女伤感的小说。

考虑到当时的儿童读书之初学的都是汉文和文语体的日文，所以作者没有采用已经开始流行的言文一致体，而是采用泷泽马琴风格的文语体来写作《黄金丸》的，这对当时的儿童来说反而是比较容易阅读的。

由于《黄金丸》的成功，岩谷就与博文馆进一步合作，担任了博文馆《少年世界》《少女世界》《幼年世界》等杂志的主编，并不断在这些杂志上发表自己的童话作品，同时，岩谷还整理了日本传统童话故事，汇集成《日本昔日童话》等大部头系列童话集。

受文部省的委托，岩谷执笔修订了日本传统童话《桃太郎》，被收进当时的小学课本里。在传统的童话故事里，桃太郎与和他在一起的动物们其乐融融，并没有上下关系。但在岩谷修订后，桃太郎被打扮成武士装束，而动物们都成了桃太郎的家丁。实际上，这也象征了明治时代日本人心目中的日本与亚洲各国的关系。一直到太平洋战争结束为止，日本的很多教科书都把岩谷修订的桃太郎收录到课本里。

1911 年，岩谷作词的儿童歌曲《富士之山》被文部省收进小学唱歌课本。之后，岩谷为很多日本的小学创作了校歌，并沿用至今。

1899 年发行《黄金丸》第 12 版的时候，作者做了一些删改。1921 年，作者用口语体全部改写了本书，由博文馆出版。

本书梗概

在某座深山的一个山洞中住着一只名叫金眸的老虎。老虎是山中之王，管理着大小动物，好不威风。金眸大王手下有一个名叫听水的老狐狸，地位不高，却非常狡猾。有一次大雪封山，听水夹着受伤的尾巴来到金眸大王的山洞，他知道金眸大王因为大雪封山而很久没有捕猎了，闲得无聊而肚子正饿得咕咕叫。听水想利用这个机会，引诱金眸大王去捕猎，从而替自己被切断的尾巴报仇。金眸大王想，尾巴是狐狸的财产，现在尾巴被切断很失面子，如果大王不帮他找回面子，自己在其他动物那里大概就没有什么威信了。而且捕猎也能吃饱肚子，再加上困在山洞里也好长时间了，不如出去活动一下筋骨。于是，金眸大王立刻同意去捕猎，在听水的引导下，走出厚厚积雪的大山，向山脚下住着的老狐狸仇人的寨主家扑去。

寨主家里有两条忠实的狗，一条叫月丸，一条叫花濑，他们是一对夫妻。下雪的时候，两条狗正在戏耍。突然后面的鸡窝发出吵闹声，老狐狸听水来了。月丸急忙赶过去要驱赶听水，听水且战且退，引诱月丸往外走，这个时候，金眸大王出现了。月丸毫不胆怯，依然勇敢地搏斗，但还是惨死在老虎的嘴下。身怀六甲的花濑无法去帮助丈夫，只能在货物堆的暗处目睹了一切，非常伤心。

花濑生下小狗后，就追随丈夫月丸离开了这个世界。临死前，花濑把取名黄金丸的小狗托付给母牛牡丹。牡丹和丈夫公牛文角收养了父母双亡的孤儿黄金丸。在养母营养丰富的奶水哺育下，在养父正直不阿的性格教育下，在一片关爱中，黄金丸渐渐地长大，成为一条雄壮的大狗。黄金丸一直以为养父母就是自己的亲生父母，但自己的身体越来越与牡丹和文角不同，终于有一天，文角把黄金丸出生时的事情告诉了黄金丸。

为了给自己的父母报仇，黄金丸知道首先要积蓄自己的能量，于是，他离开了寨主家，以流浪狗的身份到外面去学本领。有一天，黄金丸来到一片广阔的原野边，想要穿过去但又不敢走。黄金丸又饥又渴，天越来越黑，又越来越冷，黄金丸不知所措，茫然地坐在路边。这时候，不知从什么地方出现了火球，黄金丸不由自主地跟着火球往前走。

为了一只野鸡，黄金丸和猎犬鹫郎争斗得不可开交，而猫乘机偷走了野鸡。两条狗都非常懊恼，他们同病相怜，不自觉地对对方产生了好感，他们义结金兰，拜把子成了兄弟，并决定以古寺为他们的领地。有一天，黄金丸单独外出，在回来的路上，他在山脚野菊盛开的旷野边上看到了正在午睡的没有尾巴的狐狸。他就是听水。

黄金丸立刻向仇敌听水奔过去。听水撒腿就跑，从一户人家穿过去。黄金丸追到那里不慎撞倒了那户人家的孩子，被孩子的爸爸打成重伤，奄奄一息。这时候，鹫郎跑来救回了黄金丸。黄金丸伤势过重，只能躺在地上。一只名叫阿驹的母老鼠被什么东西追逐着逃到了黄金丸躺的地方，黄金丸就把阿驹藏了起来。追进来的是一只黑猫，就是那只从黄金丸和鹫郎那里偷走野鸡的黑猫。黄金丸当然不能放过黑猫，他与鹫郎抓住了黑猫并分而食之。

虽然黄金丸的伤势有所好转，但骨折的右脚却一直没有见好。有一天，鹫郎回来告诉黄金丸，南方一里地好像有一个名医。黄金丸听后决定去找这位名医，他在鹫郎的指点下，孤身一人朝名医的茅草屋方向走去。

名医是一只白兔，名叫朱目翁，他给黄金丸看了病。黄金丸在回家的路上被一个从未见过的黑猿射出的箭头射中但并没有死。黄金丸回到古寺，到了晚上骨折就痊愈了。黄金丸很高兴，第二天又去拜访朱目翁报告好消息。这次朱目翁教了一个捕捉狐狸的办法。这个办法需要用母老鼠做成天妇罗来作诱饵。这一次黑猿的箭头又射中了黄金丸，但他还是顺利地回到了古寺。正当黄金丸和鹫郎说起捕捉狐狸需要用母老鼠做成天妇罗的时候，从移门的门框上面掉下了两样东西。

话题稍微回溯一下。在黄金丸从鹫郎那里得知朱目翁会做能治疗骨折的医术后，心情大好赶去治疗的时候，知道黄金丸找他拼命复仇的恶狐听水正在那里害怕得瑟瑟发抖。于是，他又向金眸大王进谗言说，金眸以前吃掉的寨主家的狗月丸的儿子黄金丸为了替父亲报仇，准备来杀死金眸大王和自己。已经吃掉无数动物，背负了很多血债的金眸大王听了也不禁害怕起来，命令属下严加防范。听水为了活命，就不断地打听黄金丸的动向，策划着如何把自己的害怕和黄金丸一起埋葬掉。所以，对黄金丸住在哪里，如何被人打成重伤而不得不躺着养伤的情况全部一清二楚，因此也知道了黄金丸哪天将会去朱目翁那里看病疗伤。听水认为那是一次绝好的机会，他就要求穿黑衣的黑猿在黄金丸去朱目翁茅屋看病的路上一箭射死他。

但是，黑猿射杀黄金丸的行动失败了，却对前来询问结果的听水谎称射死了黄金丸。听水听了高兴得手舞足蹈，立刻把喜讯报给了金眸大王。金眸大王听了也非常高兴，吩咐召开庆祝宴会，并让听水负责。

负责举办宴会的听水于是出来寻找食物，他看到文角拖着满载鲜鱼的货车，就准备来偷。刚巧黑猿也路过这里，两个家伙就把文角拖的货车抢到了金眸大王的山洞。宴会开始了，动物边吃边喝，一边唱歌一边跳舞。失去威胁的金眸大王喝得酩酊大醉。喝醉的听水跑出山洞，准备回自己的老窝。月亮高挂，山路清晰，听水正走着，突然闻到了他十分喜欢的母老鼠天妇罗的香味。循着香味，听水来到竹林深处，发现了母老鼠天妇罗。正当听水准备大吃一口的时候，脖子被绳索套住，身体被倒挂了起来。听水知道自己被一个圈套套住了，他拼命地挣扎想要逃脱。但眼前却出现了本该被射死的黄金丸和他的朋友鹫郎。黄金丸和鹫郎确认了被套住的是听水后就准备打死他。正在这个时候，背后传来了让他们住手的声音。他们回头一看，原来的巨大的雄牛，黄金丸的养父文角。

文角要黄金丸他们先不要打死听水，是因为想从听水这里得到金眸大王山洞里的信息。听水从文角真诚的态度中有所感悟，开始回答黄金丸的问话，这时候听水已经明白了黑猿对他说谎，其实根本没有射死黄金丸。当然现在懊恼也无济于事了。于是，听水就把去金眸大王山洞的路线、山洞的位置和山洞里的机关，全部老老实实地说了出来。黄金丸和鸳郎非常感谢幡然悔悟又献计献策的老狐狸，并决定代替听水去讨伐黑猿。听水听了非常感动，表示感谢，然后就闭上眼睛静等黄金丸的复仇。黄金丸划破听水的气管，报了一部分大仇。余下的就是金眸恶虎了。

　　黄金丸和鸳郎、文角一起沿着听水描述的路线，向金眸大王的山洞走去。途中遇到了一只喝醉的大猴子。他就是黑猿。黑猿想逃走，但被鸳郎一口咬住，并咬下了他的头。算是替听水报了仇。鸳郎口衔着黑衣的首级，和黄金丸、文角继续上路，然而，走了没多久前面路没有了，悬崖峭壁断绝了他们的去路。他们四顾无路，抬头一看，发现在红叶丛中有一个大洞，洞外白骨累累。黄金丸和鸳郎跳进山洞，发现金眸大王正在酣睡。黄金丸上去就是一脚，被惊醒的金眸大王急忙往洞外跑，但被文角顶了回来。黄金丸高声对金眸大王说，被你咬死的月丸的儿子特来给父母报仇。金眸大王大怒，就来咬黄金丸，黄金丸毫不畏惧，鸳郎配合黄金丸，与金眸大王搏斗起来。而文角也加入进来，更是增添了力量。金眸大王垂死挣扎，呼叫声震天动地。由于金眸大王已经喝醉，有力使不出来，终于斗败身亡。而黄金丸和鸳郎也筋疲力尽，好在文角在旁看护，很快又回过神来。黄金丸把金眸大王的首级咬下来，让文角顶着，慢慢地走下山来。回到了寨主家。寨主见了，一切都明白了，大赞黄金丸不仅替父母报了仇，也为人民和百兽除了害。功劳非常大。于是奖励黄金丸黄金做的项圈，奖励鸳郎白银做的项圈。两条狗非常感恩，尽心尽职地守卫着寨主家。

《浮云》

1891 年金港堂出版

出版解题：明治时代知识分子的奋斗、懊恼、怀疑

这篇小说的故事就如小说的题目《浮云》那样，从一开始就是灰色的调子。小说叙述了主人公内海文三经过奋斗终于在政府部门找到一个正式的职位，工作了两年后，他正准备把母亲从乡下接到东京来的时候，突然被解雇了。一下子从人生的高峰跌到低谷，而堂妹阿势也开始对他冷淡起来，让他更加心灰意冷。

内海从小在父亲的教育下，学习上进步很快，但就在他小学毕业的时候，父亲却得病身亡。15 岁的内海被送到东京的叔叔家。叔叔孙兵卫宽宏大量，经营着一家茶店，常年不在家。婶婶非常干练，把家里的大小事务打理得清清楚楚。她对内海总是看不顺眼。于是内海就去报考有奖学金和宿舍的学校，离开了叔叔家。在学校，内海非常勤奋，学习成绩也非常优秀。老师们都认为内海是难得的人才。几经周折，内海终于得到了政府部门的录用，又回到了叔叔家。

被解雇后过了几天，他的同事本田过来说，政府出了新规，被解雇的人中有两三个可以复职。他可以和课长拉关系为内海的复职牵线搭桥。内海本来不愿意拜托已经成为课长走狗的本田，但阿势却建议内海去拜托本田。阿势为本田说了好话，内海感到阿势已经对本田抱有好感，并控制不住自己责怪了阿势。不过，内海还是没有下定决心要离开这个家，因为他还是放不下阿势。他自我确认了对阿势的感情，希望再尝试一下。内海下定决心，如果遭到拒绝的话，那就是离开这个家的时候。这样，这篇小说到最后的色彩还是比较灰暗。不过，这篇小说应该还没有完成，也永远不会完成了。

尽管如此，这部小说还是被誉为是日本近代小说的出发点。这是因为这部小说在明治二十年（1887 年）这样比较早的时候就非常明确地描绘了日本近代文明发展的实际状况，实属难能可贵。其次是因为这部小说在写作手法方面的突破。作者不仅探索性地使用言文一致的文体创作了这部小说，而且在很多场合加上的对故事人物细腻的心理描写也成为这部小说的主要特征，这些都是在明治初期的小说中很少见到的。

二叶亭四迷成长的时代正是日本帝国和俄罗斯帝国开始交锋的时代，日本社会洋溢着对俄国同仇敌忾的气氛，少年二叶亭四迷在这样的气氛中投考了俄语学校。这座学校不仅用俄语教数理化，还教修辞学和俄国文学史，结果二叶亭四迷的艺术兴趣被俄国文学浇灌后不断萌芽。长谷川和他喜欢的屠格涅夫、车尔尼雪夫斯基等俄国作家一样，通过文学观察、解剖、预见社会问题，自然地接触到了社会主义思想。这样的思想让当时的二叶亭四迷急于摆脱父母的约束而独立生活。然而，崇高的思想还需要实际的经济来支撑，为了赚钱，二叶亭四迷开始写小说《浮云》。这部小说是二叶亭四迷把当时日本青年男女的社会倾向抽象化后再用故事的形式形象化，从写作的思想上是明显受到俄国文学的影响，尤其是受陀思妥耶夫斯基的影响更多，极力描述生活在社会底层小人物的心理和生活。尽管如此，按照二叶亭四迷自己的回忆，他的文学思想更受到从小得到熏陶的儒教的影响，儒家在他的道德观中占据了核心的地位，小说家之流自然就十分卑下。加上当时的书店对文坛新秀并不关心，用二叶亭四迷署名根本没有出版的可能。不借用已经成名的坪内逍遥的原名，书店就不肯销售《浮云》。这也使得二叶亭四迷非常内疚，因为为了赚钱既利用了坪内逍遥的名声，又欺骗了读者。在这样的理想和现实的冲突中，二叶亭四迷不禁对自己大声责骂：去死吧。而这个"去死吧"的日语谐音就是二叶亭四迷。从此，日本文坛上诞生了畅销书作家二叶亭四迷。

二叶亭四迷从东京商科学校（现在的一桥大学）毕业后一直和坪内逍遥交往，并在坪内逍遥的鼓励下撰写文学评论。在对小说的评论中，二叶亭四迷对坪内逍遥的小说《当代书生气质》还残留了很多通俗小说的影响感到不满，这也成了他撰写写实主义小说《浮云》的一个动机。《浮云》采用了近似口语的日本言文一致体（白话体），肃清了江户时代惩恶扬善的通俗小说的影响，这种文体也影响了后来的很多作家，所以，这部小说也就被誉为"日本近现代文学的开山之祖"。不过，写完这部小说后，二叶亭四迷离开文坛，任职内阁官报局，从官吏的角度去实践他的社会主义思想。他深入贫民街区，构思救济贫民的政策，并迎娶了从良妓女为妻。二叶亭四迷重新开始写小说是十九年以后的事。1906 年，二叶亭四迷在《朝日新闻》上发表连载小说《其面影》，第二年又发表了《平凡》。在这两篇小说之间，《朝日新闻》连载了夏目漱石的小说《虞美人草》。

《浮云》第一篇于 1887 年由金港堂出版发行，第二篇在 1888 年也由金港堂出版发行，第三篇于 1889 年发表在杂志《都之华》上。1891 年，金港堂汇集 3 篇出版。出版当初并没有引起社会上的关注，但随着各种杂志的介绍，《浮云》开始得到文学青年们的追捧，结果本书也成了明治时期的畅销书。

本书摘译（第一回全文翻译）

第一回　啊，怪人的举动

在强势的神无月^①已经只剩下两天的二十八日下午三点左右，从神田见附内涌现出的是如同蚂蚁搬家又像蜘蛛四散一般的人群，个个都是雄赳赳气昂昂的样子。但仔细观察的话，可以看到他们也是各各不同的。就胡子而言，有口髭，有两颊上的长须，有络腮胡子，有暴翘起来的拿破仑胡子，有类似狆狗抛出型俾斯麦胡子，其他还有矮鸡胡子、貂髭胡须，甚至有这个世上不应有的虚

---

① 10 月的别名。

幻的胡子。颜色也分出很多的浓淡。继胡子之后还有差别的就是他们的服饰了。在白木屋定制的纯黑服装配上法国的皮鞋，穿起来非常趾高气扬。次一等的是有点皱的苏格兰西装配坚硬的牛毛皮鞋，还有脚底板人看不到的地方都沾满了泥土，穿着的是龟甲西洋裤子。他们的脸上都充满了尚未摆脱苦难的干柿子般的神情。他们中的模范摆出一副有胡子有服装如此吾欲何求的样子，急急忙忙地回家去了，真是让人羡慕。后面跟出来的都是头发花白的，弯腰弓背，软弱的腰间挂着空饭盒，一步三摇地回家的人。虽然年纪已经很大，但还能做点事，只是能做的事并不多，还是非常可怜的。

等到路上的人影变得稀少的时候，从神田见附里又走出两个正说着话的青年。一个年龄二十二三，脸色苍白外带三分黄土的颜色，怎么看神情都不好。只是秀眉之下有一双炯炯有神的眼睛，挺拔的鼻梁，只是口型有点不太寻常。不过，闭合得非常好，不至于在绘草纸屋①前需要注意嘴巴有没有张开。总之，下巴尖尖颧骨突出，以致脸部表情看起来很严峻，没有一丝笑容。虽然不丑陋，但是很冷淡。身材挺拔但也不是那么高，清瘦的样子有可能被人起一个半钟那样听起来不太好听的诨名。穿着一件有年头的已经褶皱了的花白苏格兰西服，戴着一顶用盘带作组组的宽边黑毛料帽。还有一个人比他年长两三岁，不瘦不胖，肤色白圆脸，嘴型平常但眼光犀利，看起来是一个好青年，但面貌有点拧显得有点局促，所以总有点品格不高的感觉。他穿着一件黑毛料的半

① 书店

长大衣，里面是同样颜色的西装背心，西装裤是比较时髦的条形纹毛料，衣着得体。卷边的锅底形黑帽子压着眉毛戴着，左手插在衣袋里，右手玩弄着一根细细的拐杖。他对高个儿的男人说，"喂，如果科长真正地信用我辈的话，应该也是不得已才出此下策的吧。因为局员虽号称有四十多名好像很多，但都是弯腰曲背的老爷爷，或者是毫无灵气之辈。其中还有，这样说也非常可笑，虽然是年轻人，西洋原著也只是略懂一点的。而真正地能很好处理事务的，岂不是只有我辈几个人。所以，如果是真正地相信我们的话，那真是不得已啊。"

"但是您看看山口吧，有谁能把事务工作做得那样好呢？但结果还不是被免职了。"

"那个家伙不行，那个家伙太蠢了。"

"为什么？"

"要说为什么，那个家伙是个笨蛋。看看上一次他对科长说的那些话，更觉得他是笨蛋。"

"那可全是科长的错啊。自己布置了不合理的事，有必要那样发火吗？"

"虽然说科长有不合理的地方，但是，无论怎么说，尝试着反抗长官的家伙，真是愚蠢透顶。你先想想看，山口是谁呀，不就是一个属吏吗？只要是属吏，无论你认为科长布置的事合理或者不合理，如不能满口答应，照着去做，如何能谨守职责呢？如果都像山口那样，对科长指手画脚的话……"

"不，他不是指手画脚，只是在做提醒。"

"嘿嘿，过分地给山口辩护啊，还是同病相怜呢。哈哈哈。"

高个儿男人用眼角看了看个头儿不高的男人，抿着嘴，两个人没有再说话。转过锦町走到第二个街区时，个头儿不高的男人突然停了下来。

"但是，你被免职的事，可吊唁又可庆贺。"

"为什么？"

"要说为什么，从今往后，你从早到晚都可以和你的情妇待在一起了。哈哈哈。"

"哼，说什么蠢话。"

高个儿男人的脸上浮现出不合适的微笑，然后简单地点头说告辞，就一个人向小川町方向走去。脸上的微笑慢慢地消失，脚步也慢慢地迟缓下来。最后就像虫子一样没有气力地垂下了头。过了两三个街区，突然停了下来，环顾四周，然后三步并两步地疾步向旁边的小路转进去，进入了街角第3家两层楼房的格子门。一起进来看一看吧。高个儿男人穿过玄关来到檐廊前，只见旁边房间的障子①完全敞开，一个十八九岁，从那张有点令人讨厌的红扑扑粉嘟嘟的脸上就能知道她的身份的女人悄然起身打招呼。

"您回来啦。"一边说，一边好像舔着什么东西。

"叔母呢？"

---

① 障子（しょうじ），主要指日式房屋中可以横拉的隔板，一般是用和纸贴在木制格子框上，能挡住人的视线但也能蒙眬地透光。

"刚才和小姐出去了。"

"是吗？"说着，高个男人沿着檐廊走到底，登上楼梯上了二楼。这是一间六帖的小房间，有一帖大小的木板壁龛和三尺大小的壁橱。三面是墙只有南面是障子。壁龛里挂着一个被虫到处蛀过的条幅，壁龛花瓶里投放的两三支虾夷菊，早已枯萎。再看房间的一角，安放着一张很旧的矮桌，上面有一个笔筒胡乱地插着毛笔、钢笔还有牙签。牙刷盒旁边并排放了一块赤间砚。矮桌旁边竖着一个书箱，上面有一盏小型煤油灯。矮桌下面藏着一个有缺口的火钵，里面横躺着一些火柴棍的尸体。房间里铺满的毛毯，衣架上的和服外套，柱子上挂的手巾，看起来都是用过好几年的旧东西，证据就是那不断搓洗过的苍然古色。但是，都放得整整齐齐。

高个男人慢慢地换上了和服，叠好脱下的衣服，嘴里发出啧啧声，把叠好的衣服放到壁橱里。这时，从楼下咚咚地上来了那个脸蛋红扑扑身材实墩墩的生理学上的美人，拿着一封信递给了高个男人。

"喂，这是刚才邮差送来的。"

"啊，是吗？哪里寄来的？"说着拿过信一看，"嗯，是家乡来的。"

"喂，您大概一定想看看小姐今天的打扮的吧。您知道，下面穿的是格子纹的黄八丈，上面穿的是挺括的条形纹捻丝线织平纹绸，发型是平时的疙耷卷，簪子是前些日子从出云屋买来的这个样子。"

说着，特意用手做了个样子。

"蔷薇的簪子，啊呀，那个样子不知道有多美啊。……我要是

有那样的带留 ① 就好了。"

一边说一边有点丧气。

"小姐说她不想化妆，今天大概也只是淡淡地化了一点妆。不是吗？她真是又嫩又白啊。……我在家的时候，也一直涂抹得很厚的，到这家来只有在正月的时候化妆，平时是不化妆的。虽然化化妆也可以，但太太的恶评太让人讨厌。在客人面前总说用白粉涂在锅底，就好像霜降在碳团上……这不是太过分了吗！您说是吗？就算我笨手笨脚的，也不至于那样说吧。"就好像对方在这里一样，滔滔不绝地说着。高个儿男人手里拿着信，刚才就开始在读，觉得很烦，就在鼻子发出嗯嗯的声音，而生理学上的美人见此有点不高兴，鼓着嘴，咚咚地下楼去了。高个儿男人目送着她下楼，总算是松了口气。迅即又开始读信。信上是这样写的：

一笔示儿：天气逐渐转冷，工作可好吧，我只担心你。妈妈现在老多了，头发大多花白了，变得牢骚也多起来了。虽然知道今年年底将要到你那里去，但总觉得要等不及了，每天都计算日子，希望早一天能成行。上月二十四日，你父亲的……

读着读着，不知不觉信从手上掉了下去。他双手抱着胳膊，叹了一口气。

---

① 带留是女式和服配用的腰带扣，起源于 19 世纪初。19 世纪 90 年代以后，带留基本上失去了扣子的作用，成为纯装饰性的饰品。

第六章

日本风景论

1 民族国家的形成（四）近代国民

四民平等

江户时代，统治者为了稳定统治，采取把人口固定在土地上的政策，禁止人口随意流动，从而也形成了固定的身份制度。武士、百姓（农民）、町人（城市居民）以及秽多·非人（贱民）不仅身份固定，而且还需要代代相传。德川幕府的封建时代，日本人民的等级森严，没有一定的经济实力是无法改变自己的身份的。但如果有一定的经济实力也能改变身份，这样的变通给明治维新之后废除传统的身份制度提供了社会基础。

明治维新之际，为了处理在版籍奉还后各藩藩主的地位，明治政府改革了传统的身份制度，把公卿和藩主称为华族，同时把平士以上的武士称为士族，把同心和陪臣等下级武士称为卒。出于改革贡租制度的需要，把农工商都称为平民，把贱民也归为平民。1872 年，政府又把世袭的卒编入士族，而把其余的卒编入了平民，最终完成把国民分为 4 个等级的身份制度。

明治政府并没有否定身份制，而是为了配合天皇制对传统身份制度进行了改革。原来处于统治阶层的武士虽然人口不到总人口的 7%，但其内部以门阀和格式等也把士分成很多等级。根据福泽谕吉的论述，身价为 77 万石的萨摩藩，在藩主之外只有 12 个等级，但有的藩身价不过是 5 万石，但所属的武士竟然有 30 多个等级。在江户末期，各个藩里士的等级越多，封建思想也就越浓，对倒幕运动的抵制也就强烈。相反，士的等级相对较少的藩，则成了倒幕的主力军。明治政府利用版籍奉还的机会，取消了武士内部的等级，等于扫清了落实新政策的障碍。

贡租制度改革也是对德川幕府从根本上进行否定的措施，新的地租税法是以土地私有为前提的。明治政府在明治五年废除了江户时代土地不得买卖的禁令，从制度上承认了财产的私有制，实际上，这也成为日本确立资本主义经济体制的一大前提。

在实施新的身份制的时候，明治政府虽然喊出了四民平等的口号，实际上并不平等。华族不仅被允许继承旧领主的财产，而且还享有秩禄公债的经济特权。士族原有的封建俸禄也改由新政府继续支付，并且还有在新政府任职的可能性。可对平民来说，不仅没有政府的任何财政补贴，而且也没有门路到政府部门任职。对他们来说，只有服兵役和纳税的义务。明治六年（1873 年）实施的改定律令更是明确规定，同样的犯罪，华族士族以及官吏要轻判，而平民则重判。显然，新的身份制度也是和传统势力相妥协的一种制度，依然具有很大的不平等性。但是，新的身份制度把大部分人口都归为平民这一类，让他们不仅可以拥有姓氏，而且平民之间实现了通婚的自由，以及选择服饰、职业、居住的自由。由于平民人口占全国人口的 93%，是绝大多数，这也意味着绝大多数的日本国民相互之间是平等的，这实际上就促进了近代国民的形成。同时，把全国人口的绝大多数都编为平民，也为明治政府推行征兵制、学制等国家建设的各种政策提供了社会基础。

法制观念与自治社会

在明治宪法刚刚公布的时候，日本还出现了把"宪法公布"听成"绢布外套"这样的笑话，那是因为当时日本的民众还没有宪法的概念，只能从同音字的绢布上进行理解。这种笑话也说明了明治维新以后日本国民对近代的法制观念是十分陌生的。

为了修订列强强加给日本的不平等条约，日本外务卿井上馨要求在日本国内制定法典，让列强相信日本也是法治国家，明治政府也就赶忙制定各项法律。司法卿江藤新平就命令司法官吏赶快翻译法国的《民法》，他说只要用日文的字改写完法国《民法》，就可以立刻颁布了。实际上，这也说明了明治政府对制定法律的意义并没有充分的了解，他们大概只是想搪塞搪塞列强而已。但是《民法》是与国民日常生活关联最为密切的一部法律，明治政府想直接照搬外国的东西当然会与传统思维习惯发生碰撞，这引起了社会的大争论。

《民法》的核心是以夫妻为单位的家庭思想，但这与武士社会以父子为核心的家庭伦理大相径庭。东京帝国大学教授穗积八束更是提出"《民法》出而忠孝亡"的观点，对这部《民法》进行了无情的批判。在社会舆论的批判之下，明治政府只能宣布暂缓《民法》的实施，重新起草新的《民法》。

《明治宪法》实际上做了国体不能改变的规定，那么日本社会的传统秩序和规矩也就必须维持下去。从维持和扩大天皇威望的角度来看，保留更多古老的社会习惯是非常必要的。重新起草的《民法》增加了对日本传统社会制度的明确保证。《民法》规定，日本的家庭由户主和家庭成员组成，户主是一家之长，拥有绝对权威，而妻子的地位一如传统社会那样是非常低的。在财产继承方面不仅排斥了女性的权利，而且还确保了长子的优先权利，从而使长期以来的传统习惯在近代的法律方面得到了确认。

明治政府制定法律的出发点当然是为了维护政权的稳定性。这种倾向在明治初年是非常明显的，明治二十一年（1888 年）颁布的町村制就是这样的法律。西南战争后，明治政府迫于社会的压力而承诺 10 年后召开国会，为了让国会议员的选举有利于维护政府的权威，明治政府希望能直接管理国民，于是通过法律的形式，给予每年缴纳地租或直接国税 2 日元以上的纳税者选举和被选举权。交税是国民的义务，而选举和被选举权是国民的权利，这种法律的制定也彻底改变了日本社会的传统自治形态。

一直到江户时代，不仅幕府对大名的内部事务不能插手，实际上就是大名对其领地里的农村事务也基本不插手。在日本历史上，农村普遍实行的是村请制，就是给领主缴纳的年贡不是以农民个人为单位的，而是以村为单位的，只要一个村庄缴纳了规定的年贡，领主就不会去插手村里的事务。这样，在日本的农村实际上长期保持了一种以村为单位的自治形态。明治维新以后，日本实行中央集权的统治，不仅废藩置县，把县一级的行政机构纳入中央政府的体系，而且还颁布了《郡区町村编成法》，重新设置了从郡到村的地方行政区划，其中郡和区由政府直接管辖，町和村则靠民众缴纳的人民协议费来运营，町和村的领导称为户长，由选举产生。这样在国家的基本单位里保留了一些共同体的成分。但是，到明治十七年（1884年）明治政府修改了法律，原来公选的户长改为政府派遣，同时町村会的议长也由户长兼任，又规定町村费不及时缴纳的话，可以依靠国家权力而强制执行。这样，明治政府把町村也完全纳入国家的行政体系中，让传统的地方自治完全改变了模样。这场变革实现了日本历史上首次国家对国民的直接统治，也从一个角度上显示了日本近代国民的诞生。

民族和国家的意识

明治五年（1872年）在东京两国的相扑场里第一次出现了女性观众，引起了舆论的轩然大波。因为在传统的相扑世界里是不允许女性参与的，哪怕是作为观众，也不让女性参与。但在明治初年，随着文明开化的进展，相扑被当作野蛮的风俗遭到批判，相扑表演的经营出现了困难，所以，经营者决定对女性开放，以获取更多的门票收入。这个决定在尊重女性的文明开化风潮中得到了支持，同时，也引发了社会舆论对封闭的相扑业界的腐败经营的批判。而这样的批判反而引起了社会对相扑的关注。到中日甲午战争和日俄战争之后，所谓的国粹主义思潮风起云涌，军人、政治家对相扑在金钱和社会地位方面都进行大力的支持，为此还特地让天皇出现观看相扑表演，让相扑不仅自身得到了发展，而且还鼓舞了国民的士气。相扑能成功鼓舞国民士气并不是偶然的事件，而是随着外来文化的渗透而带来的必然反应。日本的民族和国家的意识也是随着文明开化的深入逐步形成的。

在文明开化的过程中，很多日本传统民俗都被当作卑贱的东西遭到排斥和冷落。对此不满的日本人则针锋相对地宣传日本传统文化，而日本政府也希望通过对节日的修订来增强国民对天皇的认知和忠诚，制定了天皇生日天长节、神话传说的日本建国的纪元节等相关节日，把原来的皇室活动扩展为全民性的国家活动。在这些活动中政府要求国民都要插国旗，所以，这些节日也被称为旗日。旗日是除星期天以外的公休日，这样的强调，让日本国民在日常的生活中也可以意识到天皇的存在。这一点非常重要，因为在日本的传统社会里，天皇的地位并不高。所以，如何把日本国民凝聚在天皇周围，形成统一的日本民族是当时有识之士的一个共同的愿望。

除了政府的各项政策以及启蒙思想家的各种启蒙活动之外，近代日本国语的创造是让日本国民拥有共同认同的最有效的手段。日本曾经是一个语言不通的列岛。1604年，也就是在江户幕府成立的第二年，耶稣会的传教士就发现日语有京都的雅言和各地的方言，有不夹杂汉字的口语，有夹杂汉字的书面语，还有直接使用汉文的官方语言。实际上，自从平安时代日本参照汉字发明了假名后，日语的书面语与口语的发展是渐行渐远，差不多变成了两种语言。可见日语系统的复杂性。到1884年，日本标准语提倡者三宅吉米发现在日本这个岛国里竟然有60多国的语言。这里的国是指日本的藩，60多国的语言实际上就是60多种方言，而不同的方言之间往往难以沟通。可谓五里不同风，十里不同俗。这样的方言造成的沟通困难，妨碍了日本民族国家的形成。日本近代第一部字典的编辑者大槻文彦更是指出：国语的统一是日本独立的基础，也是标志。而日语的消长，事关国家的盛衰。但是，日本有这么多的方言，并且有很多是相互不能沟通的方言，如何进行统一呢？当时出现了很多议论，有人建议废除汉字，有的建议采用罗马字。后来出任首任文部大臣的森有礼曾建议用英语来做日本的国语。不过，这样过激的提议连森有礼的英国老师也嗤之以鼻。所以，创立日本标准语已经成为不可阻挡的社会潮流。

但是，创造日本标准语的过程，也是方言受难的过程，后世称为方言破灭运动。而这样的方言破灭运动也是一种自然发生的运动，因为在政府机构里，不会说标准日语的人往往受到歧视和排斥，得不到重用和晋升的机会。在农村也有很多农村青年因为说不好标准语，就得不到进城的机会而只能留在农村。倒是农村的一些富豪子弟，因为学会了标准语而得到了很多离开农村的机会。方言受到歧视使得各个地方都重视学习标准语，有些地方甚至出现了对说方言的人进行惩罚的现象，冲绳的日语教育就是一个典型。明治五年（1872年），日本把独立的琉球国改为琉球藩，在废藩置县后，把琉球改名为冲绳县。在琉球人皇民化运动中，展开了日本标准语的普及活动。如果在学校里说琉球语，就会被挂上一种叫作方言牌子的木牌予以羞辱。被挂上牌子的人就希望能快点找到其他说琉球语的人，这样就能把牌子转挂出去，否则就一直挂着。用挂牌的方式惩罚说方言的人，不仅发生在冲绳，也发生在日本其他地方。而这种惩罚的牌子到底是谁发明的已经不可能弄清楚了，而积极利用这种惩罚形式的出发点也是为了避免说方言而受到歧视 ①。可以说，看得见的和看不见的实际利益让日本国民都不得不积极地学习和掌握标准语，否则，只能在偏僻的农村继续待下去。

随着日本标准语的普及，日本人之间的相互认同也得到了发展，所以，当1888年，"大和民族"的概念一经出现，很快就得到了日本人的认同，以致让日本国民产生了日本自古以来就是单一民族的错觉。且不说他们忘记了在日本的本州岛上长期以来不同民族和不同文化并存的事实，就是明治时期才被编入日本的琉球族和阿伊奴族的事实也被他们无意中忘记了。1889年公布的《大日本帝国宪法》明确规定日本帝国由万世一系的天皇统治。这样的说法从此便深刻地影响了日本国民。

---

① 上沼八郎："沖縄の「方言論争」について"，《地方史研究》第 6 号，1976 年。

2 历史大事记（1892—1895 年）

1892 年

1 月，熊本英语学校老师奥村帧次郎在演说中提到"博爱"一词被认为与国家思想不符而遭解雇。

2 月，出口纳奥创立大本教，宣传改变世道的思想。

第 2 届临时众议院选举，虽然政府进行了大干涉，甚至出现死伤，但民党依然取得了选举的胜利。

3 月，东京帝国大学教授久米邦武发表论文《神道乃祭天之古俗》而被免职。

东京《读卖新闻》发表读者投票选举的 16 位名媛结果。

4 月，东京发生大火灾，烧掉了 15000 户人家，这让刚刚成立的东京火灾保险公司理赔困难。

5 月，根据保安条例，政府勒令民党系 143 人离开东京。

6 月，邮包法公布，日本邮局开始经营邮包寄送服务。

8 月，为防止纺织企业频繁地去同行企业挖人，纺织工业联合会制定相关规定。

9 月，伊藤为吉、江原素六等组成职工军团，要求职工自主独立，忠于职责，防止粗制滥造。

10 月，黑岩泪香创办日刊报纸《万朝报》。

11 月，在福泽谕吉的帮助下，大日本私立卫生所的传染病研究所成立，北里柴三郎任主任。

在濑户内海发生日本军舰和英国商船相撞事件。日本政府认为英国商船应负责任，但英国横滨领事馆却判英国商船胜诉，最后日本政府赔偿 1 万英镑，双方和解。这个事件再一次让日本感到领事裁判权的不公平性。

1893 年

1 月，文艺杂志《文学界》创刊。

东京浴场提价，大人为 1 钱 3 厘，小孩为 1 钱。

2 月，天皇下诏，为了建造军舰，此后 6 年内每年从内廷费内拨款 30 万日元给政府，同时要求文武官僚把俸禄的 1/10 捐出来。下诏后，政府和议会迅速结束纠纷，就拨款建造军舰的预算达成共识。

3 月，为开拓千岛群岛，海军大尉郡司成忠等 64 人乘船从东京出发。

4 月，日本基督教妇人矫风会成立。

公布《出版法》《版权法》。

5 月，敕令各地在财政许可的情况下，尽量不用收取小学校的学费。

公布海军条例，设立直属天皇的海军军令部。

朝鲜在日本政府的恫吓下，同意支付 11 万日元的赔偿金，解决了所谓的防谷令（禁止卖粮食给日本商人）问题。

7 月，为促进女童入学，文部省要求小学设置裁缝课程。

御木本幸吉成功地培育出半圆形珍珠，迈出了人工养殖珍珠的关键一步。

8 月，文部省规定学校仪式采用《君之代》等歌曲。

10 月，公布文官任用令、文官考试规则。

11 月，日本邮船开通神户到孟买的航路。

1894 年

3 月，第 3 届众议院大选，自由党跃进，对外强硬派增加。

朝鲜东学党起义。

5 月，浪漫主义运动的旗手北村透谷自杀，年仅 27 岁。

6 月，日军在朝鲜仁川登陆。日兵要求和清政府共同改革朝鲜内政被拒。

7 月，《西鹤全集》因扰乱风俗之嫌而被禁止发行。

签订日英通商航海条约，废除了治外法权。

日军占领朝鲜王宫。日兵海军与清朝海军交战，中日甲午战争爆发。

8 月，公布施行新闻检阅令。

川上音二郎在浅草上演《壮绝快绝日清战争》，连续 38 天满座。

9 月，日军占领平壤。联合舰队击败北洋水师，取得制海权。

10 月，东京商品交易所开业。

定期发行列车时刻表。

11 月，日军占领旅顺口，发生旅顺口虐杀，信息传出震惊世界。

庆应大学组织 2300 多人举办煤油灯游行，祝贺日军的胜利。

12 月，在原来杂草丛生的皇居前，英国风格的建筑三菱一号馆落成。

1895 年

1 月，博文馆创刊《太阳》《少年世界》《文艺俱乐部》等杂志。

4 月，中日签订《马关条约》。随即发生三国干涉还辽。日本国内群情激愤，"卧薪尝胆"成流行语。

在第四届国内劝业博览会上，黑田清辉的《裸女》油画招致非议。

8 月，陆军省制定台湾总督府条例。台湾反抗斗争激化。

9 月，三菱合资银行设立。住友银行设立。

创立日本救世军，开始在日本传教。

10 月，日本在富士山顶开设气象观察所。日军在朝鲜发动政变，闵妃遇害。

清政府支付第一笔赔偿款 5000 万两。

11 月，《东洋经济新报》创刊。

日本归还辽东，索取 3000 万两白银补偿。

3 畅销书概况：国粹

　　国粹保存主义的提倡，既可以认为是日本社会对传统的一种"归省"，也可以说是一种传统的"创造"。或者还可以说是传统、现在、未来的连接。

　　明治初年，日本强调文明开化，实际上就是主张从文化、制度一直到风俗习惯都要学习西方的欧化主义。但是，在很多日本人眼里，明治新政府不仅是抢夺了幕府政权又走幕府道路的政变者，而且还是藩阀政治朋党勾结的代表。所以，明治时代的日本国民在批判政府的同时也开始缅怀幕府时代。福地源一郎出版《幕府衰亡论》，对幕府的衰亡表达了无限的惋惜，这也让德川幕府得到了新时代很多国民的同情。这种对过去时代的同情以及对明治政变后 20 多年来欧化政策的反思，促成了日本开始对传统文化重新进行评价，从而催化了国粹保存主义（简称国粹主义）的形成。

　　当然国粹主义者并没有迂腐到什么都要退回到想当初的地步，正如其代表人物志贺重昂指出的那样：我们并不是寻求彻头彻尾地保存日本固有的旧东西，而是用日本国粹的胃来咀嚼消化泰西传来的开化，从而在日本的身体里把它同化。

　　这一时期的书籍也体现了这种历史观念。1894 年，志贺重昂出版了日本国粹论的重要著作《日本风景论》，受到日本读者的欢迎，迅速地成了畅销书。农学校毕业的志贺对地理非常敏感，他曾经搭乘日本的军舰视察了发生领土纠纷的对马岛周边，也曾经随日本的军舰访问了南太平洋各国，对列强强取豪夺的殖民政策深感危机。所以，在明治二十一年（1888 年），他就组织了政教社，出版了机关刊物《日本人》，鼓吹国粹主义。而中日甲午战争后日本民族主义情绪的高涨，也给《日本风景论》在出版的当年就带来重印 14 次的畅销盛况。

高山樗牛提倡的国民文学则从文学方面为国粹主义做了贡献。他指出，歌唱国民的感情和希望的文学就是国民文学。高山唯一的小说《泷口入道》应该也是国民感情和希望的体现。这篇小说是从《平家物语》的一个章节演化出来的，歌颂了主人公敢爱敢恨，最后又不为男女情感所困惑，而选择了对君主尽忠的道路。这对日本形成为天皇陛下战死沙场的气氛起到了推波助澜的作用。而这篇小说更是用一种漂亮的古文写成，从表现形式上展现了国粹主义的优美。

展示国粹保存主义的另外一本畅销书就是近代日本第一部国语辞典《言海》。在近代世界历史上，国语辞书的编纂实际上也是作为近现代国家得到认同的一种手段。德国、英国、美国和法国等都在积极编纂各自的国语辞书。明治政府也认为日本要跻身近代国家之列，就必须统一日语，需要编纂日本的国语辞书。所以，在明治八年（1875 年）就由文部省下达命令，让当时在文部省任职的大槻文彦负责编纂国语辞典。

大槻文彦被委以编纂国语辞典的重任，是因为其家学渊源。他是江户时代的汉学家大槻磐溪的第三个儿子，其长兄大槻如电也是著名的汉学者，祖父也是著名的兰学者大槻玄泽。而大槻文彦本人也非常优秀，不仅深受家庭的熏陶，而且在仙台的藩校学习了英文和数学以及兰学，最后从大学南校（即后来的东京大学）毕业，进入文部省工作。由大槻文彦来主持编纂日本最初的近现代国语辞典也是适才适用。

经过 7 年的编写，大槻文彦完成了《言海》的初稿，他又花费了 4 年时间进行校阅。到 1886 年终于完稿。本来这部辞典是文部省企划出版的，但是等到准备出版的时候，文部省却没有出版的经费。在《言海》完稿的庆祝会上，当时的内阁总理大臣伊藤博文也亲自参加，然而日本政府却拿不出资金出版这部日本近现代史上第一部日语国语辞书，可见当时日本政府财政是多么窘迫。大槻文彦见文部省出版无望，就自掏腰包，自费出版。从 1889 年到 1891 年，《言海》分 4 册出版。而从 1857 年开始编纂的英国的《牛津英语词典》（*The Oxford English Dictionary*）是在 1895 年才非正式出版了最初的合订本。不过到这个时候，《言海》还没有出现热销的状况，但日本国民对第一部近代国语辞典的需求却越来越旺盛，到 1904 年，《言海》终于登上畅销书榜。

1892—1895 年的畅销书			
出版时间	书名	作者	出版者
1892 年 （明治二十五年）	「幕府衰亡論」 《幕府衰亡论》	福地源一郎	民友社
1894 年 （明治二十七年）	「日本風景論」 《日本风景论》	志贺重昂	政教社
1895 年 （明治二十八年）	「滝口入道」 《泷口入道》	高山樗牛	春阳堂

《幕府衰亡论》

1892 年民友社出版

出版解题：幕府灭亡有必然性，明治维新有偶然性

《幕府衰亡论》的作者樱痴福地源一郎比福泽谕吉小 7 岁，但在明治初年的日本论坛上也曾与福泽谕吉齐名，并称"福地·福泽"。然而，福泽谕吉早在明治初年就连续出版了 3 本畅销书，而福地源一郎的这本畅销书到明治二十八年（1892 年）才出版。为什么在明治初年，"福地·福泽"会并驾齐驱呢？这和福地在明治新政府刚刚成立就高调反政府的言论有关。他在 1868 年创办的《江湖新闻》上指出新政府只是把德川的幕府换成萨摩藩和长州藩的幕府而已，根本谈不上有什么维新。这种言论激怒了新政府，结果报纸被禁，福地也就成为明治时代因为言论而获罪入狱的第一个人。虽然最后他被无罪释放，但这个事件却也成了太政官宣布管理报纸的契机。同时，也造就福地在明治初年的舆论界显赫声名。不过，福地源一郎在明治初年的历史地位与他在幕府时期的活动也有密切关联。

福地和福泽一样都是下级武士出生的青年俊杰，但由于幕府的主要翻译森山荣之助等人的提携，得以进入幕府担任翻译，1861年和1865年，福地作为翻译随同日本遣欧使节团出访欧洲，并留在法国学习法语。福地很早就接触了幕府高层，目睹了幕府的灭亡。而那个时候，福泽奉命办学，离政治中心还非常远，只能在外围旁观。1867年，幕府将军德川庆喜把政权交回朝廷的时候，福地上书要求德川庆喜作为大总统继续领导新政府，虽然大家都认可这个上书的内容，但谁也没有采取行动，结果也就不了了之。最后，福地作为德川幕府的外交官僚迎接了明治维新的到来。

经过明治维新的激荡之后，福地成了政府关联报纸的主编、社长，在政治上主张渐进主义，被激进的板垣退助等人组织的自由党指责为保守主义的政府御用文人。1877年西南战争爆发后，福地作为战地记者写了很多战争报道，使他的名声更加彰显，因此得到了向明治天皇当面汇报战况的机会。在这以后，福地更加主张天皇主权论，要求实施钦定宪法，并组织了立宪帝政党。然而，虽然得到了工商界的支持，但却没有得到政治家的广泛支持，而当时的政府对他们也漠然视之。结果该党很快就解散了。政治上失意的福地转向了文艺创作活动，撰写了一系列政治小说、讽刺小说和历史小说。

1892 年出版的《幕府衰亡论》作为一本历史论著通过对封建和锁国这两大要素让德川幕府兴盛和灭亡的论述，从站在幕府一侧的立场论述了幕府灭亡的必然性以及明治维新的偶然性。比如对佩里舰队来日本的问题上，幕府一改德川家康规定的幕府独裁政体，上奏朝廷，咨询诸侯，希望广开言路，结果导致幕府的灭亡。所以，福地断定幕府衰亡的一大原因，竟然不是因为保守，而是因为进取。这在当时萨长藩阀依然把持政坛的情况下，这样的论述让大家呼吸到了新鲜的空气，很受读者的欢迎，但这样的观点却长期不能占据主流的地位。

本书摘译（第三十三章全文翻译）

第三十三章　幕府衰亡的结论

前将军家（庆喜公）东归以来之事，应该是明治史详细论的，所以我这里不应该叙论。盖前将军家虽然迫于形势而开启伏见鸟羽之战，但战乱本不是他的志向，因此在自愿离开大阪城之时已经定下了恭顺谨慎之念。虽然说在伏见鸟羽之战中幕府兵不堪一击而败退，实际上不得不说是天运使然，不得不说是本来出兵之策就不合时宜而带来的失败。

尽管当时在京都的萨长兵凶猛强悍，但也只有数千人而已。虽说讨幕密诏让萨长下定了决心，但其他诸藩依然心存芥蒂。幕府依然据大阪城而自重，海上有军舰镇守大阪湾，可以切断通往西南的通路。陆上可以锁住兵库的关门，可以扼制淀川的水路，再在山崎等其他要地配置护兵，断绝京都与其他各方的联系，形成京都在以上所述敌军环抱中的形势。萨长孤军就陷于孤城落日的死地，不战也会自我溃灭。这是幕府可为的上策。但是，救命不断降下，催促前将军家上京。前将军家既然不能推脱，就应该毅然决然乘船东归。把大阪城托付给会桑藩，让他们实施上述策略，这是中策。如这两策都不可行，则必须进攻京都，需要一战破萨长兵而清君侧的话，只有集全军之力，一举直扑山崎街道，鼓噪而破京都，这是下策。

在狭窄的路上配置兵力而无须考虑两侧受到攻击，加上海上有数艘军舰，在海军方面全国并没有与幕府实力相当的诸藩存在，据此地位，却采取如此没有策略的军事行动。这使得至今只要懂一点军事的人无不认为幕府所为非常奇怪。当时幕府的将校中岂能没有不知这样明白的兵理的人？然而是什么导致他们这样毫无策略地出兵的呢？不是别的，而是幕阁①有恃无恐，认为萨长数千之兵不足为惧，只要前将军家的大旗指向京都，其他诸藩便会靡然跟随幕府，萨长孤军将不战而溃散，而在京都的诸藩也会倒戈，在萨长的背后攻击他们，以呼应幕府。听到伏见鸟羽的炮声，同时在洛中②放火，就能形成前后夹击之势。也就是说，幕阁相信前将军家可以不冒炮火地进京都，兵不血刃地清君侧，所以不用考虑什么战略。实际上，幕府诸老都忌惮讨论出兵方略并与将校说

---

① 指辅助将军运营幕府的高级官员。职称为大老、同大老；老中、同老中和侧用人以及御侧御用取次，通常由亲藩大名或者幕府直辖的高级旗本出任。

② 原指平安京城内，后泛指京都。

明，盖因当时有人就京都内应之事与幕府阁员秘密商议并签订了密约，而幕府阁员也轻易相信了他们。如果幕府执行上策，依据大阪城而自重的话，那么维新的功业也就不会这么容易地可以看到了。

前将军家东归后，幕府文武的议论基本上都倾向于主战的一方，有人要据箱根碓冰之险而防官兵，有人希望进军美浓尾张之间进行战斗，还有人从东海道、中山道两方面大举进攻京都，海军与此呼应，收复大阪城。讨论得热火朝天，但前将军家却固执地坚持恭顺之议，结果幕府最终决议谢罪降伏。如果此时幕府决定进行防战，虽未必能说一定会胜利，但也很难说一定会失败，那么战乱将延续数年，必然会导致全国苍生生灵涂炭。不仅如此，当时更恐怖的是外国的干涉。法国皇帝拿破仑三世已有东征西战之志，已经在交趾和墨西哥做了尝试显示了他的意志。恰好这个时候，前将军家之弟民部大辅（德川绍武）正在法国，受到法国皇帝的优待。因此，幕府的士大夫中有人倡议请求法国支援，借其兵力来平定萨长和其他诸藩。这个倡议得到了一定的支持。如果按照这个倡议行动的话，日本帝国的金瓯将因此而永久生缺，成不测的祸源。但前将军家断然拒绝这种邪恶的议论，一心一意地表示恭顺。为了追求国家的幸福和国民的安宁，愿意牺牲他一个人的性命，牺牲德川氏的存亡。可知这绝非寻常的思想，然而却没有人承认在德川氏灭亡之际能如此尽职的前将军家是一位贤明将军。呜呼。自源赖朝首次建立幕府以来，700年间，武门掌握大权统治天下的有源氏、有北条氏、有足利氏、有织田氏、有丰臣氏、有德川氏，但在他们灭亡之时，为国为民而愿意牺牲其社稷的只有德川氏一家而已，如何大书特书都不为过。

正如我在数章中且叙且议的那样，德川幕府衰亡的原因并非一日之故，但就其组织其政略之迹进行考察的话，可知德川幕府能保持其280年的统治是封建和锁国，而让幕府衰亡的也是封建和锁国。然而，我在一开始就已经指出这两者都不是德川幕府第一代将军家康公（东照宫）的意志。最初，家康公以不出世的英主建立拨乱反正的大业，平定了自嘉吉应仁①以来乱如麻的天下，从而奠定了太平的基础。当时群雄各自把封地据为私自领地，已成封建之势，难以改变。所以，家康公因势利导，制定了封建制度并设立了慢慢消灭封建的长久之计。而在与外国交往方面本来并没有禁止的道理，而且还知道这对国家有利，所以制定制度，允许大家与外国互市通商。只是因为与南欧诸国的布教殖民策略相冲突，不得已下令禁教。第二代秀忠公（台德院殿）坚守第一代的政略不改。第三代家光公（大猷院殿）具有英迈的气质，继承父祖之业，更是扩张了制度，把文武大权全部集中到幕府，把天下的侯伯都列于臣下。让幕府的权威更加巩固，同时也加固了封建的基础。由于严禁天主教而导致岛原之乱，结果幕府对天主教的禁止更加严厉，并对外国的交往也严加管控，最终断然执行了锁国的政策。可以说，正是这一禁令让日本享受了百余年不受

① 嘉吉之乱后，室町幕府走向衰弱。应仁之乱后，各地大名武装割据，相互混战，日本进入战国时代。嘉吉（1441—1444），日本年号。应仁（1467—1469），日本年号。

外国的扰乱，得以在东洋的波涛中安眠的时光。

第四代家纲公（严有院殿）治世在无事之间度过了 30 年。第五代纲吉公（常宪院殿）作为英明主君，锐意改革幕府政治，但也没有动封建的基础。文学艺术在这时期得到了很大的发展，而华靡骄奢之弊也在这时期滋生出来。幕府的政治权威也随之消耗了元气。第六代家宣公（文昭院殿）、第七代家继公（有章院殿）相继早逝，第八代吉宗公（有德院殿）出自纪州，继承大统，进行了重大的幕府政治改革，即所谓享保改革，形成了中兴之治，当时如不出现这个将军，幕府的衰亡恐怕不用等到庆应就提前出现了。从那时日本的士大夫学者开始稍稍倾听一些外国事情，成为今天热衷开明新事物的开端，都要归功于这个将军。

第九代家重公（惇信院殿）、第十代家治公（俊明院殿）治世虽然也平安地度过，但在此期间幕府统治纲纪弛缓，弊害频现，幸亏第十一代家齐公（文恭院殿）年幼而豪迈，出自一桥家①而成为将军后嗣，贤相良吏辈出，辅助将军执政；从而得以见到所谓的宽政改革，幕府统治得以振兴。然而，此时正值法国革命之乱，宇内气运大为变动，外国船舶渐次在日本海岸出没，从而唤起戒心。恰逢俄国使节来访，虾夷北方边境受到侵掠。于是海防之议开始成为日本的问题。更有一变的是文政年中布告的攘夷令（即无二念打拂令）②。但是，此戒严极大地促进了文武官吏面对的新

---

① 德川氏的一个支系，御三卿，地位低于有将军继承权的御三家，但出过两位将军。

② 1825 年幕府发布的赶走外国船只的命令。

事物的发达，读荷兰书，研究天文地理炮术医术的道路从此打开。其后到天保初期，将军家开始沉湎骄奢，土木之费，后宫用度之盛，因此，幕府终于出现内帑疲惫。第十二代家庆公（慎德院殿）治世之初，有富有才能的宰辅，尝试着大力振兴幕府，此为天保改革。但过于严峻，招致世人怨声载道，结果中途而废，原来的弊害又重新出现。当此时，正值清国因鸦片之事遭到英国的攻击，消息频频传到我国之际，英国派遣特使到我国来要求通信通商。兰学者之流以此机会大谈不能锁国，提倡开国论。但幕府采纳汉学者的说法，以流言蛊惑人心的罪名将此辈判刑。这就是蛮社之祸。这样开国和锁国两派的冲突，就成为嘉永癸丑以后论争的原因。

形成了如此的大势趋向。德川幕府驾驭诸侯伯主要是根据幕府的武威，然而，其武威从宽文延宝以来已经走向衰弱，不复有当初的实力，至于元禄、享保、宽政之世 ① 政事虽然时时有所振兴，其实不过是外面的装饰而已。诸侯伯对此有所窥知但还不敢抵抗幕府，是因为法令格式的牵制，还有他们自己的武威也和幕府一样变得很衰弱。这样，癸丑、甲寅美国使节来过以后，诸侯藩热心修武备养士气，积累了比幕府还要强的实力，所以出现抵抗幕府的状况也不足为怪。况且，如开国锁国论那样，当初提倡锁国的是幕府，开始议论开国的也是幕府，这两者的冲突是从幕府内部开始

---

① 元禄（1688—1704）时代奢靡文化压迫了幕府的财政。幕府不得不在享保（1716—1736）年间实施改革，虽然增加了财政收入，但也导致农民起义的增加。到宽政（1789—1801）、天保（1831—1845）年间不得不继续改革。

形成的。虽然最后在天保年间以锁国说压制了开国说，向天下显示了这样的国是，但到癸丑、甲寅年间，忽然是非颠倒，朝着开国方向发展了。然而为了粉饰，却用尊王攘夷的假面，彷徨在虽开不开、虽锁不锁的迷宫中，怎奈何人心乖离呢？

由此可见，德川幕府的衰亡，不得不说不是在文久庆应年间发生的，而是在嘉永安政①年间就已经发生了，实际上在此之前已经有了胚胎，只是得到与外国交往的机会而溃裂。然而，在嘉永安政之交没有轻率地攘夷，而在外交上执行和平战略，这是幕府之力。如果这个时候大力发扬开国主义，明示天下必行的事理，执行开国的策略，那么幕府的威令还有可能长久保持。到戊午②、已未③之间，立年长的嗣君作为将军家养子，宽松对尊王攘夷的镇压，以开国之议诚诚恳恳地去京师劝说的话，幕府的信用也可以维系下去。到辛酉、壬戌之间，两度上洛④，幕府毅然明说攘夷不可行，明确显示国家大计，幕府的威信反而能保存下来。然而，幕府不仅没有行此策略，而且还在鹿儿岛遭炮击和马关遭袭击时，不以武力制止反而听凭外国所作所为。上京之际，在确定国是之时，为什么不积极去当其要冲，维持权威呢？在问罪长州时，为什么不当机立断进行处置呢？在没有得到兵库开港的敕许后便上

---

① 日本孝明天皇的年号，1855 年 1 月，改嘉永为安政。

② 1858 年（安政五年）。

③ 1859 年（安政六年）。

④ 两度上洛应指德川幕府第十四代将军德川家茂两次去京都，但将军去京都的时间分别是 1863 年和 1864 年。

表辞去将军一职时，为什么停止东归之行而显示了自己的暧昧呢？嗣立庆喜公时为什么不利用这次机会积极制定公武^①之间的权限呢？做出大政奉还英断的同时，为什么不尽心尽力地积极为朝廷建立复古的基础从而维系最后的希望呢？凡此种种都是史家为幕府所惋惜之处，但是以我论述来看，可以知道这些都是时势使然，实际上是什么也做不了的。也就是说，幕府衰亡的原因从渊源来说非常久远，并不能只归结于尊王攘夷的近因。知道这点的话，就不会简单地来断定其中的是非，以后研究幕府衰亡的人应该要好好洞察这里的事实。

---

① 即公家和武家，这里特指朝廷和幕府。

《日本风景论》

1894 年政教社出版

出版解题：把风景当作国家和国民的荣誉，助长了日本民族主义思潮

《日本风景论》是一本赞美日本国土的地理著作，由于使用了很多汉文，也让这本书带有了文学气质，更能吸引读者。而这本书又是在 1894 年中日甲午战争爆发的那一年出版，书中宣扬日本优越论的内容，迎合了大众的需求，同时，也助长了日本的民族主义情绪，本书也因此而得以畅销。

本书作者志贺重昂出生在德川四天王^①之一冈崎藩主本多忠胜手下的武士家庭，1884 年从札幌农学校毕业后辗转到东京，找到一个机会，乘坐海军兵学校的练习舰筑波号去探访了当时被英国占领的巨文岛以及因领土问题而非常紧张的对马岛。当地传说

---

① 指为建立德川幕府而做出巨大贡献的酒井忠次，本多忠胜，榊原康政、井伊直政。

巨文岛是北洋水师提督丁汝昌命名的。1886 年，志贺再次乘坐筑波号探访了南太平洋以及夏威夷，这次 19 个月的航行让志贺收获颇丰，第二年，他出版了《南洋时事》，向日本报告了列强争夺殖民地的情况。这本书也让志贺成为东京地学协会的终身名誉会员。获得名声的志贺随即参加哲学馆讲师三宅雪岭组织的政教社，参与创刊赞美日本文化的杂志《日本人》，开始标榜国粹主义。这本杂志的出版，形成了与德富苏峰的民友社以及《国民之友》杂志鼓吹欧化主义相对立的局面。主张平民主义的民友社拥有很多读者，出版了很多畅销书。为了与之对抗，政教社也暗暗地策划自己的畅销书，实际上已经是《日本人》的编辑主干的志贺也开始撰写新作。

1889 年，大隈重信出面与列强交涉修改不平等条约没有取得成果，成了日本民族主义者攻击的对象。志贺也组织了日本俱乐部，加入声讨大军。1894 年中日甲午战争爆发后，志贺代表 120 多家报纸杂志组成的同盟，提倡自主外交。9 月，日军取得战争的胜利，而志贺重昂的新作《日本风景论》也由政教社在同年 10 月出版发行。以汉文"江山洵美是吾乡"作为开头第一句话的这本书放手赞美了日本的国土，虽然很多记载并不科学，但在战争胜利的狂热气氛中吸引了很多日本国民的眼球。本书对日本太平洋沿岸部和日本海沿岸部的差别性叙述，为日本正在营造的万世一系的单一民族论提供了"科学性"论据。因此，本书不断获得重印，后来又改为文武堂刊行，到 1902 年的时候，已经重印了 14 版。

1898 年，志贺担任大隈内阁外务省参与官，把日本人刚刚开始开拓的南鸟岛编入了日本领土。1904 年他因落选国会议员而离开政坛，继续从事地理研究，并利用各种机会乘坐日本军舰探访了世界各地。与此同时，志贺重昂出版了一些地理教科书。

风景本来是自然界的产物，并不是人所创造的，但是，在明治时代，志贺重昂却把风景当作国家和国民的荣誉，把自然风景与民族主义结合起来，这种风景论影响了很多日本人，也起到了助长日本民族主义思潮发展的效果。

本书摘译（绪论全文翻译）

绪论

"江山询美是吾乡。"① 人世谁不说家乡之美呢？

在南洋浩渺之间有一顷喷火岛，爆燃轰裂，火光熠熠，燃烧天日，降落石块。岛中人畜几被烧死殆尽，仅有十几个人乘船逃难，逃到了八丈岛。这十几个人就是要回故乡，为此等了 13 年，在火山熄灭后可以离开八丈岛的时候，大家都兴高采烈，恨不能立刻回到多灾多难的故乡。

占守岛以及极北不毛之地的天涯绝岛（千岛群岛），只有长年不化之冰雪，后来有开拓使衙门将其土著迁移到南方的色丹岛。色丹岛上，楠树青翠，落叶松浓密，黑狐和杂毛狐跳跃于树荫下。流水涓涓，到处流淌。衙门鼓励种植玉米、马铃薯等，凡开

---

① 化用开国论者大槻磐溪诗句"江山信美是吾州"。而大槻此句又是反其意化用元代虞集诗句"江山信美非吾土"。

拓者必有赏。然而，迁徙的土著，却不喜欢新的乐土，归心似箭，三三五五一起回到了极北不毛之故岛。

芝加哥的博览会展示了近世人类智慧的精华，会场也布置得金碧辉煌，绚丽夺目。其中还设置了因纽特人的村落，土著居住在此的有很多，但他们并不喜欢这里，很多土著逃回了他们冰天雪地的故乡。

人情往往非常脆弱，谁不说自己的家乡好呢？这是一种观念。然而，日本人所谓的我们的江山之洵美又是指什么呢？这不只是因为我们身在家乡，实际上是指我们的家乡具有绝对的洵美。外邦之客都以为日本宛然是现世的极乐世界，都低回流连而不能自己。

春光胜花三芳野，唐韩一见便生大和心。（赖山阳）

从这里细细想来，此乃造化。把大自然的鬼斧神工汇集到日本，让日本风景在地球上独树一帜的根源应该在日本风景的潇洒、美、跌宕之处吧[①]。

（一）潇洒

一、修竹三竿，诗人之家。梅花百朵，高士之宅。此绝非在欧美诸国可以看到的景色。

二、一声杜宇知何处，淀江渡头新绿流。

---

① 以下（一）潇洒（二）美（三）跌宕的三段不见于初版本，应该是第三版以后增加的。

三、芭蕉庵外，一泓绿净，唤来青蛙。

四、一雨洗碧空，凫东楼台越来越高，东山之岚翠欲滴。如眉新月悬在山侧面。

五、须磨古站，低矮茅屋处，一缕青烟正从防风松林间袅袅升起。

六、铃虫声咽荻花路，风清宫城野外秋。

七、老雁一声，寒砧万户，看多摩江心如秋月之白。

八、南都客舍，鹿鸣呦呦可得而听。

九、斜阳曝晒捕鲑网，石狩江村晚。奥州乡音渔歌响，如雪荻花间。

十、夜雪初霁，认得分明屯田村灯火三四点。

日本风景之潇洒之处如此，而潇洒之精粹便成为日本之秋。

若从亚洲大陆开始吹来西北风，霜气渐动，爽籁透彻八十余州。欧美十分稀罕的白桐变黄的树叶在笛声、砧声中落下，此时鸿雁因朔北缺乏饵食，成群结队飞度寒云，南来饵食富饶的日本，落在蓼汀芦渚之间。此时可见，植物黄色素的代表且欧美难以看到的公孙树（银杏树）树叶一片金黄。不仅植物黄色素代表的树在日本有很多，植物红色素的代表槭树属在日本也到处可见。山枫、茑红叶鬼槭、三角枫等十八种红叶一起尽染，宛若天女曝晒云锦，实在是潇洒与美兼而并受。想如此之大观，是欧美诸邦多不能看得到的。英国人，自尊自大，动辄就夸奖泰晤士河畔9月的秋色，吟说麦格达伦10月初旬的秋色。然而，英国几无槭树属。绝无无槭树属之地，如何得知秋之大观也？乃知：

"山风染枫红胜火，志贺之浦白浪卷锦绣。"（刑部卿范兼）

这样的诗句，是连他们酷爱细察自然景色的湖畔诗人华兹华斯的头脑也产生不了的。苏格兰一代天才，对自然景色往往描绘得惟妙惟肖，尤其是对自然界诸多景象的色彩调合安排得恰到好处，可比肩第一流画家，只可惜他的文笔下绝少有对红枫的描写。也就是说，英国人不能在他们的国家描写红枫，是因为英国的秋天怎么也比不上日本的秋天（参照《纪南半岛、四国的南半、九州的水蒸气》）。

（二）美

一、蜷缩在绿杨如烟如画名古屋城中，高低的楼阁隐约可见。

二、桃山（山城）的落花、乱舞如红雨，铺地似锦绣。

三、岚峡樱云掠微月，夜色朦胧。

四、川中岛四郡，菜花麦苗，黄绿绣错。千曲一水曲折其间，上野信浓的群岭，浓淡高下，缭绕在地平线上。

五、二州桥下，春潮带雨，鲙残鱼上网。

六、浴佛人归去后国分寺外，一群少女头上插着踯躅花走过。

七、樱岛（萨摩）的圆锥火山，篱落围在山腰山脚，以绿竹围住，中间柑橘、柚子、臭橙、金橘、朱栾，枝叶交错相连。

八、肥后山间，俯瞰下谷，深数千尺。内有人家数楹，空翠映发。一抹炊烟与鸡声犬吠一起升起。

九、驹岳（信浓）的峰顶，翠然偃松，匍匐在如雪的花岗岩上。翠抹白，白粉翠。

日本风景如此之美，而其美的精华便成为日本之春。

中国人、朝鲜人也称莺花三月，但是知道莺花的真面目吗？

汉土无樱，又无莺。非无樱也，无我樱也。莺亦然。彼之有莺，其形大，其色殊，其声不若我莺之美也。其或来于肥筑，我称为高丽莺。至于我莺，则白，黄头鸟也。柴鹊鸰也。皆以其近似者。此拟之云尔。其实我莺声之美，既过彼莺，而使彼有之，则谁舍此而不称耶。而吾未见黄头鸟，柴鹊鸰之咏于诗也。舍绕梁遏云之巧，而爱闾巷无节之谣。是岂人之情也哉。故知其果无我莺也。呜呼，樱而不若我花之丽，莺而不若我声之美。谓之无樱无莺可矣。人而不得为人之道，孰谓之有人乎。苟生于我而为人者，修其德音。勿使莺独擅其声之美。斋藤竹堂

正德辛卯，韩使来聘。时宣义笔语于客馆。与彼学士，书记等，质问物产。宣义曰：此树我土名樱花。树高二三丈，叶与垂丝海棠一样，惟枝条不柔软为异也。三月初生叶开花，略似蔷薇长春花形。其色有白，有红。又有重瓣、单瓣之异。蒂长三四寸，于叶间或三萼至五六萼，为丛而生。一如海棠花，而蒂差长。单瓣者结实，形似郁李子而小，生青熟紫赤味甘。其叶稺者浅紫色，大者缥绿色。至霜后，叶丹可爱，花品甚多，至数十百品。其最可观者，有都胜，粉红重瓣，花头甚丰，特极娇丽。有御爱，单瓣粉红，比常花差大。有美人红。重瓣娇红开早。有绯樱，千叶初绽深红，及开色渐衰。有香樱，芬郁特甚。又有一丛中开花，重单相间者。众花攒为毬者，繁密缀枝作花，如千叶郁李花香者，丰腴艳美，群芳皆在下风。徧查古今载籍，率收垂丝海棠，不言有此花。岂以中原

之地所稀有而不及见耶。贵国与敝邦相邻，地气当不甚远，或有此花，名字亦以何称之也。学士李东郭答曰：俺始到马岛，得见贵邦所谓白樱桃，其枝叶之奇，信如书中所视，而第恨已后花时，不得见其花色烂漫耳。俺国樱桃树高不至一二丈，不过郁密<u>丛</u>生，其实有红白两种，而花色亦零碎。婆娑不甚美好。故种之者，只为其食实而已。与贵邦之樱，绝不相类矣。稻宣义 [①]

据此可见，中国人、朝鲜人也称"莺花三月"，但是知道"莺花"的真面目吗？至于欧美诸邦，初春无梅花，晚春无樱花，其为春者，毕竟不足为言。

（三）跌宕

一、那须旷野，一望微茫。松树三五，苍健高耸。

二、万顷太平洋面，笋岩（洋客称其为罗得之妻。是依据基督教经典所谓罗得妻女犯天命被上帝惩罚化为盐柱的传说而命名的，岩石在八丈岛和小笠原列岛之间的太平洋上）峭立，雪浪怒击，一只信天翁展翅伫立岩顶。

三、不落药师（八栀神社）的古堂，建在危岩峭壁之上，险而不坠落。

四、雁渡寒云，匹马白川关外嘶晓色。

五、秋高气清，天长无纤云，富士高峰突兀在武藏野的地平线上。芙蓉万仞，月中高处。太平洋上岳影倒映处。

---

① 从"汉土无樱"到"稻宣义"原文为汉文，文后附有日文翻译。这里只抄录汉文而略去日文翻译。

六、北海道沿岸，路左几百尺的石壁峭立直插云霄。路右临断崖，其下怒涛汹涌，飞喷逆上。

七、立山（越中）绝顶，下瞰百余山岳，尽收在双眸之中。

八、在阿苏峰巅俯瞰，只见侧有两条喷烟蒸汽冲天，前有直径7里的旧火山口外轮的连山如同堤防一样围绕。轮内陡然开阔，平林田畴，村落簇簇，烟火东西升起，耕锄驮马，隐约其间。

九、樽前（胆振）岳腹，错列大块褐色熔岩，喷火后，高树干皮龟裂，枝叶全去，骨立竦峙之处，残月惨淡照来。

十、舍子古丹（千岛）全岛积雪皑皑，从最高点上斜冲出一条喷烟。

十一、日本海上，云雾冥合，鸟海山的三角形山峰从云雾中忽然闪现。

十二、从雷雨鸣门（阿波）上经过，云色如泼墨，涡流够格。

十三、骤雨一过，太平洋上四望浩渺，彩虹半消，红色、黄丹色、黄色的彩云从水连天际之处滚滚而来。

十四、最上川的上游，飞泉迭湍，一瞬千里，让人不禁毛发竖起。

十五、仰望大河从天上落下，俯听地下奔雷，这是那智的瀑布。

十六、满眼都是梅，月色皎皎，其他什么都不看。

日本风景的潇洒、美、跌宕之处如此，当然有其缘故。那是：
第一，日本的气候、洋流多变多样。
第二，日本多水蒸气。
第三，日本多火山岩。

第四，日本流水的侵蚀非常激烈。

在对此四者逐步论述之前，首先需要了解日本国的日本海沿岸和太平洋沿岸在各个方面都是不同的。在这里做一个大概的描述。

日本海沿岸	太平洋沿岸
1. 日本海沿岸坡度非常陡峭，悬崖非常多。	1. 太平洋沿岸坡度比较平缓，悬崖比较少。
2. 日本海沿岸曲折比较少，所以短。	2. 太平洋沿岸曲折比较多，故长。
3. 日本海沿岸曲折比较少，所以港湾、热闹的码头比较少。	3. 太平洋沿岸曲折比较多，所以港湾、热闹的码头比较多。
4. 日本海沿岸冲积平原占比较少。其称为平原的地方也多是指连绵丘陵到海边之间的缓坡。	4. 太平洋沿岸冲积平原占比较多。连绵丘陵到海边之间的缓坡比较少。
5. 日本海沿岸的地质坚硬的地方比较多。	5. 太平洋沿岸地质疏松的地方比较多。
6. 日本海沿岸的土地沉降或者减少的比较多。	6. 太平洋沿岸土壤上升或者增加的地方比较多。
7. 日本海沿岸矿山特别多。	7. 太平洋沿岸高山特别少。
8. 日本海沿岸的风向比较有规律，尤其在冬季只有西北风。此西北风是从亚洲大陆直接吹	8. 太平洋沿岸风向变化多，但夏季吹东南风。此东南风经印度洋和中国海吹来，所以本来

过来的，所以非常干燥，但经过日本海，接纳了日本海蒸发的水汽而传送过来，与日本本州分水岭的山脉之巅相冲突，水蒸气在此凝结给分水岭以北的土地带来湿润。所以，冬天雨水多，降雪多。冬季潮湿而夏季干燥，但总体来说一年之中晴天比太平洋沿岸少。

9. 日本海沿岸地处北方，其气候更受亚洲大陆的影响，而且，日本海中央有寒带海流流转过来，所以，气候寒冷。

10. 日本海沿岸潮汐落差比较小，潮水最低时也不能看作是湿地。潮水与月亮的盈亏不相呼应。①

11. 日本海沿岸冬春之间风涛险恶，船舶容易遇难。

就非常温热，加上从印度洋和中国海经过时季节风吸纳了多量水蒸气，送来日本，酿成梅雨。另外，到八九月份，从印度洋来袭的暴风雨比较多。冬天晴天多，降雪少量。夏季潮湿，冬季干燥，总体来说一年之中晴天比日本海沿岸多。

9. 太平洋沿岸在南方，受中国海和印度洋气候的影响（即海洋性气候），而且沿岸有赤道海流流转过来，所以气候温湿。

10. 太平洋沿岸潮汐落差比较大，可达到四五尺乃至一丈之高。可看作是数里的湿地。潮水与月亮的盈亏不相呼应。

11. 太平洋沿岸夏季风涛险恶，船舶容易遇难。

---

① 初版无此条。

12. 日本海沿岸的气压总体上比太平洋沿岸的气压强，但比太平洋沿岸湿气多的地方比较多。气压暑中强。

13. 日本海沿岸的蒸发比太平洋沿岸迟缓，其盐分也比太平洋沿岸少，而且晴天比较少，所以，制盐业并不发达。

14. 注入日本海的河流向北流。

① 石狩川（石狩）

② 御物川（羽后）

③ 信浓川（信浓、越后）

④ 犀川（信浓川一干流，信浓）

⑤ 神通川（飞骅、越中）

15. 日本海中的岛屿与海岸平行，即沿海岸横着在海中排列。这些岛屿处在火山山脉中，低处沉入海中，只有最高点露出海面为岛，俨然成为两个群岛。其中很多地方至今仍

12. 太平洋沿岸的气压总体上比日本海沿岸的气压低，但比日本海沿岸湿气少的地方多。气压寒中强。

13. 太平洋沿岸蒸发比日本海沿岸急速，其盐分比日本海沿岸多，而且晴天比较多，所以，制盐业比较发达。

14. 注入太平洋的河流向南流。

对 十胜川（十胜）

对 北上川（陆中、陆前）

对 利根川（上野、武藏、下总、常陆）

对 天龙川（信浓、远江）

对 木曽川（信浓、美浓、尾张、伊势）

15. 太平洋中的岛屿不与海岸平行，即如飞石竖着罗列在大洋之中。这些岛屿处在火山山脉中，低处沉入洋中，只有最高点露出洋面成岛。俨然成为两个群岛。这些地方与本土完

未与本土完全分离，没有成为岛屿。

① 富士火山山脉朝北延伸，经过越后的妙高山、米山、弥彦山进入日本海，形成羽前的飞岛，再进入羽后的男鹿半岛，大概还要再向北延伸，形成北海道的大岛、小岛的一脉。

② 崛起隐歧的岛前、岛后，进入能登半岛，经过鹰爪山、鹫巢山、法龙山，崛起佐渡、越后的栗生岛，最终潜入海底北走的一脉。

16. 日本海沿岸一般来说出产砂糖、烟草类的地方比较少。

17. 日本海沿岸交通非常不便。

18. 日本海沿岸比太平洋沿岸的人口少。

19. 日本海沿岸到目前为止在日本历史事件中扮演重要角色的基本没有。

全分离，全部是真正的岛屿。

① 伊豆七岛以及小笠原列岛。即富士火山南走进入大洋形成的岛屿，经大岛，崛起八丈岛，形成小笠原十七岛，一直到明治二十四年新纳入版图的硫黄岛的一脉。

② 大隅及冲绳群岛。即从遥远的南洋诸岛而起，经台湾岛，崛起冲绳群岛，从大隅群岛北上萨摩，崛起樱岛，经雾岛山进入肥后的一脉。

16. 太太平洋沿岸一般来说出产砂糖、烟草类的地方比较多。

17. 太平洋沿岸交通非常便利。

18. 太平洋沿岸比日本海沿岸的人口多。

19. 太平洋沿岸在日本历史事件中扮演了重要角色，王朝历代的兴亡都在这里决定。

20. 日本海沿岸至今不发达，今后将要发达。

21. 日本海沿岸面对俄罗斯、中国北部和朝鲜。

20. 太平洋沿岸发达昌盛，日本文化多汇集于此。

21. 太平洋沿岸面对中国南部、南洋群岛、澳大利亚和美国。

如绳路旁北暝通，
不与南方景象同。
随月潮头无大小，
碰崖涛势有雌雄。
天开鸦带崦嵫日，
海远鸿呼鞑鞨风。
孤客老怀自谙得，
越山四度七年中。

市川宽斋

红嗷直上乱松边，
万井人家乍粲然。
水合群流归大壑，
山挖余势赴平川。
少连逸事哀残阙，
武卫遗民痛变迁。
满眼升平今有象，
芦花洲化稻花田。

曾我耐轩

不信人间竟无力，欲倩神斧破天悭。遗恨力薄破未了，枉教冯夷痴且顽。大块文章看何日，黑风白雨妙义山。

妙义山下遇雨矧川生 [1]

---

[1] 市川宽斋、曾我耐轩和矧川生的原文都是汉文，后面附有日语翻译，这里从略。

《泷口入道》

春阳堂 1895 年出版

出版解题：以中古的武士与宫女的爱情故事展示了武士道的凄美

　　1893 年，《读卖新闻》有奖征集历史小说，一等奖为 100 日元（相当于现在的 100 万～200 万日元），二等奖为金表一只。这一年刚刚考入东京帝国大学哲学科的高山樗牛取材《平家物语》第十卷中的斋藤时赖和横笛的爱情故事写了《泷口入道》这篇历史小说应征。同时应征的有 16 篇小说和 6 个戏曲剧本，有奖征文的审查员尾崎红叶、依田学海、高田半峰都对《泷口入道》给予了高度评价，认为可以评为一等奖。但是，另一个审查员坪内逍遥却以历史小说应该还原历史的原则认为这篇小说没有还原历史，尽管文笔优美，但也只能评为二等奖。结果，这次征文没有一等奖，《泷口入道》被评为二等奖。《读卖新闻》从 1894 年 4 月开始分 33 次连载了这篇历史小说。第二年，春阳堂把这篇小说书籍化出版，作者署名高山樗牛。这也是春阳堂继出版村上六浪《初三的月》之后，又一本畅销书。

由于没有评出一等奖，所以《读卖新闻》又刊登广告，继续征集一等奖作品。不过，要超越《泷口入道》并不容易。除了要灵活运用恰当的汉语、梵语词语，各种比喻的层层递进，使得文章华丽而厚重之外，而且还需要比较深刻的内容。《泷口入道》并不是单纯的恋爱小说，而是展示了作者对旧时代的社会制度作了哲理性批判的小说，歌颂了既在封建礼教和门阀制度中苦苦挣扎最后又忠于这些制度的年轻武士。虽然是挥之不去的宿命，泷口和横笛还是有很多的犹豫和抵抗，但最后都踏入忠于自己感情的道路。这样的历史小说如果不具有深厚的功底是很难写出来的。

　　但是就小说而言，这部小说虽然文字优美，但对人物性格和心理的描写比较缺乏，比如时赖给维盛谏言以及为维盛殉死之际应该有的惆怅、矛盾和决心等心理变化都只是一笔带过，没有作进一步细致的描写，还是留有遗憾的。但高山樗牛创作《泷口入道》的时候，只有 23 岁，能够以如此优美的文笔叙述故事，还是会让人对他在日本和中国古典方面的造诣赞叹不已。当然天才也不是一蹴而就的，实际上，高山读书非常用功，每门考试都能得到满分，让老师们惊讶不已。不仅如此，他在仙台第二高等学校的时候已经以樗牛的笔名为同人杂志和《山形日报》撰写评论和纪行文章。在《泷口入道》发表后高山没有继续创作小说，但他的美的意识已经得到很多人的认同，1900 年，文部省准备派高山樗牛去海外留学，学习美学，回国后可以去京都大学任教。同一批的还有夏目漱石、芳贺矢一等人，但因为病倒，高山不得不辞去了这次机会。两年后他就去世了。

除了《泷口入道》之外，高山樗牛关于国民文学的论说也在历史上留下了痕迹。1897年，高山进入博文馆，担任《太阳》杂志主编。在此期间，他撰写了不少关于国民文学的论说文。他把国民文学定义为歌唱国民感情和希望的文学，并指出明治时代的日本文学还没有达到这个高度，其根据就是对中日战争这样很多国民都非常关心的事，文学家似乎都漠不关心，没有抓住这样的时机，创作出振奋国民精神的作品。对高山的主张，当时就有人出来批判说，高山所提倡的国民性是古代的东西，并不适合新的时代[1]。这个批判非常勇敢，因为高山主张的国民性完全与军国主义的精神《教育敕语》保持了一致，实际上，这也是高山在《泷口入道》所歌颂的武士精神的延长。

本书摘译（全文翻译第一段和最后一段）

一

在治承[2]之春欢乐的赏樱宴上，有谁知即将来临的寿永之秋的悲哀。六年后，遥想梦一般繁华而泪湿青衫的人们都会难忘怀今宵的欢宴而难以入睡。傲视天下的平家正好比满树盛开的樱花，谁又会想到不久之后凋谢的悲惨呢。在全国春光烂漫的今夜，入道[3]相国在京都西八条府中招待平家一族主要人物举办了赏樱宴。

---

① 網島梁川："国民性と文学"，《早稻田文学》，第5号，1898年。
② 治承（1177—1181）和寿永（1182—1184）都是日本的年号。
③ 入道指皈依佛教的人。分出家入道和在家入道。

在非平家之人简直不能称为人的这个世道，不用说一门的公子，宗徒，就是食禄平家的名门贵族子弟等仰仗平家豪门的权势而享受荣华富贵之辈，今晚都衣冠锦绣，粲然如星，让人目不暇接，让尽善尽美的虹桥鸳鸯瓦纹样的台阶也黯然失色。

曾经连殿上人都不屑一顾的人以及他们的家属，现在都无视禁令而乱穿紫色和绯色的衣裳，一副旁若无人的气概，而为之皱眉的人却一个也没有。而且，根据身份的差异他们衣服帽子的颜色和纹样也有差异，这样的穿戴样式，完全是模仿了六波罗式样。正是引领时尚的一群人，更显示了现在完全是平家的天下了。

只见正面铺着从中国传来的唐锦地毯，上面有用非常珍贵的沉香制作的靠椅，靠椅上稳稳坐着一个穿着僧衣的人，他就是维系平家三代繁荣富贵只手擎天的入道相国。在他的两旁分别是长子小松内大臣重盛卿、次子中纳言宗盛、三位中将知盛以及同族的公卿十余人，殿上人①三十余人，还有卫府的官员数十人。这是会集平家全族而举行的盛会，气势之盛，更令人觉得除平家之外哪里还有可以称为人的人。

当时天皇的中宫②即后来的建礼门院实乃入道相国的四姑娘，也出席了这次赏花夜宴。跟随的女官丫鬟也都衣着光鲜，光彩夺目的程度也可以令六宫粉黛失颜色。空气中飘动着令人恍惚的花香，微风吹来，翻动着礼服衣袖，露出鲜艳的颜色。坐在下面的

---

① 殿上人指被准许在天皇便殿清凉殿登殿朝谒天皇的官员。官品在三位以上的都可以登殿，五位以上的只有部分官员被允许登殿。

② 日本天皇的后宫，地位与皇后等同。

年轻武士衣冠端正，他们一丝不苟的样子显得分外滑稽。

季节是旧历阳春三月下旬，黄昏之时。青海原纹样的帘子高高挂起，从视野开阔的大堂放眼看：正值盛开的樱花仿佛像朵朵云彩围绕在栏杆边。月光如梦，遍洒在庭院里，又仿佛是有人用轻纱包起了的样子。真是一刻值千金的夜晚。

高台内部比较远的地方并列了很多远侍，与他们相对的屋子的阶梯上下点满了摇曳的银色灯火，各种锦绣和描龙画虎的阑干反射着灯光，竟让这偌大的西八条府中没有光照不到的地方。这里的光景绝不输过去，也不比其他别墅庄园的春色逊色，可谓尽善尽美。当然还有美酒佳肴，不可胜数。庭院里支起锦绣帷帐，架起了舞台。管弦袅袅，歌舞助兴。春夜苦短，早让人忘记今夕是何夕。

正当预定的舞伎和舞姬跳完舞蹈的时候，传来了四弦一声如裂帛的声音，随之，管弦呕哑，琴瑟又起，乐队再次演奏起来，音乐悠扬，传入云间。这时，台阶上台阶下人头攒动。

"那一定是四位少将啊。"

"那么，这位年轻人是谁呢？"

"那是小松殿的骨肉，被称为花儿模样的忠景殿呀。"

在女人们吵吵嚷嚷的声音中，大家都一起朝舞台看去。从右边来了一位身穿淡红色素袍的年轻人，袒露右肩，镶嵌着贝壳的细长大刀上垂悬着蓝布扎染的穗子，白色绫罗的平服里面是重叠了几件樱萌黄色和山吹色的衬衣，背上箭筒的绳头有老挂装饰。高举新鲜的樱花登上舞台，他是四位少将维盛卿。年龄二十三岁，年青靓丽，号称平家第一美男子。风貌让高举在头顶上的樱花失色，让人分不清哪是花哪是人。

从左边来的是足助二郎重景，是承蒙小松殿眷顾的武士，比维盛卿小两岁，正值二十的年轻人。他上下穿的是同样颜色的素色丝绸的平服，里面是仿佛是烈火燃烧的大红衬衣，戴着深色的帽子，腰里挂着装饰精美的细长刀，挥舞着袖子，登上了舞台。那个场景宛若一幅精美的图画。

两个人优美的舞姿，不分伯仲。踏着乐曲一步不乱。一曲《青海波》，让他们舞姿舒缓，优雅动人。观看他们跳舞的人无一不被感动。中宫特派侍女把预先准备的贺礼衣裳披在了两个人的身上。两个人都荣幸之极，诚惶诚恐地下了舞台，留下嘴巴闲不住的女人们依然叽叽喳喳。

"少将殿犹如深山里的山桃美不胜收，足助殿恰似荒野里的小松朝气蓬勃。不用说，他们都是前程似锦的武士啊。"

无论是认识还是不认识，没有人对他们不羡慕的。而他们的父亲坐在上座，看着眼前的景象是如此高兴。入道相国在这里也发出喜悦的微笑。只是小松殿不知何故只是低头朝下，生怕被人看到，真是不可思议。

三十三

到底要伸张对主公的恩义，大义赴难，还是妥协于人之常情，苟且偷生？泷口彻夜无眠，思绪难定。最终还是下定决心，表白了心迹。这让维盛卿感到难堪，但默然无语，转向一旁。

泷口想起昔日在主公身边承蒙关照，趾高气扬的日子，即便是旁人也会以主公的慰问为最高的荣誉。有谁知末日来临，主公竟没有可避夜露的树梢可以匿身。流窜而来，狼狈现身，却连一夜的安稳也没得到。我这里晓以大义，让主公蒙羞，显然是一副忠义的样子，却又是什么样的因果呢？已经没有将来的落难之人，肯定会对我薄情的接待而怀恨在心。这样思来想去，泷口更觉世事无情。

　　呜呼，内府君①在天之灵，请睁眼看看。碧血丹心，泷口寸心可表，那只为报二十余年之大恩。

　　松林森森，杉树挺拔，山中日短，四围已暗。泷口穿着墨染的僧衣提桶去山谷打水，边走边忧虑，主公的将来不就如同这险峻的山路吗？打水回来，不见维盛卿的身影，也不见重景的影子。难道是听从了泷口的意见回屋岛②去了吗？即便如此，也应该打声招呼的。泷口感觉有点奇怪，到草庵中又看了看，只见经书桌上有张浅色的纸条折叠在那里。泷口拿起一看，是维盛卿的笔迹，墨迹犹新。

　　虽有枝梢必须回，

　　无奈已成落叶尘风随。

　　（虽然有必须回去的屋岛，但现在回天无力，只能像落叶一样，身不由己了。）

---

① 内府君指维盛的父亲小松内大臣。

② 平家的根据地。

若问消息浜千鸟，

可待潮退万里访群礁。

（若要问浜千鸟去向何处，不会有人告诉你，只有潮水退后，去海边的礁石处寻找踪迹吧。）

这两首和歌何其悲哀。维盛卿自比落叶，枝梢就是屋岛。又自比浜千鸟去无踪迹，唯有在潮落之时，在海边的礁石上可以寻找消息……这意味着什么？泷口盯着纸条，呆若木鸡。半晌，他若有所思，急忙取出以前就珍藏好的有名刀匠打造的短刀，藏在衣袖里，转身向山下疾步走去。

途中看到一户人家，就问了维盛卿的样子，回答说，有两个穿着狩衣①的武士向山下去了，已经好一会儿了。泷口加快了脚步向山下跑去。路上遇到人又问，回答说，那两个人急急忙忙地向和歌之浦方向去了。泷口心口一震，发疯似的向海边跑去。

从高耸入云的高野山到眼前的和歌之浦，步行有十里之遥的乡间小路，并不是一时半刻就能走到的。这时，太阳已经下山，三月半的暮春月亮朦朦胧胧，天地一色。笼罩的青纱帐不知是云还是烟。这当然不是诗人优雅的情趣，而是挣扎在生死之间的人所珍贵的时光。

恍若梦游般的泷口终于赶到了和歌之浦，环顾四周，大海中烟雾弥漫，月光之外，一无所见。连浜千鸟的叫声也听不到。松树虽然被从海上来的风吹低了头，但却止住了风声，只有波涛声

_____

① 武士的正装。

格外分明。

泷口四下查看，试图寻找有没有跳海的痕迹。他蓦然回首，只见一棵大松树被削去了一片树皮，上面有清晰的字迹。泷口走上前来，借着月光一看，啊呀，什么都完了：

祖父，太政大臣平朝臣，清盛公，法名净海。父亲，小松内大臣左大将，重盛公，法名净莲。三位中将维盛，年二十七岁。寿永三年三月十八日，在和歌之浦跳海。

跟随者足助二郎重景，二十五岁殉死。

笔迹犹新，墨迹未干。波涛安静了，海水里已经没有了可悲的痕迹。泷口大叫一声，扑倒在松树之下。

"请原谅！"

声泪俱下。春风到底有情还是无情，怎么连见怜的花儿也不送来。

第二天早上，和歌之浦的渔夫在海边松树下发现了一个切腹自杀的僧人。墨染的僧衣已经脱下挂在了旁边的松树枝上，身上穿的是精制柔软的白布衣，脚下朝着无边的深海。

一只手一丝不苟地紧握短刀，一只手反手拿着血染一片的刀鞘，保持了端正的坐姿。难道这就是有名武士的最终结局吗？竟然是如此干干净净。

呜呼！这就是失恋后看破红尘的人同时也是 26 年间被世事盛衰翻弄的斋藤泷口入道时濑真正的在人世间的样子啊。

| 第七章 |

通俗书简文

1 走向帝国主义（一）脱亚入欧

帝国的第一桶金

中日甲午战争后，日本不仅得到了破天荒的赔款——建设帝国的第一桶金，而且，因为三国干涉还辽，让日本知道他们还不是欧洲列强的对手，从而激起了日本的民族主义思潮，催化了日本作为民族国家的形成。而这些都成为日本走向帝国主义的基本条件。

1895 年，日本首相伊藤博文在马关（下关）逼迫清朝北洋大臣李鸿章签订了《马关条约》。主要内容是：让朝鲜脱离中国的册封体制而独立，割让辽东半岛、台湾及澎湖列岛给日本，向日本赔偿白银 2 亿两。由于辽东半岛具有重要的战略意义，帝国主义列强并不希望日本独占，于是，法国、德国和俄罗斯三国一起出来干涉，让日本吐出了吞到嘴里的肥肉。日本没有能力与这 3 个国家对抗，只能把辽东半岛归还给清政府，但要求清政府以 3000 万两白银来交换。这样，日本在甲午战争后从清政府那里得到了 2.3 亿两白银的巨额赔款，这笔钱值 3.6 亿日元，相当于当时日本 4 年国家预算的总和。

可想而知，一直在财政上捉襟见肘的日本政府第一次有了巨额的现金，应该是多么趾高气扬吧。同时，日本也发现战争非常赚钱，所以，日本把从清朝得到的赔款大部分都用到了军备扩张方面，其中海军军备扩张费为 38.6%，而陆军的为 15.7%，军舰水雷艇补充基金为 8.3%，加上临时的军事费用，这部分费用占了 84.5%。其余分为皇室财产、教育基金和灾害准备金等。明治天皇分得最多，占 5.5%。其次是日本政府用赔款的 2.8% 作为教育基金，而为战争付出很多并为之狂呼的国民则所得甚少。

日本从中日甲午战争中所获赔款的用途

资料来源：《图说日本史》东京书籍

1901 年投产的八幡制铁所的 72 万日元的建设费用也是从这笔赔偿金里拨出的，虽然日本早就想发展钢铁工业，但是，政府却因为过于贫困而一直筹措不到这笔建设费用，甲午战争的赔款为日本政府解决了这个问题。而且，八幡制铁所还和湖北的大冶矿山签订了长期的铁矿石供货协约，也就是说，日本利用中国的资金，购买中国的原材料，生产出国家建设急需的钢铁，而这些则是继续侵略中国的武器。

日本利用这笔赔款还建立了货币的金本位制，由于纸币是根据政府拥有的黄金储备而发行的，这使得日本的纸币的国际信用度大幅度上升，对日本企业展开国际贸易提供了坚实的支持。

1899 年，日本从甲午战争的赔偿金中拿出 1000 万日元建立了教育基金，利用每年的利息补助普通教育，到明治三十三年（1900 年），日本实现了小学 4 年制义务教育，到 1902 年，日本儿童的就学率男女都超过了 90%，1904 年，正式开始国定教科书制度，到日俄战争后的 1907 年，日本已经实现了 6 年义务教育制度。与军备扩充费相比，日本从所得赔款中拨给教育方面的比例是非常小的，但就是这很小一部分的经费对日本的教育发展起到了重要的作用。

对日本来说，中日甲午战争的意义还在于促成了民族国家的形成。日本在甲午战争中的胜利极大地激发了日本的民族主义热情，而三国干涉还辽更是激发了日本上下同仇敌忾的民族情绪，尤其是对不断南下的俄罗斯，日本充满了敌对情绪，"卧薪尝胆"成了一种流行语。日本政府也乘机提高征税，却让生活陷入困境的日本国民把不满的情绪全部指向俄国。

脱亚入欧的幻想

帝国的第一桶金不仅让日本的经济和军事实力大增，同时也使得日本人的思想发生了很大的变化。一部分日本人觉得日本可以跻身欧美列强而不屑与亚洲国家为伍。早在 1885 年，福泽谕吉主宰的《时事新报》发表了一篇社论，提出了脱亚的论调。

不过，近年有人考证说这不是福泽谕吉的思想，理由是：第一，这篇社论并没有福泽谕吉的署名；第二，《时事新报》虽然使用过"脱亚"一词,但也就是一次而已,而且该报也从来没有用过"入欧"一词;第三,在福泽谕吉的其他论著中都没有出现过"脱亚入欧"的说法。但是,这种考证是明显的钻牛角尖,比如现在都认为《劝学篇》是福泽谕吉的作品,但在《劝学篇》初编也就是第一本上却有福泽谕吉和小幡笃次郎两个人的署名,对于这个现象,现在的解释是福泽谕吉提携后进而特地让小幡署名,但是这也并没有确切的证据,为什么不是小幡笃次郎起草的呢?实际上小幡也是日本著名的教育家,1868 年他曾经以《天变地异》一书引领了日本科普的热潮,所以,他完全有能力起草《劝学篇》。就《时事新报》的社论而言,由助手起草的文章最后版权都归属福泽谕吉的并不在少数,因为当时福泽谕吉既是《时事新报》的老板同时又是主笔。所以,以这篇社论没有署名就认为不是福泽谕吉的文章实际上是没有说服力的。同样,说福泽谕吉没有使用过"脱亚入欧"一词就没有这样的思想也是非常勉强的。《时事新报》1885 年 3 月 16 日的这篇社论就这样指出:"我们没有时间等待清朝和朝鲜自己进行开化,所以日本应该脱亚,与西洋诸国采取同样的行动。虽说清朝和朝鲜是我们的邻国,但我们应该还不客气地用西洋对待他们的办法来对待他们。"这篇社论很明显具有非常清晰的脱亚入欧的主张以及对中国、朝鲜蔑视的态度。而这样的态度从福泽谕吉的其他论述中也是可以看到的,虽然,当时日本对中国、朝鲜的蔑视态度是一种普遍的态度,但具有社会影响力的福泽谕吉也这样说的话,最起码是对这种态度的肯定。

虽然说福泽谕吉可能没有直接使用"脱亚入欧"一词,但是这种思想在日本已经出现了。因为已经有"脱亚入欧"一词的出现。根据丸山真男的考证，在日本最早使用脱亚入欧一词的是《山阳新报》主笔铃木券太郎。1887年，《山阳新报》发表了铃木券太郎写的社论《可以贯彻欧化主义》，在这篇社论中"脱亚入欧"一词出现了4次。

不过，"脱亚入欧"一词在当时并没有引起社会的巨大反响应该也是事实。这可能和日本当时所处的实际情况有关。事实上，在1885年，日本还没有"脱亚入欧"的条约，因为日本与列强之间还存在不平等条件，即便是在1904年日俄战争胜利时，甚至在成功地吞并韩国的1910年，帝国主义列强在日本依然保留了治外法权和关税权，从这个意义上说，日本还不是一个完全的独立国家。日本最终废除列强的治外法权和收入关税自主权是要等到明治四十四年（1911年），即明治时代最后的时期。也就是说，在明治时代，日本的脱亚入欧还是一种幻觉。

尽管日本还无法马上入欧，但是，日本从封建时代摆脱出来后，立刻走上了追赶帝国主义的道路也是不争的事实。

人种优秀说与帝国主义

福泽谕吉提出脱亚论实际上是反映了当时日本自我膨胀的社会意识。在接受帝国主义西方文化的过程中，日本突然发现了自己有值得自豪的地方，首先是国土，接着就是国民。

在《日本风景论》里，志贺重昂以极大的热忱赞美了日本的国土，让读者读后无不热血沸腾。他认为洵美的日本山川和多种多样的动植物所培养出来的日本人的审美心，是过去、现在和未来日本人涵养的原动力。其实，在《日本风景论》出版的前一年，内村鉴三也出版过一本《地理学考》，虽然也承认地理学可以培养健全的世界观，但他不认为洵美的江山是日本所独有的，爱国也不是对祖国的自夸，这似乎给日本国民打了一针针对志贺论点的预防针。但是，内村的观点显然不受处在澎湃扩张中的日本人欢迎。《地理学考》湮没无闻，而《日本风景论》的畅销势如破竹。当然日本社会并不会满足于关于国土风景洵美的论述，从国土优美说到人种优秀论的发展便是顺理成章的事。使用过脱亚入欧一词的铃木券太郎就承认他的论调基础是日本人种的优越性。他在《人种体制论和日本风土》中明确指出，因为日本有历史性的立君制度这种极善极美以及地理文化性的山川形势的纯善纯美，日本民族的抱负是宏大的，而大和民族的体质能适应外国的风土，所以可以发动对外战争。当然支持战争的并不会是他一个人，福泽谕吉就认为日本与中国的战争是文明与野蛮的战争，甚至一直反对日俄战争的基督教和平主义者内村鉴三也认为日本与中国的战争是一场"义战"。在这样民族主义情绪不断扩张之中，法学者笹川洁更是为日本发动战争找到了极为"现代化"的理由。他在《日本文明论》中指出，"日本人好战是因为喜欢竞争，而喜欢竞争是爱好进步的表现"。所以，好战的日本民族就是先天性进步的民族。

三宅雪岭曾经批判日本一味模仿欧美的欧化政策是丑陋的，但是，脱亚论的基础就是日本社会对欧美的模仿，而 1875 年发生的江华岛事件更是让日本人知道了模仿欧美的好处。在江华岛事件里，日本几乎一模一样地模仿了欧美列强的霸凌手法。日本军舰在朝鲜江华岛海面上的示威，正是 20 年前美国的佩里舰队在东京湾示威的翻版，而在遭受江华岛炮击之后，日本陆战队登陆占领江华岛炮台的做法也完全是 10 年前英法荷美四国舰队在下关战争中攻击长州藩的翻版。

日本在明治维新以后进入国际社会的时候，遇到的是与华夷秩序有所不同的帝国主义列强的国际观。日本既不愿意停留在华夷秩序中，却也不愿意接受帝国主义列强的国际观，因为这个时候，日本还处于被帝国主义霸凌的状态。所以，在日本就形成了与华夷秩序、帝国主义相对抗的思潮：泛亚洲主义。

明治初年，岩仓使节团幻想让欧美废除不平等条约碰壁后，日本认识到自己还是一个蕞尔小国，为了排除欧美列强的威胁，日本感觉有必要联合亚洲其他国家，从而形成了泛亚洲主义思想。1878 年，在大久保利通的倡议下日本成立了第一个泛亚洲主义的组织：振亚社。当时日本的主要述求是建立小国日本和大国清政府之间的平等关系，继而实现在亚洲的崛起，与欧美建立对等关系，甚至还有超过欧美的志向。

1872 年，日本废黜琉球国王，改设琉球藩。其实在前一年日本实施废藩置县，在日本国内已经没有藩了，而这个时候设琉球藩，得以在表面上维持琉球与清政府的朝贡和册封关系，说明日本还没有胆量一步到位地吞并琉球王国。然而，明治政府在与清政府的较量中逐步占得上风后，就强制琉球断绝与清朝的关系。到 1879 年，日本更是强行废除了琉球藩，设置冲绳县，虽然清政府对此并不认可，但也没有采取什么行动，事实上助长了日本扩张的气焰。

1880年，振亚社改为兴亚会。鉴于从江华岛事件上看到的日本对待朝鲜的蔑视和高压态度，以及吞并琉球的侵略性态势，兴亚会中国会员王韬就怀疑日本有破坏传统的华夷秩序而争夺亚洲盟主的野心。为了消除这样的怀疑，兴亚会又改名亚细亚协会。然而，这样的改名并无法改变日本争当亚洲盟主的期望。在中日甲午战争后，日本形成了全国上下都自诩为亚洲盟主的气氛。希望与亚洲各国建立平等关系的亚细亚协会很快就失去了活动的空间，最终被1900年成立的东亚同文会所吸收。

东亚同文会完全是站在日本是亚洲盟主的立场上主张积极地干涉中国。当原亚细亚协会的成员否决了东亚同文会准备的积极干涉中国的6条决议后，东亚同文会会长近卫笃麿就组织国民同盟会去落实那些被否决的决议，这实际上也是当世社会气氛的一种反映。原亚细亚协会副会长渡边洪基曾经对英国公使萨道义说，他反对战争，但是作为议员的他却不得不担任家乡迎接日本军人凯旋归来之会的会长，并且还要在欢迎集会上发表赞美战争的演说。渡边洪基没有参加近卫笃麿组织的国民同盟会，但他只是不主张对中国和韩国进行军事介入，而是希望用其他方法获得盟主的地位。也就是说到这个时候，泛亚洲主义关于亚洲各国平等提携的主张已经消失了，取而代之的主张是要求以军事的优势确立日本在亚洲的盟主地位。1910年，日本合并韩国后，全国充满了帝国主义意识，而泛亚主义则成了日本帝国主义扩张时有用的幌子。

2 历史大事记（1896—1898 年）

1896 年

2 月，朝鲜国王和世子进俄罗斯使馆避难。

3 月，制定冲绳县编制。

日本邮船开拓欧洲航路。

在台湾设立日本语学校，制定总督府直辖诸学校官制。

4 月，自由党总裁板垣退助进入内阁，担任内务大臣。明治维新以来的藩阀独揽政府大权的情况开始改变。

公布《民法》第 1 编、第 2 编和第 3 编。

6 月，黑田清辉等组成在业油画团体白马会。

日本东北部岩手县、宫城县和青森县沿海发生巨大海啸，死者 2.7 万人。

7 月，《日清通商通航条约》签订，日本获得领事裁判权和最惠国待遇。

8 月，战争胜利带来的景气让东京的新宿、涩谷、品川和王子等地的房租大涨，大家争相建筑新房屋。

9 月，东海道铁路开始运营从新桥到神户的急行列车，单程为 17 小时 22 分钟。

第二次松方正义内阁成立。进步党总裁大隈重信以言论和出版的自由为条件进入内阁，担任外务大臣。所以，这次内阁也被称为"松隈内阁"。

10 月，川崎造船所株式会社设立。东武铁道株式会社设立。

11 月，杂志《二十六世纪》因刊载揭露宫中权势的文章而遭禁止发行的处罚。转载这篇文章的报纸《日本》也遭停止发行 1 周的处罚。

12 月，神户市的高桥信治进口爱迪生制作的电影放映机器，放映一两分钟时长的电影。门票为 20—30 钱。

1897 年

1 月，正冈子规等在爱媛县松山市创立《杜鹃》俳句杂志。

2 月，八幡制铁所开始建设。

3 月，片山潜设立劳动学校，进行社会改良。

尾足铜矿污染受害者约 800 人进东京请愿，被宪兵和警察阻止。

公布货币法。日本利用从清政府得到的相当于 274 万英镑的金块赔偿金作为准备金，实施了纯金 2 分＝1 日元的金本位的货币制度。

5 月，井上哲次郎等组织大日本协会，主张忠君爱国，反对基督教。并创刊《日本主义》杂志。

绪方正规发现老鼠传播霍乱菌。

6 月，日本劝业银行开业。

杂志《实业之日本》创刊。

高山樗牛在《太阳》上刊登《赞美日本主义》一文，提倡日本主义。

设立京都帝国大学，原帝国大学改称东京帝国大学。

河口慧海从神户出发去西藏调查。

7月，召开劳动组合期成会。木下尚江等在松本组成普通选举同盟会。

10月，文部省发表禁令，禁止所属职员谈政治。

朝鲜改称大韩帝国。

12月，片山潜创刊劳工运动机关刊物《劳动世界》。

日本棉线出口额首次超过进口额。

1898 年

1月，烟草专卖法施行。

大阪商船运营上海到汉口航线。

2月，日本铁路发生第一起罢工。三井富冈制丝场发生女工罢工。

3月，创设油画科，准备改造日本画的东京美术学校校长冈仓天心被文部省免职。冈仓另组日本美术院。

因学龄儿童就学比例不到 1/6，文部省要求增设学校。

4月，日本和俄罗斯签订关于韩国问题的协议。

5月，上田万年、新村出等组成语言学会。

6月，《民法》第 4 编、第 5 编公布。

自由党和进步党改组为宪政党，其领袖大隈重信出任首相，日本第一个政党内阁诞生。

8月，丰田佐吉获得动力织机的专利。

三菱造船所建造完成日本第一艘大型蒸汽船常陆丸。

文部大臣尾崎行雄就共和问题的演说招致各方面批判而被迫辞职，并最终导致大隈内阁在10月的总辞职。

10月，片山潜、幸德秋水等组成社会主义研究会。

12月，为确保政府的财政收入，政府不顾地主们的反对而修订了从 2.5% 增加到 3.3% 的地租增收法案。

3 畅销书概况：从社会到家庭

　　国粹主义继续催化着优美情调的文章的发展和流行，与谢野铁干的诗歌集《东西南北》、盐井雨江等人的诗歌集《花红叶》的畅销，也与这种社会流行有密切关系。这样的优美情调的文章也影响到宗教方面。内村鉴三编译的诗歌集《爱吟》也成为当时青年争相吟咏的对象。内村是无教会主义基督教的创始者，为了传教他撰写了大量的著作，在基督教社会里而且在明治的日本社会都产生了巨大的影响。

　　中日甲午战争后，日本的民族主义情绪越来越高涨。这种情绪长期不散，一直弥漫在日本的社会里，可以说与当时日本国民对家庭的关注也有很大的关系。家庭是社会最基本的单位，从身边的家庭中酝酿出来的情绪往往是社会情绪更为稳固的基本因素。竹冈健一发现，纳粹思想之所以在德国具有很大的影响力，与当时家庭的读书有密切关联①。这说明了家庭与社会的重要关系。明治中后期出现了小桌子，从一家人吃饭时可以团圆在一起的情况来看，大家对家庭更加关心也是一种必然的趋势。当时所谓家庭小说的盛行应该也是这种趋势的表现。

　　《通俗书简文》是樋口一叶生前出版的唯一的一本书，但并不

---

① 竹岡健一「ブッククラブと民族主義」2017 九州大学出版会。

是她的小说，而是一本书信写作的指导和范本书。这种书籍的畅销，说明了当时的日本人已经把他们的关注从理想、社会方面扩展到现实、家庭方面来。在这样的社会情绪中，日本迎来了明治时期最畅销的书《金色夜叉》。这本小说以当时实际存在的人物儿童文学家岩谷小波以及出版人大桥新太郎为原型，翻版了美国小说《比女人更弱的人》。小说贴近现实生活，加上作者尾崎红叶优美的文笔，让明治时代的读者欲罢不能。

尾崎红叶不仅自己写成了《多情多恨》等畅销书，而且还培养了一批畅销书作家。比如镜泉花，发展了浪漫主义和幻想文学。而田山花袋、德田秋声则更加勇于面对现实，发展了自然主义文学。很有意思的是，在明治末年自然主义文学的口语化成为一般的文体后，尾崎的小说因为这种优美文体反而成为阅读和研究的障碍。

在明治中期国粹主义潮流中，以描写任侠的故事而走红的任侠小说作家村上浪六也创作了反映当代社会生活的长篇小说《当世五人男》，切中社会的需求，获得了更多读者的支持，全篇有18册的长篇巨作也成为当时的畅销书。明治四十年（1907年）的时候，村上浪六创作了《八轩长屋》由民友社出版。这本描写庶民生活的小说的畅销，让在日俄战争后遭到愤怒的民众破坏而濒临破产的民友社起死回生。濑沼茂树指出，村上浪六的任侠故事到现在还深受保守的日本人喜爱[1]。

---

[1] 瀬沼茂樹「本の百年史—ベスト・セラーの今昔」1965 出版ニュース社。

1896—1898 年的畅销书			
出版时间	书名	作者·译者	出版者
1896 年 （明治 二十九年）	「十五少年」 《十五少年》	儒勒·凡尔纳（Jules Gabriel Verne）著 森田思轩译	博文馆
	儒勒·凡尔纳 1888 年发表的少年冒险小说，讲述了漂流 到无人岛上的 15 个少年合作生活的故事。而森田思轩的 翻译也让这本少年冒险小说成了"思轩调"的代表作品， 当时就重印了 25 次		
	「当世五人男」 （前·後篇） 《当世五人男》上下	村上浪六	青木嵩山堂
	描写了包括作者在内的 5 个书生的共同生活，通过具有 讽刺性的对话讲述了作者的人生哲学		
	「東西南北」 《东西南北》	与谢野铁干	明治书院
	「花紅葉」 《花红叶》	盐井雨江、大町桂 月、武岛羽衣	博文馆
	汇集了几位作者的诗歌、纪行文和随想的袖珍本。不仅 内容很受欢迎，而且这种袖珍本形式也很受读者的欢迎。 本书重印次数达到 50 次。是诗歌美文流行的先驱作品		
	「通俗書簡文」 《通俗书简文》	樋口一叶	博文馆
1897 年 （明治 三十年）	「多情多恨」 《多情多恨》	尾崎红叶	春阳堂
	这是一篇描写了青年学者在爱妻去世后心理变化历程的长 篇小说		
	「小公子」（全卷） 《小公子》全	弗朗西丝·伯内特 （Frances Hodgson Burnett）著 若松贱子译	博文馆
	1891 年女学杂志社出版了若松贱子翻译的本书上卷。下 卷手稿在火灾中被毁。1896 年若松病逝后，樱井鸥村根 据《女学杂志》上刊登的翻译编辑后，全卷交博文馆出版		
	「一葉全集」 《一叶全集》	樋口一叶	博文馆
	樋口一叶死后，大桥乙羽以极大的毅力在短短 2 个月内 就把樋口的全部作品汇集成这部由 500 页之多的全集。 正是这部全集让日本读者记住了樋口一叶的名字		

1896—1898 年的畅销书			
出版时间	书名	作者·译者	出版者
1897 年 （明治 三十年）	「天地玄黄」 《天地玄黄》	与谢野铁干	明治书院
	诗歌集		
	「愛吟」 《爱吟》	内村鉴三编译	警醒社
	Robert Loveman 等人的英语诗歌的日文翻译本。附有原文。深受青年读者的欢迎		
	「日の出島」 《日出岛》	村井弦斋	春阳堂
	这本小说从明治二十九年七月开始在《报知新闻》上发表，经历 6 年，连载了 1200 次，成为明治时期最长的小说。小说故事支离破碎，这反而引起了读者的兴趣，小说人物云岳女史、细烟女史脍炙人口。春阳堂从明治三十年开始出版这本小说，到明治三十五年，合计出版了 13 分册		
1898 年 （明治 三十一年）	「金色夜叉」 《金色夜叉》	尾崎红叶	尾崎红叶

4 代表性畅销书详解

《通俗书简文》

1896 年博文馆出版

出版解题：需要用平常的语言毫不掩饰地阐述自己的心情

樋口一叶的生命只有短短的 24 年，而她的作家生涯更是短得可怜，但她却留下了很多脍炙人口的作品，如《大年夜》《浊流》《青梅竹马》《岔路》和《十三夜》等。不过，生前出版的唯一一本书不是文艺作品，而是这本书信写作的指导书、工具书。本书是博文馆家庭百科全书中的一册，一经出版就成为畅销书。

这样的书信写作的指导书能成为畅销书和当时的时代背景有密切关系。明治十三年（1880 年）出版的《新撰增补女大学》里有这样的一节："妻子得不到丈夫的允许，是什么地方都不能去的。私下给人馈赠东西也是不允许的，必须事先都要问过丈夫才能做。

有事要去其他地方的时候，也应该让佣人去做。"可见，当时的社会对已婚女性的要求是基本上要待在家里不能随意外出。那样的话，书信就成为女性对外交流的重要工具，如何让这个工具保持生命力，能充分发挥作用，有礼貌的书信写作就是必需的功课了。所以，书信写作的指导书、范文就成了大家闺秀的常用工具书了。

实际上在本书出版之前，日本已经出版了一些指导女性书信写作的书籍，比如《日本女子用文章》(1890年出版)、《明治女子书简文全》(1894年出版)等，但这些书籍都比较强调书体和形式，而明治中期以后，日本的女性也开始追求更加充实的内容。樋口一叶提倡"写书信时，不必采用高高在上的词句，而应该选谁都能读懂的平白的语言，把自己的心情表述出来就可以了"的写信方式正迎合了时代的需求，作为已经获得文坛定评的"闺秀小说家"，并且与各界人士有过大量书信交往的樋口编写的有实景和实情的书信指南自然就受到了读者的欢迎。

作为指导书和工具书，《通俗书简文》是由本文、附录和鳌头构成。鳌头是指本文上面的加注，《通俗书简文》每页上半部分鳌头以及后面的附录是鸥梦岩田千克编写的，主要讲文法，内容偏男性。樋口一叶执笔的部分是每页下半部的本文，即书信范文。本文又分新年之部、春之部、夏之部、秋之部、冬之部以及唯些①。她用文学家的眼光和优美的文笔，以各个阶层，不同年龄

---

① 唯些，也写作唯聊，是日语古语，意思是只有一点点。唯些这一部分是对书信写作注意事项的记述。近义词包括"再说一句""或者是""还有一些""赘述"等。

的女性口吻编写了很多书信的范文，涉及问候、邀请、委托、借用、催促、道歉、劝谕等多个日常生活的方面，通俗实用，富有生活气息。只是在《通俗书简文》出版的时候，日本的邮政系统已经很发达了，但樋口在本书里提到的书信往往不是通过邮局邮寄，而是派人送去的。或许，这是因为樋口要强调随信送去的还有添付的相互赠送物品。

在《通俗书简文》里提到了很多明治时期相互赠送的物品，如梅子、酒酿、羊羹、竹笋、草饼、桔梗、新茶等数十样物品。这在樋口一叶记录了她的日常生活的日记中也能看到。在长兄病死之前，樋口一家的家境还算不错。长兄死后，16岁的樋口一叶成为户籍上的一家之主，经济上只能靠她们做小买卖，生活非常拮据。为了写作上能够获得成功，樋口又不得不对半井桃水等指导者卑躬屈膝，殷勤献媚。小小年纪，已经阅历了世态炎凉。这些经历也丰富了《通俗书简文》范文的内容。

《通俗书简文》出版后立刻获得了好评，当时就有书评对此做了毫不吝啬的赞美："只有鳌头部分才称得上是通俗书简，而本文就不太合适了。我们不应该简单地把本文看作是行文优美的范文，如果把它当作小说来读的话是可以得到格外的愉悦的。"[1]

《通俗书简文》获得了成功。正如成功的男人背后有许多女人一样，成功的女人背后也有很多男人。大桥乙羽就是樋口一叶背后的一个关键的男人。大桥乙羽发掘和培养了樋口一叶。鉴于樋

---

[1] 星の露叶："まきの小枝"，《文学界》第6号，1896年。

口一叶生活的困难，大桥乙羽认为写小说来赚稿费是不太容易的，所以，他就委托樋口一叶为博文馆的日用百科全书中有关书信的部分撰稿，樋口一叶接受了委托，很快就写成了一本书信指导书，博文馆在 1896 年以《通俗书简文》为题，作为日本百科全书的第 12 卷出版。很快这本书就成为大家争相参考的指导书工具书，在明治年间就重印了 35 次，发行量超过了 5 万册。

然而，在《通俗书简文》出版半年后，樋口一叶的结核病恶化，很快离开了人世，年仅二十四岁。一心想培育樋口一叶的大桥乙羽非常伤心，他迅速地为樋口一叶编辑了《一叶全集》，500 页厚厚的一本大作竟然在樋口一叶去世两个月后就出版了。《一叶全集》的畅销让樋口一叶的名字迅速地传遍了日本，为她在日本文学史留下璀璨的一页做出了贡献。《一叶全集》的不断重印，不仅给博文馆带来了巨大的利益，也提高了博文馆的品牌影响力。作为出版人大桥乙羽是非常成功的，但他为此耗尽了心力，3 年后也病逝了。

本书摘译

序言

写书信时，不必采用高高在上的词句，而应该选谁都能读懂的平白的语言，把自己的心情表述出来就可以了。只要自由地使用语言，要说的就是自己想要说的话，也就能不依靠什么技巧而自然地写出来。

夏子记

新年的贺信

在新年祝贺的门松①颜色还没有变化之际，谨向你们夫妻及全家致以新年问候，恭祝大家平安迎接新年的到来。我们这里大家也平庸地增加了一岁，敬请安心。

很长时间没有和你们联系，还请海涵。本想登门②谢罪的，但这里来客不断实在抽不出时间，谨以此文略表寸心，如能见谅，不胜感谢。

附上不成敬意之物，聊表压岁③之意，还望笑纳。

敬启

回信

新年早早收到您的新年贺信，更觉得自己的慵懒，还请谅解。虽然一直都在念叨您，但诸事烦神，加上天寒地冻，结果连问候的书信也没有给您寄出，不知近况如何，真是非常不好意思。过几天一定登门拜访，现在谨以此文交给来者，以作回信。

敬启

---

① 门松是正月里用松树枝或者竹子做成的放在门口的新年装饰。江户时期，到正月十五撤掉门松，表示新年已过。现在到正月初七就撤掉了。

② 江户时代以来，正月前三天，大家都去亲戚朋友家拜访互贺。到明治末年，大家对一一出来接待访客都觉得很烦，于是在门口设立屏风，摆上盒子，以便来客投放贺年的名片。

③ 到明治年间，成人之间也有互送压岁钱等物的风俗。

邀请一起去观赏樱花

住在小金井武藏境列车车站附近的友人今朝来信说，这两天樱花盛开正是最好的观赏时候。周日来观赏的人特别多，列车也会特别拥挤，上下车特别麻烦。如果明天您方便的话，我们一起去观赏如何？只是您哥哥婚期已近，各种准备大概会很忙的，这封信不知是不是会给您添麻烦。如能一起去观赏的话，那是无比高兴的事。我妈妈和妹妹还有伯父也准备一起去的。特此，静候回信。

敬启

回信

我正在想明天就去看小金井的樱花的时候，拜读了您的来信，非常感谢。一直听人说起小金井的樱花，非常羡慕，但到现在还没有去观赏过。所以，今年下定决心无论如何一定要去一次。如能和你们一起去的话那更让人高兴。我把这些告诉了我母亲，请她允许我参加。母亲说哥哥的婚礼已经准备得差不多了，我在这里也帮不了大忙，所以同意了。我也一直希望有一起去的好友，请让我参加吧。我派人去您府上，请指示具体的时间。今宵难以入眠，十分期盼。

敬启

暑中问候

今日气温超过九十华氏度 ①，洗手的水也变得很烫，晒在草木

---

① 约等于 33 摄氏度。

上也会让草木枯萎，这样的暑天恨不能竖起一个冰柱。不过，您家非常宽敞，天井也非常高，应该不会有这样的想法的。

奉上葛素面一包，谨表暑中问候之意。附近的果子店说最好配上砂糖蜂蜜，所以再奉上一瓶砂糖蜂蜜。祈望大家能平安地度过这个夏天。

敬启

回信

非常感谢您的暑中问候及礼品。这也是我非常喜欢的食品。可喜的是我们全家也都非常健康，只是天气太热，不过，也敬请放心，大家都能忍受。虽然我家比较宽敞，但东西两面都晒到太阳，所以早晚都非常热。在感谢您的同时还有一个请求，如果您有外出避暑的计划的话，请一定告诉我，让我一起去。

敬启

借书的信

阴雨连绵愁煞人。令堂大人的旧病是否受到影响，让人牵挂。

家父眼神不好，左眼观物好像雾中看花非常模糊。这个样子就不能外出，也干不了活。一日之长好似十个月之久，非常难熬。如有客人来的话，还能谈笑风生。如无客人的话，就只能一个人独坐居室，倚柱无语。我看着心疼，想做些什么帮他赶走寂寞。就拿着手边有的小说读给他听。家父非常高兴，一边听一边评论，还让我多给他读一些小说。只是我对小说并不熟悉，不知现在出了什么新作，也不清楚古今的名作，所以想听听您的意见。您一直喜欢小说，而您的兄长收藏了很多小说，请借几本给我，我会非常珍惜地对待的。家父还是严肃古板的人，所以，还请选一些色情成分少的小说，请见谅。

敬启

回信

拜读了您差人送来的信函。非常乐意为您效劳。区区小事，请不要挂在心上。

既然是给令尊大人选书，家兄认为还是选一些勇武类小说为好。所以，选了新旧数十种，交给来人给您带回去。令尊大人和家兄的喜好有隔代之差，不知能否让您满意。

阴雨连绵，对我们来说也是十分烦恼，更何况眼神不好而不能出门的令尊大人了。而您在旁陪护也非常辛苦。不知已经看了什么医生，如一直不见好转的话，是否可以考虑换医生。家兄熟悉的人里面有从西洋刚刚回国的眼科专家，他是一个非常热心的医生，得到了社会的高度评价。为了多少给令尊大人一些安慰，可以在这几天去看看，听说换医生能帮助治愈。和家兄打过招呼后，我也陪你们去。

连日阴雨没有出门，没有登门问候还请见谅。家母的病一如往常，还需静养。

敬启

祝贺新居落成的信

多年来一直说房子非常局促，现在，从仓库^①到主屋都有屋檐相连的新居终于落成，可喜可贺。承蒙招待我们参加落成仪式，更是非常荣幸。在新居二楼，富士山，筑波山，一览无余。夏天更加凉快，赏花赏月都可以不用特地外出登山，在家里就足以享受了，令人羡慕。

委托我们去办的挂在壁龛上的条幅，我们已登门去求那位书法家挥毫，他竟一反常态爽快地答应了，这几天就会给你们送去。壁龛里的装饰一定也选得差不多了吧，我们也没有什么拿得出手的东西，这两件古萨摩花瓶和古铜狮子的摆件，聊表新居落成的祝贺之情。落成仪式当天，我们夫妻一起参加，我们非常期待能够仔细地观看新居，尤其是您引以为豪的南天的壁龛柱。

敬启

回信

我们也没有什么特别的要求，只是过于狭窄才重建了能够喘气的房子。也没有什么特别的客厅，只是在视野非常好的二楼准备了粗茶淡酒等候大家。非常感谢您送来的各种宝贵礼物，尤其是贵府相传的宝物。礼物贵重，壁龛生辉。我先生也向你们表示由衷的感谢。

感谢您在信里叙述了委托你们请书法家挥毫的事由，等那个

---

① 当时家境殷实的人家都建有专门的仓库，是独立于住居的房屋。

匾额送来的时候，我们家的墙也已经干了，现在只祈祷当日是一个晴朗的好天。再一次恳请你们夫妇一定过来。

敬启

劝人不要离婚的信（媒人①）

我刚刚从庙里参拜回来，听女儿说刚才你来我家说了你的事，我不由大吃一惊。你现在也是孩子一大群，不应该为了这些小事而闹离婚。家庭里的事就像池塘的水面一样一直有涟漪但不会变大浪。当然和新婚时相比，你丈夫变得更加任性，还说一些发牢骚的话。实际上这是一种在你面前没有保留的更加自然的表现。你申述你丈夫最近经常喝酒，具有暴力倾向还动不动就夜不归宿，但你也破罐破摔的话，那就不可收拾了。古语说覆水难收，一旦离开了家再要回来就不容易了，孩子们的事你又到底怎么想呢？

连理松有名无实，但谁都说夫妻本来也应该是有缘来相会的。到时候就会后悔为什么那个时候是那样生气而不肯回头。以我媒人之见，你还不够周全。关起门来说，我们女人多少都是要吃一点亏的，所以还望忍耐再忍耐。

与我相比，你已经非常自由了。因为你没有婆婆和你住在一起。而我常年和婆婆住在一起，其中的辛酸现在都已经是可以谈笑的话题了。一旦媳妇熬成婆，受到孩子们的照顾，就当作是当

---

① 明治时代，日本人结婚的时候依然要听从父母之命，媒妁之言。而媒人不仅要在婚前牵线搭桥，而且还要在婚后为年轻夫妇排忧解难。积善之家必有余庆，媒人也会尽心尽力去帮助年轻夫妇。

年辛苦的回报了。所以，想想孩子们，就消消气。

现在只是听了女儿的转述，急忙写了这封信寄给你。如有什么要说的，请随时告知。万万不可做无法挽回的事。

敬启

回信

说了些不好的事，让您担心了，真不好意思。

既为人母，还像孩子一样，做了一些没有什么理由的事。刚才登门时您不在家，在焦急的等待中，把肚子里的话都说给了您女儿听，苦水倒出去后自己的感觉好多了，但她听了大概也云里雾里的。回家来思前想后，自己也不知道怎么会做了这样的事，简直有点不相信自己了。

我正要写信向您道歉，却收到了您挂念的信，让我更觉惭愧。正如您指出的那样覆水难收，如果回不来这个家，那我的孩子们将怎么办？想来心酸。我也不想让家乡的双亲担心，更不愿意让弟妹知道这件事，所以希望您不要告诉他们，就当这件事没有发生过。

过几天我会登门致谢，这里先告诉您，我已经没有那样的想法了。

敬启

《东西南北》

1896 年明治书院出版

出版解题：铁血的美文

与谢野铁干在 23 岁时出版了这本诗歌集《东西南北》，而他的老师落合直文到死也没有出版过一本诗歌集，著名的俳句诗人正冈子规在生前也没有出版过诗歌集，可见与谢野铁干是多么大胆，多么勇敢。而正是这样的勇敢，带动了日本诗歌出版的传统的变化。以前诗人往往一生只出版一本诗歌集，即所谓的家集。在这以后大家都开始在生前出版诗歌集，即所谓的歌集。

《东西南北》成了近代日本短歌史上的第一部诗歌集，其特点就是否定题咏，而主张唱我的歌。我的歌当然是我的东西，但是在明治二十年代的短歌界，没有师承便上不了台面，与谢野铁干却故意否认师承，而以自我的价值观来创作诗歌。同时，他认为自己是非专业的诗人，所以毫不顾忌地否定了诗歌集推崇的题咏诗作。本来题咏是诗社歌坛的重要交流工具，在同一命题之下，各自发挥才能。但是，久而久之必然生弊。擅长题咏的诗人往往失去了自我，所作的诗歌也就流于形式，失去了鲜活的生命力。在参加主张改革和歌的落合直文创办的浅香社歌会后，与谢野铁干察觉到了这一流弊。1894 年，他发表了短歌论《亡国之音》，指出萎靡纤弱之文胚胎乱世，豪放悲壮之文胚胎盛世。这在和歌也是同理。当今和歌一言以蔽之，曰亡国之音。他向传统和歌发出了宣战布告，认为大丈夫一呼一吸直接吞吐宇宙，有此大度量歌唱宇宙而宇宙即我歌也。他痛斥传统和歌诗人只会模仿古人而没有一点英风豪气，不识大丈夫之歌。

与谢野铁干出生在京都僧侣家庭。1889 年，在西本愿寺剃度后，在其兄长的寺庙附属德山女学校任教员，因与学生恋爱而被迫辞去教职。回京都后，拜落合直文为师，创作短歌。1895 年，接受落合直文的胞弟鲇贝房之池（槐园）的邀请，到朝鲜的日语学校任教。与谢野铁干意气风发，写下了"韩山遍地植樱花，要教人吟大和男子歌"。然而，半年后，因参与闵妃被害事件而被捕，但因为日本有领事裁判权，与谢野铁干被送回日本受审，结果无罪释放。这段时期的经历给他的短歌创作带来了很多素材。1896 年，发表诗歌集《东西南北》，以"伫立韩山迎秋风，手抚大刀沉沉有所思"这样豪情四射的诗风征服了很多青年人，从而确立了他在诗坛的地位。第二年又出版了诗歌集《天地玄黄》，他的质朴刚健的风格被称为益荒男体（阳刚体）。

1900 年，28 岁的与谢野铁干创办了文艺杂志《明星》，提倡浪漫主义，以革新的短歌与传统的和歌御歌所派进行了抗争，为日本近代和歌带来了新风尚。《明星》杂志也发掘和培养了很多文艺俊才，除了凤晶子（即后来的与谢野晶子）之外，还有北原白秋、吉井勇、石川啄木等日本代表性诗人。只是混乱的男女关系被人攻击，与谢野铁干也因此一蹶不振。在勇于面对现实的自然主义文学的流行中，与谢野铁干所代表的浪漫主义文学也使读者失去兴趣。

本书摘译

自序

把小生的短歌和新体诗编辑为一册，就是这本《东西南北》。

小生八岁离乡出西京，东西驰骋，至今已有十五年。风尘仆仆，余暇时遣兴，聊以自慰的，诗歌而已。所以，小生的诗，有很多是在自娱之后又与他人分享的东西。

小生的诗，从幼年算起，虽然草稿很多但很少留存下来。回想起来，大概超过7000首，留在记忆中的只有五分之一。选取四五年前见于新闻杂志的，以及小生记忆中的诗歌，编成此卷。

小生的诗，无论是短歌还是新体诗，绝不崇拜谁，也不是谁的糟粕之余。一言以蔽之，小生的诗就是小生的诗而已。

……

小生并非以诗歌立身处世，但是与专业诗人诸君，无论在短歌还是在新体诗方面都抱有相反的意见。尽管如此，小生认识到现在早已不是议论的时代。

世上有很多乱弹琴的批评家，而小生则殷切希望能有很多对本书认真的、诗性的批评。

无题　二首

野に生ふる、草にも物を、言はせばや、涙もあらむ、歌も
あるらむ。

野地芳草从容言，一生也有眼泪也有歌。

花ひとつ、緑の叶より、萌え出でぬ。恋しりそむる、人に
見せばや。

一粒含苞在绿枝，情窦初开悄然人未知。

子规

世に出でし、人は帰るを、忘れけむ。むなしき谷に、啼く
ほととぎす。

追到人世人已去，独自犹忆空谷子规啼。

送德富苏峰君出游外国

崑崙の、西にもゆけば、いかばかり、世をおどろかす、君
が歌あらむ。

西行远到昆仑西，何等惊天动地君之歌。

去嵯峨观樱，途中遇雨

鋤き返す、牛の背しろし、雨交じり、桜ふき下ろす、山お

ろしの風。

> 翻土全是牛背力，山间寒风带雨吹落樱。

韓山に、秋かぜ立つや、太刀なでて、われ思ふこと、なき
にしもあらず。

> 伫立韩山迎秋风，手抚大刀沉沉有所思。

から山に、吼ゆてふ虎の、声はきかず、さびしき秋の、風
たちにけり。

> 韩山虎啸听不到，只有萧瑟秋风传寂寞。

八重浪

千里ふく、沖つ汐風に、真帆あげて、
益荒猛勇の、わが友は、南の洋の、
鰐のすむ、マニラを掛て、出で行く。

> 迎着千里海风，升起帆樯，
> 勇猛我友下南洋，
> 哪怕是，马尼拉的鳄鱼之乡。

いたずらに、行く旅ならず、事成らば、
御国の栄え、身の誉れ、功とく立て、
帰り来よ、豊酒かみて、我れまたむ。

> 去国不是行旅，只求事成，
> 为国为己求立功，
> 我愿意，在凯旋路上提壶浆。

ここちよの、君が旅路や、おもしろの、

けふの別れや、船の上に、巾打ふりて、

かへり見る、友の心や、いかならむ。

> 谈笑君之旅路，一别难忘，
>
> 船头手巾舞翩迁，
>
> 又好像，玉壶冰心朋友志向。

ひと声の、笛の響を、名残にて、

船は出でけり。友いづこ、その船いづこ。

かげ消えて、見ゆる限りは、八重の浪。

> 听着一声汽笛，心里惆怅，
>
> 人影船身去无际，
>
> 极目望，白茫茫一片八重浪。

在韩哪能死

韓にして、いかでか死なむ。われ死なば、をのこの歌ぞ、また廃れなむ。

> 在韩哪能死，我死之后和歌将若何。

韓にして、いかでか死なむ。猶も世に、見ぬ山おほし、見ぬふみ书おほし。

> 在韩哪能死，还有太多未见山与书。

韓にして、いかでか死なむ。一たびは、母にみやこの、花もみせばや。

> 在韩哪能死，要搬老母一见长安花。

韓にして、いかでか死なむ。あだに死なば、家の宝の、太

364

刀ぞ泣くべき。

　　　　　　　在韩哪能死，君死家传宝刀为君泣。

　韓にして、いかでか死なむ。師の君の、深きなさけも、未だ報いず。

　　　　　　　在韩哪能死，师友深情厚谊尚未报。

　韓にして、いかでか死なむ。思ふどち、ともに契りし、言叶もあり。

　　　　　　　在韩哪能死，山盟海誓相赠词犹在。

　韓にして、いかでか死なむ。今死なば、みやび男とのみ、世は思ふらむ。

　　　　　　　在韩哪能死，不想世间只留轻佻男。

　韓にして、いかでか死なむ。益荒夫の、かばね埋めむ、よき山もなし。

　　　　　　　在韩哪能死，穷山恶水无处埋君骨。

　韓にして、いかでか死なむ。死ぬべきは、十とせの後の、いくさ見てこそ。

　　　　　　　在韩哪能死，十年之后彼此疆场见。

　韓にして、いかでか死なむ。やまとには、父もいませり、母もいませり。

　　　　　　　在韩哪能死，大和故乡父在母也在。

悼念官妓白梅（汉文诗）

　我初入京城尚未足月，已经赋有如下的诗一首。

二八谁氏女，人云姓是张。

明瞬如有光，娇靥似含香。

一瞥万人狂，微颦千客伤。

瘦喜锦袿轻，暖帘罗带长。

掩扇非取凉，背烛为羞光。

多泪眷眷诚，无言脉脉情。

金钿刻谁名，玉函赠何郎。

三千里他乡，十五夜新盟。

语异难通章，酒醒空断肠。

偶自会玉堂，朝暮不得忘。

《金色夜叉》

1898 年春阳堂出版

出版解题：金钱还是爱情？解答这一庸俗问题的名作

在日本近代文学史上，接过坪内逍遥、二叶亭四迷大旗的是尾崎红叶等组成的砚友社。当时，《读卖新闻》也发表尾崎红叶的小说，因为尾崎的影响力非常巨大，还形成到底是《读卖》的尾崎还是尾崎的《读卖》这样的论争，而让尾崎的影响力达到最高潮的就是从 1897 年元旦开始连载的小说《金色夜叉》。这部小说围绕间贯一和鸱泽宫（小宫）之间的爱情和金钱的故事，在中日甲午战争之后的日本社会里赢得了高度的关注，从而成为明治以来最有人气的小说。尾崎红叶的这部《金色夜叉》和后来德富芦花的代表作《不如归》被并称为明治两大小说。

因为有很强的人气，尾崎不得不抱病继续创作，断断续续地在《读卖新闻》上发表。这样，《金色夜叉》不仅有春阳堂出版的前篇（1899 年）、中篇（1900 年）、后篇（1901 年），还有《续金色夜叉》（1903 年）、《续续金色夜叉》（1904 年）以及《新续金色夜叉》（1905 年与续续篇合为一册），然而，在连载过程中，尾崎因病去世。新潮社创立者佐藤义亮委托尾崎的学生小栗风叶在 1909 年又续写了《终篇金色夜叉》，让《金色夜叉》有了一个结尾。佐藤后来说，《终篇金色夜叉》的销售就像暴风一般地迅速扩大。这也从一个侧面显示了《金色夜叉》在当时受欢迎的程度。

《金色夜叉》的主题是爱情和金钱之间的矛盾，是一个陈旧而经典的主题，而作者实际上是描写了现实人物岩谷小波（间贯一的原型）和大桥新太郎（富山唯继的原型）之间的故事，加上作者富有感染力的笔触，让这篇小说竟然不落旧套而引人入胜。本来岩谷小波有一个在料亭工作的恋人须磨子，但在岩谷去京都工作的两年里，大桥新太郎乘机夺走了岩谷的恋人。尾崎红叶非常生气，就去料亭把须磨子踢倒在地，以泄愤怒。这段情事也被作者写进小说，贯一踢倒小宫的场面成为小说的经典场面。热海的海滨浴场边上还有好事者树立的贯一踢倒小宫的铜像。不过，大桥和须磨子结婚后生了 8 个孩子，组成了一个美满的家庭。这样的真情实景也让小说的人物栩栩如生，故事更加动人。

尾崎红叶的《金色夜叉》采用的是所谓的红叶文体，即以优雅的书面语与通俗的口语相结合的一种文体。这种文体比较适合当时的报纸连载，因为时人读报还有出声朗读的习惯。而书面语的朗读可以带来优美的享受。红叶文体和当时的言文一致运动有很大的落差，以致后来红叶文体被当作是一种过去的文体而失去现代读者的青睐。明治时期最畅销的小说原文，到 21 世纪已经很少有人问津了。

由于尾崎没有全部写完《金色夜叉》就去世了，这篇小说的整体性比较难把握，而流传下来的写作提纲也是真伪掺杂。1940年前后，中央公论社在编辑《尾崎红叶全集》的时候，曾经发现过一篇尾崎的创作提纲。其中有贯一把通过高利贷获得的财产全部用到正义的事业中去了。不过，当时这个提纲就被认为也是造假的东西。尾崎红叶的弟子们也都尝试过把《金色夜叉》写完，其中小栗风叶的《终篇金色夜叉》无论是文体还是故事情节方面都比较忠于尾崎红叶的原作，得到了广泛的认可。只是尾崎红叶脑海里的人物其最终命运到底如何恐怕是一个永远的谜。

本书概要

父母双亡，无人照管的间贯一在 15 岁的时候被父亲的恩人鸭泽隆三收留，住进了鸭泽家。

渐渐长大的贯一爱上了鸭泽的女儿小宫。鸭泽夫妻认为贯一非常优秀，而且品行方正，所以让他进大学学习，并答应把女儿嫁给他，让他继承鸭泽家家业[①]。不过，小宫在 17 岁的时候遇到了德国的小提琴手和学校院长的追求，开始相信以自己的美貌可

[①] 明治时代的日本依然讲究父母之命，媒妁之言。所以，虽然还没有结婚，但间贯一已经把鸭泽宫视为自己的妻子。

以找到有地位或者有资产的夫婿，就一直白日做梦。只是，她也不讨厌身为一介学生的贯一，因为和贯一在一起，她觉得非常愉快。有一次，贯一在外面大醉回来，躺在小宫的膝下，那时候，小宫所有的富贵欲望以及其他的梦想竟然被膝下的一团热气全部融化。

遇到银行家的公子富山唯继后，小宫终于移情别恋。有一天小宫和妈妈突然外出，说是去温泉疗养。贯一觉得奇怪，因为小宫并没有来和贯一告别。隆三借这个机会劝贯一去欧洲留学，对他说，我要把小宫嫁出去，而我会把这个家全部给你，你将成为我家的家督（家长）。隆三实际上是后悔以前许诺要把小宫嫁给贯一，而贯一也终于明白了小宫外出的缘由，但他依然对小宫痴心不变，追着小宫到了热海，在海边向她诉说衷情，但小宫没有回心转意。贯一大叫：1月17日，小宫，好好记住！明年今日的晚上，贯一将会在哪里看这个月亮？后年今日的晚上，10年后今日的晚上，我这一生是绝不会忘记今天晚上的。怎么能忘掉呢？死了也不会忘掉的。如果月亮模糊了，你就可以想到那是贯一在哪个地方憎恨着你。小宫并不是讨厌贯一，而只是想追求富裕的生活，小宫请贯一原谅，无力地依偎在他的身旁，但贯一推开小宫并把她踢倒在地，然后就人间蒸发般地消失了。

4年后，在贯一的同学荒尾让介去爱知县任参事官的路上，贯一重新出现在大家的眼前。这时候他已经成为高利贷商人鳄渊直行的手下，但他对小宫的痴情依然没有变，在回收高利贷的时候他常常懊恼地想如果当时也像现在这样有钱就好了。

高利贷商人赤樫满枝是有名的美人，虽然有丈夫但对贯一不断释放好意，但贯一却对满枝毫无感觉，反而鳄渊直行的妻子阿峰对丈夫和满枝的关系很不放心。有一天，阿峰让贯一去观察丈夫和满枝的情况，贯一就去访问了坐落在田鹤见子爵公馆内的畔柳元卫家。正好那个时候，小宫和丈夫富山唯继也受子爵的邀请来到了子爵公馆。正是命运的相逢，在子爵公馆内的小路上贯一和小宫无言地擦肩而过。贯一内心非常愤怒但眼里却充满了泪水，小宫更是惊恐万分，也羞愧难当。实际上，小宫在与贯一分手之后才知道自己是多么爱贯一。虽然和丈夫睡在一起，但小宫觉得这一生是不会忘掉贯一的。小宫也知道这是对丈夫的不忠，但却不能停止思念。小宫和丈夫生了一个孩子，但因为肺炎很早就夭折了。

每年的 1 月 17 日，小宫都是忐忑不安，不能平静。贯一说的"10 年后的今夜我会用我的眼泪让月亮变得模糊，如果月亮模糊了，你就可以想到就是贯一在哪里憎恨小宫，就像今夜一样在哭泣的"这句话，几乎每天都萦绕在小宫的脑海里。5 年前的 1 月 17 日，下了大雪，月亮不见了。小宫只有悔恨，只有自责。

丈夫外出的时候，小宫就是一家之主，既没有需要服侍的公婆，也没有不好说话的小姑，也没有吵闹的小孩。一个仆人和两个女佣，什么活儿都让他们去做，自己一天到晚无事可做。出门有车，吃饭有肉，说出的话没有人不听。那不是现在年轻的夫人们最理想的生活吗？可是，小宫却再难放下以前的恋人，就是在丈夫面前也常常走神。

贯一毫无人性地追讨高利贷，让他以前的朋友感到非常愤怒，为此他们吵了架。但贯一还是不为所动，非常冷酷地去追讨高利贷。一天，贯一在路上被两个暴徒殴打了一顿，身负重伤，幸好没有生命危险。暴徒没有被抓到，大概是和高利贷有关。贯一在医院养伤，满枝来过几次后，医院开始出现流言蜚语。躺在床上的贯一也不好意思拒绝满枝的探望，但又不想理她，满枝热情不减，有空就来。鸥泽隆三也来病房探望贯一，贯一大吃一惊，抑制不住满腔的仇恨，他不想见隆三。隆三对传话的人苦笑说，多年前的事还是没有忘记啊。那就让我看一眼贯一吧。隆三走到贯一的病床前，可是贯一却说不认识他，要他回去。隆三说，5 年前，你和我们切断了关系，但是我们却没有这样想。贯一听了虽然一言不发，但流出了眼泪。

　　在贯一准备出院的三天前，他得知鳄渊家失火就急忙赶来，但鳄渊家已经连影子也没有了。这次火灾是人为的，放火的人是借高利贷的饱浦雅之的老母亲，因为伪造了从鳄渊这里借的高利贷的文件，饱浦因此而获罪被判罚 10 日元的罚款，并禁锢一年的处罚。老女人怎么也想不通，终于发了疯，并点火烧掉了鳄渊家。鳄渊夫妻也被大火烧死了，只留下了没有被烧掉的保险箱。虽然都知道人总会死的，但绝不会想到常常相见的人也会死。病后的贯一想念着鳄渊夫妇，心里更是空荡荡的什么也做不了。外出旅行的鳄渊儿子回来了，他劝守着鳄渊家保险箱的贯一不要再放高利贷了，他说，贯一洗手不干的话，就是替他的父亲赎罪。但贯一不听劝说，要重操旧业。鳄渊儿子把父亲留下的这片土地和财产都给了贯一，希望他做一些正常的生意。但贯一收拾了废墟，重新建造了一所房子，然后继承了鳄渊的事业，继续放高利贷。

一天，小宫坐的车撞到了一个醉汉，她认出那是贯一的老朋友荒尾。看到荒尾变化那么大，小宫百感交集。她带荒尾去诊所，医生给荒尾的外伤涂了药。在那里，荒尾讲述了贯一与小宫分手后，给他来信诉说了一切。荒尾批判贯一不应该为了一个女人毁掉自己的人生，同时他也憎恨小宫是罪大恶极的人。小宫泪流满面，她向荒尾哭诉，从心底忏悔。面对小宫真诚的忏悔，荒尾原谅了小宫。小宫希望能再见贯一一面，但荒尾说帮不了忙。

小宫的丈夫唯继开始经常夜不归宿，而小宫也不责怪他。只是更加想念贯一了。经过无数次思想斗争后，小宫终于给贯一寄出了一封信。贯一非常激动，一字不漏地读了小宫的信。但是，后来再收到小宫的信时，就全部烧掉了。贯一心里从激动变为愤怒，早知今日，何必当初。然而，小宫还是继续给他写信，这让贯一渐渐地不再生气，反而觉得小宫非常可怜，也觉得自己实际上还是没有忘掉小宫。尽管这样，贯一还是不肯原谅小宫，不愿意读小宫的信，也不愿意回想和小宫在一起的日子。

为了小宫的事，荒尾来见贯一。荒尾为了正义而丢掉令人羡慕的工作，为了报恩而负债累累，但却并不抱怨。贯一觉得他是顶天立地的男子汉。

有一天，贯一在千叶车站前休憩处无意间听到了一对男女的对话。这两个人就是放火烧掉鳄渊家老女人的儿子饱浦雅之和他的婚约者小铃。因为自己做了很多错事以及老母亲犯了罪，雅之告诉小铃两人最好分手。无意间听了这席话的贯一突如想起了自己和小宫的关系。几天后，小宫来找贯一，却一直被贯一责骂，小宫不知怎么回事，只是一个劲地赔礼道歉。贯一问：6 年前的 1 月 17 日，那个时候的事还记得吗？小宫不知所措。贯一继续说，忘记了吗？小宫坚决地说：不，我不会忘记的。贯一说：嗯，那个时候贯一的心情现在的小宫应该会体会到的。小宫说：请忍耐吧。

那天晚上，满枝和小宫发生了争吵，小宫用短刀刺杀了满枝，然后一边请求贯一原谅，一边用短刀刺向自己的喉咙，最后从悬崖上跳了下去……贯一大吃一惊，原来是做了一个噩梦，只是贯一还记得他在梦里原谅了小宫，并且也自杀了。

贯一出去旅行，在西那须野站上车后，看到的风景竟然和噩梦中的风景一样，让贯一非常惊恐。神魂不定的贯一在旅馆清风楼的大浴室里与一个处处小心翼翼的男人相遇，不知为什么贯一很喜欢和他交谈。不过，晚上，这个男人出去后就没有回房间，到第二天早上，他带了一个女人回来了。听着这两个人的对话，贯一又想起了自己和小宫的事情，所以，就默默地祝福这两个相爱的人能够幸福地生活下去，没有想到他们把最后的酒喝掉之后就要双双服毒自杀。贯一想也没想，就冲进去夺走了他们手里的毒药，拯救了这两个人的生命。然而他们欠了人家三千多日元的债依然没有着落。贯一说，为了区区这点钱两个人都去死一点也不值得，我可以替你们还。

这个要服毒自杀的女人是一个艺伎，让贯一没有想到的是，小宫的丈夫富山唯继正准备给她赎身带回去金屋藏娇。更让贯一感动的是，这个艺伎不愿被富山赎身而情愿与这个男人殉情，让贯一感到什么是大义。从富山想到了小宫，贯一一边感叹自己无法帮助心爱的人，一边又非常慷慨地帮助了素未谋面的人，虽然觉得非常愚蠢，但贯一还是觉得值得替这两个人还钱。

生活平静下来，贯一打开了一直没有开封的小宫的来信。那封信就好像遗书一样，向贯一显示了小宫日益憔悴的身心。

第八章

不如归

1 走向帝国主义（二）产业革命

从殖产兴业到产业革命

明治改元后仅过了 20 个月，明治政府就在财政极度困难的情况下投入 24.5 万日元，建设了近代化的缫丝厂：富冈制丝场。明治政府希望把生丝当作出口创汇的一种商品，但当时日本粗制滥造的生丝影响了出口。为了更好地实现政府的希望，需要改进生丝的品质、提高生产能力，并培育技师，所以，政府决定建设拥有欧式缫丝机的缫丝厂。实际上这也意味着明治政府振兴经济的殖产兴业政策的开始。

富冈制丝场实际上也是明治政府设立的一个样板工厂，政府希望通过样板工厂的设立，迅速吸收西方技术并传播给民间，促进民间企业的发展。所以，在轻工业领域里，政府设立了很多这样的样板工厂，除了富冈制丝场之外，还有品川硝子制作所、爱知纺织所、深川工作分局、札幌麦酒酿造所等。为了引进西方技术，明治政府还出高价聘请了很多外国技师和学者，前后达 3000 人左右。外国技师得到的月薪最高的超过 1000 日元，而当时日本政府最高的首脑太政大臣的月薪也只有 800 日元，可见明治政府引进外国技术的热情是非常之高。

从明治十年（1877 年）到明治三十六年（1903 年），明治政府参照万国博览会的形式，组织了国内劝业博览会，促进了国内产业和贸易的发展。从 19 世纪 70 年代初开始建设的铁路网也为日本的产业革命提供了有利条件。19 世纪 80 年代，明治政府的紧缩政策引起农作物价格的暴跌，造成很多农民破产，同时也让有钱人乘机低价收购土地、投放高利贷而获得暴利。然后他们又开始设立近代企业。另一方面，官营样板工厂的经营状况并不理想，政府不得不把这些工厂作价出让给民间企业。从 1886 年开始，日本出现了设立企业的热潮，日本也进入了产业革命时代。

明治政府在设立样板纺织企业后，曾经对 10 家民营企业以 10 年分期付款，不带利息的条件各转让了 2000 锤纺机。但是这样的保护政策让这些企业不想扩大生产规模，反而自我捆绑了企业的手脚，造成了经营困难。1882 年创立的大阪纺织针对这些问题，在涩泽荣一的呼应下，募集了大量的资本金，引进了 15000 锤的大规模设备和英国的纺织技术，并采用蒸汽机为安定的工厂动力，日夜不停地运转，提高了资本周转率，从而形成了非常有效的生产体制。1888 年以后，以大阪纺织为榜样，出现了三重纺、钟渊纺、摄津纺、尼崎纺等拥有 10000 锤规模的纺织企业，到 1890 年，这样的纺织企业增加到 39 家，日本进入了纺织产业迅速发展的阶段。民营企业的经营者以灵敏的市场对应能力，带动了企业的发展。

纺织纤维行业是明治时期的基干行业。1874 年该行业的生产额占日本制造业生产总额的 26%，到 1897 年达到了 41%。之后虽然占比有所下降，但到 1907 年还有 32%，依然是当时日本最大的行业。不过，日本政府认为，钢铁是工业之母，是护国的基础。所以开始强化重工业。1900 年，利用甲午战争后从中国得到的赔款，日本引进德国技术，在福冈建设了当时亚洲最大的钢铁厂：八幡制铁所。其铁矿石主要是来源于中国的大冶铁矿。在日俄战争后，日本的钢铁、造船和车辆制造等重工业都开始发展起来。从 1890 年到 1910 年，日本的工业增长率平均每年为 5%，而世界同期为 3.5%。从 1895 年到 1915 年，日本的工业生产总额增加了 2.5 倍，超过了同时期美国增加了 2 倍的发展速度。

虽然日本的产业革命带动了日本工业的发展，让工业产值在国内各行业产值占比从 1885 年的 12.6% 上升到 1914 年的 18.1%，但这也意味着到明治末年，日本还是一个农林水产业占主导地位的国家。在明治时代，日本农村的生活变得越来越困苦。农民中的佃户占比从初期的 28% 上升到末期的 45%，这说明很多农民因为贫穷而不得不变卖自己的土地。1901 年，长塚节在小说《土》里面这样描写过当时农民的状况：贫穷的农民虽然一直在努力种植粮食，但到收获的时候大部分已经不是自己的东西了。他们可以拥有的只是留着农作物根的田地之间可以立足的一块土而已。交租后如何过冬就是他们头疼的问题了。这样的困苦迫使很多农民离乡背井到城市谋生，有的甚至移民海外，到美洲去谋生。这样，农村也为日本的近代工业化提供了大量的劳动力。

明治时期的工业发展为日本成为工业强国奠定了基础，到第二次世界大战前夕，日本的工业产值超过其他产业成为日本最大的产业。

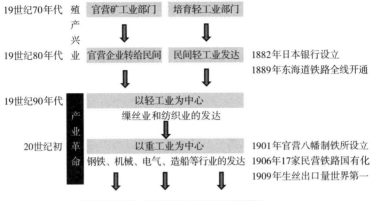

日本产业革命历史进程示意图

19世纪70年代 殖 产 兴 业 | 官营矿工业部门 | 培育轻工业部门

19世纪80年代 | 官营企业转给民间 | 民间轻工业发达 | 1882年日本银行设立
1889年东海道铁路全线开通

19世纪90年代 产 业 革 命 | 以轻工业为中心
缫丝业和纺织业的发达

20世纪初 | 以重工业为中心
钢铁、机械、电气、造船等行业的发达 | 1901年官营八幡制铁所设立
1906年17家民营铁路国有化
1909年生丝出口量世界第一

财阀支配经济　生产扩大　劳动·社会问题

政商与财阀

　　由于官营企业经营不善，加上政府的财政困难，于是明治政府就开始着手把除了军工、造币和通信以外的官营企业作价转让给民营企业。在这个过程中，与政府有密切关系的所谓的政商以非常低廉的价格受让了这些官营企业，为这些政商向财阀的发展打下了基础。比如三井家是以12万日元的代价受让富冈制丝场的，而明治政府创办这家工厂最初的投资是24.5万日元。

　　实际上三井财阀源流之一的三井物产本身就是明治初年的政治家井上馨于明治六年（1873年）创办的，当初叫作先收会社，主要是为日本陆军从美国购入物资而维持运作的。尽管井上很快回到政府工作，但改名为三井物产后并没有切断这种政商关系。

三井物产后来成了三井财阀的核心企业。三井财阀另一个核心企业是创办于 1876 年的三井银行。不过，三井家从事金融业已经有 300 多年的历史，近代日本最初的私立银行三井银行就是在这个基础上创办的。虽然是私立银行，但是三井银行很多的借贷业务和政府有关，而且还有作为政府地租收缴窗口等稳定的业务。然而正是这种与政府密切的关系让三井银行在政局的变化中受到很大的影响，面临着经营危机。从外部招聘而来担任三井银行负责人的中上川彦次郎果断地进行了改革，对不良债券进行了整理，同时也拒绝处理政府的金融业务。中上川管理下的三井银行不仅拒绝了伊藤博文在京都游玩时没有抵押物的借款要求，而且还强行扣押了借款不还的桂太郎的住宅。中上川改革了传统的政商经营方式，引进了合理的近代化经营。通过对不良债权的处理，三井银行内部成立了工业部，管理那些从债主手上得到的企业。不仅如此，中上川还积极收购相关的工业企业。收购了富冈制丝场、钟渊纺织等产业革命时期日本的代表性企业，除此之外，还把王子制纸、芝浦制作所（即东芝）等企业收归伞下。中上川死后，继任的益田孝完成了银行、矿山和物产的三大事业体制的构建，1909 年，控股公司三井合名会社的设立宣告了康采恩体制的三井财阀的诞生。虽然三井财阀的实际经营者都不是三井家族出身，但由于三井合名会社的出资者只限于三井家族，从而确保了三井家族与三井财阀包括经营者在内的员工之间的主人和仆人的封建关系。

日本主要四大财阀之一的三菱财阀则是近代日本从政商发

展为财阀的一个典型。与三井、住友等财阀不同的是，三菱财阀完全是通过与政府的密切关系而发展起来的新财阀。明治七年（1874年），明治政府准备攻打台湾，希望欧美的商船来运送日军，但欧美人全部拒绝。不得已，明治政府要求创业不久的三菱商会来运送。这时候三菱本身没有几条船，如果为政府运送日军去台湾，国内的市场就可能被竞争对手夺取，但三菱创业者岩崎弥太郎的政治嗅觉更加灵敏，认为豪赌一次可以获得更多的利益。结果三菱获得了成功，政府不久后把当时购入的13艘运输船全部无偿转让给三菱，并且让三菱负责政府的相关运输。在后来的西南战争中，日本政府支付的4200万日元军费中，竟有1500万日元是支付给三菱的。

但是，三菱很快从海运事业脱身而出，并开始接手官营的长崎造船所、佐渡银山等工业矿山企业，并进军金融保险业。明治二十五年（1892年），三菱受让到皇宫前面26.4万平方米的旧大名的土地，就此建设了丸之内办公楼群，从而开始了不动产事业。明治二十七年（1894），成立了三菱合资会社，以控股公司的形式，控制三菱财阀所属企业。

与三井和三菱不同，住友财阀的政商色彩非常少，具有400年历史的住友财阀也是世界上历史最悠久的财阀。他们是从经营铜矿开始，延伸到铜加工业，进而进入了金属工业。明治二十八年（1895年），成立住友银行，给系列企业进行融资，从而在日本的财阀中占据了一角。而四大财阀之一的安田财阀则是从金融业起家以融资方式控制了很多企业。

明治时代，政府作价转让的官营企业，很多都成为日本财阀发展的基础。经过他们的经营发展，到 20 世纪 30 年代，日本这四大财阀的财产已经占据日本全国的 1/10，在日本的经济中具有举足轻重的地位。早在 1907 年，山路爱山在《现代金权史》中就指出，岩崎、三井都是具有 500 万石（折合当时的货币为 1 亿日元）以上的大资本家，他们以巨额资本为武器独占市场，压制了中小商人的活动。日本财阀的兴起虽然起到了推动日本经济发展的作用，但也利用与政府的密切关系而独占性享受着市场的利益，带来了很多社会问题。

工业化带来的社会问题

富冈制丝场招收的第一号女工是豪农出身的尾高勇，这倒不是因为她的父亲尾高惇忠是工场的首任场长而开的后门，事实上是一个不得已的选择。因为当时社会上流传着近代化工厂里洋人要喝女工的血那样的迷信流言，所以没有人敢应聘去工场做工。在这样的情况下，作为场长的尾高只能带头把自己的女儿送到工场。后来，工场里士族出身的女工很快就增加起来，不过，这并不是因为尾高勇的榜样作用，而是明治政府取消了对武士俸禄的支付，全国失业的士族都必须出来工作才能生活下去。然而，正处于爆发式增长阶段的日本纺织行业对女工的大量需求并不是士族能完全满足的。而这个时候，明治政府采取紧缩政策，导致农作物价格暴跌，迫使很多农民不得不因此离开他们的土地到城市来谋生。纺织行业对女工的大量需求才得到了满足。这些从小就吃苦耐劳的女工大量出现，让日本的纺织行业迎来了快速发展时期，但资本家对她们的剥削也越来越残酷，日本的纺织女工的薪资比印度的纺织女工还要低，而且一天需要做14个小时以上的工，劳动条件已经远远比不上样板工场的富冈制丝场。对女工的悲惨状况，细井和喜藏在《女工哀史》里用一首女工之歌进行了揭露：

> 笼中的鸟儿蹲监狱的人哪比得上女工的痛苦，
> 工场就是地狱主任就是魔鬼让生灵遭受荼毒，
> 在工场做工如同罪犯只差用铁铐脚链来锁住。

当然，这样的悲惨状况不仅发生在纺织女工身上，也发生在其他行业的工人身上，是一种社会性的问题。明治十九年（1886年），在日本全国各地工厂里劳动的工人只有7万多人，而到明治四十二年（1909年）工人的数量已经超过80万人。资本家的剥削，残酷的劳动逼迫工人们起来反抗。随着工人数量的增加，他们开始用罢工的形式起来斗争。1886年，在山梨县雨宫制丝场爆发了日本近代第一场罢工，要求改善待遇。这样的罢工成为工人们反抗的有效武器。1897年，工人们在新成立的工会领导下，在一年之中就组织了32场罢工，取得了一定的成效。面对工人起来反抗，明治政府一边用治安警察法予以镇压，一边也制定了工场法，规定每天劳动时间不得超过12小时，但大多数工人不满15人的工场都不遵守这样的工场法，长时间劳动的情况在明治时代都没有得到有效的改善。

近代工业化给日本还带来了公害问题。明治十年（1877 年），古河财阀的始祖古河市兵卫收购了足尾铜矿后，用最野蛮的方式进行开发，迅速地扩大了生产，古河也得以成为明治时代的铜山王。但这样的野蛮开发对森林生态环境破坏很大，引发了利根川流域洪水接连暴发并带来了很大的污染。明治二十三年（1890 年）的大水之后，洪水带来的铜矿污染造成利根川这一带土地不能种植粮食，水井里的水也不能饮用。1896 年和 1898 年又暴发了洪水，铜矿的污染更加严重。农民们不得不集体上访，申诉灾情，要求政府予以处理，但是，足尾铜矿给明治政府提供了急需的制造枪支弹药的铜料，所以政府非但不接受农民的请愿，反而派宪兵把农民的上访都镇压了下去。结果引起了社会的公愤，很多社会主义团体、基督教徒以及妇女、学生团体都出来声援受害农民，但这也没能让明治政府接受农民的要求。足尾铜矿的污染问题成为明治时代日本资本主义在牺牲农民利益的基础上得到发展的一个典型事例。

2 历史大事记（1899—1902 年）

1899 年

1 月，《反省杂志》改为《中央公论》发行。

2 月，东京和大阪之间的长途电话开通。

修订中学校令和实业学校令公布，规定各道府县必须设置 1 所以上的中学校，并规定中学校和高中都是大学教育的中间阶段。高等女校令公布。这些法令的公布意味着日本中等教育体制的完成并一直延续到 1945 年日本战败为止。

3 月，新《商法》公布。

为阻止政党介入文官人事，第二次山县有朋内阁公布修订文官任用令。

6 月，东京神田的锦辉馆在日本第一次上映新闻电影《美国西南战争》。

日本率先活动写真会上映日本第一部国产电影。

8 月，公布私立学校令，强化对私立学校尤其是外国人经营的学校的监督。

日本麦酒在东京京桥区开设啤酒馆。半升啤酒为 10 钱。

11 月，日本 51 个市成立选举法改正全国各市联合会，要求把市作为独立选举区。

12 月，递信省决定实施贺年明信片元旦配送。

1900 年

1 月，东京市为防止鼠疫，以一只老鼠 5 钱的价格收购老鼠。有人因此发财。

2 月，东京帝国大学接受陆军委托，增设接收陆军炮工学校毕业生的特别课程。

足尾铜矿污染受害者上访途中遭到警察围堵，多人受伤。田中正造在众议院对政府提出抗议，并提出足尾铜矿污染受害者救济案。

大审院判定娼妓与妓院的人身买卖契约不再有效，妓女可以自由从良。10 月，内务省公布取缔娼妓规则。

3 月，公布未成年人禁止抽烟法。

公布修订众议院选举法，缴纳直接国税 10 日元的人具有选举人资格。采纳无记名投票，规定 1 府 1 县为 1 个选区。

4 月，与谢野铁干创刊《明星》杂志，提倡浪漫主义。

东京市开始直营垃圾处理事业。

5 月，敕令修订陆军省和海军省官制，规定陆军大臣和海军大臣必须由现役军人担任。

6 月，警视厅指定左侧通行的交通规则。

7 月，日本政府决定增派 1 个混成师团参加八国联军进攻中国。

8 月，修订小学校令，统一义务教育为 4 年，免收学费。

9月，在新桥和上野车站内开设公共电话，一次电话费为15钱。

津田梅子创立女子英学塾（后改为津田塾大学）。

近卫笃麿、头山满等组成国民同盟会，积极推行干预中国的政策。

11月，海军军舰"三立"在英国竣工。这是海军扩张计划中最后一艘军舰。

12月，熊本第九银行停止支付，引起第二年日本全国的金融恐慌。

1901 年

1月，武宫外骨创办《滑稽新闻》。

2月，以内田良平为首的右翼团体"黑龙会"成立。

官营八幡制铁所第一高炉点火投入运营。

以救济战死者以及准战死者为目的的爱国妇人会在东京成立，会长为奥村五百子。

3月，在天皇的责令下，贵族院通过了在二月曾经被否决的增税案。

东京音乐学校出版《荒城之月》《箱根八里》等中学采用的歌曲。

4月，二六新报社组织的第一届日本劳动者大恳亲会召开，3万多人参加。

5月，山阳铁道神户到马关全线开通。

片山潜、幸德秋水等组成社会民主党，为日本第一个社会主义政党。3 天后被禁。

警视厅禁止车夫等赤脚。

6 月，政友会核心人物星亨在东京市役所遇刺身亡。

8 月，高山樗牛在《太阳》杂志上发表《论美的生活》。"美的生活"成为流行语。

9 月，大日本劳动团体联合会成立。

内田良平在《黑龙》上发表对俄罗斯开战的主张，第二天《黑龙》被禁。

10 月，黑田清辉在白马会第 6 次展会上展出裸女，被非议后不得已用布遮住裸女下半身。

日本在美国融资 5000 万日元失败，引起日本股市暴跌。

11 月，第一银行获得在韩国发行纸币的独占权。

1902 年

1 月，日英同盟条约签订。这意味着日本进入帝国主义列强行列。

日军第 8 师团青森步兵第 5 连队在大雪中强行军，结果几乎全部冻死。

2 月，东京瓦斯会社取得煤气炉灶专卖特权，扩展了煤气的用途。

3 月，警视厅禁止二六新报社准备举办的第 2 届日本劳动者恳亲会。

6 月，日本最初的私立图书馆大桥图书馆设立。

7 月，文部省发布命令，严格取缔中学、师范学校的骚动。

广岛的军工厂发生 5000 人的罢工，政府投入军队镇压。

8 月，西本愿寺大谷光瑞从伦敦出发去中亚探险。

日本兴业银行第一次发行债券，融资 200 万日元。

9 月，东京专门学校改称早稻田大学。

海军教练机舰筑波号发生 70 个水兵的暴动。

10 月，秋田县设立巡回图书馆，向偏僻地区提供服务。

12 月，围绕小学教科书采用的贿赂问题被大规模检举出来，警察逮捕了出版社的相关人员以及各地学校的负责人和一些文部省官僚。1904 年审判后被定罪的人超过 100 人。这个事件导致日本从 1903 年开始采用国定教科书制度。

3　畅销书概况：文艺作品成为畅销书的主角

　　作家的用功加上出版社的努力，日本的畅销书数量也逐渐增加。在这些畅销书里，诗歌小说等文艺作品成为主角，带动了畅销书的发展。而作家的层出不穷也使小说出现很多不同的分类，如家庭小说、冒险小说、历史小说、社会主义小说以及自然主义小说等，侧重点不同，可以有很多的细分。

　　与尾崎红叶的《金色夜叉》并称为明治两大小说的《不如归》反映了家庭内新旧思想的对立和纠葛，加上故事里穿插了当时社会关注的传染病的相关描写，深深地吸引了当时社会大众的注意。作者德富芦花受基督教影响的自然主义作品《自然与人生》等著作同样受到读者的欢迎，让德富芦花成了明治时代长盛不衰的畅销书作家。

　　在家庭小说领域里崭露头角的是菊地幽芳，作为报纸连载小说的作者，菊地创作了《罪己》和《乳姊妹》等小说，为自己赢得了社会名声，为明治文坛确立了家庭小说的种类。菊地还翻译了法国作家艾·马洛的《苦儿流浪记》，以少年少女为对象，扩大了家庭小说的范畴，也让他的小说获得了更多的读者。

　　文武堂出版的押川春波创作的《海底军舰》给明治文坛带来了冒险小说这一类型，金尾文渊堂出版的中村春雨的获奖小说《无花果》则带来了带有宗教小说色彩的家庭小说。

翻案小说是明治时期出现的比较多的一种小说类型。即保留外国小说的故事梗概，而把外国小说中的人名、地名以及风俗习惯全部改为日本风貌的小说。北里大学讲师堀启子曾经考证出尾崎红叶的《金色夜叉》就是从美国作家 Bertha Clay 的小说 *Weaker than a Woman* 翻案而来的。在这方面用功最勤的恐怕是黑岩泪香。精通外语的黑岩大概写作了 100 篇以上的翻案小说，这与他创办《万朝报》有一定的关系，因为当时的报纸都会安排文艺副刊，用连载小说的形式吸引读者。黑岩又把这些连载小说交给东京的扶桑社出版，其中《岩窟王》（翻案《基督山伯爵》）、《噫无情》（翻案《悲惨世界》）等都成为当时的畅销书。

从社会、家庭转向自然也是一种自然的趋势。19 世纪末法国流行的自然主义文学理论转到日本后，也引起了很多日本作家的响应。国木田独步是其中的佼佼者，他的《武藏野》以清新自然的风格独步明治文坛，带动了很多作家采用自然主义的写作手法来创作，形成了自宫崎湖处子的小说《归省》以来的日本自然主义文学的高潮。

日本著名歌曲《荒城之月》的作词者土井晚翠在高山樗牛的推动下，出版了第一本诗集《天地有情》，登上了明治的文坛。土井的诗近于汉诗，呈男性风格，与擅长女性风格的诗人岛崎藤村并列形成了"藤晚时代"。两年后，与谢野晶子以处女诗歌集《乱发》走红日本文坛，刮起了一股颇受争议的新风。

这个时期，日本读者对思想家的传记回忆也都非常感兴趣。引领明治畅销书的福泽谕吉在生命的最后时刻又贡献了一本畅销书《福翁自传》，这本近代思想家先驱的自传不仅叙说了处世哲学，而且记录了很多资料，成为日本近代史的重要文献。这本书不仅当时非常畅销，而且后来也出了各种版本，成为日本最为普及的名著。在福泽谕吉去世的那一年，自由民权运动的指导者中江兆民被确诊为喉头癌，余命只有一年半。作为生前遗稿，他整理出一本《一年有半》的论集，交给博文馆出版后，立刻成为畅销书。为此博文馆在一个月后就又出版了《续一年有半》，同样受到了读者的欢迎。

1899—1902 年的畅销书			
时间	书名	作者	出版者
1899 年 （明治三十二年）	「福翁自伝」 《福翁自传》	福泽谕吉	时事新报社
	福泽谕吉晚年用口语体写的回忆录。原文分 67 篇，从 1898 年 7 月到 1899 年 2 月载于《时事新报》。为日本近代史的重要文献		
	「天地有情」 《天地有情》	土井晚翠	博文馆
	土井晚翠的第一本诗集，收录了 41 首诗。土井认为诗是国民的精髓，世界上没有一个伟大的国民没有伟大的诗。这本诗集是以男性诗风而风靡一时的浪漫诗歌的精华		
1900 年 （明治三十三年）	「不如帰」 《不如归》	德富芦花	民友社
	「自然と人生」 《自然与人生》	德富芦花	民友社
	这本旨在在对自然的凝视中歌唱对人生遐想的随笔小品集，被誉为无韵的诗篇，是日本近代自然主义文学的金字塔		
	「地理教育　鉄道唱歌」 《地理教育铁路歌曲集》	大和田建树 创作并演唱	东京开成馆

1899—1902 年的畅销书			
时间	书名	作者	出版者
1900 年 （明治三十三年）	由歌唱家大和田建树作词并演唱的以东海道铁路、北海道铁路等为主题的歌曲。由市田元藏企划，大阪的乐器店老板三木佐助结集分 5 册出版。第二版由三木乐器店出版部东京开成所出版。到大正时代为止，本套书发行数量超过了 2000 万册，第一句"汽笛一声"的歌词影响至今		
	「己が罪」 《罪己》	菊地幽芳	春阳堂
	把恋爱神圣化的明治家庭小说的代表作。描写了基于儒家思想旧道德的明治时代日本人的思想行为		
	「海底軍艦」 《海底军舰》	押川春波	文武堂
1901 年 （明治三十四年）	「思出の記」 《回忆之记》	德富健次郎	民友社
	原载于《国民新闻》上的长篇小说。是描写明治时代蓬勃向上气氛的浪漫主义文学的杰作		
	「巌窟王」（全 4 卷） 《岩窟王》全 4 卷	黑岩泪香	扶桑堂
	基于法国作家大仲马《基督山伯爵》的翻案小说，黑岩把小说中的人名之类改成日本读者容易接受的日本式样，但故事情节基本上和原作相同		
	「武蔵野」 《武藏野》	国木田独步	民友社
	「無花果」 《无花果》	中村春雨	金尾文渊堂
	邮局职员写的这篇家庭小说获得大阪《每日新闻》征文一等奖，这篇又有宗教小说、社会小说色彩的小说很好地捕捉到时代的需求而博得好评		
	「みだれ髪」 《乱发》	与谢野晶子	东京新诗社
	与谢野晶子的第一本诗集。全篇的诗歌以大胆奔放的官能性表现，讴歌了热情洋溢的女性的青春		
	「一年有半」 《一年有半》	中江兆民	博文馆

4　代表性畅销书详解

《不如归》

1900 年民友社出版

出版解题：可以引起大家对明治时代"家"和夫妻关系深思的小说

德富芦花原名德富健次郎，因小说《不如归》而闻名日本文坛。不过，这部小说在其兄长德富苏峰创办的《国民新闻》上开始连载的时候并不被看好，在报纸版面排满的时候就安排到第二天刊载。然而，因为芦花妙笔生花，故事引人入胜，加上故事是以陆军大将大山岩的女儿为原型而备受社会瞩目，小说越来越受读者的欢迎。到 1899 年在报纸上连载结束后，民友社立刻将其编辑成为册，于 1900 年 1 月出版了本书，初版印数为2000 册。

1909 年，德富芦花在《不如归》第 100 版的"前言"中说明了创作本书的缘由。当他在湘南海边一个叫"柳屋"的旅馆中养病的时候，遇到了福家静子，她是一个陆军中佐的遗孀。这个中佐是征清第二军司令官的中将副官，是在中日甲午战争中病死的。德富芦花从福家静子那里听到了这段真实的故事，由此创作了《不如归》。

　　明治时代，大量人口从农村涌进城市，也带来了家庭观念的变化。不过，日本在 1898 年实施的《民法》似乎还没有跟上这种历史发展的脚步，因为在这部法律中正式承认了日本传统的家制度，强调了家督（家长）的地位和作用。实际上这应该是反映了家庭观念的变化是一个漫长的过程。在明治《民法》实施的同一年发表的小说《不如归》里，德富芦花用主人公武男和他的母亲的对话很好地展示了新旧家庭观念的纠葛[1]。

　　武男的母亲要求他和得了结核病的妻子浪子离婚，但与妻子两情相爱的武男不同意。他的母亲就以"家"的安泰为理由进行劝说，因为浪子得了结核病会传染给丈夫，也会传染给他们以后出生的孩子，而结核病在当时基本上属于不治之症，那样的话，武男以及他们未来的孩子都有生命危险，代代相传的这个"家"就后继无人了。由于武男坚决不同意离婚，武男的母亲就祭出最后的撒手锏，拿出祖先的牌位来劝说。这说明当时的家庭观念中，

---

① 富田哲："明治期の文学に見える「家」意識"，《行政社会論集》第 29 卷第 4 号，2015 年。

家庭成员不仅是活着的人，而且也包括了代代相传的祖先。对家的负责也是对祖先的负责，这是一种神圣的责任。就是在新的家庭观念的冲击下，这样传统的家庭观念在明治末年依然具有很强的社会影响力。

《不如归》所展示的这样的纠葛，也让当时的读者感同身受。本书出版后当年就发行了 9000 册，以后数年每年都超过 1 万册。本书出版后第二年，大阪的朝日剧场把本书改编成话剧上演，1908 年，柳川春叶也将其改编成话剧在东京上演。这些新剧的上演也进一步促成了本书的畅销。到 1909 年，本书已经重印 100 版。而到 1927 年，本书已经重印 190 版，累计销量突破 50 万册。继这篇小说畅销后，德富芦花接连出版了 5 本畅销书，成为明治后期出版界的宠儿。

由于德富芦花不满意其长兄德富苏峰接近日本的藩阀政府，两人政见逐渐不合。1903 年，德富芦花在新作《黑潮》的卷首发表了《告苏峰家兄书》，宣告兄弟的诀别。这一别就是 15 年，直到德富芦花临终之时，兄弟二人才重新见面。与长兄诀别后，德富芦花成为职业作家，继续发表反映当时社会现状的社会小说。这些小说也被称为社会主义小说，不过，与明治时代的无产阶级小说完全相同。

受列夫·托尔斯泰的影响，1907 年，德富芦花搬到东京近郊过上了晴耕雨读的生活，一直到去世。这段时间，德富芦花实际上已经离开文坛，很少写作了。但为了安慰病倒的国木田独步曾写过一篇随笔，也曾为挽救幸德秋水的性命在《朝日新闻》上发表了给明治天皇的请愿书。挽救失败后，德富芦花第一高等学校（东京大学教育学部的前身，当时是东京大学的预备班）发表了《谋反论》的讲演。很多日后在日本政坛发挥作用的学生受其影响，开始奉行社会主义。

本书梗概

在上州伊香保温泉旅馆，新婚燕尔的浪子心事重重地从3楼的窗户里眺望着晚霞中的远山，还有山上飘着的彩云。浪子在等她的新郎，海军少尉川岛武男男爵。

伊香保温泉旅馆风光明媚，浪子的年龄也只有十八九岁，幸福生活好像就在眼前，但浪子却满脸愁容。浪子的父亲是陆军中将片冈毅子爵，家庭出身比较高贵，然而，浪子的母亲在她8岁的时候就去世了。父亲迎娶的继母是一个留学英国的女性，什么都按照英国的风格行事，这让浪子不得不改掉很多从小养成的习惯。继母不像传统的日本女性，在丈夫面前什么事都毫无顾忌，而片冈子爵也都非常宽宏大量地接受。

浪子从小聪明伶俐，却不招继母的喜欢，从而经常受气。父亲虽然很喜欢浪子，但在继母面前并没有表现出来。浪子为了维护父亲的立场就默默地承受继母的虐待。当浪子的婚事定下来时，大家都如释重负。但也有人对这桩婚姻不高兴，那就是武男的堂兄千千岩安彦。安彦本是孤儿，由婶婶即武男的母亲抚养长大，但实际上武男的母亲并不喜欢安彦。安彦认为叔叔即武男的父亲既有地位又有财产，而这一切都会由武男继承，而他是什么也捞不到的，因此，安彦憎恨武男，也憎恨叔叔。

安彦只能从迎娶富豪的女儿来满足地位和财产的欲望，所以，他选择了浪子，想和她结婚。但没有想到在他去外地出差3个月回来后竟然发现浪子已经和武男结婚了，这让安彦加深了对武男的憎恨，开始动歪脑筋来破坏这对幸福的新人。

商人山木兵造有一个女儿名叫小丰，既不是很聪明伶俐，也不是貌美如花，但她暗恋武男，而山木也想把女儿嫁给武男，却苦于没有门路。一来二去和安彦走动的比较多，安彦对金钱的欲望是欲壑难填的，也不择手段，看到山木有钱，就也想把小丰撮合给武男，但他们的希望结果都落空了。

武男的母亲阿庆以前受够了婆婆的气，现在却把这份气出在儿媳妇身上。浪子只能一边侍奉婆婆，一边等待作为军人的丈夫休假回家。武男身在军营，就不断地写信给浪子，倾诉自己对浪子的感情，而浪子也一样不断地写信给武男，倾诉自己的感情。鸿雁来往，两个人的感情也越来越深了。

正月的时候，经过半年远洋航海的武男终于回家了。武男非常享受一家团圆的快乐时光，享受与妻子小别重逢的喜悦。几天后，山木家举行新年会，虽然武男不愿意去，但在母亲的要求下还是去参加了。在新年会场，武男遇到了安彦，他就在山木的面前宣布与安彦绝交。原来在前几天，有个武男不认识的人来找武男，说武男给人家做了借钱的担保，现在借钱人不见了，只能让武男来还这笔数目不小的借款了。实际上，这是安彦背着武男借他的名义做的担保。虽然武男非常愤怒，但是还是承诺他来归还这笔款子。安彦当众被羞辱，对武男就更加恨之入骨了。

二月初，浪子患上了感冒，一直没有见好。到三月上旬开始咯血，浪子实际上是得了结核病。本来婆婆阿庆让浪子躺在病床上懒得管她，但得知是结核病后就开始着慌，生怕这个病传染给武男，就让浪子转到别墅疗养。只要有空，武男就去别墅看望浪子。浪子的病好一阵坏一阵，她开始怀疑自己得了不治之症。但武男一直鼓励浪子，说如果浪子死了，自己也是活不去的。浪子拉着武男的手，夫妻二人泪流满面。

安彦在山木家当众受辱之后，工作也被调到不重要的岗位上，基本上失去了继续升职的可能性。当然，他对武男的憎恨就更加刻骨铭心了。当他听说浪子得了结核病，转移到逗子海边疗养的消息后，立刻浮现出恶毒的坏笑，他想到了一个不用亲自动手就能向武男复仇的坏主意。在武男不在家的时候，安彦乘机拍姊姊阿庆的马屁，说尽了浪子的坏话。

五月初，在即将来临的长期远洋航行之前，武男抓住了一个回家的机会。但回到家的时候，母亲心情大好，原来她准备让武男和浪子离婚。母亲对武男说，浪子的病是会传染的，如果武男也被传染到的话，弄不好川岛家就要绝后了。武男非常吃惊，也非常愤怒，他告诉母亲，如果让他和浪子离婚的话，那么他也去死。无论母亲怎么劝说，武男就是不肯答应，并且还要求母亲在他远洋航海不在家的时候绝不能再提离婚的事。在母亲答应后，武男又去看望浪子。浪子对他说，早点回来吧。分别的时候，浪子一反往常，一直到看不到武男的身影后还在痴痴地盯着前面的路。

武男出航两个星期后，浪子的病情恶化了。山木以川岛家代表的身份造访了片冈家，提出了让武男和浪子离婚的要求。浪子的父亲片冈中将什么也不多说就答应了下来。又过了两个星期，在逗子的浪子收到了武男的来信，武男鼓励浪子好好休养战胜病魔。而在这个时候，片冈家来人接浪子回家。可以回家让浪子很高兴，但她也有点不祥的预感。回到家，浪子看到了婆家送回来的嫁妆就一切都明白了。她紧紧地抱着父亲，眼泪禁不住地流了出来。父亲的眼眶也潮湿了。

出航回来的武男看到自己不在家时候发生的一切，情绪非常激动，他不断地责怪违约的母亲，最后宣告说要断绝母子关系，然后就离开家，回到营地。3 个月后，中日甲午战争爆发，战况逼人。为了进攻中国大陆，日本陆军的部队先后出发，日本海军的战舰先后出航。在这些将士当中，可以看到武男少尉和片冈中将的身影。

宣告和母亲断绝关系后 3 个月，武男没有一天不想念着浪子。他非常担心浪子能不能继续活在人世间，而浪子向他告别的话一直回响在他的脑海里。黄海上激烈的海战接连不断，终于武男也负伤倒在战舰上。武男被送进了佐世保军港的医院，由于不是致命伤，生命没有危险，但伤势比较严重，所以一直到 10 月上旬，都住在医院疗伤。有一天，武男收到了一个没有寄信人姓名的邮包，打开一看，原来是浪子寄来的。武男本来就忘不了浪子，看到浪子寄来的东西，更加深了他对浪子的怀念。

也就是在同一段时间，山木的女儿小丰住进了东京川岛家，名义上是学习生活礼仪，但实际上是送给阿庆做测试，如果阿庆满意的话，小丰就能成为武男的续弦。虽然山木打着如意算盘，但小丰的生活习惯反而让阿庆认识到浪子的聪明伶俐。

武男伤愈后，回到了舰队。

秋风开始吹起来的时候，更加衰弱的浪子在逗子海边散步。和武男离婚后，她失去了活下去的希望，病情也日益恶化。曾经出现过病危情况，但在父亲无私的看护下，终于从死神那里捡回了一条命。11月底，浪子收到了一封信，武男的熟悉的字迹跃然眼前：我没有一天不思念浪子。浪子把这封信紧紧地捂在怀里，来到了和武男一起留下回忆的海边。

对自己的病情和状况深感绝望的浪子不想再活下去了，她想和这封信一起跳海自杀，但是被一个过路的老婆婆救了回来。

1895年6月，甲午战争结束。武男时隔一年回了家，当然迎接他的并不是可爱的妻子。早点回来吧！浪子最后的话突然在他的耳边响起，武男不顾一切地赶到了逗子的别墅。但浪子和父亲一起去京都旅行了。武男的心好像被什么挖去一块，觉得空荡荡的。

几天后，武男又要出征了，他们乘坐的火车开往南方。与此同时，在京都旅行的浪子准备乘火车回东京。火车停至山科站时，浪子打开头等车的车窗向外看时，正好西行的列车也刚刚进站。当浪子乘坐的列车就要启动时，浪子与西行列车的车窗边坐着的男子的目光相遇了。天下竟有如此奇巧的事，那个男子不是别人，正是武男。然而，列车启动了，浪子探出身体，拼命地挥动手绢，手绢随风飘去。无情的列车把这两个人的距离拉得越来越远，一直在叫唤什么的武男的身影也越来越小，终于看不见了。

7月7日，片冈家聚集了很多人。从京都旅行回来的浪子病情突然恶化，一直深情地呼唤着武男的名字。浪子手里紧紧揣着武男送给她的戒指，断断续续地说着，我要拿着这个一起走。然后又说，啊，太苦了。来生绝不再做女人。浪子又咯血了。最后，她和大家一一告别后，安静地离开了人世。

武男在外地听到了浪子去世的消息，和浪子生活的三年往事，一一浮现在眼前，眼泪不停地流淌下来。武男回到东京后，就手捧白色的菊花，来到了青山墓地浪子的墓前。他掏出浪子的绝笔信又读了一遍。这个时候，片冈中将也来到浪子的墓前。他握住武男的手，声音像挤出来的一样：武男君，我也很难过。浪子虽然死了，我依然是你的岳父。我们把心里话一起说出来吧。

《海底军舰》

1900 年文武堂出版

出版解题：这篇少儿科幻小说实际上是明治时代爱国主义的杰作

少儿科幻小说的暴力倾向往往更加赤裸裸。即便是在和平时代也是这样，从变形金刚到奥特曼，无一不是以暴力打斗为主要的表现手段。而 20 世纪初的少儿科幻作品更是具有帝国主义时代的影子。1898 年，岩谷小波在《少年世界》上连载的童话《新八犬传》虽然是与妖怪打斗的故事，但其背景就是当时在日本流行的一种向南方侵略扩张的南进论。《海底军舰》也是在中日甲午战争之后，日本走向与俄罗斯进行战争的前夕出版的，日本国内洋溢着继续扩张的气氛。就是在这样的背景下当时还是早稻田大学学生的押川春浪创作了这篇超过童话范围的科幻小说。

现在日本有研究者认为小说里之所以加上少年浜岛日出雄的角色，就是想把这篇小说归为少儿读物而已，其角色本身似乎可有可无。但这显然是回避了这篇小说对军国主义的歌颂主旨。年仅 8 岁的日出雄立志要成为帝国海军军人，典型地显示了当时日本立志跻身帝国主义列强的浓厚气氛，强化了樱木大佐秘密制造海军军舰的必要性和紧迫性。也就是说，对军国主义的歌颂既是这篇小说的主线，也是明治晚期时代的需要。而押川春浪自身调皮捣蛋的性格也影响了对敢于冒险的故事主人翁柳川的角色安排。因为调皮捣蛋，押川被明治学院、东北学院等几所学校赶了出来，最后依靠其父与大隈重信的关系才得以进入早稻田大学学习。押川后来在《千年后的世界》里承认说，他从少年时代开始就具有强烈的反抗意识，想破坏社会上一切事务但并没有什么理由。活着为了什么？是为了更加好玩。或许正是因为押川追求更加好玩，才使得这篇小说的故事情节就更加曲折有趣，战争场面更具现实性，从而深深地吸引了已经厌烦童话故事的少年儿童，也使得这篇小说成为明治时期畅销的科幻小说。

在押川春浪之前，日本已经出现了海野十三的科幻小说，也出现了山中峰太郎在军事冒险方面的探索。《海底军舰》得以在先辈们开拓的路上继续前进。而这部小说在创作上也明显地受到了法国小说家儒勒·凡尔纳的影响。在《海底军舰》取得成功后，押川又接连写了一系列日本的英雄小说《武侠的日本》，而这些小说应该都是《海底军舰》的续篇。

出版这部小说的文武堂在本书出版前已经出版了由樱井鸥村翻译的《世界冒险谭》丛书，向社会推出了冒险故事这类书。押川春浪写完这部小说后请樱井鸥村介绍给岩谷小波，在岩谷的推荐下这部小说才得以出版。文武堂把本书归类在冒险故事类，在印刷装订和定价方面都和《世界冒险谭》看齐，而这种袖珍装订的形式给这部小说的畅销带来了很大的促进作用。

本书梗概

我为了漫游世界，6 年前从横滨港出发，游历了美国、英国、法国和德国的名胜古迹后，现在来到意大利，准备从这里乘坐弦月号回日本。我高中时代的朋友浜岛武文一家住在意大利，他已经是拥有 1000 名雇员的商社老板。正巧浜岛夫人春枝准备回日本探望生病的哥哥松岛海军大佐，而浜岛也希望他们的儿子浜岛日出雄将来能成为日本帝国的海军军人，就让春枝带他回日本。8 岁的日出雄说他非常热爱日本，希望回日本玩战争游戏。这真招人喜爱。海上航行需要几个月，浜岛就委托我在路上照顾她们。

出发前，浜岛日出雄的保姆却说弦月号出发的时间是魔日魔时，是一年之中最不吉利的时刻，乘坐这条装满黄金和珍珠的海船非常危险，希望春枝她们不要坐。不过，我们都没有理睬她，而是挥手告别了前来送行的人，一起坐上了弦月号。

航行到海上的前几天，船上的活动一如往常，不过，死了一个中国人，按照航海习惯进行了海葬。当弦月号进入印度洋航行到第 6 天的时候，遇到了一条遭遇海难的轮船，他们向弦月号发出了求救的信号。但是我在探照灯的照射下发现那条船是我们在意大利出发时看到的那条奇怪的船，原来就是海盗船海蛇号。海蛇号伪装成遇难船，让弦月号去救他们，但他们却开足马力对着弦月号冲撞了过来。弦月号想退也来不及了，结果被拦腰撞上了。

弦月号上乱成一锅粥，大家争相抢夺救生艇，但帝国海军大佐的妹妹春枝夫人却丝毫不慌张，把自己的命运交给了上天。她最后吻了吻日出雄，说，我们大概要永别了，你要记得出发前爸爸说的话，你是日本人的儿子。我看到急于争夺救生艇的人没有注意到的几个浮标，就抓过来递给春枝，然后又抓住一个并抱起了日出雄，就在这个时候，弦月号沉没了。

掉到海里的我虽然拼命叫喊春枝夫人，但没有回答。没多久海面上求救的呼叫声也听不到了。突然前面出现一个黑乎乎的东西，原来是一条颠覆的救生艇，大概是乘坐的人太多而颠覆的，现在一个人也没有。我和日出雄爬了上去。然而，我们也不知道要去什么地方，就任由救生艇随波漂流。

印度洋上火辣辣的太阳把我们两个晒成了黑人，我们用铁链终于钓到一条鲨鱼，虽然鲨鱼肉难以下咽但吃了一些我们才没有饿死。十几天后，我们终于看到了一片陆地，那是一个海岛。我和日出雄拼命划船，上了海岛。岛上有很多椰子树和香蕉树，我和日出雄再一次填饱了肚子。我们不知道这个岛是不是无人岛，如果遇上野蛮人，如何逃走就很费脑子了。我和日出雄想去探究一下这个岛的情况，但岛上高山峡谷都是森林密布，看起来阴森可怕。我们不敢继续往前探险，就在这个时候，我们听到了山谷中传来打铁的声音，让我们感到奇怪。在这样的岛上怎么会有打铁铺呢？但是，声音却越来越清晰，吸引着我们去看个究竟。我和日出雄就朝着声音传来的深谷走去。

我们走累了，就在一股清泉旁停下来休息。那不可思议的声音好像就在附近。日出雄发现泉水里有小鱼，就兴致勃勃地抓起鱼来。我靠着一棵大树，不觉睡魔袭来睡着了。就在我进入梦乡的时候，忽听一声尖叫，野兽！我睁开眼一看，不远的地方站着一只身高二丈的猩猩，我知道，猩猩是非常可怕的野兽，连狮子也打不过它们。我心里叫道大事不好，做好了拼命的准备。就在我和猩猩对峙的时候，不知从什么地方传来一声枪响，紧接着又一声。

从树林转出两个帝国海军军人的身影。难道是樱木海军大佐？在弦月号上我曾经在一张旧报纸上看到樱木大佐率队离开日本的报道，他是为了日本能和欧美列强对抗而正在从事一项发明工作。而我和樱木大佐也有过一面之交。想不到在这个海岛上遇见了他。樱木大佐见到我们也非常高兴，尤其听说日出雄将来也想成为帝国海军军人的志向后，越发高兴了。他请我们去他们的住所，我们洗了澡，重新过上了人的生活。晚饭后，樱木大佐又详细地问了我们的情况，想不到他和春枝的哥哥是好朋友，也见过春枝。樱木大佐说，这样美丽的人，上帝是不会让她轻易死去的。

我觉得樱木大佐他们在这孤岛上一定有很秘密的工作，所以，我没有问他们的情况。但是，樱木大佐还是告诉了我，他们现在正在建造一艘海底军舰。在要求我不向其他人提起后，他还带我去地下建造军舰的现场，让我看到了已经建造了 2 年的海底军舰。这艘海底战斗艇全长一百三十英尺六英寸，船体中部横截面宽二十二英尺七英寸。船的形状恰如南印度的蛮人所使用的一击可以让巨象毙命，可以让老虎丧命的标枪的样子，两端形成一种奇妙的尖角。这个尖角的角度事关舰艇的速度，是非常重要的特色。舰艇前端装有非常坚硬而且极其不可思议的冲角，具有每秒转动三百回的速度，此冲角所触碰到的地方，无论什么装甲都会被碾碎。两舷上装置了新式并列回旋水雷发射器。一分钟之间，七八十个鱼形水雷就像暴雨一般，就像冰雹一样发射出去。真是电光石火，目不暇接。所以，这艘军舰也被称为电光艇。这就是日本用来对抗欧美列强的利器。

樱木大佐准备在这艘军舰建成后，带我们一起离开这个海岛。根据当时的惯例，大洋中的海岛属于发现它的人所属的国家，樱木大佐首先发现了这个海岛，命名为朝日岛。所以，这个岛将永远属于日本。为了在我们离开后，让其他登岛的人知道日本人已经发现了这个岛，需要建一个纪念塔。为了建塔，需要建造一部自动铁甲车开山辟路。我参加了铁甲车的建造。

3 年后，海底军舰电光艇终于竣工了。在纪元节当日进行了试航。在此之前，我们开着自动铁甲车到岛上的高山建立了一个纪念塔，上书：日本新领地朝日岛。但是在回程中遇难，幸亏猛犬闪电回去报信，樱木大佐乘坐氢气球把我们救了出来。一声炮响，海底军舰开始试航。一会儿下沉一会儿上浮，如电如龙，神出鬼没。在我们的欢呼声中，电光艇结束了试航。这意味着在十日之内，我们就要离开这个海岛，没有人不激动万分。然而，正当我们沉浸在喜悦中时，突然发生了大海啸。装满电光艇驱动用的药液的大桶被冲走了。

樱木大佐让会说外语的我带着一个兵乘坐氢气球到印度去购买秘密药品，并约定电光艇将和我们在印度洋上的橄榄岛会合。

如果逾期不到，樱木大佐就会引爆失去燃料的电光艇，让建造电光艇的秘密沉到印度洋底。

我们乘坐的氢气球顺利地抵达印度的时候，突然海上刮起的飓风把我们不知吹到什么地方去了。好不容易风停了，但又遇到印度洋的凶猛的大鸟，刺破了我们的氢气球，我们都掉到了海里，幸好附近有一艘日本巡洋舰，把我们救了上来。这艘军舰叫日出号，是英国为日本海军建造的，正在从英国开往日本的途中。而这艘军舰的舰长竟然是春枝夫人的哥哥松岛大佐。听了我们的述说后，松岛大佐立刻命令日出号开足马力，先去印度购买药品，然后再前往橄榄岛，去支援电光艇。更没想到的是，浜岛夫妻两个人也在这艘军舰上。原来弦月号沉没后，春枝夫人幸好抱着浮标，最后被路过的英国邮船救了上来又被送回意大利。这次归心似箭的浜岛夫妻就乘坐日出号回日本。春枝夫人对我说，没想到还能在这个世界上再见到我。我急忙向他们报告日出雄的平安。而且，在这3年里，在樱木大佐的教育下，日出雄已经成长起来，颇具海军军人风度。松岛大佐他们都喜形于色，春枝夫人不禁流下了眼泪。

日出号顺利地到达了印度港口，我们买好电光艇所需药品，就直奔橄榄岛。大约1500海里航行了4个昼夜，终于要达到橄榄岛的时候，我又看到了海蛇号。7艘海盗船排在日出号前进的航路上，他们竟然想抢夺这艘新建的军舰。帝国海军军舰上的官兵摩拳擦掌，同仇敌忾地准备战斗。松岛大佐沉着冷静，命令挂上信号旗，显示这是日本帝国的海军军舰。海蛇号等海盗船突然熄灭电灯，向日出号冲来，同时炮弹也飞了过来。松岛大佐一声令下，日出号炮火齐开。海盗船依仗船多势众，拼命进攻。这时候，电光艇也出现了，说时迟那时快，电光艇的三角冲角飞速旋转，瞬间把一艘海盗船切碎，海蛇号见势不妙，转身想逃。被电光艇追上，电光一闪，罪大恶极的海蛇号便葬身大海。

这时，旭日东升。军乐队奏起了君之代，日出号舰上官兵齐声欢呼。在电光艇上，三十多名强悍无比的水兵排成一排，樱木大佐举手眺望日出号，在他的身旁出现了日出雄少年左手牵着猛犬闪电，右手抱着帝国军舰旗的身影。

这样，把 7 艘世界上最大的恶魔的海盗船击沉后，勇敢的日出号和神出鬼没的电光艇并肩向日本驶去。

《武藏野》

1901 年民友社出版

出版解题：仅仅通过对风景的描写，就能把自己心灵深处的寂寞悲哀如实地表现出来

国木田独步的一生是艰难漂泊的一生，他的好友田山花袋曾经用一个"穷"字概况了国木田的一生。实际上，国木田的第一任妻子就是因为贫穷而离开他的，本来他们的婚姻也是冲破了种种阻挠才得到，然而，这样悲壮的爱情也敌不过贫穷，让国木田深受刺激。德富苏峰希望国木田去美国生活一段时间，治疗心灵的创伤，但因为没有资金也只能作罢。

1896 年，国木田搬到东京都丰多摩郡涉谷村居住，并重新开始写作。次年发表《独步吟》，1898 年，和房东女儿结婚，并在这一年发表了《武藏野》。但当时日本文坛还处于尾崎红叶和幸田露伴的"红露时代"，本书并没有得到太高评价和认可。在这些年，国木田的作品缺乏知音，写作的收入无法支撑国木田的生活，不得已，只能让妻子回娘家，国木田自己一个人继续漂泊。

在矢野龙溪创办的近事画报社，国木田的编辑才能得到了发挥，他参与了面向少年、妇女和商业的多种杂志，身兼 12 本杂志的编辑长。但是，他没有经营的才能，在矢野解散近事画报社后，国木田不得不自己创办独步社，仅仅 1 年就破产了。

但在国木田的事业、生活和身体每况愈下的时候，社会上对他的作品的评价却越来越高。国木田被视为日本自然主义运动的核心，在文坛上具有举足轻重的地位。1908 年，年仅 36 岁的国木田病逝后，很多文坛知名人士参加了葬礼，连当时的内阁总理大臣西园寺公望也特地派人参加。然而，国木田本人生前对社会给予他的自然主义地位的评价并不以为然，他曾经专门撰文指出他在写作时并不知道自然主义是何物，所以，绝不能说他是自然主义者，独步就是独步①。不过，国木田很快就不得不承认自己的作品与自然主义的关系，因为岛村抱月在《早稻田文学》上撰文指出，虽然文学史上最为显赫的自然主义是法国的自然主义，但是不冠主义的自然主义比较早的是英国的威廉·华兹华斯，更早的是法国卢梭。他们的自然主义是归于自然，以自然为师的意思。与此对照，国木田认为自己的作品也是受到了华兹华斯生活过的莱尔德溪谷中流出来的自然主义的滋养，只是他受华兹华斯影响的自然主义与日本当时流行的自然主义并不是一回事。

不过，评价国木田的人却并不这么看。田山花袋指出，国木田早年的自然观是把眼睛所看到的当作美丽或者当作悲壮的自然

---

① 国木田独步："余と自然主義"，《日本》，10 月号，1907 年。

观，但人生过半之后，生活经历让他的眼光更加敏锐，可以看到自然之外的自然，可以看到人身上也存在着自然之力。《武藏野》应该就是这种自然主义的代表作。在这篇随笔里，仅仅通过对风景的描写，国木田就把自己心灵深处的寂寞悲哀如实地表现了出来。

武藏野原是指古代武藏国周边的一片原野，曾经以荒蛮之地的形象出现在日本的古典文学里。而国木田描写的是离都会不远，与人们的生活圈交错在一起的明治时代的武藏野，风光也已有不同。对这里的落叶林、落叶、风吹树林和雨打树叶的声音、林间的阳光、落日、水流、郊外等场景的白描实际上都流露了作者的心声。虽然国木田受到了屠格涅夫的影响，但在这篇随笔里并没有《猎人日记》里那种反映了农奴悲惨生活的社会性，而只有"无所可写"的感觉，或者还有恰如在《武藏野》里也引用过的与谢芜村俳句"暮霭远山峰，平野漫漫薄黄昏"的意境。也许，这正是国木田不愿意把自己的作品与其他所谓的自然主义作品排在一起的原因吧。

本书摘译

一

我曾经在文政年间①制作的地图上看到"武藏野的旧时风景现在只有很小一部分还残留在入间郡"的记载，也读过这个地图上

---

① 日本年号，指 1818 年到 1831 年。

标有入间郡"小手指原久米川是古战场,《太平记》记载:元弘三年五月十一日,源平战于小指原。一日之间交战三十余次。日暮,平家后退三里地,依久米川摆阵,平明,源氏破久米川阵。应该就是在这附近"。我想残存了武藏野一点点痕迹的地方应该就是这个古战场吧,所以,就想去看个究竟,但一直还没有成行。那是因为心里一直在怀疑,现在这个地方是否还是老样子。不管怎样,想去看看那即使是一片只能根据古人的图画和诗歌来想象的武藏野旧时风景的人恐怕也不只我一个人。那样的武藏野现在到底成了什么样子,我想详细地回答这个问题来满足自己,这个念头在脑海里已经萦绕一年多了,现在想去看的念头更加急迫了。

问题是以自己的能力到底能不能实现这个愿望。我不能说做不到,正因为相信那不是一件容易的事,所以,对武藏野也就越发感兴趣。大概和我有同感的人并不少吧。

那就在这里开一个头,写一写秋冬之际我的所见所感,实现一部分自己的愿望。首先,我要给那些疑问一个回答,那就是现在的武藏野之美不比昔日差。昔日的武藏野之优美一定会超过我们的想象。但是,我能那样夸张地断定,是因为现在的武藏野之美让我怦然心动。我说武藏野之美,与其说是美,不如说是有诗趣更合适。

三

相传昔日武藏野萱草丛生无边无际,人们以此称颂武藏野之美。现在的武藏野则是一片树林,可以说树林就是现在武藏野的特色。树木的种类主要是楢树,到了冬天树叶就全部落下,而到春天就会长出青翠欲滴的嫩叶，这样的变化可以在秩父岭以东数十里的原野上同时展开。一年四季，有霞有雨，有月有风，有雾有雪，还有秋雨，有绿荫有红叶，各种光景交错之妙，大概是西日本以及东北的人所不会理解的。

　　本来日本对落叶林的美是不太懂的。说到树林就认为是松林，这是日本文学美术方面所认同的。在诗歌里也找不到在槲树林中听秋雨这样的句子。我生在西日本，少年时代作为学生来到东京已经 10 年了，开始能理解这落叶林的美也只是最近几年的事，而且主要还是受到了下面这段文章的影响。

　　秋天，九月中光景，我坐在一个小白桦林里。从清早便下起了细雨，间隙又出现温暖的阳光，真是变幻莫测的天气。刚刚看到天空是一片淡淡的白雪，立刻有几处豁然开朗，从拨开的云层后面出现一片蓝空，明亮机灵，宛如一只迷人的眼睛。我坐下来，四顾倾听。树叶在我头上低声喧闹，仅从这些喧闹声里便可知道眼前的季节。这不是春天欢快而有趣的喧闹，不是夏天轻柔的沙沙声和绵绵絮语声，也不是深秋萧索而清冷的对话，它只是一种若有若无、催人沉静的窃窃私语声。树梢上微风轻拂，被雨淋湿的林子里面在不断地变化着，或明或暗，仿佛一切都突然露出微笑，红了一片。无意间在不很稠密的白桦细细的树干上蒙上了白色丝绸般的柔光，掉在地上的小树叶突然在太阳照射下闪烁出金色的光泽，高挑而蓬松的凤尾草优美的茎秆已染上熟透的葡萄似的色彩，在你眼前无尽头地、杂乱地相互交错在一起。

有时四周蓦然变暗，瞬间什么也看不清了。耸立的白桦树如同未经阳光照射过的积雪那样灰白。那细雨又开始悄悄地、调皮地、私语般地洒向树林。白桦树上的叶子虽然明显失去光泽，但依然还有一点绿色。只有到处生长的小树依然色彩斑斓。可以看到，当阳光滑过刚由亮晶晶的雨水冲洗过的茂密树枝，小树叶就显得如此的耀眼。

这是二叶亭四迷翻译的屠格涅夫写的短篇《幽会》开始的一段。我之所以能懂得这种落叶林的妙趣多赖于这样细腻描写风景的笔力。这是俄罗斯的风景而且树林里是白桦树，而武藏野的树是椊树。从植物带来说是完全不同的，但在落叶林原野这点来看却是相同的。我常常想，如果武藏野树林里的树不是椊树而是松树或者其他什么树，那么就会缺乏色彩的变化而显得非常平凡，也就不会珍贵了吧。

椊树这类树叶子都会变黄，叶子变黄的时候开始落叶。秋雨绵绵，北风凛冽，一阵风吹向一个小高丘，几千万棵树的树叶被吹上天空，漫天飞舞，好像一群群小鸟，飞向远方。等到树叶落尽，数十里方圆内是一片光秃秃的树，冬天湛蓝湛蓝的天空高高地笼罩在上面。武藏野进入了一片沉静中。空气更加清爽，远方的各种声音更加清晰地传来。我在10月26日的日记中写道：我坐在树林深处，四顾倾听，凝视默想。《幽会》里也有这样的描述：我坐着，四顾倾听。这种侧耳倾听，是多么适合现在武藏野秋冬之际这个季节啊。秋天，声音来自林中。冬天，从林外传来远方轰隆的声音。

鸟儿拍动羽毛的声音，鸣啭的声音。风儿摇曳发出声音、还有呼啸的声音。群集在树林深处野草丛中虫儿的叫声。空车或者满载的货车绕过树林，下坡，横过野路的声音。马蹄把落叶踩得四飞的声音，这可能是骑兵在演习。再不然是外国人夫妻乘坐的马车经过这里的声音。路过的村里人在高声地说什么，不知什么时候，这些声音也渐渐远去。路上又传来了一个孤单女人急促的脚步声。远处炮声隆隆，附近的树林里突然传来枪声。

我曾经带着狗，来到附近的树林，坐在一个树墩上看书。突然从树林深处传来什么东西掉下来的声音，睡在脚边的狗竖起了耳朵盯着声音传来的方向。但后面什么也没发生，大概是栗子从树上掉下了的声音吧，因为武藏野有很多栗树。也许那是秋雨的声音，因为这里的幽静是没有其他地方可比的。

山里人家的秋雨在我国曾经是和歌的题材，从原野越过树林，跨过田头，又越过树林，悄悄地飘来飘去的阵雨的声音，是如此的文静，又是如此的幽雅、优美、高贵，这就是武藏野阵雨的特色。我曾经在北海道的森林里遇到过秋雨。虽然那里有人迹罕至的大森林所具有的独特感受，但并没有像武藏野的秋雨这般仿佛在窃窃私语让人低回流连的感受。

在仲秋或者初冬，可以试着到中野一带，或者涩谷、世田谷、小金井等更偏远的树林去走走，小坐片刻，消除疲劳。这些声音一会儿响起一会儿消失，一会儿靠近一会儿远去。头上的树叶没有风也会掉下，发出低微的声音。这种声音也消失的时候，可以感受到自然的肃静，意识到永远的呼吸。我常常在日记里写到在武藏野冬天的深夜满天繁星的时候，那种连星星都能吹落下来的狂风扫过树林的声音。风声把人的心思带向远方。我听着这种忽近忽远，非常强烈的风声，也曾想到亘古以来武藏野人们的生活。

熊谷直好[①]有这样的和歌：

晓来落叶相抱紧，便知寒风悄然过园林。

我对山居生活虽然有所了解，但对这首和歌真正有所感受还是在冬天的武藏野村居时的事。

坐在林中，让人感到日光最美的时候是在春夏之际，但在这里不应该写。其次，是黄叶的季节。走在半黄半绿的树林中，从树梢的缝隙之间可以看到透彻的晴空。风吹树叶动，阳光被那些树叶弄得斑斑点点。这样的美真不是语言所能表达的。无论是日光[②]还是碓冰[③]，虽然都是天下的名胜，但总没有像武藏野那样在广阔的平原上层林尽染，在夕阳之下，犹如一片火海一般的独特的壮美。若能登高极目，把这个美景尽收眼底的话，那就再好不过了。如果做不到也没有关系。好在平原上的景色比较单调，人们可以从一个局部看全部，想象那种无限的光景。被这样的想象驱动着迎着夕阳走在黄叶之中，越走越有趣。走到树林的尽头就是原野了。

---

① 熊谷直好（1782—1862），江户后期的歌人，周防国岩国藩士。原作为：夜もすがら木の叶かたよる音きけばしのびに風のかよふなりけり。

② 地名，位于栃木县，是日本观光名胜之一。

③ 地名，位于群马县，是日本观光名胜之一。

《一年有半》

1901 年博文馆出版

出版解题：用生命的最后力量评判明治时代的日本社会

在福泽谕吉去世的那一年，即 1900 年，中江兆民被诊断为喉头癌，被医生宣告剩下的生命只有一年半。中江并没有因此而万念俱灰，而是开始执笔撰写《一年有半》。中江兆民虽然感叹自己如虚无海上一虚舟，但也明确地说一年半诸君以为短，而我则认为极为悠久。然后开始评论政治，从伊藤博文内阁说到桂太郎内阁的不安定的政情，再说到引进曼彻斯特派自由放任的经济导致了有车辆而无可载之货物，感叹"现在的日本是重商主义的日本"。本书中对政治人物的评论是一大特色。其中又突然穿插了对日本的说唱艺人的赞赏，使得整本书充满了生气。

中江兆民 1847 年生于土佐藩高知城下一个下级武士家庭。原名笃介，号兆民（意思是"亿兆之民"），自幼在藩校文武馆学外语。被派到长崎学习时，遇到了同乡前辈坂本龙马。明治新政府取代幕府后，他去东京学习，得到了跟随岩仓使节团出访欧美的机会。中江兆民没有随使节团一起回国，而是继续留在法国学习，这使他深受法国18世纪启蒙思想影响。回日本后，他开办私塾，教授法语和思想史，还教授汉学。1882年，他用汉文译述的法国卢梭《民约译解》（即《社会契约论》）一书出版，在日本知识界产生很大影响，也由此获"东洋卢梭"的称号。他与德富苏峰等人是自由民权运动的理论指导者。后因自由民权运动多次遭日本政府镇压，他转而主要从事写作。1887年，为镇压自由民权运动，明治政府公布《保安条例》，中江兆民等500余名民权派人物被驱逐出东京。1889年，《大日本帝国宪法》颁布，中江兆民等人获得恩赦。1890年，在大阪水平社（为部落民争取解放的组织）支持下当选为众议院议员。1891年，在预算问题上，议会自由党土佐派投靠政府，他因失望而退出议会。

1897年组织国民党，出版机关刊物《百零一》，不久受挫。1900年，不顾学生幸德秋水劝告，参加帝国主义者组织"国民同盟会"。他坚持写成最后一部著作《一年有半》，其后又写下《续一年有半》保存其"无神无灵魂"的哲学思想，由学生幸德秋水整理出版。1901年年底，中江兆民在大阪病逝。《一年有半》在1901年9月，由博文馆出版发行。人之将死其言也善，这本书立刻成为畅销书，同年10月出版的续篇也重印十多次。这两本书也给博文馆历史留下了浓墨重彩的一笔。

本书摘译（第一章部分翻译）

第一

余于明治三十四年的三月二十二日从东京出发，二十三日到大阪。二三友人来车站迎接，熟视余而大惊，或以为余随时会卒倒。至旅馆后余言，自去年十一月起，余频繁咳嗽，当时去咽喉科诊所就医，诊断为普通喉头黏膜炎。便不在意。只是逐渐感觉喉头疼痛，饮食半减，又乘坐夜行火车来，故而呈现如此疲惫之状。然此时余亦以为依然是慢性喉头黏膜炎而不加注意。四月赴纪州和歌之浦 ① 游四五日，此时渐觉呼吸微微局促，喉咙疼痛依然。余虽素人亦觉不安，疑为世上所谓癌肿者。因而行色匆匆回大阪，去耳鼻咽喉专业医生堀内某之诊所就医。依例利用光线仔细检视，曰，此须切开。余因而察觉已患癌肿，答曰，请一身为托，实施切开。既而受余之托承诺为手术证人之友人将详细情况书面告知余之家人。妻子闻而大惊，仓皇出发来大阪，至余之投宿地中之岛小塚。其时众人皆谓癌肿切开危险之极，绝无九死一生之可能。毋宁采取维持之策为上，劝余不做手术。余本非好求速死，亦知一息尚存，必有可为之事，亦有可乐之事，故不再要求癌肿切开，而堀内医生亦觉危险之故而不强求。

一日，余访堀内医生，请其无须顾忌，明言自此至临终余尚有何许日期。之所以请问，实乃此间有可为之事，亦有可乐之事，

---

① 和歌山县的观光胜地。

故须争分夺秒一日也不能浪费。堀内医生无害长者，沉思片刻，欲言又止，然后曰，一年半。若善养生者亦可保二年。余曰，本来以为最多为五六个月，一年有余可谓寿命之丰年。此书题为一年有半亦即此理也。

一年半，诸君皆曰短促，余曰极为悠久。若欲曰短，则十年亦短，五十年亦短，百年亦短。夫生时有限而死后无限，以有限比无限不能论短，起始就不能比。若于可为之事可乐之事有一年半可利用岂不足乎。呜呼，所谓一年半亦无，五十年百年亦无，我等虚无海上一虚舟是也。

余接受这一年半之死刑宣告以来，每日可乐之事者何也，旅途中身边无书籍，只能捡读《朝日》《每日》两大报纸，也读东京《万朝报》①。由此三种报纸余保持与世界交流。此间，伊藤内阁垮台，桂内阁继之而起，实乃极其脆弱之立宪内阁。或曰不然，立宪内阁之幻影消散，超然内阁勃兴，桂内阁其成立之身段可谓是对世上立宪政治家之宣战布告。

星亨②，健在也。犬养毅③，健在也。民间政治家一旦以利为目的，以权势为目的，以成效为目的，其必然与超然之怪物弹冠相庆，曰，民间党不足为惧。

---

① 明治二十五年（1892 年）由黑岩周六（泪香）在东京创办的一种日报。

② 星亨（1850—1901），明治时期的政治家，自由党领袖，曾任众议院议员、议长。1901 年，被伊庭想太郎刺杀。

③ 犬养毅（1855—1932），政治家。1882 年参与创办立宪改进党。后曾任政友会总裁，首相。"五一五"事件中被刺杀。

伊藤大隈之竞争时代已去，伊藤山县之竞争时代到来，民间意气消沉如斯，而其原因则在无财之苦。故余曰，今日之日本乃柯尔贝尔①之时代也。

余迄今为止不时在报纸杂志上曰，曼彻斯特派经济论②毒害日本上下久矣。即，自由放任之经济主义与明治政府共同发展，其势力愈来愈强。如今，经济界之附属品者交通运输之机关日益具备，然则可利用此等机关之主要物品之产物三十余年以来何曾有所增加。有车辆而无货物可载，实乃我邦今日之经济界也。此乃曼彻斯特派经济论所赐也。

官民上下苦贫，凡施事皆以姑息为是，人情日益菲薄，内阁复不知一国经论之造出所在，为个个贪利欲，弄权势之最高等便利之阶梯也。贵族院阳称矫正党弊，阴以可乘之机把自己推销进内阁，装作强烈进攻，实乃阴险极恶物体之结合所也。众议院者何也，此亦无须待言，实乃饿虎之一团体是也。夫作为一国政治机关之内阁、贵族院、众议院各个团体，成为荐绅性野兽之群集处，国民将何去何从？或出柯尔贝尔，纵横裁割，大力开发利源，官民上下协力增加货殖。或假以时日，自然运作，取得与柯尔贝尔同等效果。如若不然，我日本之政治经济则不足观也。

---

① 柯尔贝尔（Jean-Baptiste Colbert），法王路易十四时期的财政大臣。重商主义者。

② 19世纪上半叶英国的经济学派，要求废除关税，主张自由贸易。

曩者余来大阪，曾识文乐座[①]义太夫[②]之极其有趣之事（余记得春太夫靭太夫[③]），故拉旅馆主人至文乐座。观越路太夫[④]之拿手好戏《合邦辻》，其声音之玲珑，曲调之优美，桐竹、吉田之木偶操作之精巧，远胜余十数年前所见所闻。余本素爱义太夫，然则最爱大阪之物，不喜东京之物。东京之义太夫相比大阪之义太夫不值一儿戏。其后又听越路太夫之《天神记》中寺子屋之段。于《忠臣藏》第七段，吕太夫[⑤]扮平右卫门，津太夫[⑥]扮由良之助。越路太夫扮阿轻，所谓众人合演的净琉璃。又听了越路太夫在《忠臣藏》第九段和阿石的对答。另外又在明乐座听大隈太夫[⑦]所演《千本樱》中寿司店一段。此后之四月二十日，以妻来为由，又一起去文乐座。嗣后不久又去。所以，此净琉璃《忠臣藏》妻子听过两次，余听过三次。不仅不觉厌烦，而且越听越有滋味。此乃其巧妙之证也。因为盖津太夫之相貌及其深沉之声音，庄重而潇洒等，正可以使人想象出俸禄一千五百石之赤穗城城主大石内藏之助其为人。吕太夫擅长关东方言，坦率豪爽，如同平右卫门本人

---

① 文乐座，大阪的净琉璃剧场，1963 年，改称朝日座。净琉璃是日本的传统说唱叙事曲艺，通常用三弦伴奏。

② 义太夫指竹本义太夫（1651—1714）创建的一种净琉璃流派。太夫指说唱演员。

③ 竹本春太夫（1836—1917），著名净琉璃演员。丰竹古靭太夫（1872—1878），著名净琉璃演员。

④ 指竹本越路太夫（1864—1924），著名净琉璃演员。

⑤ 指第二代丰竹吕太夫（1857—1930），著名净琉璃演员。

⑥ 指第三代竹本津太夫（1839—1912），著名净琉璃演员。

⑦ 指第三代竹本大隈太夫（1854—1913），著名净琉璃演员。

一样。至于说到越路太夫之优美声音与婀娜的曲调，有谁能把阿轻表演得如此逼真？这真可以说是戏曲界之一大伟观。余既三度接此伟观，一年半绝非短促。孔圣云，朝闻道夕死可矣。

……

六月二十一日夜，《朝日新闻》号外印刷品送来。曰，本日午后三时星亨于东京市会为伊庭某所刺，当即死亡。余亦大惊。自此至二十六日葬礼结束为止，《京阪新闻》每日于12版刊载星暗杀事件之详细。所谓一国如此之狂也。何以我邦人轻薄如许缺乏沉稳之态。生星亨斥为盗贼，死星亨奉为伟人，是非毁誉无常以至于此。余与伊庭某有一面之识，名曰想太郎，极为温厚沉稳之人也。出此举，不可曰无缘无故。但暗杀其事善耶恶耶自不待言，刑法杀人尤可大议，此乃各国之所以有废除死刑之议论，何况人与人相杀之事。

是故不能论暗杀之是非，唯于其国社会最终产生暗杀之必要，诚可哀也。人或乘势鸥张，肆无忌惮，其恶态虽明，但法律秉公尚未可捉，彼等自持不顾。于是，侠雄激义而奋起为天下之计而刺杀之，实乃不得已而已。伊庭之事，可信亦属此类。进一步而论，文运大开，法律无用，唯道德逞力，一国皆成为君子之时自不待言，苟在社会之制裁力微弱时代，惩恶堵祸，暗杀亦可谓必要不可缺也。

……

我日本自古至今无哲学。本居、平田①之徒，只是探古陵，修

---

① 本居宣长（1730—1801）和平田笃胤（1776-1843）都是江户后期的国学家。

古辞之一种考古学家而已，于天地性命之理则懵懂。仁斋、徂徕 ①
之徒，就经学出新意，只是经学家。唯佛教僧中不无发创意、立
开山作佛之功者，也仅止于宗教家范围之事，非纯然之哲学也。
今日加藤某、井上某 ②，自我标榜为哲学家，世人或许之。然其所
说乃是泰西某某论说照本宣科输入而已，所谓囫囵吞枣者，不足
称哲学家。夫哲学之效，尚不为人所明白，好似贸易之顺逆，金
融之缓慢，工商业之振兴或不振等，与哲学毫无关系，然则国无
哲学，恰似壁龛无悬挂之物，其国之品味之劣不可避免。康德、
笛卡尔实乃德法之自豪也。两国之壁龛之悬挂物也。于两国人民
之品味非无关系。此乃闲是非然则非闲是非也。无哲学之人民，
做任何事都不免无深远之意唯有浅薄而已。

　　与海外诸国相比，我国人民极为明事理，能与时俱进，绝无顽
固不化。实乃我国历史上并无西洋诸国悲惨愚冥之宗教之争之缘由
也。明治中兴之业，兵不血刃，三百诸侯争相版籍奉还也是如此缘
由。旧来风习一变改为洋风，绝无顾虑者也是如此缘由。然其浮躁
轻薄之大病根亦正在此。其无独创之哲学，于政治无主义，于党争
无继续，其原因亦正在此。此为一种小伶俐，小聪明，并不适合建
立伟业 。极具常识之民众，不可指望其出于常识之行动。亟须改
革教育之根本，重视活人民而不重视死学者为要务者，实为此也。
　　……

---

① 伊藤仁斋（1627—1705）和荻生徂徕（1666-1728）都是江户中期的儒学家。
② 加藤弘之（1836—1916）和井上哲次郎（1855-1944）都是明治时代的哲学家。

星亨死后，政友会不免有没落之感。然与政友会大部分重合之自由党，历史长久地盘坚固，且彼辈具有边沁①利己学的实践经验，唯利是图，又不知人间有羞耻之事，故今后绝无分裂之忧。或有小波澜，或有小内讧，或有各派竞争，然政友会之所以有力实因其政党之大故，若分裂则双方损而无益，所谓内讧亦至紧要关头自然休止，共同皆趋图利避害而无他念。而只求世之利益之徒，渐次赴之。此处虽不会急剧衰亡，但主事之人，以大勋位②为首至各各专务，皆无气力，无志气之人，唯蠢蠢欲动，懵懵懂懂虚度岁月，既于国无益，亦难以利己，长久以往必然云消雾散。吁，此乃政友会之命运也。

大勋位诚翩翩好才子也，其汉学仅有作恶诗之资本，其洋学只有暗记目录之素材。此已远胜其他元老多矣，加之有口才虽一时糊涂亦有宽裕。然则，此记室之才也，翰林之能也，非宰相之资也。故于法律制度方面有所功劳，及为总理大臣，则唯有失败而已，一无业绩。可知其非宰相之器也。故伊藤侯（爵）之为总理也，观其企图，宛然不会钓鱼者钓鱼，虽等船只鱼竿诱饵鱼线百事具备，亦不能钓到。有名之行政刷新，财政整理，岂非不会钓鱼者之钓鱼耶。一言以蔽之，野心有余而胆识不足，止步于内阁书记官长，正得其所也。

---

① 即 Jeremy Bentham，功利主义者。
② 指伊藤博文。1895 年，晋升为侯爵，授大勋位菊花大绶章。中江兆民写本书时，武士出身的只有伊藤博文一个人得到此大勋位。

早稻田伯（爵）^①壮快可爱，然其亦非宰相之才。富于眼前智慧而缺乏后日之虑，故有百败而无一成。在野做相场师，正可以尽其才也。可为系平、阿部彦^②之雄。

　　山县狡猾，松方至愚，西乡^③怯懦，其余元老不足污笔。伊藤以下皆一日早死，则一日为国之利益。

　　……

---

① 指大隈重信。1887年叙为伯爵。
② 系平可能是伊藤忠兵卫，和阿部彦太郎都是明治时代的实业家。
③ 指山县有朋、松方正义、西乡从道（西乡隆盛三弟），明治时代的政治家。

第九章

肉　弹

1 走向帝国主义（三）国家膨胀

人口与国家的膨胀

明治二十九年（1896 年），刚刚在日本文坛上崭露头角的樋口一叶因肺结核病，不到 25 岁就香消玉殒，令人惋惜。结核病在明治时代被称为"国民病"，很多人因此丧命。不仅在实际生活中有俳句诗人正冈子规、国木田独步因结核病而撒手人寰，就是在虚拟的世界中，小说《不如归》中的女主人公浪子也是因结核病而去世的。可见，结核病在当世肆虐的程度。不过，虽然结核病等疾病的流行夺去了很多日本人的生命，但是在明治时代，日本还是迎来了历史性的人口爆发式增长。

在江户时代初期，日本全国的人口总数 ① 大概为 1500 万人，到 1750 年大概为 3100 万人，之后到幕府末期，日本的人口没有太明显的增长。但明治维新以后，人口总数从明治初年的 3300 多万人猛然增加到明治末年的 5100 多万人，同时，平均寿命也从江户时代的 30 岁左右提高到 42 岁左右。这种人口的急剧增加与明治维新后的社会变化以及经济发展有密切关联，明治时代的产业革命促进了日本的经济发展，带来了医疗、卫生和营养方面的改

---

① 江户时代的人口总数都是学者的推测，学者之间推测的数字不尽相同。

善，提高了人民的生活水平，也刺激了日本人的生育积极性。而且，明治二年（1869 年）政府就下命令禁止堕胎，到明治十三年（1880 年）更是把堕胎入罪，从行政和法律方面消除了生育的限制。从而形成了日本近代历史上的人口爆发。

在江户时代，日本全国各地的人口分布比较平均。明治的中央集权政府建立以后，日本海沿岸地区的人口比重出现了下降，各地的农村人口开始向城市迁移。而全国性的铁路建设，不仅给大家提供了移动的便利，而且还形成了以车站为核心的都市群，吸纳了从农村不断流出来的人口。从现有的统计资料来看，仅从 1898 年到 1903 年，就有 70 多万人移居到东京、大阪等日本主要大城市，除去人口的自然增加，这些城市的人口增加了 12%。人口从农村迁移到城市变成一股时代潮流，而近代都市的发展，也为日本的人口增加提供了合适的环境。

1872 年，在废藩置县后明治政府立即组织调查了日本全国的人口。这当然和明治政府希望征收更多的税有关，不过，这种人口与税收挂钩的想法很自然地会形成人口就是国力的思想，并且出现了类似日本近代统计学之父杉亨二那样的人口调查事关国家盛衰的观点。所以，明治政府一直采用了鼓励人口增长的政策。这样的人口快速增长并没有给刚刚开始进入近代社会的日本经济带来很大的负面影响。这是因为当时的人口增加率还是处在低水平上，比如整个明治时代的人口年平均增长率为 0.88%，虽然比明治维新前 1850 年到 1867 年的年平均增长率的 0.48% 高出一倍，但还不能和大正时期（1912–1925 年）的年平均增长率 1.3% 相比。

以纺织行业为核心的工业化既不需要太多的资本，而且又能有效地利用廉价的劳动力，非常符合缺乏原始积累的日本社会。但是，在传统的身份制废除后，随着工业化、城市化的发展，社会贫富不均的现象日益严重，失业、贫困等问题都非常显著地呈现在大家的眼前。接受了马尔萨斯人口论的人就认为日本的人口增长让日本出现了人口过剩的问题，从而拖了日本经济发展的后腿。要解决这个问题，不是限制生育，而是要扩张国土。德富苏峰在《大日本膨胀论》（1891 年）中公然指出，鉴于在日本的国土上出现绝对的人口过剩，为了疏通分配，日本国民必须在世界各地建设新的故乡。

实际上，德富苏峰的这种领土扩张论并不是一小部分人的意见，而是当时社会的主要论调。19 世纪 90 年代，日本的大小报纸都发表了类似的意见。1891 年，国家主义者恒屋盛服出版了《海外殖民论》一书，通过和世界各国的比较，指出了日本人口密度过高的问题，为领土扩张论提供了材料。因为恒屋认为人口的增长是在弱肉强食世界要成为强者的前提条件。当日本赢得中日甲午战争后，殖民海外就不再是一种思想观点，而成了一种现实可取的政策措施。国家的膨胀开始有了实际的落实。

全民的帝国美梦

当中日甲午战争的赔款逐步在日本的军备、金融、教育和其他方面显示作用的时候，日本上下又开始弥漫起日俄开战的战争气氛。明治三十九年（1906 年）夏目漱石在《趣味的遗传》里回顾日俄战争的时候写道："高扬的社会气氛让神灵也错乱，从云端传来了杀人救犬的怪叫，震撼了日本海，并远远地传播到满洲的地界。这个时候，日本人和俄罗斯人都应声而起了。当然，怪叫的不是神灵而是人，那么是什么样的人希望挑起战争呢？"

长生靖生在《日俄战争：另一个故事》中分析指出，当时的报纸起到了引导舆论，给战争推波助澜的作用。[1]

幕府末期，日本的主要媒体是一种称为瓦版的报纸，到明治时期，出现了现代意义上的报纸。以政治为主要内容的报纸被称为大报，而面向民众以娱乐为主要内容的报纸被称为小报。到 1900 年以后，大报小报此长彼消，在政治上没有明显偏向的小报因深受市民的欢迎而得到了蓬勃的发展，但这些大小报纸在日俄战争前夕都引领了社会舆论的动向。《东京朝日新闻》的主笔池边三山在 1903 年 4 月发表了《不惜开战》的社论，让社会上对俄国不满的情绪达到了一个高潮。6 月，《二六新报》报道了日本和俄国签订了满足俄国所有条件的日俄和约的假消息，激起了民愤。同时，东京帝国大学的户水宽人教授等七位博士在东京的主要报纸上刊登了现在是与俄国开战最好时机的建议书，更是给社会带来了巨大的冲击。从这以后，各家报纸都充斥了主战的论调，战争似乎已经是不可避免的了。

读者要求报纸能够不偏不倚地提供确切的报道，正如长生靖

---

① 長山靖生：《日露戦争：もうひとつの「物語」》，新潮社，2004。

生指出的那样，其实这也是日本的国民积极参与社会的一种欲望的表现。也就是说读者不仅希望报纸提供确切的信息，同时也希望提供他们想要获得的信息。

《万朝报》在1903年7月让报社的记者分别从主战和非战的角度来展开各自的论述在报纸上进行讨论，然后根据读者的反映最后来确定报纸的论调。结果支持主战的读者占据多数，《万朝报》决定报纸的主张为主战，主张非战的幸德秋水、内村鉴三等只能一起辞职，离开了《万朝报》。

日本国内的开战气氛已经不是少数几个有识之士能够扭转的了。中日甲午战争后，三国干涉还辽让日本的殖民主义情绪扩张受到了打击，而俄国对中国东北的蚕食，让日本国民的怨气有了发泄的地方，形成了山雨欲来风满楼的对俄开战的舆论。但日俄双方军事实力有明显的差距使得日本政府不敢亲启战端，只是希望利用这样的压力迫使俄国能坐下来和日本协商。当时，俄军有208万人，而日军只有109万人。俄国海军战舰的总吨位超过51万吨，而日本是26万吨，只有俄国战舰吨位的一半。更为关键的是日本政府当时没有足够支撑战争的财力。只是那个时候，日本政府已经没有能力操控开战的社会舆论，只能铤而走险，豪赌国运，日俄战争不可避免地爆发了。

日俄战争是从1904年2月日本海军偷袭旅顺的俄国舰队开始的，两天后，日本正式对俄国宣战。俄军为了等待本国的增援，采取了防守的战术。日军制定了准备在俄军主力波罗的海舰队到来以前全力攻下俄军的堡垒旅顺港的目标，以乃木希典大将为司令官的日本陆军发动了对旅顺围攻战。然而第一次总攻，日军死伤 1.5 万人也没有获得成功。经过 3 次总攻，日军才攻占旅顺港周围的高地，迫使俄军沉船投降。接下来在奉天会战中日军也是以惨痛的伤亡取得了胜利。最终在决定日俄战争胜败的日本海海战中，东乡平八郎率领的联合舰队击败千里迢迢赶来增援的波罗的海舰队，使得俄罗斯失去了战意。

虽然日本陆军的战斗是如履薄冰，但海军则是把俄国海军打得体无完肤。消息传来，日本上下群情激昂，七博士事件的首要人物户水宽人邀请其他几位学者一起制定了他们认为是最低限度的给俄国的媾和条件：赔偿金 30 亿日元；割让库页岛以及原中国的沿海州；转让俄国在辽东半岛的全部权利等。可以说，这也是日本大多数人理所当然的想法，恰似全民的帝国美梦。实际上户水博士还想要求的是俄国割让贝加尔湖以东的领土给日本。但是，在美国总统的斡旋下，日本和俄国签订了《朴茨茅斯条约》，日本不仅没有得到一分钱的赔偿，而且还需要把已经占领的库页岛让出一半来。

消息传到日本后，民族主义情绪高涨的日本国民认为日本虽然在日本海赢了但在朴茨茅斯却输了。于是，明治政府在国民的眼里变成了卖国政府，负责签订条约的人成了卖国贼。桂首相本想通过头山满等人组织国民大会，让国民出出气，没有想到集合起来的国民人数超过了政府和组织者的预计。国民的愤怒情绪再一次超过政府可控范围，带来了无法阻挡的破坏力，结果有 9 个警察分署、219 个派出所和警察亭遭到了攻击和损坏。其中，遭到最严重的攻击的是德富苏峰创办的《国民新闻》社，虽然社员中有人拔刀保护报社，但还是抵挡不住人数众多的愤怒的示威者，他们对报社进行了大肆的破坏。日本国民对《国民新闻》如此仇恨，是因为大家都认为这家报社是日本政府的御用报社，从战争爆发之前开始，《国民新闻》一贯维护政府的政策，当时的桂首相曾经说过，不读《国民新闻》的官吏都要被开除。当日本和俄国签订停战协定的时候，日本的媒体全部发出了批判的文章，只有《国民新闻》赞成政府的政策并为之祝福。《国民新闻》社被破坏，进一步显示了当时国民所具有的民族主义情绪已经远远超过日本政府所预计的程度。

殖民的先锋

明治四十二年（1909 年），伊藤博文在哈尔滨车站被朝鲜义士安重根刺杀。临终前，伊藤博文得知刺杀者是朝鲜人，骂了一句就去世了。后来日本的各种著作都以讹传讹地记载了安重根刺杀伊藤博文反而推进了日本对朝鲜的吞并，理由是伊藤博文并不希望日本吞并朝鲜。但很难说这是事实，如果伊藤博文反对吞并朝鲜，他就不应该辞去朝鲜统监一职，只要他在职一天，日本政府是很难绕开他推进吞并朝鲜的。但是，他在 1909 年 6 月辞去了朝鲜统监一职，显然是无意阻碍日本的行动。日俄战争后，日本已经把朝鲜视为囊中物，并夺取了朝鲜的外交权。这让朝鲜非常不满，1907 年，大韩帝国的高宗派密使到欧洲求救，虽然欧美帝国主义根本不予理睬，但是还是引起了统监伊藤博文的愤慨，他迫使高宗让位，并进一步剥夺了朝鲜的内政权。让日本吞并朝鲜只剩下最后的一个形式。

在日本吞并朝鲜的时候，已经有超过17万名日本人生活在朝鲜，"草根的侵略"已经不是谁能阻挡或推动的，而是演变成一场国民性的运动了。到1915年，在朝鲜的日本人已经突破了30万人，东京帝国大学教授山田三郎就指出，"同化一千三百万朝鲜人，绝不是日本政府单独能够完成的，这是落在我们三十万名在朝鲜的日本人双肩上的重要职责。"当然，这也不是帝国大学教授一个人的看法，恐怕是当时日本社会，尤其是一些奔赴朝鲜的日本人的共同心声。

回过头来看1876年，日本一模一样地复制了列强对付日本的侵略手法迫使朝鲜向日本开放。比列强有过之而无不及的是日本人根本不承认朝鲜的关税，还获得了让日本的货币在朝鲜流通的权利。于是大量日本人就涌入朝鲜，掠夺朝鲜的资源。中日甲午战争后，日本开始对朝鲜进行文化渗透。与谢野铁干就作为日语教师也去了朝鲜。在途经大阪的时候，与谢野铁干特地去祭拜了300多年前率军侵略朝鲜的丰臣秀吉，他发誓要让日语在朝鲜流行。当然，教授日语并不是他的主要目的，改造朝鲜才是他的雄心壮志。果然，半年后，因为参与闵妃暗杀活动而被遣送回日本。由于日本享有领事裁判权，与谢野铁干就被无罪释放。为了"挽回日本的势力而必须做些什么"的与谢野铁干又第二次奔赴朝鲜从事干预朝鲜事务的活动，结果又因为被告发而被迫离开朝鲜。

然而，他并不死心，到 1897 年，第三次去朝鲜准备去做人参的买卖，但最后也遭到了失败。当时，有很多类似与谢野铁干这样的热血青年果敢地奔赴朝鲜从事各种活动，准备在朝鲜建设第二个日本。

1905 年日俄战争后，日本加快了对朝鲜的殖民地经营。1906 年，设立了统监府，实际统治已经称为大韩帝国的朝鲜。在日本政府的鼓励下，每年有超过 2 万名日本人移民朝鲜。除了殖民政府机构需要的官吏、宪兵和警察，还有教员、农民、渔民、工商业者，甚至连娼妓也纷纷进入朝鲜。当时在汉城的日本领事馆就报告说，随着日本的生产者大量的移入，非生产者也大量出现。

不仅在朝鲜的城市里出现了很多按照日本习惯命名的街区，就是在朝鲜的农村也出现了很多日本人的村庄。1907 年，日本冈山县决定在朝鲜庆尚南道建设冈山村，给每户移民补助 300 日元移民费用。这样，就把在冈山的渔村搬到了朝鲜。日本各地的推动，使得到 1912 年为止在朝鲜就有 41 个日本渔村，人口超过了5600 人。这些日本的渔民侵占了朝鲜人传统的渔场，获得了利益。伊藤博文统监的心腹香推源太郎就夺取了朝鲜义亲王家的渔场而一跃成为水产王，而日本著名的渔业企业大洋渔业也是在夺取朝鲜人渔场的基础上发展起来的。这仅仅是一个缩影，就可以看到日本移民朝鲜并不是来开拓荒地，从事朝鲜人不会做的工作，而是直接从朝鲜人手里夺取了利益。他们在积极建设第二个日本的时候，都自觉或不自觉地充当了殖民主义的先锋。

2　历史大事记（1903—1907 年）

1903 年

2 月，丸善销售了 1250 套 25 卷本《大英百科全书》。

3 月，第 5 届国内劝业博览会在大阪举行，电冰箱成为人气商品。筑地活版所展出首次铸造的点活字。

5 月，众议院否决桂太郎内阁地租改革关联案，这意味着内阁希望挪用铁路建设费来扩充海军的计划破产，引起了政局混乱。

6 月，日比谷公园开园。

东京帝国大学户水宽人等 7 名教授提出建议书，反对满韩交换论，要求对俄罗斯强硬对抗。

8 月，私立日本法律学校改称私立日本大学。

9 月，美国富豪摩根以 10 万日元买断祗园艺伎加藤雪。

10 月，《万朝报》记者内村鉴三、幸德秋水等因不同意报社主张对俄罗斯开战而集体离职，创刊《平民新闻》，宣传非战论。

12 月，第 1 舰队和第 2 舰队组成联合舰队，东乡平八郎任舰队司令长官。

参谋本部和军令部举行首脑会议，决定开战时陆海军共同作战计划。同日，内阁决定开战时对中国和韩国的政策。

1904 年

1 月，陆海军禁止报纸刊载有关军事行动的新闻。

2 月，御前会议决定终止与俄罗斯交涉，采取军事行动。日军在偷袭旅顺口俄罗斯舰队后发表对俄罗斯宣战布告。日俄战争开始。

政府决定在英国发行公债以充日俄战争的军费。

长冈半太郎发表原子的土星模型。

3 月，《平民新闻》向俄国发出与共同的敌人即军国主义作斗争的提议。

东京市开通到浅草的铁路路线，马车铁路从东京完全消失。

4 月，烟草专卖法公布。烟草成为政府管辖的事业。

5 月，在东京举行的战胜祝贺会上，群情激愤，发生踩踏事件，有 20 人死亡。

8 月，日军对旅顺发起第一次总攻，死伤 1.6 万人但没有成功。10 月第二次总攻死伤 3800 多人，依然没有成功。

第一次日韩协约签订，韩国政府任用日本政府的顾问，外交事务必须和日本协商。

11 月，《平民新闻》刊登幸德秋水等翻译的《共产党宣言》，遭受禁止发行的处罚。社会主义协会被迫解散。

1905 年

1 月，旅顺的俄罗斯军投降日军。日本女性流行二零三高地发型。

第一银行与韩国政府签订协议，把第一银行汉城支行当作韩国的中央银行。

5 月，联合舰队在日本海击败俄罗斯波罗的海舰队。

6 月，《中学世界》增刊号刊登竹久梦二插图，梦二美人画开始登场。

7 月，桂首相和美国陆军部长塔夫特签订备忘录，美国承认日本支配韩国，日本承认美国占有菲律宾。

9 月，日本和俄罗斯在美国签订《朴茨茅斯条约》。日本和俄罗斯在中国发生的战争让中国人受到极大的伤害，但在战后处理方面，日俄两国完全无视中国的损失。

讲和问题同志会在日比谷公园召开反对讲和全国大会。会后，集会群众袭击内务大臣官邸、警视厅以及报社。第二天，东京市戒严，军队和警察镇压了这次暴动。

10 月，在上野公园举办征俄凯旋海军大欢迎会。

小岛乌水、高头仁兵卫等组织"山岳会"，会员有 393 人。

11 月，日本和韩国签订第二次日韩协定，规定以日本政府代表为韩国的总监，日本掌握韩国外交大权。

12 月，举办陆军大欢迎会。

1906 年

2 月，韩国总监府开厅，总监伊藤博文在 3 月赴任。

日本社会党召开第一届全国大会。

3 月，加藤高明反对铁路国有法案而辞去外务大臣一职。政府向众议院提交该法案并获众议院通过。

美国加州出台限制日本移民法案。

帝国图书馆（上野图书馆）开馆。

4 月，政府认可地方政府对神社的资助，奖励神社合祠。

报德会成立，机关刊物《斯民》创刊。

5 月，日本陆军采用三八式步枪。

6 月，敕令日本设立南满洲铁道株式会社。

牧野伸显文部大臣发布防止社会主义运动的整顿学生思想和风纪的训令。

8 月，递信省铺设东京到小笠原列岛的海底电缆，日美直接电信开通。

10 月，山县有朋向天皇提交《帝国国防方针》，提出经营大陆方针。

11 月，清政府抗议日本违反条约规定设立南满洲铁道株式会社。但日本不顾抗议，于 11 月正式设立了南满洲铁道株式会社，并以该会社作为经营大陆的据点。但是，该会社所需资金日本无法满足，只好通过横滨正金银行和日本兴业银行向海外募集重额资金。

1907 年

1 月，美国禁止加州日本人发行《革命》刊物。

幸德秋水等创办《平民新闻》。

东京股市暴跌。日俄战争后的恐慌开始。

2月，日俄战争后的增税和通货膨胀导致矿工生活进一步恶化，栃木县足尾铜矿发生日俄战争后最大的大暴动，之后，北海道、爱媛县等各地爆发了240起暴动。

管野姿、福田英子等向众议院提交请愿书，要求女子参加的政治结社和集会的自由。

3月，小学校令修订，义务教育延长到6年。

4月，东京高等师范学校部分教员在汤岛圣堂举行维新后第一次祭奠孔子活动。

东京自动车制作所生产日本国产第一辆汽车。

7月，日本和韩国签订第三次日韩协约以及秘密备忘录。明确规定韩国内政也归日本总监指导，并秘密要求解散韩国军队，日本警察成为韩国的警察。

日本和俄罗斯签订第1次日俄协约，共同牵制美国在中国获取权益。

9月，陆军从13个师团增加到19个师团。

10月，举办第1届文部省展览。

大阪市活版技工工会成立，并于11月举行了要求增加工资的罢工。

11月，美国领事要求日本自主限制工人移民美国。

3 畅销书概况：幻景的明治

《幻景的明治》是前田爱一本著作的书名。前田是根据夏目漱石以及他的弟子对明治维新的失望而拈出了这个书名。夏目漱石在日俄战争时期发表了诗歌，被大家批评为空洞的东西，这以后，夏目不再发表这样的诗歌，开始创作小说。他在杂志《不如归》上写了一个短篇，引起了高浜虚子的兴趣，高浜要求他写下去，结果一写就写了一年多，这就是夏目漱石的代表作《我辈是猫》。

《我辈是猫》成了日本文学史上的一座高峰，让夏目漱石成为一代文豪。他对明治历史的看法代表了一代人的看法，也影响了很多日本人。夏目漱石在《我辈是猫》中非常执拗地使用了"御维新"一词，并坚持读音应该是"御一新"。而"御一新"是有出典的，那就是作为明治维新的宣言书的王政复古大号令中的"百事御一新"。后来明治政府似乎忘记了原来的诺言，在用词上改为"皇政维新"，明显可以看出，对明治政府来说，明治维新就是朝廷复辟，取代了幕府将军而已。这样，"百事御一新"的"世道改变"就成了幻景。

现实生活中，幻景敌不过实景，反抗随处可见。畅销书作家德富健次郎放弃了芦花笔名，他以新作《黑潮》宣告了与鼓吹帝国主义的兄长德富苏峰的诀别。《黑潮》开创了社会主义小说的先河，也成了德富健次郎第四本畅销书。不过，德富健次郎的社会主义与木下尚江也不尽相同，木下的社会主义小说《火柱》和《良人的自白》也得到了明治时期大众的欢迎，这两本书的畅销还改善了摇摇欲坠的平民社经营状况。

以抒情诗歌而闻名的诗人岛崎藤村在 1906 年出版了第一本长篇小说《破戒》，拉开了日本文坛自然主义文学的序幕。因为是新的文学，岛崎认为需要有新的出版机制，所以，他借钱自费出版了这本小说，委托发行商上田屋发行。结果《破戒》的销售也势如破竹，不到一年就发行了一万多册。

小说是这个时期畅销书的主角。小杉天外叙述男女学生悲壮的恋爱故事的长篇小说《魔风恋风》引起了社会轰动，不久成为流行歌的内容，很快又被搬上舞台，而报纸还重新连载，显示了异常的人气。与尾崎红叶并称的明治时代小说家幸田露伴的代表作《五重塔》以具有音乐感的文体赢得了很多读者的青睐。家庭小说的主要推手菊池幽芳的小说《乳姊妹》也非常具有人气，从 1909 年到 1938 年，竟然被 13 次改编拍摄成电影。

尽管当时日本就要进入战争状态，小说《食道乐》中珍奇的食材还是吸引了国民的眼球。虽然《食道乐》作者村井弦斋的初衷是改良日本的饮食文化，但是在读者的要求下，他不自觉地开创了关于美食的新领域，从而呈现了明治末年日本读者兴趣的多样性。而这种多样性，也使得黑岩泪香的哲学论著《天人论》、芳贺矢一的《国民性十讲》等言论性著作成为畅销书。

从背包行商出发的春阳堂这时期经营蒸蒸日上，坚持重点出版文艺书的路线获得了成功，接连出版了多本畅销小说。除了原来的菊池幽芳、小栗风叶等已有的作家群之外，刚刚登上畅销书榜的夏目漱石也被揽进来，他的第二本小说《鹑笼》就是春阳堂出版的。这样日本文坛也迎来了夏目漱石的时代。

1903—1907 年的畅销书			
出版时间	书名	作者	出版者
1903 年（明治三十六年）	「乳姉妹」（前·後篇）《乳姊妹》上下	菊地幽方	春阳堂
	明治时代家庭小说的代表作之一。1903 年 8 月到 12 月在《大阪每日新闻》上连载。讲述了君江冒充异父同母妹妹房江骗取老公爵的信任，在实现野心的前夕被前男友刺死的故事		
	「魔風恋風」（前·中·後篇）《魔风恋风》上中下	小杉天外	春阳堂
	1903 年在《读卖新闻》上连载的长篇小说。描写了明治时代男女学生悲欢离合的故事，通俗性内容吸引了当时的读者。小说的书名还成为当时流行歌曲的歌词		
	「黒潮」《黑潮》	德富健次郎	黑潮社
	离开兄长德富苏峰后，作者出版的第一本小说，描写了在激荡的岁月里开始摸索新的生活方式的明治时代的日本人		
	「五重塔·血红星」《五重塔·血红星》	幸田露伴	青木嵩山堂
	《五重塔》是幸田露伴的成名代表作，描写木匠十兵卫克服重重困难修建五重塔的故事，最初在报纸《国会》上连载。《血红星》是他的另一篇小说。1892 年这两篇小说被集在一起以《尾花集》的书名由青木嵩山堂出版，销路不好。青木嵩山堂旋即把此书改名为《五重塔·血红星》出版，终于成为畅销书		
	「食道楽」（全 8 卷）《食道乐》全 8 卷	村井弦斋	报知新闻出版部
	「天人論」《天人论》	黑岩泪香	朝报社
	本书是结合宇宙观和人生观，一元性的哲学论述，是 20 世纪初一本简明的哲学著作		

1903—1907 年的畅销书			
出版时间	书名	作者	出版者
1904 年 （明治 三十七年）	「言海」 《言海》	大槻文彦	吉川弘文馆
	日本近代第一部日语辞典。本来由文部省组织编写的，但由于缺乏经费，改为编撰者从 1889 年开始分 4 卷自费出版。辞典中附有参照西洋语法而把日语语法体系化的《语法指南》		
	「火の柱」 《火柱》	木下尚江	平民社
	「良人の自白」（上下） 《良人的自白》	木下尚江	平民社 金尾文渊堂
	本书是在 1904 年到 1906 年之间断续地在《每日新闻》上连载的长篇小说。通过对帝国大学毕业生受家庭束缚与不相爱的人结婚，最后堕落的故事叙述，揭露了许多社会问题。平民社被解散后，本书由金尾文渊堂接手继续出版		
	「藤村詩集」 《藤村诗集》	岛崎藤村	春阳堂
	是诗集《若菜集》《一叶舟》《夏草》《落梅集》的合订本。明治浪漫主义早期的优秀作品		
1905 年 （明治 三十八年）	「琵琶歌」 《琵琶歌》	大仓桃郎	金尾文渊堂
	长篇小说。在作者参加日俄战争时，该小说获得《大阪每日新闻》征文一等奖		
	「青春」春·夏·秋 《青春》春卷夏卷秋卷	小栗风叶	春阳堂
	长篇小说。描写了反映当时青年状况的恋爱故事而获得好评		
	「病間録」 《病中录》	网岛梁川	金尾文渊堂
	身患肺结核的作者写的宗教评论文章，以"余之见神的实验"而得到了社会反响。网岛曾经学过禅宗、净土真宗等，后来皈依基督教		
	「吾輩は猫である」上中下 《我辈是猫》上中下	夏目漱石	服部书店、大仓书店

1903—1907 年的畅销书			
出版时间	书名	作者	出版者
1906 年（明治三十九年）	「肉弾」《肉弹》	樱井忠温	丁未出版
	「運命」《命运》	国木田独步	佐久良书房
	国木田第 3 著作集。收录了《酒中日记》《运命论者》《巡查》等 9 篇文章		
1906 年（明治三十九年）	「破戒」《破戒》	岛崎藤村	自费出版
	长篇小说。作者把自身比谁都更早觉醒所带来的苦恼寄托在小说主人公身上，展示了社会性的课题。是日本自然主义文学的杰作		
1907 年（明治四十年）	「八軒長屋」《八间长屋》	村上六浪	民友社
	长篇小说。以底层市民借居的长屋为舞台，描写了东京的市井生活，很受当时读者的欢迎		
	「鶉籠」《鹑笼》	夏目漱石	春阳堂
	中篇小说集，收录了《二百十日》《草枕》《哥儿》三个作品		
	「国民性十論」《国民性十论》	芳贺矢一	富山房
	以日俄战争后的社会为背景，列举了 10 条日本人的性格，通过与西欧人做对比来阐述国民性		

4 代表性畅销书详解

《食道乐》

1903年报知新闻出版部出版

出版解题：旧瓶装新酒，提倡的是新的生活方式

村井弦斋出生于武士之家，祖父和父亲都是以儒学服务于三河吉田藩。明治维新后，他的父亲认为儿子只学汉学是不行的，所以，在1872年村井弦斋9岁时，全家都搬到了东京。从小接受英才教育的村井弦斋成绩非常优秀，12岁就考上了东京外国语学校（即现在的东京外国语大学），而当时该校的入学资格为13岁。然而刻苦的学习损害了他的健康，使他不得不中途退学。经过一段与疾病斗争的时期，村井得到了去美国的机会。他在美国学习英语和社会制度，痛感日本与美国在生活方面的差别，认为日本需要在饮食方面进行改良。这时期的生活经验为他日后创作旨在改良日本饮食生活的系列小说打下了基础。

回日本后，村井弦斋进入东京专门学校（现在的早稻田大学）学习文学。同时进入《邮便报知新闻》撰写评论和小说。1890 年以后，他发表了很多小说，确立了小说家的地位。尤其是从 1896 年到 1901 年，他发表了明治时期日本最长的长篇小说《日出岛》，很受读者欢迎。1903 年，村井弦斋在《报知新闻》上连载的小说《食道乐》。这本小说后来和德富芦花的《不如归》一起成为明治时代最为畅销的小说，也是村井弦斋的代表作。

在着手《食道乐》时，村井弦斋是准备写长篇巨作的，并草拟了百道乐系列作品的计划。不过后来执笔写下来的只有《酒道乐》、《钓道乐》、《女道乐》和《食道乐》等 4 篇小说。

虽然《食道乐》中介绍了 600 多种四季食材和中餐西餐以及日本料理的菜单，似乎是一本讲美食的小说，读者有这样的印象也不足为怪，但实际上，作者的创作意图并不在此。道乐在日语中是嗜好的意思，但很多时候，道乐是不务正业、游手好闲的意思。村井借这种贬义对日本的饮食生活和文化生活进行了批判。从在《食道乐》发表之前村井创作的《酒道乐》《女道乐》等小说中也可以看到，村井并不是在宣传美酒文化，而是在点明饮酒的危害，提倡禁酒。他不是在赞美玩弄女性，而是在批判包二奶的风气，提倡废妾。实际上，这些都是带有启蒙性质的小说，也是在提倡一种新的生活。《食道乐》也是在这种创作思想下开始创作的。

当初，村井是这样构思这部小说的：才色兼备又是烹饪好手的阿登和小姐为了让恋人大原满摆脱暴饮暴食的生活，开发了很多健康的菜单，从而对日本的饮食进行了改良。村井认为饮食的改良必将让日本的家庭生活更加健全。所以，小说里不仅出现各种料理，而且还有各种食品、疾病和卫生方面的内容。不过，这篇小说在连载过程中，读者被各种菜单所吸引，他们的兴趣被集中到各种珍奇食材和当时还非常珍奇的西餐方面，结果，在读者的要求下，小说开始变味，料理变成了小说的主角，改良日本的饮食生活的主题逐步淡化了。

　　《食道乐》的发行量多达数十万本，村井用得到的版税在神奈川购买了大片的土地。他死后，这片土地的东部卖给了曾任副总理的政治家河野一郎，西部卖给了创立日立制作所的实业家小平浪平。

大隈伯爵家的厨房

本书摘译（春之卷前文、第一节和第九节全文翻译）

卷头插画是山本松谷先生用如椽大笔描绘的早稻田大隈伯爵家厨房的实景，现如今号称上流社会厨房的模范。厨房是去年新落成的，主人伯爵为了和食洋食都能使用而煞费苦心地添置了新设计设备，面积有 25 坪，一半铺了木地板，一半是水泥地，屋顶上有 4 坪大小的玻璃窗用来采光。非常整洁，器具安置有序，既方便操作，老鼠也没有钻进来的可能，总体来说，非常卫生是这个厨房最大的特点。

在卷头插画中可以看到中间水泥地的中央有一个巨大的炉子。那是从英国进口的煤气炉，高四尺长五尺宽二尺，价值 250 日元。煤气炉旁边有大小两个大锅。锅前有个厨子站在水泥地上正在把一把壶放到架子上，厨子前面木板围着的地方安置了 3 个煤气灶。中间的架子上放着装蔬菜的篮子，篮子装满的是伯爵府上最负盛名的温室种植的蔬菜。三月的瓜，四月的茄子，根菜，果茎无一不是非常珍贵的。干粗活儿的女佣，传菜的少女，各司其职，有条不紊。人也美，四周也干净。进入这个厨房的人首先都会觉得眼前一亮。

这个厨房每天平均要做 50 人份以上的饭菜。一二百人宾客的正餐，一两千人的自助餐，这个厨房都能供应，还能每天提供伯爵家喜欢的西餐。日本料理和西餐都可以用这里的设备来做，没有任何不便。由于这个厨房的炉子和灶头都是使用煤气，而使用煤气不需要堆放木柴煤炭的场地，也不要烟囱，更不用担心锅底的煤污，紧要的时候也只要一根火柴就能点上火。由于火力平均不变，所以在煎煮的时候，只要习惯了煤气的用法也就无大碍了。用木柴煤炭的时候，每天的费用为一日元五十一钱，现在用煤气仅需要九十五钱，即一天可以节省六十一钱。所以，使用煤气不仅轻便清洁，节省劳力，而且在费用方面也有很大的利益。

要过上文明的生活就需要文明的厨房，要日式和西洋料理都能做就需要学习这样的新考案。

第一　腹中的新年

今日是元旦，天地乾坤自长闲，如意春风沁入来。腹中有胃吉和肠藏在相互祝贺新年。

"喂，胃吉先生，新年好。"

胃吉回礼说："啊呀，这不是肠藏先生吗？去年各方面承蒙关照。您没有什么变化吧。啊哈哈。正好，肠藏先生，今天是正月初一，是一年只有一次的一天，我们也想轻松轻松吧。像我们这样一年忙到头的还真没有几个。世间的人们有星期天有暑假，一年之中有很多休息的日子，连最忙的仆人在正月和盂兰盆节也有休息的时候，但是我们却一年没有一天休息的。我本来每天工作三次就没有事了，但是在这里因为喜欢零食，在三次工作之外，不是果子飞来，就是团子飞来，还有酒水也时常不断，不得消停。结果自然地工作也就不那么较真了，就把食物粗粗地处理一下就送到您那里，每次弄得都非常紧张。从现在开始，我们还是要搞好关系的。"

肠藏说，"那个我非常赞成。您的工作是消化，我的工作是吸收。您要是很好地把食物消化了，我这里的吸收也就非常容易了。每天送来的都是没有消化的东西的话，有时候就会给您退回去，或者就直接往下送。这样粗暴地行事往往会引起吵架。今天早上的杂煮年糕就非常粗暴啊"。

胃吉说，"那个请忍耐一下。因为今天是元旦所以想稍微轻松一下的，想不到早上的杂煮年糕一块接一块竟然塞进来十八块，而且，如果门口的牙太郎好好地咀嚼一下就好了，不想这家伙竟然在玩，简直是囫囵吞枣。果然出事了，牙太郎的女人阿金太太被年糕黏住，差一点就掉进喉咙里了。最后用力从嘴巴里吐出来，弄得大家虚惊一场。这也要怪阿金坐在前面什么事也干不了，不坐在后面的话也是不能嚼食物的"。

肠藏说，"那都是为了外面的样子好看吧。阿金坐在前面外面就能看到。要紧的里面却让阿胶负责，可见牙太郎也是做不了什么好事的。如果认真做事的话，让阿胶或者其他人坐在前面，里面不让阿金帮忙的话是不行的。新年伊始，阿金还真倒霉呀"。

胃吉说，"啊，怎么说，今天大家都想玩的。我们如果得不到休息也会筋疲力尽不能好好干活儿的。人间的那个大锅炉如果不是经常停下来进行大扫除的话，积满灰尘，润滑油变干，那么机械马上就会损坏。机械损坏的话还可以替换，我们都是无法替换的呀。想想也害怕"。胃吉正忘我地说着，从上面流来了不知是什么的红水。胃吉大吃一惊，"哎呀呀，什么东西？很奇怪啊。哦，是屠苏啊。用水杉布片包着浸了味灵，染成了水杉的颜色一起流了过来。那就直接传送给肠藏先生吧"。

肠藏说，"不要啊"。

- 食物进入人的嘴里后，首先要接受牙齿的咀嚼，唾液把淀粉糖化，进入胃中接受胃壁肌肉的机械作用和胃液的化学作用，然后进入小肠接受肠液和胰脏分泌的消化液的作用，不能消化的东西通过门脉进入肝脏，在这里接受消毒作用，养分被吸收到体内。
- 大家都应该常常断食让肠胃休息，三餐的时候不顾肚子是否吃饱而强行进食是有害的。
- 屠苏用红布包是有害的，应该用白布或者纱布包。
- 煮年糕汤的时候应该在汤里增加白萝卜薄片。白萝卜有化学作用帮助消化年糕。
- 吃完年糕后应该吃点白萝卜或者白萝卜泥。

第九　猪肉料理

主人中川热心地为猪肉辩护。"大原君，为了让日本的肉食更加昌盛，我想普及猪肉的利用法。猪肉比牛肉便宜，烹调得好味道比牛肉还要鲜美。猪肉全靠烹调。烹调得好，猪肉的价值要比牛肉还要高。如果买鲜猪肉的话，在东京一带最上等的要二十二三钱。腿肉就更便宜了，有的市场还不到十钱。用腿肉做成火腿的话一斤要三十钱到三十五钱，美国火腿一斤五十钱，而法国的上等火腿一斤要一日元二十钱。一斤要二十钱的牛肉是没有的。在西洋料理里上等火腿的料理要比牛肉料理贵。同样不是猪肉有那么大的差异吗？你以前吃的是什么样的料理啊？"

大原说："煮牛肉的锅中加上猪肉煮的东西。"

主人说："啊哈哈。那真是岂有此理，粗暴狼藉的东西啊。长崎那边以前就认为生猪肉有毒而绝不吃刚刚煮好的猪肉。西洋料理里大概也是要白灼一下再使用的。生猪肉里有很多寄生虫。另外，生猪肉的脂肪强力，多吃会在身体上长出一些肿块的。而且，生猪肉还不利于消化。不过，火腿的话就比较容易消化。伤寒后的肉食应该是上等的火腿。生猪肉煮好后马上吃的话并不好，首先味道不好，一点也不可口。猪肉或者野猪肉无论做什么料理都要整片地用水煮两个小时，到杉木筷子可以轻松地戳进肉里的时候就把它从锅里拿出来，然后煮或者炒都可以。或者像做肉燥那样把肉切碎，用盐水煮或者用油煸，然后再煮两个小时。把生猪肉直接拿来煮是煮不出猪肉的味道的。"

大原说："是吗？那样煮呀煮的味道不是要煮没有了吗？白肉也都要溶化掉吧。"

主人说："白色的脂肪溶化掉的猪肉本来就是不适合使用的下等货。上等猪肉的脂肪是越煮越轻而不会溶化的。猪肉的上等有三花肉或者七花肉，红白相间有好几层。不知道的人往往只要红色的部分，其实他们买回去的就是腿肉也就是猪肉里最差的部分而把好的猪肉丢掉了。虽然红肉里上等的里脊肉还有其他用处，但白肉的话是越煮越好吃。如果猪肉用水煮后红肉发硬而白肉溶化的话，那是吃了非常劣质饲料的猪肉，不可食用。在东京经常有这样的猪肉卖，如果不能细挑选的话就不要买。上等饲料喂出来的猪，越煮红肉越嫩，白肉也绝不会溶化。不过，东京这里的猪肉都比较混乱，二十贯左右的母猪也捉来屠宰当作食用肉来卖，那种肉又硬又不好吃。前几天，小山君招待我的时候就是用了那种猪肉。在长崎那边食用的都是小猪肉，母猪用作种猪而不会用来吃的。小猪肉肉质鲜嫩，而去势过的则更加美味。最近，从西洋传来约克猪、帕克猪等各色种猪，其实都是在中国猪基础上加以改良的欧洲猪。无论怎么说，猪肉的元祖还是中国猪，所以无论是猪的种类还是合适的料理方法，还都是中国风味最好吃。"

主人越说越兴奋。旁边的妹妹说："啊呀，哥哥，汤汁凉了不好吃，请快点吃吧。"

- 生猪肉里有肉类中最恐怖的寄生虫旋毛虫以及囊虫。如果人吃了半熟的猪肉有可能让旋毛虫钻进身体而招来大祸害。囊虫进入人体后变成绦虫。
- 制作上等猪肉刺身需要从肉片两侧涂抹盐，用铁针在肉上开孔，让盐渗入肉中。然后如本文介绍的那样用水煮，并放在原汤内腌制一昼夜，第二天取出，用煮好的酱油腌制，这样的话味道会更好。
- 本文所记载的菜单主要是介绍新的料理法，有一些不合理的配料，还请读者多加注意。

《火柱》

1904 年平民社出版

出版解题："不幸的是日本人成了世界的好战者"

木下尚江出生在松本藩的一个下级武士的家庭，不过他出生时已经是明治二年（1869 年），武士的时代已经过去了。进入开智学校后，木下接受了启蒙主义教育，接触了自由民权运动。1888年，他从东京专门学校（1902 年改称早稻田大学）毕业后，做过记者、律师、社会活动家，也开始撰写小说。他参加废娼运动，主张普选，其间因为针对时事问题为报社写的社论还招致了报纸《信府日报》被禁止发行的处分。1901 年，木下和幸德秋水、片山潜等人一起组创了社会民主党，并在报纸上发表了很多短歌、随笔等文学作品，主张非战，是日本在日俄战争前夕非战论的主要论者。

中日甲午战争让日本获得了意想不到的大笔赔款，这不仅滋润了日本的经济，也刺激了日本的民族主义思想的发展，让日本萌发了积极对外扩张，跻身列强的念头。这种狂热的民族主义推动日本继续走向战争。信奉基督教社会主义的木下尚江清醒地看到这种狂热思潮的危险性，他在报纸上指出"不幸的是日本人成了世界的好战者"，开始高声疾呼非战论，并在 1904 年写了连载小说《火柱》，发表在《每日新闻》上。《火柱》以基督教社会主义者筱田长二为主人公，描写了平民社主张的非战运动，揭露了资本家、军人和政治家的虚伪和罪行，最后，坚持反抗政府的筱田被捕入狱，但他培育的基督教社会主义者则继续投身在这场运动中。

在连载结束后，由平民社迅速地出版了《火柱》的单行本。《火柱》在短时期内不断重版发行，这不仅使这部小说成为明治时期社会主义文学的代表作，而且这部小说的畅销和平民社发行的木下尚江另一部小说《良人的告白》（上下册）的畅销一起给平民社带来了重要的经济支持。

平民社是幸德秋水和堺利彦等人在 1903 年创办的主张非战论的报社。本来幸德秋水他们是《万朝报》的记者，由于《万朝报》在对露同志会等积极支持日俄开战派的攻势下，从非战转向主战。幸德秋水他们就愤而辞职，创办了平民社，出版《平民新闻》，开辟了非战论的新阵地，并积极宣传社会主义。在《平民新闻》创刊一周年时，堺利彦和幸德秋水把英文版《共产党宣言》翻译成日语刊登在《平民新闻》上。不过，平民社的运营环境并不理想，一直被政府视为眼中钉，终于在日俄战争结束后被政府勒令解散，日本的社会主义运动遭到了重大的打击。在这以后，木下尚江也逐步退出了社会主义运动，然而他的著书在社会上依然保留了很大的影响力。平民社解散后，《火柱》转给了由分社、金尾文渊堂、梁江堂等出版社继续出版，到 1908 年的时候，已经重印了 20 次，和《良人的告白》一起成为明治时期的畅销书。但是，在 1910 年被明治政府宣布为禁书后本书不能再出版发行。然而，社会上对木下尚江的著作依然有很大的需求，所以，1910 年以后在东京的旧书店依然可以买到这些被禁的书。1929 年，春秋社出版《木下尚江集》，用隐字法收录了《火柱》和《良人的告白》。从这里也可以看到，在很长的时期里，木下尚江一直拥有一大批的读者。

本书摘译

二十九（二）

门前的来客掸了掸袖子上的雪，雪花飞了进来。

"是谁呀？"大和借着积雪的反光问道。来客穿着东大衣 ① 包着御高祖头巾 ②，是一个女性。大和睁大了眼睛感觉非常奇怪。

"大和君。"女性的声音让大和吃惊地后退了一步："是您？"

"先生在家吗？我有紧急的事一定要见先生。"大概是在深夜大雪路上冻着了，说话还打着颤。

"请稍等。"说着大和急忙向筱田的书斋走去。"先生——"惊恐万分的大和连声音也变得非常奇怪。

这个时候，筱田已经确认好文件，正翻开《圣经》，准备作睡

---

① 1886 年，东京白木屋（东急百货商店）发明的穿在和服外面的防雨雪、防寒的大衣。

② 日本女性防寒用头巾，使用的时候，把整个头部除了眼睛以外都包起来。

前的祷告。他静静地回过头问大和，"什么事啊？"

"——就是现在，那个，山本家的梅子小姐来了。"

"什么？梅子小姐？"筱田不可思议地歪着头，"是她一个人吗？"

"是的。说有非常紧急的事一定要见先生。"

"冒着这样的大雪天来，一定不是平常的事。——快请进来。"

梅子跟着大和走进了筱田的书斋。梅子显得非常消瘦，脸色也很不好，进来之后，一言不发只是深深地低头行礼。

"好久不见。"筱田也珍重地回礼，"冒着这样的大雪深夜来访，肯定有重要的事情，请快点告诉我。"

梅子稍微抬起头，"——筱田先生——我，真没有脸来见您，只是今晚听到了非同寻常的事——"梅子停顿了一下，偷偷地看了旁边的大和一眼。

梅子说的不同寻常的事让大和感到更加危急，看到梅子踌躇的样子，大和瞥了一眼筱田就站起身来。筱田制止了他，说"虽然不知道是什么事，梅子小姐，请不要担心，大和是我的弟弟"。大和坐下来吐了一口气。

"不是的，筱田先生，我并不是要让大和君回避。"梅子又欲言又止。

"是怎么回事呢？"筱田问，"是不是关于我的什么凶事？那也说出来让我听听。"

"是。"梅子微微地点了点头。大和握紧了拳头。

筱田用火钳拨了拨暖炉里的灰，说"请不要顾虑，有什么事请尽管说。"

"筱田先生，"梅子眼睛里噙着泪花说，"这本来和先生毫无关系，但现在的社会里有人动坏脑筋要把先生拘捕起来。冷手黑绳正逼近先生——"

梅子睁开泪眼，凝视着筱田。

"啊。"大和不禁大叫。

"哦。嗯，这样的事也是有的。"筱田一点也不见怪。大雪打在窗户上的声音急剧起来。

大和忍不住问筱田："先生——您知道有这回事吗？"

"不，我也不知道。不过所谓的灾厄都是从意外之处来的。"

大和沉默了，然而又对着梅子问："山本小姐，什么时候他们来抓先生呢？"

"——明天早上——"

大和大惊失色："敢问您是什么时候知道的？"

梅子垂下头："请筱田先生原谅。警视厅密报给我父亲，不料让我无意中听到。很抱歉的是，这也是我父亲秘密地请求警视厅干的事。——筱田先生，——我在先生面前要忏悔一切，请不要蔑视不要抛弃。"梅子双手撑在榻榻米上，声音颤抖。

大和静静地从书斋里走出来，不安地双手合在胸前。

"梅子小姐，请不要担心。"筱田微笑着说，"我们的头上一直有政府的警戒，什么时候为什么事而破裂，是我们不能预测的。不仅日本是这样的，散在万国的我们的同志都会遭遇这样境地的。——所以，并没有需要梅子小姐来谢罪的事。"

沉默了一会儿，梅子敞开心扉地说："——您的同志都遭到政府的迫害我以前就已经知道了，但是，先生遭到意外的灾厄是有特别的原因，——造成这样的情况是因为——我的软弱。"

"——筱田先生，我要怎样向您道歉才行呢？"梅子擦掉眼泪，"心烦意乱的我已经没有其他话了，只是让我忏悔吧。"

"请说吧。"

"筱田先生，请宽恕我吧。让我告诉您给您带来灾厄的原因。——那就是因为我一直仰慕先生。"梅子伏在榻榻米上，不停地抽泣。一会儿，梅子抬起头，"请不要说我厚颜无耻。筱田先生，——我知道像我这样的人说仰慕先生一定会给先生的高风亮节带来伤害，所以，我就一直把它作为心里的秘密，对谁也没有透露过一言半语。神可以作证。只是我拒绝了所有的求婚，让那些以怀疑他人为乐的人们有了嚼舌根的机会。每次在报纸上读到有损于先生名誉的文章，我都在自责，都在私下里向您道歉。但我扪心自问，却觉得他人的风言风语也并不能用无根之谈而一笔勾销。最后，还是我的软弱让先生遭受了被绑的奇耻大辱。"梅子咬住袖子，克制着哭声。

"你说什么呀，"筱田闭上眼睛，"在这个社会基础上放了斧头的我们遭到反击是豪不为怪的。"

"尽管这样说，筱田先生，现在您必须自爱。"

"自爱是什么？"筱田问。

梅子反觉奇怪："筱田先生，这样的话，您会入狱的。"

"是吗？对抗来力，只有温顺应接，没有其他办法。"

"但是，听我父亲的话说，您在监狱里会遭大罪的。可能是我多嘴了，请暂时离开日本——逃到外国去吧。"

"梅子小姐，我要感谢你的深情厚谊。不过，像我这样的人都是有侦探盯着的。如果已经确定要拘捕我的话，现在我们在这里说的话，可能有人已经在门外全部记下来了。——如从我的私心而言，我当然不会高兴地被关进监狱，去接受暴行。这种暴行在其他国家的监狱里已经有很多实证的。但是，我们同志纯洁的心事因为这件事而能向政府向国民说清楚的话，对渺小的我来说就是无上的光荣。实际上就是我们的同志之间也是有不少有误解的人。"

说到这里，筱田话锋一转，"自己的事说多了，更要紧的是你的将来应该怎么样。刚才，和刚一君也正好谈论过"。

梅子脸上发烧，"谢谢。听了您温和精神的一席话我也没有什么可说的。——我向筱田先生真诚地忏悔。我已经下定决心。我父亲多少给了我一些土地和财产，当然这些都是不义之财，为了赎罪，我把这些财产和我自己都奉献给贫民教育。现在我更坚定了我的决心。不用说，我只是希望能在您的指挥下从事这样的事"。

"那样的话，请放心。"筱田微微一笑，"梅子小姐，真是非常好的计划。如果我是自由之身的话，当然会和你充分讨论来实现我们的一些理想。不过也不要担心，社会主义俱乐部的各位也会以满腔的尊敬和同情来帮助你的。"

筱田脸上发光，"梅子小姐，请毫不犹豫地抛弃为了教会的宗教吧。没有原因的慈善事业就让伪善者们去做吧。财富的集中，财富的不公平，把这些归为单一的物质问题那是怎么回事呢？有钱人的财富年年增加而穷人的数量则岁岁增多，这是多么重大的不道德的事啊。请看，现在的生活原则就是掠夺。个人掠夺个人，国家掠夺国家。刑法上的盗窃对他们来说如同儿戏。神可以作证，盗窃就是现在社会最为尊敬的法律和爱国心。所有权的神圣，兵役的义务，这些都是盗窃掠夺的遮羞布而已。梅子小姐，为了这些而烦恼的更是女性呀。什么是社会主义？一言以蔽之，就是基督道破的神之心。"

他从桌子上拿起一本书，"梅子小姐，请千万不要忘记对这个的研究。这本《新约》充满了人生的奥义，是取之不尽的。——啊，啊，梅子小姐，为了我们国家，请成为社会主义之母吧。请成为社会主义之母吧。这是筱田长二毕生的请求"。

梅子的眼泪如冲破河堤一样不停地流着。

隔壁的钟声响了两下。"已经两点了。"梅子的头又低了下来。警察要来的这一天又少了两个小时。当曙光出现的时候，却正是筱田被丢进黑暗的时刻。三年来的苦闷，今夜得以表明，又听到了筱田温柔喜悦勇敢的心声，还有什么可遗憾的呢？好吧，可以回去了。——又回到哪里去呢？梅子的胸中又有了撕心裂肺的新的苦恼。她紧紧地盯着筱田。

两个人相顾无言。

好久，两行热泪流到梅子的脸颊上，她咬着牙低下头。突然，一双温暖的手伸了过来紧紧地握住了梅子的右手。她一腔的热血沸腾起来，浑身打战。梅子抬起头，看到筱田的双眼炯炯有神地看着她。

筱田手上又加了一把力，"梅子小姐，——这是一个一点未曾污染的心，现在我把它献给你"。梅子用左手抱着筱田的右手，一言不发地把身体压在上面。

风也停息了雪也睡去了，只有夜深沉。

梅子抬起头说，"虽然筱田先生会责骂我，但我还是请先生暂且躲避一下。这并不是让先生蒙受耻辱，实在是把珍珠丢给狗，是没有什么意义的"。

筱田点点头，"在什么场合下可以丢掉身子，并不是我们凡夫俗子能够判断的"。

"筱田先生，请绝不要放弃希望。"梅子也下定了决心，"不说什么时候了，现在就是诀别了。现在我把您的一句话当作自己的生命。您还有什么需要我去做的，不管是什么都请吩咐。"

筱田低头想了一下说，"那么，梅子小姐，我给你介绍一个人"。他叫大和请来了兼吉的老母亲。兼吉的老母亲哭倒在地。

"梅子小姐，这是刚才《艺伎杀》这首歌里所唱的兼吉的老母亲，兼吉是我的朋友。"

筱田对兼吉的母亲说，"妈妈，我明天可能就要去远方，这位小姐是非常值得信赖的人。兼吉君肯定是无罪的，请放宽心。如果两相情愿的话，可以和小花结婚，只是他太要强了"。

筱田回头来对梅子说，"小花现在住在慈爱馆，她原来是艺伎，但精神非常坚强，将来应该可以给你的事业帮忙的"。

梅子不禁赧然羞愧，她对自己的良心说，当时不是还为了这个女性而嫉妒过吗？

兼吉的母亲哭得直不起身来。

"还有，梅子小姐，我还有一件私事想请你帮忙。"筱田悄然地闭上了眼睛，"我有一个伯母。孤独地住在与世隔绝的秩父山里，今年已经年过七十，依然健朗。但是如果听到我的坏消息的话——"竟然哽咽着说不下去了。

梅子忍不住扶住膝盖，"请放心，请一定放心"。

筱田双手抱着梅子的肩膀，"请不要笑话我这软弱的东西。啊，现在心里亮堂了，一点愁云也没有了。好吧，梅子小姐，这就诀别吧"。

"在心里我们永远在一起。"

"当然。"

不知何时雪停了，属于阴历某天不圆的月亮。巨大的榉树枝头上的白雪如绽放的花朵。积雪地上可以看到一往无前的梅子的身影。

《我辈是猫》

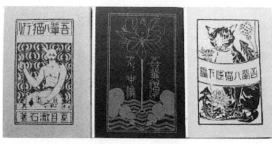

1905 年大仓书店、服部书店出版

出版解题：猫看不到战争，只能看到周边人的生活

1904 年，日俄战争开始后，夏目漱石在《帝国文学》上发表了一首新体诗《从军行》，赞美了战争，希望鼓舞日本的国民。但当时在他的学生中间出现了很强烈的不满意见，学生们认为发表这样没有内容的诗会丢尽帝国大学英文科的脸面。这样的批评给夏目漱石带来很大的冲击，他放弃了新体诗而改写小说，第一部小说就是《我辈是猫》。小说从猫的视角来看社会，当然不会看到正在进行的战争，而只能看到范围很小的生活圈子。

后来夏目漱石和高浜虚子都撰文述说了《我辈是猫》的成书过程。在高浜的劝说下夏目漱石尝试写了一个短篇，高浜读后大为赞赏，并用本文第一句神来之笔的"我辈是猫"为题在《不如归》杂志上发表。高浜又鼓励夏目继续写下去，最后，这篇小说在《不如归》上连载了 11 回，成了一个长篇巨作。然而，无论是夏目漱石还是高浜虚子都没有提到从《从军行》到《我辈是猫》相隔只有大半年，为什么两者的志趣却有如此巨大的落差，一个赞美战争，一个只关心身边的实际问题。这是一个比较重要的问题，并不能以诗歌和小说有所不同就可以说明的。

著有《漱石研究年表》的文艺评论家荒正人指出，夏目漱石从英国回来之后到写作《我辈是猫》这段时期里，思想非常混沌。夏目漱石在英国留学时并没有好好去听课，回日本后在东京帝国大学接替小泉八云教授英国文学，因为讲课比较生硬而不受学生的欢迎。这段时期，他在经济上也不富裕，加上胃病缠身，觉得世界总是灰色的。这点在《我辈是猫》里有非常好的体现。而《从军行》虽然赞美了战争，但夏目漱石却为了躲避兵役而把户籍迁到北海道，这似乎也是这段时期思想混沌的一种表现。长山靖生就认为对战争的赞美与夏目漱石内心深处的精神并不相容。在《我辈是猫》里，夏目漱石坚持不用"维新"一词，应该是显示了他对明治政府的不认可。所以，他不再关心正在进行中的战争，而把注意力集中到与自身有关的生活问题上来。

用空洞的语言堆积起来的对战争的赞美遭到了大家的抨击，而只关注个人实际生活的故事却赢得了国民的欢迎。这当然与深刻的社会问题相关联。《我辈是猫》从 1905 年 1 月开始连载，一直到 1906 年 8 月才结束。而在这段时期内，日本如履薄冰地取得了日俄战争的胜利，但日本国民却因为日本胜利后没有得到赔偿而群情激愤，《万朝报》甚至还发表了用吊唁之旗迎接和俄国交涉的全权代表小村寿太郎的社论。当然，小村认为自己是在综合实力不比俄国的情况下为日本争取到最好的结果，但国民却并不领情。在这样的气氛下，与战争没有什么关联，对社会充满讽刺的小说《我辈是猫》倒成为大家都争相阅读的读物了。

1905 年，服部书店出版了《我辈是猫》上卷，由桥口五叶装帧，中村不折插图，豪华精美。初版采用的是江户时代以来传统的线装本，不久改为西式装订。后来大仓书店接过版权，于 1906 年 11 月和 1907 年 6 月分别出版了中卷和下卷。比较可惜的是没有留下当时的发行数据。1911 年大仓书店又出版了豪华的缩印本，在大正年间发行了 13 万部以上。

本书概要

我辈是猫，到现在还没有名字。在什么地方出生的也不清楚，只是依稀记得在什么昏暗的地方哭泣的样子。我辈就是在那个地方第一次见到了人类这类东西，后来听说那就是书生，即人类中最为狰狞的种族。书生曾经说过要把我们捉来煮着吃。

被书生拿在手掌上的时候，有一种软软的感觉，一会儿感到非常快的运动，眼冒金星，原来我辈被摔到竹丛里了。

从竹丛里爬出来，是一个大池子。我辈为了找吃食就围着池子转了起来，但是，周围又黑，肚子又饿，天气又寒，还下着雨，那是一刻也不能等了。无论如何，要找一个明亮温暖的地方，不知不觉，就进了这个家。

一个老佣人看到我辈立刻把我辈扔了出来。再进去又被扔出来。来来回回四五遍，最后在被踢出来的时候，家里的主人出来看了看说，留下吧。

主人的名字叫苦沙弥，职业好像是教师。从学校回来就整天关在书房里几乎不出家门一步。本人好像也自以为是非常努力的读书家。但其实并不是那么勤奋的。我辈时不时悄悄地偷窥书房，只见他常常在午睡，还把口水流到翻开的书上。他肠胃不好吃得却非常多，吃完后再吃胃药。

主人爱好很多，写了俳句给《不如归》《明星》等杂志投稿，还写一些错误百出的英文。讲究琴弓，吱吱地拉出小提琴的音调，但怎么样都不成器。尽管如此，却非常热心，也就顾不上肠胃的毛病。有一次抱着一个大包袱回来，里面是水彩画的材料。从第二天开始，就不再午睡而画水彩画。但到底画的是什么，总是鉴定不出来。有一天，我辈在屋檐下午睡，主人少有地从书房里走出来，在我辈的后面反复地做着什么，让我辈忍俊不禁。前天，也是美学家的朋友迷亭曾劝他去写生，所以，就拿我辈来练习。我辈正想打哈欠，但看主人那么热心地拿着笔在画，也就一直忍着不动。

我辈作为猫虽然不算上乘，但就算不太灵光，但也不会像主人描绘的那样奇怪。首先，颜色就不对，而且，奇怪的是竟然没有眼睛。虽然说是写生睡着的猫，但不应该连眼睛也没有吧。继续这样老老实实地躺着已经没有意思了，我辈慢慢地爬了出去。主人用混杂着失望和愤怒的声音骂道：这个畜生！主人在骂人时，口头禅就是"畜生"这个词。虽然不知道人的心情，但无论什么时候都用"畜生"一词毕竟太没有礼貌。本来人这样的东西，都自以为很了不起，如果没有出现比人更厉害的家伙去欺负他们的话，还真不知道人会长成什么样子呢。

寒月君来拜年。他是主人的学生，但现在好像已经超过了主人。他说到和一个女性合奏小提琴时，主人非常羡慕地问道，那个女人是谁呀？平时一直板着脸的主人对女性绝不冷淡。有一次读西洋小说，男主角被讽刺地描写为对什么女人都一见钟情，对来来往往的女性大都抱有爱慕之心。主人读后非常感慨，认为这就是真理。

第二天，主人默默地吃了六七块年糕，最后一块留在碗里放下了筷子。夫人拿出了胃药，但主人说那不管用，不用吃。然后把胃药骂了一通。我辈是有什么吃什么。跑到厨房里一看，今天早上的年糕还粘在碗底。我辈到现在还没有吃过一次年糕这样的东西，看起来好像很好吃，但也有点让人恶心，最后下决心在年糕的角上咬了一口。一般来说，用力咬的话大概什么都能咬下来，但这次却咬不下来，越是用力嘴里粘的年糕越是多，再咬不下来，遇到老佣人就麻烦了。更不可思议的是，这个时候，我辈竟然用后面两条腿站立起来，好像已经不是猫了。为了咬断年糕，我辈在厨房里乱转，结果被小孩看见，他大叫，猫在跳舞。大家闻声赶来，都哈哈大笑。看到我辈狼狈不堪的样子，主人不忍心地说，把那块年糕给它拿下来吧。老佣人毫无表情地把年糕从我辈嘴里拔出去，我辈总算恢复了安宁，回头一看，大家都已经回到里面的房间去了。

四五天安稳地过去了。寒月君来访。寒月君平平淡淡地说起了向岛朋友家忘年会的事。寒月君拿着小提琴去，合奏完后准备回家，某博士夫人过来问他知不知道某小姐病了。前几天寒月君见过某小姐，一点生病的样子也没有，所以非常吃惊。原来，那天见了寒月君后，某小姐晚上就突然发热，口里胡言乱语，还叫着寒月君的名字。寒月君并不知道某小姐得了什么病，只是觉得非常危险，又可能和自己有关，所以，他非常紧张。当来到吾妻桥的时候，突然听到某小姐在河底呼唤他的名字。寒月君毫不犹豫地翻过栏杆跳了下去。没想到方向弄反了，他没有跳到河里而是跳到了桥中央。结果，某小姐的病也完全好了。

那天下午，迷亭君来访。没过多久门铃响过后，传来了一个女子尖尖的声音。正在说话的主人和迷亭君相互看了一眼就沉默了下来。声音的主人是一个年过四十的女人，鼻子特别大，我辈称之为鼻子。鼻子一边说有事相烦一边进来。鼻子是对面街角金田的妻子，常常不经意地显露他们家很有财产，而主人对她却很冷淡。鼻子听说寒月君喜欢自己的女儿，还准备跳河，所以就过来打听寒月君的为人。原来某小姐就是金田的女儿。这与寒月君所说的大相径庭，两人听了都开怀大笑。不过，主人和迷亭君对鼻子要求他们在其中牵线搭桥都不太热心。

我辈到现在还没有去过对面的街区，但是，听说金田小姐是那样的美貌，作为猫也无法安稳地躺在屋檐下睡觉了。于是，我辈开始去调查了。蹑手蹑脚地走到对面，隔着拉窗听到鼻子金属般的声音，不就是贫穷的老师吗？有什么了不起的。好像对主人和迷亭君的评价都非常低。小姐的声音像她的妈妈，但是隔着拉窗也无法得见她的容姿，但好像心情很不好，说了好些人的坏话，谁听了大概都受不了。我辈也立刻退回来了。这时候，寒月君又来主人家了。主人和迷亭君都劝他不要娶鼻子的女儿，寒月君听了就说，老师这样说的话，我就不再想娶她了。只是她如果因此而得病，不就是我的罪过了吗？

后来，金田家希望寒月君获得博士学位，通过主人的同学、实业家铃木君让主人劝寒月君攻读博士。这个时候，寒月君开始着手写博士论文。

三月份，主人家来了小偷。深夜，我辈突然睁开眼睛一看，不知什么时候，主人已经钻进寝室的被子里，夫人也把吃奶的孩子丢在一边呼呼大睡。小孩子也像父母那样睡相难堪，两个人都和刚入睡时的姿态调转了90度。那个时候，有人轻轻地敲着厨房的雨窗。我辈知道那是盗贼正想告诉主人，主人没有睁眼，伸手抓住我辈就扔了出去。

盗贼看到主人熟睡，就推开寝室的移门走进来，摸到夫人枕头边那个山芋箱子。这是多多良君归省时带来的土特产。多多良君本来是住在这家的书生，现在已经从法科大学毕业，在某个企业的矿山部工作。我辈醒来的时候，只见主人夫妇在三月的晴空下正和巡警谈话。巡警回去后，夫人再一次确认了有羽织、黑襦子、缩缅的腹带和黑足袋以及一箱山芋被盗。

夏天的时候，寒月君又来了。主人问他，为了金田小姐，博士论文应该脱稿了吧。寒月君说，还要等到猴年马月。看来寒月君要比主人更加慢性子。正在那个时候，春天的盗贼被抓住了，警察把他押到主人家。只是盗贼仪表堂堂，反而警察倒像个小偷。警察让主人确认偷盗品，主人只记得山芋，让盗贼哈哈大笑。主人跟着去警察局确认了偷盗品。回来后，一个叫古井的学生来请主人帮忙，说是他的友人浜田为了戏弄趾高气扬的金田小姐，借用古井的名字故意给她写了情书。结果事情闹大了，浜田希望学校不要让他退学，希望老师帮忙。主人了解了情况答应帮忙，不过主人更希望寒月君不要娶那位趾高气扬的金田小姐。

寒月君从家乡回来，带来了三根鲣节。他说不读博士了。回到家乡，和家乡的一个女性结了婚。鲣节就是结婚的庆贺礼品。

后来，又传来了多多良君要娶金田小姐的消息，婚宴上还有香槟酒，寒月君也要拉小提琴。主人家也是人来人往。

即便是慢性子的人也有悲哀的地方。主人早晚都会因为胃病而死的。死是万物的注定。想着想着，我辈就坐立不定，干脆把多多良君留下的啤酒喝了吧。第一杯，一开始舌头感到很刺激，慢慢地就没有什么感觉了。第二杯，很快就喝干了。那个时候主人漫无目的地不知到哪里散步去了。

等到我辈回过神来的时候已经在水上面漂浮着。我辈掉进了一个大瓮。从水面到瓮口有四寸之多，我辈再努力也够不着，跳也跳不出去。如果只是这样浮着，就会慢慢地沉入水底。我辈手脚乱舞，也只是留下一些抓痕而已。抓住一点的时候身体有点浮上来，但马上又会掉进水里。掉进去时很痛苦，就又手脚乱舞。在那个痛苦的时候，突然想到，虽然我辈非常想爬上去，但也知道那是不可能的事，因为我辈的腿只有三寸不到。勉强去做那是非常痛苦的，毫无意义，就好像自己在拷问自己。"那就算了吧。"这样想，就觉得越来越轻松了，不知道到底是痛苦还是解脱，不知道到底是在水中还是在座位上，……我辈死了。太平生活只有死才能得到。

南无阿弥陀佛。感谢感谢。

《肉弹》

1906 年丁未出版

出版解题：小说忠实地显示了日本军人都成了军国主义的肉弹

立志要成为画家的樱井忠温在父亲的劝说下，22 岁时考入陆军士官学校，毕业后以步兵少尉的身份进入步兵第 22 连队，并作为旗手参加了日俄战争。1903 年，第 22 连队在乃木希典大将的指挥下，参加了对旅顺俄军要塞的攻击。

在最初的 3 个月里，樱井忠温竟然毫发无损，但是，在 8 月份日军对东鸡冠山瞭望台总攻时，樱井身中 11 枪，有 4 处骨折和 160 多处刀伤，差点被当作尸体送去火葬。幸亏有人发现他没有死，才被送往医院。经过 10 个月的疗伤，樱井忠温在第二年 6 月回到了原来的第 22 连队。不过，由于右手右脚都已残废，行动需要有士兵帮助。不久，他就被转到东京的陆军经理学校任职。在这段比较清闲的日子里，樱井忠温在原来发表在家乡的报纸上的一些纪实文章的基础上，扩写了在旅顺的战争纪实。

在日俄战争结束后的第二年，即 1906 年，一家小出版社英文新志社出版部以《肉弹》的书名出版了这本战争纪实。当时无论是军事实力还是经济实力，日本都不能和欧洲列强俄罗斯相比，但是，日本却打败了俄国。日本上下为此欢欣鼓舞，同时也希望了解日本到底为什么会取得胜利。当时，各家出版社也争相出版战争杂志，比如博文馆有《日俄战争纪实》、富山房有《军国画报》等，都非常畅销。而对于这种日本国民都非常关心的事件，樱井通过对自身经历的叙述，试图展现日军获胜的原因，也很快就抓住了大家的视线，《肉弹》出版后立刻成为畅销书，引起了日本社会的瞩目。在本书出版 2 个月后，樱井还得到了天皇的召见。《肉弹》很快被翻译成英文版等多种版本。不仅当时的美国总统对这本书击节赞赏，德国皇帝威廉二世还把本书的德译本配发德军将官和士兵，希望德军以此而对日本军队有所了解。然而，在大家对本书赞扬有加的时候，日军内部对本书的评价却非常不好，尤其是对樱井用"腥风血雨泣残酷"来形容当时战争的残酷非常不满。甚至有人威胁樱井需要为擅自出版本书而受处分。在日军内部的压力下，樱井不得不放弃写作，而这一停笔就是 7 年时间。直到田中义一出任陆军省军务局长后，樱井才重新获得写作的机会。因为田中一直批判日军因战胜俄国而忘乎所以，弥漫了骄傲自大的气氛，他希望樱井用残酷的事实来提醒他们。

到 1928 年，本书已经重印 138 版。并且翻译成 16 种语言的版本。

本书摘译

第三 征衣上途

动员令下达后一个月，即 5 月 21 日，那是我生涯无法忘怀的悲壮的一天，也是高兴的一天。

在我们等到这一天的日子里，九连城方面的捷报不仅让我们狂喜也让我们担心：这样顺利地不断胜利，等到我们出发的时候，战争不是可能已经结束了吗？第某师团这两三天就要出发，但我们不知道还要等到什么时候。在这样的慢慢等待中，本来应该是我们可以立的战功不是要被其他师团夺走吗？不早点出发的话，想打仗也找不到地方了。热血青年的我们都盼望能尽量早一天离开日本，否则练好的本领就没有显示的地方了。等到最终要出发的时候，我们都想早点出发，哪怕半个小时也好。

剑拔弩张地苦苦等待的出发的日子终于来了，我们被命令早上 6 点，在城内练兵场列队集合。

热望终于在这里实现，男儿的心愿还有什么呢？我们的喜悦是无限的。那么，伴随着这个喜悦为什么还会泪湿襟袖呢？男儿有泪不轻弹，分别之时的眼泪绝不是对家庭的依依不舍，但这可能是父子兄弟今生最后的一面，即便是无情的魔鬼也会掉眼泪的。

出发的前夜，我翻出了老朋友的照片，整理了桌子。就算我战死了，也要让留守的人不会弄混。整理完后，就到榻榻米上去睡最后的一觉。

但是，迷迷糊糊没有睡多久，金龟城头响起三声号炮，这是半夜三点让我们整顿行装的信号。大家一跃而起，用清水沐浴，然后穿上整洁的征衣，朝着大君所在的东方伏地朝拜，高声朗读宣战诏书，向天皇报告臣现在就要踏上征途。最后，我们把我们都相信的最后的礼拜奉献给祖祖辈辈的灵前，仿佛是用冷水冲洗了全身一样，耳边响起了谆谆的告诫：

你不是作为你的你，而是为了天皇陛下，粉身碎骨、赴汤蹈火的你，如果胆怯的话，势必让先祖的牌位蒙羞。

一家族的人围在我身边，共同举起了分别的酒杯，庆祝我的出阵。

"家里的事就不用担心了，按照平日想的放开手脚去做吧。即便是战死了，爸爸也已经准备好了。争取立大功为门庭争光。"

"不要挂念妈妈，为了武门的名誉，没有比现在这样更让人高兴的事了。只是你体弱多病，要好好注意自己的身体。"

这样的话不仅是我们家独有的，而几乎是所有当天出发的家庭里都能听到的父子永别的悲壮语言。

时候到了，我佩戴好供在神龛前的佩刀，一口气喝掉妈妈端来的水，义无反顾地离开了家门。

我也听说了这样悲壮的事。有个将校在出发前的夜晚遇到了不幸。他最爱的妻子留下喝奶的孩子去世了，这时候，已经没有时间去埋葬他的妻子了，他就毅然决然地挥泪踏上了征途。壮哉。这个男儿虽然在奔赴国难的时候斩断了私愁，但在寒冷的露营中的梦里一定会徘徊在妻子的纪念树下，或者失去母亲的孤儿哭啼的枕边。

早上 6 点，连队列队完毕。在庄严肃穆的向军旗致敬的乐曲声中，连队长接过了军旗。我们将在这面军旗下勇往直前。我们已经没有了家没有了父母，连队长就是我们的父亲，茫茫满洲的原野就是我们的家。这时候领导者和跟随者之间的感情难以用笔墨形容。

连队长看了看队伍，以响雷般的声音朗读了出发前最后的训示。朗读完，队伍里齐声高呼大元帅陛下万岁。

啊！勇敢的男儿起来吧，听从大君的指引，拿起刀枪，勇往直前，天将裂，地将崩。

"第一大队，前进！"

青木连队长发出了出发的第一个命令。从此，只要连队长一声令下，无论是面对怎样坚固的堡垒，还是怎样猛烈的炮火，我们都必须冲向前而绝不能后退。

在国民发出的真心真意的欢送声中，宛如长蛇般的部队一步一步地向前进发。逐渐远去的军靴声和婆娑的枪械摩擦声，在这些热血沸腾的国民耳朵里都应该是一种勇敢的声音。此起彼落的喇叭声就是对挚爱的国民的告别声。男女老少挥舞国旗欢呼万岁震动了天地，对此，我们都在想要用什么样的行动才能报答这样的至诚。当我们冲向敌人的堡垒，耳边响起震耳欲聋的喊声，是会感到背后国民发出的如同潮水般的万岁声。

我三生荣幸地成了连队的旗手，担任了高举拥有无数荣誉的连队旗帜的大任。路旁聚集的人们都向军旗庄重敬礼并高呼万岁，让我感受这都是无比的激励，让我更加感觉到这个旗手的责任重大。在前进的路上，教了我们 5 年学的中学儿岛老师看到我，不禁欣喜雀跃，三步并两步地跑过来，用发自肺腑的声音对我说："樱井，好好地干！"这是老师对我最后的训诫，在我奔走在战场的时候，这句话不断地回响在耳边，我绝不会辜负恩师的教导的。

幼儿园可爱的小朋友天真地唱着军歌，更激起了军人的斗志。路边有一个老太太，一边数着数珠一边伏地祈祷，"请大师加护这些士兵吧"。这也让人刻骨铭心。

运送部队的鹿儿岛丸和八幡丸停泊在离岸很远的海上，小船来来往往，摆渡着士兵。岸边都是黑压压的群众，国旗飞舞，欢声雷动。知事紧握连队长的手，那悲壮沉痛的光景至今还历历在目。

部队全部上了运送船，我们把军旗树立在甲板上，向国民作了最后的告别。运送船舻相衔，黑烟缭绕，去向何方？踏破波涛，一路向西。

呜呼。热诚的国民啊。呜呼，狂喜的国民啊！你们是否都在期盼雄心勃勃的数千健儿不久之后就会高奏凯歌，胜利归来。

第二十六　肉弹还是肉弹（节选）

23 日夜里，也为了报武夫富大队的前日之仇，大队再次发起了进攻。士兵们突破昨夜破坏的铁丝网后，发起了猛烈的进攻。但松冈大尉第一个受了伤，大腿被切断已经不能站立起来了。三宅中尉的背部被炮弹掠过，肺被打了出来。真是惨上加惨，烈上加烈。但是，我们无不咬牙切齿，昨夜成功的敌军你们等着吧，我们在这里就是要来消灭你们的。探照灯来回照射，照到了我们的突击队，曳光弹在我们的头上闪着白光，把我们暴露在敌人的枪口下。

"冲啊！冲啊！哇！"

柳川大尉跳起来，完全是一个勇敢的武士形象。在曳光弹的照耀下，他一半的脸被鲜血染红。他右手挥舞军刀，继续叫喊："冲啊！"但是，这以后他壮烈的声音再也听不到了。战场上白刃在暗处闪光，人影像起伏的芦苇，不久，人影消失，呐喊声戛然而止，在堡垒这边只能听到敌兵的怒骂声。如此无情。敌人胜利而狂喜乱舞，我们纷纷倒下。尸体堆成山，鲜血流成河。呜呼，多么可恨。

鲜血从受伤的松冈大尉切断的大腿上如泉喷涌，他的呼吸逐渐变细。大尉自知将要死去，就从怀里掏出机密地图把它撕碎，最后，人挂在铁丝网上，悲惨地死去了。为了把大尉的尸体收回来，士兵们前赴后继但都先后倒在大尉的身旁，永远地安眠了。松冈大尉悲壮的死得到了由侍从武官上奏给天皇的荣誉。

不仅是旅团，就连师团也被全部消灭，但我军毫不胆怯，针对敌军的弱点而紧盯不放，哪怕多次失败。在 24 日凌晨 3 点，我军又一次发动大规模突击。一直在杨家沟露营的我们中队也从 23 日晚上撤离，转到了五家房的集合地点。那时候，中队长把我们小队叫过来说："诀别！除了这两个字，其他没有可以告诉你们的话。丢弃骸骨的地方就是明天开战的战场。接受这杯告别的水吧。"

不用中队长川上大尉说，我们都有了在这里牺牲的觉悟。我们互相从水壶里倒出水，"只有今夜，水像甘露一样甜"。

（在黑暗中，中队迷路了，而离集合的时间也所剩不多了。在左冲右突中，他们发现了一条通往五家房的地沟。）

呜呼！这条地沟。这是一条宽不足两间①的隘路。昨晚第九师团以及后备的第七第八两个连队曾经在这里浴血苦战，留下的状况是何等惨烈。到处是死伤者，这里受伤呻吟，那里担架呼叫，还有安安静静的战死的死尸填满了地沟，让人不能下脚走路。这简直就是通往地狱的隧道！我向右边躲避的话，会踏到受伤的同胞，向左边躲避的话，踩到的是穿着颜色已经不能分辨的战友的尸体。

"不要踩踏尸体！"

我高声告诫部下，但自己也不得不常常踩到膨胀得像橡胶一样有弹性的死者的胸部。"对不起！"我只能一边念佛一边前进。长长的隘路走到哪里都是尸体和伤兵，实际上不踩踏他们的话是一步也向前迈不了的。

走到地沟的尽头，我们在铁丝网的前面暂时停住了脚步，几乎在同时，从左侧传来了哒哒哒的枪声，敌人机关枪的子弹在黑暗中吐着火焰向我们扑来。接着又传来了隆隆的炮车的声音，回头一看，我们的6门大炮经过这条地沟被推向盘龙山。这条狭隘的地沟里，步兵和炮兵混杂在一起躲避着敌人的子弹。

已经走到这座山的山脚，但是还是没有发现我们的大队。我

---

① 间为日本的度量单位，1间的宽度为1.8米左右。

们感到无比的痛恨。大队在哪里？攻击已经中止了吗？在苦闷中，中队长命令我们回到原来的五家房待命，我们几个小队长也只能服从命令。只是又要经过那通往地狱的隧道才能回到原来的地方。我只能闭上眼睛，一边念佛一边向前，刚才好不容易从同胞的尸体上跨过去，现在又不得不再来践踏一次。黑暗中透过死伤者看到的是更加惨烈的景象：刚才我们通过之后，我们的炮兵也从这里通过，有很多同胞被炮车的车轮碾碎。本来还苟延残喘的伤兵也被冰冷的车轮夺取了生命。本来堆积起来的尸体也被碾压得七零八碎，黝黑的手臂、粗壮的大腿、紧咬嘴唇的牙齿、死不瞑目的眼睛、半截埋在土中的身体、碎骨残肉、流淌的血。还有折断的刀剑、破裂的步枪，混杂散乱。这不叫惨烈，什么可以称得上惨烈？

回到原来的地点，也就是地沟的入口处，终于看到陆续过来的我们的大队。我们高兴到了极点。原来在探照灯的来回照射下，以及在敌人的子弹阻碍下，大队也没有在预定的时间到达集合地点。不管怎样，终于和大队会合，我们都放下了心。因为我们都能够光荣地成为第一次总攻的敢死突击队员。

（略）

第十章

近代文学十讲

1 走向帝国主义（四）神道设教

神道国教化的挫折

打倒幕府之前，倒幕派的口号是尊皇攘夷，但他们很快发现攘夷不可行，于是就转向开国推进文明开化，但这样也几乎使他们失去推翻幕府的理由，所以，尊皇就成了倒幕派的主要依据。只是这个时候，日本的普通老百姓对天皇并不崇拜。明治天皇初到江户的时候，还特地给江户居民分发了3000多桶日本酒，才刷到了一些存在感。所以，要让全国百姓也附和倒幕派，就需要制造一种社会的思想基础，于是神道被推出来了。但是神道原来是日本的原始宗教，与拥有开山之祖创立的宗教相比，原始宗教在教义方面往往比较薄弱，长期以来，尤其是在江户时代，神道一直是依附佛教或者儒教而存在的，以致明治天皇在向天神地祇宣誓的时候，不得不采用道教仪式。这样，在明治维新之际，神道自身的建设成了当务之急。

在江户时代，天皇虽然没有实际的世俗权势，但保留了宗教的神权，这也是在相信万物有神社会里的必然结果。只是天皇的神权不断式微，明治新政府需要恢复天皇的古代宗教神权，从而为建立日本中央集权的政府提供坚实的社会性基础。

这样的王政复古给平田派、津和野派的国学者推进神道国教化的机会。1868年，明治新政府发布太政官布达，以祭政一致的精神恢复了神祇官的设置，并让神祇官的地位高于太政官。这几乎等于让神道成为国教，神道国教化需要有神社的支撑，但很多神社长期以来都是依附于佛教寺庙，并没有实力独立运营，具有上千年历史的佛教在日本不仅拥有宗教以及政治方面的影响力，同时也拥有庞大土地的经济实力，到明治维新之际，为了扶持神社，佛教就成了被排斥的对象。但随着1868年《神佛判然令》的公布，一场波及日本全国的废佛毁释运动就轰轰烈烈地展开了，大部分寺庙被毁，很多历史文物遭受劫难，佛教在日本遭受了空前的劫难。

拥有法隆寺、东大寺、兴福寺等很多古老寺院的奈良是佛教受难的重灾区。在知县四条隆平的指挥下，这些寺庙都遭到了不同程度的破坏，比如兴福寺被废，寺庙的僧侣全部转给春日社去侍奉神道，甚至还流传了寺庙中的五重塔以250日元的价格被卖给弥三郎的传说。拆除五重塔需要很多成本，弥三郎就想一把火烧掉五重塔，回收塔中的金属转卖，希望赚回250日元。虽然最终五重塔没有被烧掉，但兴福寺基本上被毁。这只是奈良地区废佛毁释运动的冰山一角，也是日本全国性废佛毁释运动的冰山一角。《神佛判然令》让日本全国的神社都分到了佛教寺庙的一半土地和财产。

神社不仅有了土地，而且还得到了政府的补贴。在1871年公布《户籍法》后，政府要求国民到神社登记，让神社参与户籍的管理。但是，神社管理户籍的制度不到两年就被废除了。这里有一个原因是那些推进神道国教化的国学者们对权力的贪婪让刚刚掌权的武士提高了戒心。而且，政府强行推进的神佛分离政策带来的废佛毁释运动也引起了佛教徒的激烈反抗，各地佛教徒的暴动层出不穷，也让明治新政府头痛不已。同时，明治新政府维持下来的禁止天主教的政策，也遭到了欧美列强的非难，这让明治新政府不能忽视。这样，明治新政府开始转变宗教政策，把所有的责任都归罪给担任神祇官僚的国学者和神道家，并把他们都赶出了政府。明治四年（1871年）又把神祇官降格为神祇省，归属太政官，一年后又废除神祇省，另设教部省，只负责宣教，原来主要职责的祭祀全部移交给太政官属下的式部寮。同年，日本发表三条教则，直接要求国民敬神爱国，忠于天皇。1873年，解禁天主教，设立大教院，降低神社神道的地位，使之与佛教基督教并列。而在1880年和1881年发生的神道祭神争论，则让日本政府明白了直接采用复古的神道传说已经无法统治近代的日本国民了。

争论的起因是神道事务局按照伊势神宫的传承决定了神殿里4个祭神。这引起了出云大社方面的不满，他们认为出云大社的大国主大神也应该被请进神殿享受祭祀，从而发生了神道祭神的大争论。这场争论表面上是应该祭什么样的神的问题，但实际上却是日本神道不同传承的问题。由于出云大社系统比伊势神宫更为古老，这个问题争论下去，显然对日本政府主张的万世一系的天皇制这种意识形态非常不利。所以，政府把祭神全部转移到皇居里去，剥夺了神社神道的祭祀权利，这也意味着把神社神道国教化的道路走不通了。

超越宗教的国家神道

祭神论争实际上有否定万世一系的天皇体制的含义，而祭神又具有深远的社会影响力，并不能轻易否定或者排除。所以，日本政府把祭神的权利从神社转移到皇居，事实上强行终止了这场论争。在把祭祀与一般的宗教分离后，又用节假日的制定，把天皇的生日，天皇家的祭祀与全国人民的生活联系起来，从而确立了以天皇制意识形态为核心的国家神道的社会基础。国家神道的产生过程是一个从传统的神佛混合的宗教中"提纯"神道的过程，是把神道从民众的生活中分离出来，从一般的宗教思想中分离出来，而与天皇和国家联系起来，形成全新的国家神道的一个过程。

1889 年公布的明治宪法则以天皇神圣不可侵犯为大前提，以法律的形式确立了具有祭祀大权的天皇在宗教方面的权威，并从制度上完成了国家神道的体制。明治宪法虽然规定日本各宗教在天皇制的范围内享受信教的自由，但实际上国家神道是作为超越宗教的国家活动而君临在神道、佛教和基督教等宗教之上的。不过，日本政府一贯否认日本有国教制度，然而在现实生活中，日本政府通过宗教公认制，把神道、佛教和基督教都置于直接掌控中，通过对宗教领袖的任命，让这些宗教组织都表达了对天皇的忠诚，从而接受了国家神道的统治。

由于传统的神社并不适合国家神道，所以，政府不得不创建新的神社，比如靖国神社、平安神宫，以及在殖民地上建设的朝鲜神宫等。同时对伊势神宫的祭祀做了大幅度的修正。明治政府一方面尽可能地维持神社古色古香的气氛，另一方面又尽可能地断绝神社的传统思想，装入国家神道的新内容。

国家神道的内容已经超越了神社的范围，涉及到日本社会的各个角落，学校教育更成为传播国家神道的重要基地。1890年，《教育敕语》的制定充分显示了国家神道给日本国民生活带来的影响。

本来日本社会就存在着对文明开化带来的自由主义、个人主义有所反感的势力，他们希望展开以仁义忠孝为核心的德育教育，而政府为了镇压自由民权运动，也希望提倡儒教的教育。这样，在曾经主持制定军人敕语的山县有朋策划下，日本政府制定了《教育敕语》。这一以天皇的名义制定的教育方针，是想通过强化皇祖这样的宗教概念，皇宗这样的天皇制国家的概念来突出天皇的权威，教育并命令日本人民无论在什么状况下都必须为天皇贡献一切。

《教育敕语》公布后，日本政府要求学校必须举行奉读仪式，同年还制度了相关规定，要求学校设立奉安殿，派人值班保护，珍重地保存《教育敕语》和天皇皇后的照片。1891年，文部省更是发布关于小学节假日仪式的规则，要求学校在纪元节、天长节（天皇生日）等节日，校长必须率领全校师生向天皇皇后的照片致以最高的敬礼，并三呼万岁。政府还鼓励各个学校在举行敬礼仪式时准备糕点，让学生可以带一些糕点回家，从而加深孩子们对节假日的盼望。学校对学生在国家神道方面的教育很有效果。在礼拜《教育敕语》的过程中，日章旗和君之代作为国旗和国歌也迅速地浸透到大家的生活中，天皇制国家的意识形态逐步成为日本国民的共识。

不过，有意思的是政府的这些推动措施并没有保证政府首脑的稳定地位，反而随着天皇权威的提高，日本政治家无法形成个人独裁的势力，政府首脑只能像走马灯一样不停地替换，从而形成了一种超稳定的政治结构。与此同时，《教育敕语》成为国民教化的标准，也成为国家神道的意识形态的核心。从这以后一直到"二战"日本战败，日本的学生必须熟读和背诵《教育敕语》，必须保持对天皇的忠心，养成随时为天皇陛下献身的精神。这充分地体现了国家神道的实际存在。

国家主义和军国主义教育

诚如明治政府所说的那样，国家神道不再是一种宗教，而是凌驾于各种宗教之上的全民的信仰。也可以说，国家神道的最终形式不是各种祭奠和祭拜，而是高呼天皇陛下万岁后剖腹自杀的一种信仰和行为。而这一切又是与日本的学校教育密不可分的。

明治初年，日本人读书都是为了个人的利益，读书的成本必须个人负担，而且因为财政的窘迫，政府对小学的基础教育投入不多，1872 年公布的学制结果也是心有余而力不足，草草收场。明治维新以后，天皇巡视日本各地，但各地的民众似乎并不关心，只有小学老师带领小学生出来夹道欢迎，这让日本政府看到了教育的重要性。1880 年，明治政府开始修正教育内容，禁止把福泽谕吉等人的著作列为小学教科书。天皇侍卫长曾召见文部省官员，指出小学的历史教科书里尽是神武东征、武烈之乱等，好像日本一直动荡，天皇非常残暴，让文部省官员吓出了一身冷汗。他们只能重编教科书，改成神武天皇即位，抹去了对武烈天皇的记载。

1890年《教育敕语》的公布，事实上规定了日本学校教育向国家主义和军国主义发展的方向。次年，按照《教育敕语》的精神，文部省公布了《小学教则大纲》进行具体的落实。在这个大纲里，修身课也就是德育教育、国民教育被放在最重要的位置，强调要养成尊王爱国的志气更是重中之重。小学教育都必须围绕着修身的目的展开，为此，文部省开始插手对教材的编辑，早在明治十三年（1880年）文部省就设置了编辑局，开始编辑中小学的修身课以及其他课程的教科书。但当时文部省的教材只有很小一部分，大部分教材还是民间编辑出版的。这显然不能满足《教育敕语》的要求，所以，到1903年日本政府利用教科书贿赂事件，一举采用了国定教科书制度，即教科书都由政府编辑出版。一直到"二战"日本战败为止，日本一直沿袭了国定教科书制度，而贯穿在其中一直不变的指导原则就是对军国主义的美化。

对军国主义的美化不仅体现在教科书里，而且还体现在学校的设施以及日常的教育活动中。比如，中小学模仿军队的行军而举办了野营拉练，参观名胜古迹，养成敬神崇祖的意念，培育尊王爱国的精神。这种活动一直流传下来，现在称为远足或者修学旅行。运动会的竞技项目不计个人成绩，而是以红白两队为单位进行比赛，这也是在培养学生的团体精神，从而增强对国家的归属意识，期待他们将来能够以高昂的士气进入战场。

在日本的民族主义情绪不断高涨的时候，这样的学校教育也被当作天经地义的事，让国民很自然地接受。而这样的学校教育又对天皇制下的民族主义情绪的高涨起到了推动的作用。1891年，帝国大学教授久米邦武发表了一篇论文，阐述了神道是一种祭天的古代风俗的学术观点，结果引起了社会的群情激愤，最后，在社会舆论的压力下，久米不得不以辞去帝国大学的教授来谢罪。

神道设教的效果非常明显，以至海外的有识之士也都能看到这点。1904年，杰克·伦敦在他的《黄祸论》中对此有入神的刻画：

日本人信仰的是国家，这是他们力量的源泉。在日本他们没有对于天皇到底是属于天还是属于地的神学方面的烦恼，因为天皇就是神。日本人为天皇而生，为天皇而死。个人主义、个人的尊严等观念对日本人来说是无缘的。他们没有作为自由之人的自我意识，也没有挽救灵魂的苦恼。对他们来说，一切献给国家，什么事情都先要考虑与国家的关联，仿佛就像小蜜蜂那样只属于自己的群体而对外面的世界不屑一顾。日本人个人没有任何价值，而国家是一切。他们存在的理由只是为了国家的发展和荣光。

杰克·伦敦是一名社会主义者，更是一名种族主义者，他对日本的看法有很深的偏见，但这段文字对神道设教下的日本刻画的可谓入木三分。不过，日本人自己早已指出了这一点。1875年，福泽谕吉在《文明论之概略》中已经指出，在日本是有政府而没有国民的。然而，从明治初年到明治末年，这种有政府而无国民的状况并没有什么改善，而随着神道设教的深入，这种状况连外国人也明显地看到了。"二战"末期，有些胆怯的神风队员被架上零式战机后，他们却没有选择拒绝，而是驾驶了飞机义无反顾地扑向美国军舰。这个时候，神道设教显示了其真正的威力。

2 历史大事记（1908—1912 年）

1908 年

1 月，吉泽商店建成日本第一个电影摄影棚。

2 月，御木本幸吉获得人工培育珍珠的专利。

日本应美国的要求，限制日本人移民美国。

3 月，《时事新报》社举办日本全国选美活动。学习院学生末弘宽子获得一等奖，但被学校勒令退学。

4 月，乘坐了 783 名日本人的移民船笠户丸从神户港开往巴西，开始了向巴西移民的历史。

6 月，在社会主义者山口孤剑出狱欢迎会上，大杉荣、荒畑寒村等人打出无政府共产的红旗，与监督他们的警察发生冲突而被检举，史称"赤旗事件"。对社会主义感到危险的山县有朋乘机镇压，重判了大杉等人，并迫使西园寺内阁垮台。

7 月，东京帝国大学理学部教授池田菊苗获得味之素的制造专利。次年开始生产味之素。20 世纪 20 年代中期，味之素开始出口海外。

10 月，司法省参照 1901 年伦敦警察采用指纹搜查犯人的做法，制定犯人指纹检举法，开始在日本采用指纹搜查犯人。

第二次桂太郎内阁用天皇名义发布戊申诏书，要求国民勤俭节约，尊重国体，反对社会主义和个人主义。文部省发出训令，要求把戊申诏书当作和《教育敕语》一样重要的国民道德的指针。

11月，日本加入旨在保护版权的《伯尔尼保护文学和艺术作品公约》。

12月，在韩国设立东洋拓殖株式会社，从事收购韩国的土地推动日本向韩国的移民。

1909年

1月，北原白秋、吉井勇、石川啄木等创办文艺杂志《昴》，批判上一年停刊的《明星》杂志主张的浪漫主义，对抗流行的自然主义文学，提倡理想主义和唯美主义。

3月，大阪每日新闻社举办神户大阪之间的马拉松比赛。

永井荷风的《法国物语》被禁止发行。在此之前，平民社翻译出版的克鲁泡特金《面包与自由》以及在此之后的刊载森鸥外《情欲生活》的《昴》7月号在同一年也被禁止发行。

5月，公布《新闻纸法》，让政府重新获得禁止报纸发行的权力。

辰野金吾设计的东京两国的相扑比赛场馆国技馆竣工。

7月，内务省举办第一届地方改良事业讲习会。町村被称为国家的细胞，地方改良运动是桂太郎内阁为了改编地方社会和强化国民组织化而发起的运动。讲习会的目的是培养这场运动的推手。

9月，驻韩国日军镇压全罗道发生的反日运动。

10月，伊藤博文在哈尔滨被韩国人安重根暗杀。次年，日宪警在伊藤咽气的同一时刻处死了安重根。

12 月，日本生丝出口量首次超过中国，成为世界第一。

1910 年

2 月，桂太郎内阁决定签署旨在恢复关税自主化的对英通商条约。到 4 月，日本事实上夺回了关税自主权。

4 月，武者小路实笃、志贺直哉等创办《白桦》杂志，以此为反自然主义的据点。

5 月，对各地社会主义者和无政府主义者的检举开始。

6 月，幸德秋水以谋杀天皇的罪名被捕，到 8 月底，数百人被检举，26 人被捕入狱。史称"大逆事件"。次年 1 月，幸德秋水等人被执行死刑。日本社会主义运动由此进入低潮阶段。

7 月，文部省编辑出版了《寻常小学读本唱歌》，收录了高野辰之的《春天来了》、佐佐木信网的《水师营的会见》等由日本人创作的 27 首歌曲。

8 月，荒川、利根川洪水暴发，东京市内大面积受灾。

日韩合并条约秘密签订，日本接管大韩帝国皇帝的所有统治权，把韩国的称呼改回朝鲜，并设朝鲜总督府。

石川啄木的《时代闭塞的现状》脱稿，但这篇批判国家强权的文章在石川生前并没能发表。

11 月，成立帝国在乡军入会，旨在维持预备役和后备役的军人素质。

12 月，步兵大尉日野熊藏试飞德国制造的单桨飞机，以 10 米的高度成功地飞行了 60 米。

1911 年

1 月，奥地利驻日武官给日本陆军讲习滑雪。

2 月，签订日美新通商航海条约，确定了日本关税自主权，实现了明治以来日本修改不平等条约的愿望。

3 月，日本最初的劳动法公布，禁止雇用 12 岁以下童工，规定一天劳动时间不得超过 12 小时。但这个法律不适用于雇工不足 15 人的工场。

4 月，东京妓院聚集地吉原发生大火灾，烧毁房屋多达 6550 间。火灾进一步引发了日本的废娼运动。

8 月，警视厅设置特别高等科。

9 月，平塚雷鸟、与谢野晶子等人创办青鞜社，发行《青鞜》杂志，发起女性解放运动。

10 月，中国武昌起义后，日本政府继续支持清政府，但日本国内舆论多同情起义的革命派。

片山潜等创立社会党，两天后被禁止。

立川熊次郎经营的立川文明堂出版小型书籍立川文库本，成为日本近代大众文学和儿童文学的先驱。这些以历史人物故事为内容的文库本深受中小学生的欢迎。

11 月，东京市开设职业介绍所。

1912 年

1 月，元旦举行的东京市电车工人罢工，引起了交通混乱。

日本南极探险队到达南纬 80 度地点，因粮食燃料不足而没有到达南极点。

3 月，东京帝国大学教授美浓部达吉发表主张天皇机关说的《宪法讲话》，引发与主张天皇主权说的上杉慎吉之间的争论。1935 年，美浓部因主张天皇机关说而被迫辞去贵族院议员和东大教授。

广岛的海军工厂爆发 2500 人参加的罢工，4 月 1 日，形成了有 3 万人参加的大罢工。

5 月，立宪政友会在第 11 届国会大选中获得了绝对多数的 211 席。

6 月，瑞典斯德哥尔摩举办第 5 届奥运会，日本派 2 名运动员参加了田径比赛。

7 月，日俄签订第 3 次日俄协约，双方都扩大了在中国东北的势力范围。

明治天皇驾崩，皇太子继位，改元为大正，明治时代结束。

3　畅销书概况：承前启后

《武士道》一书本来是新渡户稻造用英文写作并在海外出版的，但一经翻译成日文，就立刻成为畅销书。在这本书为武士道概念作定义的过程中让我们见证了创造传统的现场，也见证了大家参与创造历史的现象。而创造传统往往不会是孤立的事件，1909年出版的《〈大和樱义士的面影〉讲演记录》一书的畅销就呼应了这样对传统的创造。

讲演是说唱的意思。第二代吉田奈良丸在明治末年到大正时期，是日本三位最有名的说唱艺人之一。这本说唱记录是他关于赤穗义士为主君报仇说唱的记录，故事内容紧扣时代需求，所以一经出版就成了畅销书，第二年说唱的录音被灌制成唱片，前后也销售了50多万张。明治以后，在江户时代赤穗义士刺杀仇人为主君报仇的行为得到了重新评价。宫泽诚一指出，赤穗事件的发生，改变了武士的生活方式和道德内容，促进了武士道概念的体系化[1]。歌颂赤穗义士的说唱，对明治时代日本人形成武士道概念也起到了推波助澜的作用。

小栗风叶续写《金色夜叉》，既使尾崎红叶文学得以完成，也

---

[1]　宮沢誠一：《赤穂浪士：紡ぎ出される「忠臣蔵」（歴史と個性）》，三省堂，1999年。

宣告了一个时代的终结。经过轰轰烈烈的言文一致运动，日语告别古文体进入了现代文体时代，尾崎红叶的古文体逐步成了古董，让人珍爱却很少去阅读。泉镜花的小说《妇系图》用浪漫主义继承了他的老师尾崎红叶的文学精髓，而田山花袋则以自然主义文学挥别了老师尾崎红叶的文学精神。

1907年出版的《蒲团》和1909年出版的《乡村教师》不仅成为日本自然主义文学的支柱，同时也规定了大家对自然主义的认识，让大家都以为自然主义就是对现实赤裸裸的描写。而不关心在法国自然主义小说里可以见到的客观性和结构性。结果，这种已经变质的日本自然主义文学引起了日本文坛强烈的反自然主义运动。随着夏目漱石的余裕派、森鸥外的高踏派、永井荷风的唯美派等反自然主义文学的盛行，日本的自然主义文学在还没有达到法国自然主义文学的水平之前就开始萎缩，并开始向描写作者自身体验以及身边事情的私小说方向发展而去了。

日本国粹保存主义的提倡者、哲学家三宅雪岭出版了集其思想大成的哲学论著《宇宙》，提出了宇宙不仅是具有生命的，而且还是具有精神生活的，作为有机的一大生物的"浑然一体观"。这本书的观点并不难懂，但文章却不易看懂。但在日本读者开始关心哲学、教养问题的时候，这本论述从宇宙到个人的体系比较完整的论著出乎作者的意料成了明治末年的畅销书。

日俄战争的影响在这个时期依然存在，战争小说继续受到读者的欢迎。在描写日俄战争中日本陆军的《肉弹》成为畅销书后，海军大尉水野广德以自身作为水雷艇艇长的参战体验为基础，创作了描写日本海军参加日俄战争的小说《此一战》。书名的此一战出自了东乡平八郎的有名训词"帝国之兴废在此一战"。虽然本书成为当时的畅销书，但在日本海军内却被人反感。水野也在被处分后退役。在诀别海军后，水野成了反对军国主义的评论家。到昭和时代，水野更是被禁止发表任何言论，最后抑郁身亡。

古希腊哲学盛行之后是宗教的世界，而很多哲学家、科学家最后都皈依宗教，都说明"遍人间烦恼填胸臆，量这些大小车儿如何载得起"的无奈，高山樗牛应该也是这样的一位。他读了田中智学的《宗门之维新》后，感叹世间帮闲文字过多，立志要专研日莲圣人，最后从哲学家变成了日莲主义论者。高山的这种变化引起了同样处在历史巨变中的日本人的共鸣，东京帝国大学教授姊埼正治用高山遗稿汇编的《高山樗牛：文如其人》也得以成为明治末年的畅销书。

《武士道》畅销后，新渡户稻造以自己的经验体会写成的《修养》一书也受到了读者的欢迎。青年的修养成为当时的社会话题，这让增田义一《青年和修养》也成为畅销书，不过，这本书和岛崎藤村的写生著作《千曲川的速写》在出版的时候，日本的年号已经从明治改为大正，所以这两本畅销书被归类到大正时期。而在同一年五月出版的厨川白村的《近代文学十讲》就是明治时期最后一本畅销书了。虽然厨川的影响力主要是在大正时期，但他的这本处女作总结了在此以前半个多世纪的近代文学，又踩着明治最后的时点出版，从时间上来说也是明治时代终结的一个标志。

1908—1912 年的畅销书			
时期	书名	作者·译者	出版者
1908 年 （明治 四十一年）	「武士道」 《武士道》	新渡户稻造著 樱井鸥村译	丁未出版社
	「渡边崋山」前·後 《渡边华山》上下	渡边碧瑠璃园	弘文社·兴国书院
	名古屋出生的小说家渡边胜（别号霞亭、碧瑠璃园等）描写江户后期的画家渡边华山生涯的历史小说		
	「妇系図」 《妇系图》	泉镜花	春阳堂
	泉镜花长篇小说的代表作。以义理人情为轴，描写了标榜个人主义的主人公早濑主税和标榜家族主义的河野家的对立故事		
	「虞美人草」 《虞美人草》	夏目漱石	春阳堂
	夏目漱石作为职业作家出版的第一本小说。描述了围绕着孩子结婚问题而展开的 4 个家庭的不同生活		
1908 年 （明治 四十一年）	「花袋集」 《花袋集》	田山花袋	易风社
	田山花袋的小说集，收录了《蒲团》等 12 篇小说		
1909 年 （明治 四十二年）	「金色夜叉　終篇」 《金色夜叉》终结篇	小栗风叶	新潮社
	尾崎红叶去世后，小栗风叶续写了《金色夜叉》，让这篇著名的小说有了一个结尾		
	「田舍教師」 《乡村教师》	田山花袋	佐久良书房
	「寄生木」 《寄生木》	德富健二郎	警醒社
	德富芦花的长篇小说。故事描写了乃木希典将军属下的陆军将校的悲惨人生。德富芦花在序文里说，这篇小说是根据小笠原善平留下的实际生活的手稿改写的，并不是作者想象出来的		
	「宇宙」 《宇宙》	三宅雪岭	政教社

1908—1912 年的畅销书			
时期	书名	作者・译者	出版者
1909 年 （明治 四十二年）	「大和桜義士の面影」 講演記録 《<大和樱义士的面影> 讲演记录》	吉田奈良丸	此村钦英堂 大渊骎骎堂 冈本伟业馆
	说唱表演的文本。是第二代吉田奈良丸关于赤穗义士为主 君报仇说唱表演的记录		
1911 年 （明治 四十四年）	「此一戦」 《此一战》	水野广德	博文馆
	海军大尉水野广德以自身作为水雷艇艇长的参战体验为基 础，创作了描写日本海军参加日俄战争的小说		
	「立川文庫　百十一篇」 《立川文库》一百一十篇	加藤玉秀	立川文明堂
	面向儿童的故事书。策划人为立川文明堂创始人立川熊次 郎，作者为说唱表演家第二代玉田玉秀斋及其家属		
	「修養」 《修养》	新渡户稻造	实业之日本社
	新渡户基于自己的经验和思想，面向日本青年所写的教养 书。用日常出现的实例论述了青年应该面对的种种问题		
1912 年 （大正元 年・明治 四十五年）	「家なき児」前後 《流浪儿》	贺克多・马 洛（Hector Malot）著 菊地幽芳译	春阳堂
	法国作家贺克多・马洛的儿童文学作品《苦儿流浪记》 （*Sans famille*）的日语翻译本		
	「樗牛文篇・文は人なり」 《樗牛文篇 文如其人》	姊埼嘲风编	博文馆
	东大宗教学教授姊埼正治（号嘲风）编辑整理的高山樗牛 遗文。高山晚年对日莲倾倒，留下了相关文章。本书题字 为日莲主义者田中智学		
	「近代文学十講」 《近代文学十讲》	厨川白村	大日本图书

4 代表性畅销书详解

《武士道》

1908 年丁未出版社出版

出版解题：新渡户的创作迎合了西方读者，而樱井译本迎合了明治时代的日本读者

不知和其祖父成功地疏浚盛冈藩荒地的浇灌水路，开垦了稻田有没有关联，新渡户出生后小名就叫稻之助，后来改名稻造。早年新渡户进入札幌农学校（即后来的北海道大学）学习，在美国教师威廉·克拉克博士的影响下成为基督教徒。毕业后根据政府的需求和同学们一起进入北海道道厅工作，继续研究水稻的种植。1884 年，新渡户自费去美国留学深造，后来又去德国留学并取得了博士学位。然而，新渡户却慢慢地离开农业，转向社会科学。他开始在欧洲、美国各地讲演有关日本的事情，并出版了第一本著作《日美关系史》。

中日甲午战争后，世界对日本刮目相看，急于了解偏于远东一隅的日本更多的情况。在美国加州做转地疗养的新渡户稻造不仅用英语而且用欧美的道德为基准撰写了这本 *Bushido: The Soul of Japan*，从礼仪形式到仁义精神，比较全面地介绍了日本人的精神面貌。实际上，这本书的出版对新渡户本人来说也是非常急需的，因为当他准备和心爱的美国姑娘玛丽结婚的时候，遭到了玛丽父亲的坚决反对，理由就是不熟悉日本的文化，女儿嫁到日本将会有很多的问题。1900 年，本书出版后很快就受到了西方社会的关注，并被翻译成德语、法语，畅销欧美各国。这本书和冈仓天心的 *The Book of Tea*（1906 年）被认为是明治时期日本人用英语撰写的代表性著作，在欧美具有广泛的影响。1901 年就任美国总统的西奥多·罗斯福对此也赞不绝口。后来罗斯福还成功地调停了日俄战争，同时，也敏锐地察觉新崛起的日本对美国构成的潜在威胁，为此推动了巴拿马运河的开挖工程。

虽然武士道这个名称并不是新渡户的首创，但新渡户笔下的武士道却是他创造出来的。由于这本书最初的读者是欧美人，为了消除被黄祸论熏陶的欧美人对日本的偏见，新渡户以西方用基督教等宗教为核心确立起来的道德精神为参照，整理构建了日本武士道的内容，把日本武士叙述成爱好和平的武士。实际上这是创造传统的一种典型。然而这样的论述引起了日本一些学者的不满，东京帝国大学教授井上哲次郎就曾经以非常轻蔑的口气批判了新渡户没有传统的根基，全不知武士道是尚武日本人的精神。

当然，明治维新以前，日本虽然有人用过"武士道"一词，但并没有明确的概念，而井上把武士道上升为一种精神这种观点本身也是用近代文明进行传统创造的产物。

本书英文版在美国出版后的第二年就由裳华房在日本出版了。1905年，增补修订后的第十版在美国和日本分别出版。当时日本负责英文版出版的丁未出版社，是新渡户和津田梅子等人主持的英文新志社出版部发展起来的。3年后，丁未出版社出版了由新渡户友人樱井鸥村翻译的本书日文版。樱井在译者序言里说明，新渡户写完本书时，他正在美国住在新渡户家里，得以听他亲自讲述了本书的大意。后来在他翻译的时候发现，本书原来是新渡户为了海外读者而撰写的，直接翻译成日文恐怕日本读者有理解的困难，所以多少做了些删减修补。为了迎合日本国内的气氛，樱井削弱了对武士爱好和平的叙述，突出了武士道的尚武精神。出版前樱井请新渡户过目了本书的全部译文，得到了作者本人的认可。

矢内原忠雄在新渡户之后继任了东京帝国大学殖民政策课程教授，虽然他承认樱井的译本是非常优秀的译本，但还是在1938年重新翻译了本书。主要理由是樱井的译本绝版已久当时已经很难入手，而且，对汉字修养越来越缺乏的现代日本人来说，樱井的译本比较难读懂。同时，他对樱井译本中刻意迎合日本人的一些翻译也不甚满意。由岩波书店出版发行的矢内原忠雄译本后来成为比较权威的译本，通行到现在。最近，国会图书馆把樱井鸥村译本的电子版挂到网上，供读者下载阅读。

本书摘译（根据樱井鸥村译本翻译）

第一章　武士道的伦理体系

日本的武士道和其象征的樱花一样，都是日本所特有之花。它并不是作为现在已经干枯的古代道德标本保存在历史标本室里的。而是有力而美，浩然旺盛地根植在我们民族的心里。虽然武士道已经没有可捕捉的形态，其遗留的芬芳却遍布道德中，我们都受此熏陶。虽然产生此道、培育此道的社会状态已经杳然无迹，封建的宠儿武士道在诞生它的母体旧制度灭亡后依然存在，其光辉无法遮蔽，并照亮着我们的道路。就像以前在霄汉万里闪闪发光的星辰本体已经消烬，但是其残光依然在我们头上熠熠生辉一样。英国埃德蒙顿·伯克曾经以悲哀之词吊唁了好久无人看上一眼的欧洲武士道的棺椁。我也东施效颦，借用他的国语来考究我们的武士道，殊为快事。

可悲的是，外国人对东洋的知识是如此的匮乏。博识如乔治·米勒博士尚且断言，欧洲武士道此类制度无论是在古代史中的邦国还是在现在的东洋都是不会出现的。但是，这位可敬的博士的名著《历史哲理解》第三版的发行时间与水师提督佩里来浦贺敲开我朝二百年锁国大门是同一年。因此，当年米勒博士的无知也情有可原。之后十多年，我国的封建制度苟延残喘、行将灭亡的时候，卡尔·马克思在《资本论》中，用社会学及政治学来研究封建制度的特质，把现代日本，尤其是维持其命脉的这种制度作为活例而加以观察，据说非常有益。但是，我在此寄语泰西的史学家、理论家，请他们染指一下有关现代日本武士道的研究。

比较欧洲和日本的封建制度以及武士道的异同，从史学上对此论考是富有趣味的问题。但这并不是我写此书的目的。

笔者的目的是对以下四个问题尝试着进行说明。第一，日本武士道的渊源；第二，其特质与教训；第三，对社会全体的影响；第四，其影响的持久性。对第一个问题，只做梗概略说便进入第二个问题。因为第二个问题对国际伦理学或者比较品行论的研究者来说在了解日本人思想行为的路径趋向方面有所裨益，所以必须尽量详细论述。其余两个问题则作为余论，加上一些细微的辩解而已。

日语中所谓武士道者比英语中的 chivalry 即骑士制度具有更深的意义。也就是说武士于日常生活活动中，或者在尽其职分方面都有必须遵守的道义，简而言之，就是武士们的教训，武士阶层所具有的尊贵的义务。然而，这个词很难合适地翻译成他国语言。我国武士道自有其范围，外国也不见有相同的东西，产生这种特殊的邦土性的心性品格的教训必然有它独特的名目。或者文字会带有地域约束，带有人种的特质，就是熟练的翻译家能没有失误地翻译出来，也很难得到其全部真正的含义。有谁能把德语中的 Gemüth（心气精神之义）翻译出来而深得其精髓呢？又有谁能感受到英文的 "gentleman" 和法语的 "gentilhomme" 这两个词虽然同根而意义却大不相同呢？

所谓武士道，就是士林之辈必须实践或者一直要遵奉不悔的伦理纲要。本不是成文的法典，也非前人口传或者英雄先哲之笔留下的格言之类的东西，概要地说，武士道的典型就是古人的嘉言懿行，或者是铭刻在人心方寸中制裁最为神圣的律法。凭一个哪怕是再怎么聪明绝伦的人的头脑也是不能创出此道的，以一个德高望重的个人生涯也是做不成此道的基础的。武士道之为物，是我国民以武建国几百年来徐徐地有机地发展而来的。若夫以伦理上的地位，或可以与英国宪法在政治史上的地位相比较，但英国宪法是以《大宪章》或者《人身保障法》为基础，至于日本武士道，其趣与之大不相同。17 世纪制定的《武家法度》由十三条简明的法条所构成，主要是关于婚姻、城堡以及党徒等的规定，至于道德上的训诫则比较少。故我国武士道是不能用具体的时间和地点来说明其起源。不过，可以认为在封建时代完成的形态就是武士道的起源。如同封建制由许多错综复杂的经纬所组成的一样，武士道也具有同样的组成。本来英国的封建政治制度是诺曼征服以后隆兴的。之后百年，即 12 世纪末，源赖朝在镰仓开霸府，实际上就是我国封建的开始。不过，英国在征服者威廉以前很早就有封建社会的要素存在，日本也不是要等到镰仓时代，才有封建因素的播种。

　　在欧洲，抑或在日本，封建制度的一旦确立，也就是武斗的武士者自己崭露头角。把这些人称为"侍"（samurai），从字义来推，与上古的英国"骑士"（cniht，Knight）相同，称为侍卫或者随从，其地位与恺撒在《阿奎塔尼亚》中提及的"勇士"（soldurii）相似，或者说，与散见在塔西佗的古史里的隶属于日耳曼首领的

"卫士"（comitati）相似。如和时代更接近的相比较的话，属于欧洲中世纪史里出现的"战士"（milites medii）之类。在日本，通常用汉字的武家、武士来表示，还有"物部"那种古来的雅称。本来武士属于特权阶层，专以争斗攻伐为事，是剽悍殊死之徒。到争乱经久不息之世，兵农为一，其中勇猛胆大之徒，自废上代的制度，弃犁锄，执弓箭，列行伍。在此期间也有淘汰。懦夫弱小之辈自然被排斥在外。借爱默生所说，只有"孔武勇敢大胆不敌的粗野汉"才能适应存活下来，最后形成"侍"这一种门族阶级。这样他们受到无上的荣耀和特权的宠遇，同时被要求有承担重大责任的自觉，于是产生了管理他们各自态度行为的规则法度。况且，他们以交干戈冒矢石为常，所以更需要这些规则法度。正如医生要戒守医生的道德从而设置竞争的限制，律师违反同业的德义则不得不成为名誉法庭的被告一样，作为武士如果胆敢做悖德不义之事，必然有对之能做最后制裁的权能的东西存在。

要吵架的话就堂堂正正地干。这种野蛮幼稚的原始性观念里，含有很多刚壮的道义萌芽，而所有文功武德的根本不就在这里吗？人或以为是大人就嘲笑那个橄榄球学校的英国小孩汤姆·布朗那个"不虐待幼童，不背向巨童，男儿以此传名"的愿望。焉知此愿望正是建立宏大道德大厦必不可少的基石。借问，世界宗教之中，即便是最为温和爱好和平的宗教，又有谁不赞同少年汤姆的热望呢？汤姆的愿望，也就是英国经过百代的努力建设伟大国家的基础。我们不难发现武士道的柱础也是和这种愿望看齐的。即便我们不像教友派教徒那样认为无论攻守如何都说兵者凶器也，也是可以模仿莱辛说："我们知道美德都源于过错。^①""卑劣""懦弱"是健全质朴的人格所受到的最丑恶的轻蔑言辞。小孩以此观念在世上出生，武士亦然。随着人的成长，涉及到关系的多方面，初始简易的信仰会有所进步，对自己的行为认可并且满足和发展，希望有更为高级权威的认可，谋求更加合理的依据。如果只从武的一面的利害着眼，没有更高的道德来支撑的话，就不能升华成武士理想的武士道。欧洲基督教认可骑士的行为并且赋予其精神的元素。拉马丁所说："宗教、战争、名誉是完美的基督教武士的三大灵魂。"而日本武士道的渊源则不止这些。

---

① 罗斯金是一个性格温和、爱好和平的人，但又是一个对奋斗生涯的崇拜者，他以火热的精神赞同战争。曾在其著作《野橄榄之冠》中论及：我说过战争是所有艺术的基础，也说过战争是人间所有道德以及技艺的根本。我对自己发现这样的道理感到非常惊讶和畏惧，但无奈我必须认识到这是不能否定的事实。……也就是说，我认为，强大的国家是从战争中觉知语言上的理想和思想的势力的，国家是由战争培育的，由和平荒废的，由战争教育的，由和平欺骗的，由战争锻炼的，由和平毁灭的。一言以蔽之，我们应该知道，国家是在战争中出生，在和平中死亡的。（原注）

《乡村教师》

1909 年佐久良书房出版

出版解题：战地记者在日俄战争中所看到的战争的另一个面

日俄战争时，作为博文馆特派的随军记者田山花袋也到过旅顺的战场，残酷的采访环境以及血淋淋的战场让花袋很有感触。他在《第二从军日记》中这样写道：能够在这亘古未有的征露①战役中做从军记者，实在是没有比这更幸运的事。枪林弹雨，不仅会给我幼稚的思想带来巨大的影响，而且还会让我看到人间最大的悲剧，人间最大的事业。可以看到，花袋对日俄战争是有着人间最大的悲剧这样的认识。

战争结束后，他去大舅子主持的寺庙访问，见到了一个新墓。大舅子告诉他，埋在这里的青年曾经和花袋见过几次面，还把青年的日记给他看。花袋来了灵感，想把这个青年作为时代的代表与正在蓬勃发展的日本联系起来写一部小说。

---

① 日本称俄国为"露"。——编者注

虽然有青年的日记作为资料，但花袋的这部小说并不是完全照抄日记，而是有很多的虚构，或者做了一些重要的调整。比如，青年是 9 月 22 日死去的，但小说的主人公是 9 月 4 日日军占领辽阳后死去。这把日军的胜利和青年的死去更加紧密地联系在一起，突出了日本帝国的发展与国民生活之间的隔阂。不过，这部小说并不是一部政治小说，而是当时日本文坛盛行的自然主义文学的杰作。而正是这样看似没有在强调什么的自然主义的描写让这部小说不仅在出版的当时就成为畅销书，赢得了很多读者，在社会上产生了很大的影响，让田山花袋获得了稳固的文坛地位，还让花袋的影响力一直延续到昭和初年。在文坛初露头角的川端康成和横光利一都曾经抱着本书走访过本书所描写的地方。

　　本书所代表的自然主义文学是明治初年诞生的。一开始是各地破落阶层的子弟为了逃避现实而采用的手法。田山花袋也是出生在一个穷困的士族家庭，很早就失去了父亲，不得不从小就为人家帮工，生活非常贫穷，勉强小学毕业。花袋在文学上也天赋不高，虽然努力学习写作，但没有杂志采用他的稿件。后来他去拜访当时最红的作家尾崎红叶，也没有被看好。好在砚友社的江见水荫比较欣赏他的自然主义描写，对他比较关照，在砚友社系统的杂志上采用了花袋的稿子。

　　由于花袋的风格更加接近《文学界》的岛崎藤村等人的自然主义，而与砚友社格格不入。通过朋友的介绍，花袋又接近了国木田独步，向他学习自然主义直视现实的手法。1907 年，花袋发表了成名作《蒲团》，紧接着又发表了《田舍教师》(《乡间教师》)，展现了花袋独特的自然主义文学风格。然而，明治时代结束后，日本文坛掀起了反自然主义的运动，使得自然主义急速衰退。花袋在此以后主要转向游记文学，很少写小说了。

本书梗概

家住埼玉县行田的林清三中学毕业了。同学们纷纷去东京考试升学深造，但清三没有这样的选择，家里的经济条件让他必须赶快找一份工作，补贴家用。好朋友加藤郁治的父亲是郡视学，官虽不大但很有实权，给他安排了一个乡村代课教师的名额。地点是离家四里地的偏僻的弥勒三田谷村，但清三对新的生活还是有所向往的。

学校非常破旧，校长也不甚热情。让初出校门的清三很不自在，但好歹也是一份有收入的工作。实际上，清三从老家来到学校的时候带了一元二十钱的钱，雇车、买食物药品等用了四十九钱五厘，还剩下七十钱五厘。而这一元多钱是父母想方设法为他筹集的，接下来开始工作的话，还需要四元多买相关用具，清三不好意思跟家里要。

清三去学校报到过早了，下个星期才能上任。所以，他冒着雨又回到行田父母那里。母亲听说工作有着落了非常高兴。但买卖没有做好的父亲回家后气氛又变得很凝重。郁治的母亲和妹妹雪子洗澡回来，路过清三他们家，告诉他们清三回来的话就去找郁治。

加藤家就在旁边，清三吃完晚饭就去找郁治。郁治连忙把清三让到书房。书房里堆满了《纲鉴易知录》《史记》《五经》《唐宋八大家集》等书。煤油灯下又摆满了《明星》《文艺俱乐部》《一叶全集》等书报杂志。两个人好像久别重逢那样，兴致勃勃地交谈着。在谈话中，清三知道了同学们的去向，更觉得自己去偏僻农村的绝望。但郁治对他说，人不应该被环境所支配，只要想从那里出来总是有可能的。

另一个朋友石川也来了。他们几个正在一起办一份文学杂志《行田文学》，总算有些眉目了，已经到讨论具体印刷的时候了。石川也带来好几本杂志一起参考。结果清三认为《明星》杂志可以参考，围绕着《明星》杂志，几个年轻人又陷入了互不相让的文学讨论中。

星期天晚上，清三回到弥勒三田谷村，在村公所住了一晚。他在日记本上写道，明天终于要在乡村学校做一名教师了。第二天一早清三到了学校。校长告诉他已经办好了手续，当然费了一些精力。然后把他介绍给学校的老师，大家都说欢迎。上课前，校长把学生集中在第一间教室里介绍说，这是新来的林先生，是行田人，中学毕业生，是很能干的老师，大家要好好听林先生的话努力学习。清三在旁边不觉脸上发烧。

学生们很快就喜欢上这位新来的老师，清三也感到了教学的愉快。清三和老师们相处得也不错，也开始适应乡村的生活了。也就是在这个时候，天皇家诞生了新的亲王，全国都洋溢着庆祝的气氛。清三也在教室里教大家写新亲王的名字。

第一次领到工资后的周末，清三回了家。途中和住在羽生的同学获生一起去拜访了成愿寺方丈，请他给《行田文学》撰稿。方丈原来也是东京文坛的著名人物，因故屈居乡间旧寺，依然才华飞扬。他对与谢野晶子的看法与清三不谋而合，让清三萌发了借宿古寺的念头。方丈在乡间也缺少可以对话的人，所以，爽快地答应了清三的要求。豪爽的荻生为他打扫了房间和院子，还重新换了窗户纸。

清三回到家把工资拿给母亲，母亲非常高兴，特地包好放在神龛前。这点钱就让母亲如此高兴，清三不再一味地羡慕中学毕业后去东京深造的同学了。

清三约郁治一起去北川家，他实际上是惦记着北川的妹妹美惠子。不过，美惠子现在不在家，而是在浦和上学住在学校。北川并不喜欢文学，而是一直想当军人。今年四月报考士官学校，因英语和数学成绩不合格没有被录取。现在准备9月份去东京报考什么学校。杂谈了一会儿，清三和郁治离开了北川家，两个好朋友却都没有再说话。实际上，郁治也暗恋着美惠子，他们两个人也都知道对方在想什么，但是都没有勇气把自己的心事说出来。暑假，美惠子回家了。清三和郁治又来北川家。郁治说要考试所以要一直待在家里，但清三知道他是为了美惠子。清三很嫉妒，心情越来越不好，为了逃避，就听方丈的劝告，准备写一点可以发表的东西。但结果暑假结束了，清三不仅没有写，最终好还放弃了写东西的念头。

秋收后，佃户把粮食送到寺庙来。方丈一边检查一边说，怎么这么差？佃户们说，明年一定种好一点，今年就请包涵了。这大概是历年都会说的话。不过秋收后，人们好像更容易相处了。清三不仅和老师们的关系相处得很好，就是到学生家里也受到了热烈的欢迎。只是，他和以前的朋友们好像疏远了。《行田文学》出了 4 期就停刊了。知道了郁治和美惠子有了新的进展后，清三在恋爱方面，在学问方面都越来越消极，还觉得朋友们也越来越远了。家里生活依然需要清三的帮忙。除夕的那一天，很多人上门讨债，母亲好话赔了一大摞，总算过了年关。然后母亲拿了两块钱去买年货，回家时带回来三块年糕、一包小鱼干、五片鲑鱼片，以及一些明早煮年糕时用的芋头。一家三口的年夜饭是豆腐汤、一片鲑鱼、两条鱼干，每人一份。点灯吃完饭后，母亲还要做针线活。清三写了几张贺年片，写了日记，然后读起新到的《明星》杂志。

清三虽然参加了一些新年活动，但打不起精神。很快就回到羽生的古寺。方丈请他吃了长山药，但清三依然觉得古寺非常冷。清三什么都消极了，他想从恋爱、友谊、社会、家庭中逃避。开学后，清三常常住在学校，或者住在村里的酒店里，不怎么回古寺的借宿室。获生担心他，来学校看望他，他像没事人一样。校长说，既然常常住在学校，不如把行李从古寺搬来。学校也不用安排值班的人，你也可以节约房钱。毕竟古寺离学校也有二里呢。于是，清三就把铺盖从古寺搬到学校，不过，真正的理由是《行田文学》的废刊和朋友们的分散。

住到学校的清三课后一个人外出散步，排泄他的苦闷。有时候外出写生，画水彩画。有一天晚上，村里的钟声急促地响起来，原来是竹林着火了。两天后，清三散步到那里，那里一间房屋烧成了灰烬，在贫穷的乡间，盖一间房子需要一生的勤劳。清三对什么是幸福、什么是平凡有了新的想法。这时候，以前不关心的新闻好像也愿意听了，什么贫困人家的女人投河自杀，强盗抢劫富农家的金钱，旅行者把女人骗进树林强奸等话题都让他觉得平凡的世界里也有各种心酸的事。同时他也被村里有人到四里地外的中田去逛妓院的话题所吸引。群马县和埼玉县废娼运动比较盛行，但茨城县的古河、中田还有很多妓院。

终于，清三也去中田逛妓院了，并且深切同情妓女的身世，竟然一个月去了好几次。钱用完了就向朋友同事借，还在各处赊账。清三的情况出现了变化，母亲也特地赶到学校来看他，并希望他早点娶郁治的妹妹。这让清三感到不耐烦。新年的时候，清三看到郁治和美惠子在一起，更觉得心烦。他的慰藉只有中田的那个妓女，可是有一天，妓院告诉他，有人给原来接待他的妓女赎身了。这又让清三遭到了打击。

那年9月，清三到上野的音乐学校来报考，但初试就失败了。他在动物园旁边的荞麦屋里吃了两盆荞麦和一盆天妇罗，还喝了一杯啤酒，有点醉，反而来了精神。

清三生活不检点的风言风语已经传到了他的同学那里，连古寺的方丈也知道了。清三到处借钱，开始失去信用。而清三的身体状况也越来越差，他对同事们和朋友们的态度也出现了变化。也不再热心学习，开始抽烟，然后咳嗽得很厉害。到年末的时候，终于发高烧倒下了。郁治来看望他，两个人像以往那样争论起来。清三似乎感觉好了一点。

新年里，清三养病在家，没有按时回到学校。稍微好一点后，又回到了寒冷的学校宿舍。他开始失眠，做噩梦。他去看医生，医生说是肠胃炎，给他配了点药。

日俄战争开始了，随着日军的进攻胜利，学校门前也插上了太阳旗。城里的政治风云变化，在偏僻的乡间也能感受到。征兵的召集令传到了村公所，被征集的壮丁来不及与父母妻子告别，当天就被送到集合地点。乡间泥泞的道路上，匆匆忙忙地走着很多背着背包的人。清三从行田回学校的路上，遇到很多相识的壮丁。在学校里，大家开始谈论每天的战况，校长还把大日本地图挂在老师办公室里。村里的澡堂、理发室等地方也到处是对战争的议论，小孩子也举着旗子做战争的游戏。不过，农村还是非常和平。这个时候还是旧历的正月，所以，很多人家都传出了醉酒的笑声。

清三过着非常节俭的生活，这样下去借人家的钱大概很快就会还清的。不过，抽烟还是免不掉。荻生和小畑来看望他的时候，他已经非常羸弱了。不过清三还是非常高兴，他们一起谈论了很久。晚上，好朋友留下来，他们睡在一起。朋友们睡着了，清三却很久没有入睡。外面的雨声让他浮想联翩，甚至还想到了中田的妓女。

清三的父母和他讨论搬家的事，因为清三一个人生活经济上不划算，而且父母也希望清三早点结婚，再加上父亲的买卖也有变化。于是他们都认为搬到羽生比较好，羽生离学校比较近，还有好朋友以及古寺的方丈。星期天，清三和父亲去羽生看房子。正好那一天，第二军登陆辽东半岛，街道上插满了国旗。谁也不关心有没有人借房子。由于日军连战连捷，结果到 6 月份，清三家还是没有搬成功。

梅雨季节里难得的一个晴天，清三路过长野的常行寺，只见山门前插满了白旗。原来是为战死者做法事。小学生们列队集合在广场上。清三看了，不禁在心里说，你们都是肩负国家未来的第二国民啊，要好好健壮地活下去。看到排列的棺木，清三又想，人总是要死一次的。

　　终于，清三家搬到了羽生。搬家前，清三到邻居和同学家一一道别。结果从身世又是说到了战争。由于没有多少家具，用三台板车就够了。清三又从学校把自己的铺盖和书籍搬了回来，在二楼做了自己的书房。房东还送来了盐烤鱼祝贺他们搬家，一家又能团圆了，而清三也吃了个饱，开始给朋友们写信告诉他们搬家的事。

　　房东是一个很健谈的人。他把经营的商店让儿子负责，自己管理着5间出租房。晚上，房东和清三他们坐在院子里谈天说地，很快就转到战争的话题上。房东说，日本虽小，但举国一致，无论是哪个老百姓，还是什么都不知道的人，到了战场上没有不拼命的。一边说一边感叹，日本到底是武士的国家啊。然后，又开始关心清三的病情。

　　清三的病情越来越不好，但医生还是说清三的病是肠胃病，不过配的药一直没有效果。清三带着药瓶和便当走路去学校，但一里多的路，清三感觉到越来越累了。他想坐马车，但钱包里却没有钱。母亲去神社为清三祈祷。

　　暑假前，清三向校长借了三块钱。校长因为他生着病给了他15个鸡蛋作慰问。暑假中，清三换了一个医生看病。这个医生的诊断有点含糊，清三有点不放心。

　　报纸继续报道日军胜利的消息，但母亲却病倒了，裁缝的活儿也干不了。这时，郁治戴着高等师范学校的帽子来看望清三，两个好朋友非常情切地交谈，但却好像有什么隔阂。晚上，母亲生病不能动，清三用泥鳅招待了郁治。这晚郁治住在清三家。在蚊帐里，他们谈到了美惠子，谈到了《行田文学》。郁治突然感到清三是多么不幸。

　　母亲的病不见好，而清三的病情更加恶化了。医生来看了病，劝他不要走一里多路去学校，最好到海边去生活一年。听了医生的话，清三想转到附近的学校教书，校长也支持他。不过，这个时候，大家都认识到清三的身体已经教不了书了。荻生送他到行田的医院里去看病，清三确诊为肺结核。

　　在日军攻占辽阳的消息传来的时候，清三去世了。成愿寺的方丈安葬了清三。他教过的学生拿着野菊花，在他的墓前哭泣。

《宇宙》

1908 年政教社出版

**出版解题：宇宙是一个具有生命的超大有机体，这不是科幻
而是哲学**

　　与德富苏峰并称为明治新闻界双雄的三宅雪岭终于在明治末
年的 1909 年出版了一本畅销著作《宇宙》。实际上在 1886 年德富
苏峰出版了第一本畅销书《将来之日本》的时候，三宅也出版了
他第一本著作，然而，他的出名是 1888 年与志贺重昂等人创办政
教社，出版《日本人》杂志之后。三宅在这本杂志以及《中央公论》
等杂志上宣传国粹主义而受到社会的注目。

　　三宅出生于加贺藩高级武士家专属的医生家庭，考入爱知英
语学校后和坪内逍遥成了同学。这是因为爱知英语学校后来改编
为东京大学预备门即后来的第一高等中学的缘故，后来他还成了
坪内的小说《当世书生气质》里一个书生的原型。进入东京大学
后，三宅是第一批并且是唯一的哲学系的学生，本来是要留校继
续研究的，因为政府财政困难要精简机构，很多非萨摩长州系的

官吏被排挤出政府机构，所以三宅被安排到文部省编辑局编辑教科书。在这个时期，他参加了自由民权运动，还为被判处绞刑的幸德秋水的著作写序言。只是这本书直到"二战"之后才得以出版。1886年发生的诺曼顿号沉没事件，欧洲船员全部乘上救生船获救，而25名日本乘客全部被抛弃到海里没有获救。这件事在日本引起巨大的抗议声浪。在这个气氛中，三宅辞去了文部省工作而参与了创办政教社的活动。在这个阶段，他的国粹主义思想越来越明确，发表了大量鼓吹国粹主义的论说。1891年，他连续出版了《真善美日本人》和《伪恶丑日本人》，赞美维护日本传统观念的人，批判轻视日本传统而一味追求西化的人。三宅提出了要欧化还是要国粹的问题，刺激了很多日本的年轻人。夏目漱石、西田几多郎、铃木大拙、津田左右吉也在这些问题的刺激下，恶战苦斗，逐步形成了自己的思想。三宅雪岭的历史观也被认为是司马辽太郎的司马史观的源泉。然而，明治时期，三宅最畅销的著作却是这本讲宇宙的人生哲学《宇宙》。

《宇宙》分五篇。第一篇《见地》阐述了三宅雪岭看待宇宙的基本态度。其探究的方法是从可知涉及不可知的类推法。这也是三宅研究黑格尔和斯宾瑟的成果。第二篇《原生界》是考察宇宙的大观。第三篇《副生界》是论及作为大宇宙一个部分的地球以及地球上的生物世界，从生物的本源一直追究到生命现象的高次元。第四篇《意识》着重分析人类的生活活动。第五篇《浑一观》是全书最后的结论性阐述。

三宅认为，宇宙并不单单是物质的存在，而是一个活泼的有机体。不仅具有生命，而且还具有精神生活，是有机的一大生物，或可以说是一个超大的我。所以，我们个人的生命也是这个超大有机体的一部分，不仅生前是而且死后也是小我合在大我里，在浑然一体的大生命中继续活着。三宅把这样的宇宙生命论叫作浑一观。也就是说，宇宙是一个巨大的超生命体的生物，其组成极其复杂，其生命虽然有点像人类的生命，但绝不是从人类的生命来类推的；相反，它是人类的生命之本。这种宇宙和人类的关系，与人体与细胞的关系近似，人即是宇宙的一分子，直接感受宇宙的恩惠。这样就能发现人是从宇宙的大生命中来，死后又将回到那里去，那并不是归于无，而是换了一种形式回到原来的大生命中去，参与建设新的世界。从而可以回答人从哪里来、人到哪里去的问题。

《宇宙》深受王阳明思想的影响，也有老庄思想的影子，还可以看到佛教的观念。但三宅通过用近代科学的方法来观察加上哲学的思辨，从而确信可以证明宇宙作为一大生命的存在。这在一定程度上把东方古代的思想在近代科学中复活了。

如果把《宇宙》当作一本科幻著作来读也是很有意思的，只是这本书虽然在论点上没有特别难懂的地方，但在文字上却不是那么容易阅读的。连作者自己也曾自嘲世人虽多，并不意味着都是读者，而真正能读完本书的大概只有作者本人。但是，这本哲学论著实际上很受明治时代的日本人的欢迎。非常可惜的是有关《宇宙》是如何畅销的资料非常少见，明治时代的日本人为什么喜欢读这本不易读懂的哲学论著的理由也就不太清楚了。

本书摘译（第五篇第十二章全文翻译）

第十二章　几分的满足

第二百零九节

人们虽然都追随连续，但并不能认为在什么方向上都是无限的。在某处停下来，或是因为周围事情的妨碍，或是因为自身能力的不足。周围事情发生变化或者自身能力增大则可以更进一步。虽然不能追究绝对的知识，但求知欲旺盛者，总认为通过努力可以达到绝对的地方，他们对未解决的疑问一直置之不理，却尝试着如何做才能满足。其中有明显缺乏主客观关系，如无认识者则难以知道物象的有无，物象是有认识者才有的，是认识者的无数物象中的一件。关于包含者被什么样的东西包含已经有很多的研究，虽然多少有些进步，也止于对这些知识稍加精细而已，并没有值得说道的问题解决。偶然有些问题解决，但细想来依然得不到充分的满足。

因为求知欲旺盛的缘故，希望发现某种不可动摇的基础并在上面来构建一切。其欲望的程度以及发现基础的痛苦都会让他们在一旦有所发现时就不去确认而以为作用无限。欲望弱的或很早就能满足，但欲望强的就不容易满足。以认识论为专业者，虽然希望到一定程度上就能得到满足，但这个一定程度也会越来越深越来越广。而无此拘束、要求更广泛的人更不会有这样的满足。在我思故我在这样的知识增进时代，也是自我以外都可以质疑的时代，而以后的知识进步不知会有多少，在带有这样色彩的认识上，或可以得到某种基础来对所有的一切做正当的解释。认识者不在的话，就会有宇宙应该是怎样的状态，或者完全是一种幻影的疑惑，虽然举出绝对的反证很困难，但随着知识的扩充，就会感到这样的疑惑是好事家的游戏，就会倾向于把事实作为事实，不厌其烦地去研究事实。

第二百一十节

近来种种科学的进步，虽有可置疑的研究结果，但其中也有很多不容置疑的东西。然而，经过几多岁月，不可置疑之中又会有新的可疑。但那种可疑之处与现在可以置疑之处是不相同的，也不会靠近现在的可信之处。于数学，于物理学，于化学，或者于其他科学方面作为确实之处的东西，虽然绝非是绝对的确实，但并不能因此而丢弃。如果不这样丢弃的话，那么也就不得不容许有杂多的现象或者理法。在意识上主客关系虽然现在还没有弄明白，但通过冥想来创造宇宙的企划已逐渐减少。大凡用感官可以触摸的只有在脑神经变质时才会呈现异样状态，只要承认脑神经是健全的，那么就应该承认某种程度上的确实。如果希望迄今为止进步而来的诸科学能够更加进步的话，除了承认这点别无他法。在科学不进步的地方，有人会以科学不足为信而认为我们个人是与宇宙同生同灭的。现在的印度就有这样的人，只要承认科学有几分确实的人，就绝不会有这样的想法。而是会认为有我们个人时宇宙会存在，我们个人不存在时宇宙也会存在。

科学不期待获得绝对的知识，而只期待获得当时所能达到的有限的知识。过去的进步和将来的进步形成连锁，相信现在比以前确实，预想将来会更加确实，这就足矣。所以，不能满足的人是把不可能达成的当作可以达成的。虽然有不能达成而达不成的，但可以达成的也有很多，何必浪费时间在不能达成的地方硬要去尝试、去达成呢。虽有一些看起来不能达成但最终达成的事，有时看起来可以尝试，但到底是到达不了绝对的地方。达成的不会是绝对的，即便是认作绝对的那也是一时间有条件的绝对。那样的绝对在科学上达成的并不稀有，在可称为绝对学的形而上学上所能到达的与此也没有太大的差别，只是在某个时期内看作绝对而已。现在可做的不能从这里跳出去，即便不能跳出去也没有什么不可。

第二百一十一节

科学比以前取得了不少的进步，但到底进步到哪里了呢？应该说是进步到把宇宙当作有机体来说明的程度。虽然很难说诸科学都是这样的，但可知的一亿颗星星相互之间具有密切的关系，与此有关的大小物象也有密切的关系，按照这样的顺序就不能脱离有机体说。对这个趋势进行考察的话，诸科学相结合，虽不能证明宇宙的有机体，但至少能证明其一端。可以预计今后会有更多的证明。要得到那样的证明，或需要十年，或需要数十年，甚至需要上百年时间。要了解绝大的宇宙是难中之难，要满足于得到充分的解决的话就需要追随无限的连续。可能到地球冷却，人类消灭之时还不能得到这样的满足，但不用怀疑年年岁岁都会有一些判明出来的事。以前科学总在各自狭小的范围内蹒跚，不过需要认识到的是，尽管说是研究某个局部，但不能偏执于这一部分，因为实际上他们就是在对宇宙这个有机体的一部分进行研究。不这样认识是不行的。以前也有把宇宙漠然当作有机体的想法以及种种泛神之教的探索，现在可以用科学的方法来证明宇宙这样的有机体，但现在还没有证明出人类在这个绝大的有机体里占据了怎样的部分。

用绝大还不足以形容宇宙。即便在空间上以银河为限，在时间上以星雾的始终为限，也不能用来确定这样绝大之绝大的究极限界。或者假定像银河那样的在天上有很多，或者假定星雾开始以前存在着什么物资，星雾终结之后存在着什么物资，对于无限来说，无论怎样重复说是多么的绝大也恰如把石头扔进无底深的井里。而且在现在已知的地方，不得不认为所形成的作为全体的有机体，在力和组织方面，远远超越了普通生物。如果说生物有生命的话，可以想象在宇宙里也应该具有类似的某种生命。虽然说对宇宙的生命有所怀疑，但对生物的生命是什么到现在还是没有充分的了解。关于生命，现在只是止步于作为事实的认识。随着关于生物生命知识的进步，关于宇宙知识也会进步。小的生物可知的话，难道大的宇宙就不能同样可知吗？虽然可知的也是微小的一部分，但宇宙绝不会比生物差，反而可以逐步了解其遥远的过去。生物作为伴随某个星星的成分变化的现象，可以比较容易地认识到其生存的期间，但宇宙是无数星星的集合体，也不知道何时会停止活动，是一直有活动就一直有生命呢？还是在其中一定有死呢？对此我们是不是应该以平常的生死来论述呢？解惑虽难，但无论如何都不能把宇宙当作死物来考虑。那是到什么时候都有新陈代谢的地方，换一句话说，就可以想到永远的生命。生物生来死去，腐烂分解，但是在宇宙却产生了永远的生命。即便对这种永远的生命的产生到底有什么效用存在疑问，但也不得不承认事实确是如此的。

第二百一十二节

　　诸种物象都有密切的关系，生物的生死，也是宇宙从无限到无限的连续中不可或缺的一部分。随着人们对宇宙的事理逐渐了解，人类的位置也将得到判明。因此我们希望各科学更加进步。各科学并非只是论述星辰的远近或者山川草木的形状性质，实际上应该是针对我们持有疑问的解惑者，对宇宙的疑问进行解惑，对人生的疑问进行解惑。作为有机体的宇宙应该是真，是美，是善，人之生死都与此有关，而且除此之外也与此有关。现在把研究成果综合起来，可以得其大观。更精细的解说还不得不有待来日。各科学研究者不断进取，如果对一朵花，一条虫也不忽视，坚持长年累月的进步的话，我们就会尽早地接触到对宇宙更加详细的解说。人类所追随的连续颇为复杂，在各各追随应该的追随之间，应该使相互错综愈加繁芜愈加广泛。即使一个人独自突飞猛进，也不会有更多的效用，除了某些特殊的事情之外，不得不等待其他研究的发展。数十年、数百年之后，肯定会有明显的进步，数千年之后应该可以看到更大的进步。数万年之后，对宇宙的了解就恰如现在对人体的了解。认识者追随认识的连续，从全体的原生界转到局部的副生界，再转到更小一部分的人类，最后推及自我，在这一过程中，认识到意识渐次明了之上，在无限空间的此一处，无限时间的此一刻，有这样的认识。

第二百一十三节

以上这样的想法于现代意识的统合上，追求浑一的观念，聊有所得。对此也有不少的疑问，看什么部分都没有不能怀疑的地方。大凡连续是已经过去的，正是要追求的，在相信作为已知事物的同时，怀疑未知的事物也是当然的。可信的是从过去到现在的，可疑的是从现在到未来的。现在处在可信可疑之间，如说现在完全不可怀疑，那只是进步的停止而已。世界上有很多虽想努力要绝对地达成但最后终不能达成的事，就算自己认为已经达成，但从其他人来看还差得很远。所以，要趁早丢掉能绝对达成而毫无可疑的想法，只能进到比较不可疑的地方。如何才能做到这样呢？既然是继承了过去的连续，就会积累一定的知识，在想法上不会不受过去的影响。但只是参考过去而做的判断并不一定正确。稽考千年前的过去，难求一盛一衰。或依据传来的教义，或依据自己的定见，除此之外别无他法。从现在稽考过去，有一盛一衰，有时还会退步，但在大体上存在连续增进是不用争议的。而知识所及，应该承认大愈来愈大，微愈来愈微，明确的愈来愈明确。在考察其经过时，观察和推理的方法相即相离。其相即时带来知识进步，其相离时虽在一定程度上有利，但过度则有很多危害。虽然说推理须臾不可或缺，但必须尽量不能远离观察。观察也会有局限，如欲求其充分则终归于浑一之观念。不得已需要加上想象时，那也不是妄想，如果是科学研究的结果的话，那就必须予以重视。如质疑先天性的是或者否，只要去追求知识增进的轨迹的话，必然会感到是可以得到这样判断的。统合关于这样不完全宇宙的意识可以得到几分的满足。

《近代文学十讲》

1912 年大日本图书株式会社出版

出版解题：文学须近察，历史要远观

从影响力来说，厨川白村应该属于大正时代，但是，本书却是在明治最后一年出版的。本书是对 19 世纪中叶到 20 世纪初这五六十年近代文学的系统性评论，虽然不是讲日本的文艺，但这段时间基本上把明治时期也全部包括进去了。正如厨川在本书"序"里指出的那样，泰西诸国出现的新思潮之波已经毫无顾忌地冲击到我们这个远东岛国，昨天发生在泰西文坛上的骚动，现在已经在日本文坛上引起了反响，速度是如此之快。而厨川在写作本书的时候，也是自然主义文学在日本流行的时候，他不失时机地在 10 讲中用 3 讲进行了相关说明。所以，把本书归类在明治时期，不仅在时间上切合，而且在内容上也很合适。

本书是厨川的第一本著作，是他在第三高等中学课外讲义的汇集，由大日本图书株式会社出版。作者精通英语、法语和德语，通过对比阅读，系统地介绍了西欧的文学体系，评论解说了西欧近代文艺思潮的推移以及其社会背景，也解说了自然主义、印象主义、神秘主义、象征主义、艺术至上主义的特征。当时日本还没有同类的书籍，所以，本书在文学批判的启蒙方面具有不可或缺的作用。

厨川白村出生在京都，一直在京都上学，后来考上东京帝国大学英文科，师从小泉八云等老师，毕业后在夏目漱石的指导下准备继续研究欧洲文学。但由于家庭的问题，不得不停止研究而转到第五高中和第三高中教书。后来又去美国留学。回国后在1917年接替病死的上田敏教授任京都帝国大学英文科助教授，并于1019年升任教授。在此期间，他在《朝日新闻》上连载了《近代的恋爱观》的文章，鼓吹恋爱至上主义，赢得了当时知识青年的欢迎。其影响力还波及刚刚摆脱了清朝统治的中国。

就在他研究渐入佳境的时候，1923年关东大地震带来的海啸夺走了厨川的生命，年仅44岁。第二年，改造社整理出版了厨川的遗稿《苦闷的象征》。同年9月，鲁迅购入这本书，翻译后在同年12月出版了中文版。丰子恺也在同时期翻译出版了《苦闷的象征》。鲁迅后来又翻译了厨川的另一本著作《走出象牙塔》。而《近代文学十讲》则是在1922年由学术研究会总会出版过罗迪先的汉译本。说明当时中国对厨川的著作都比较关心。

《近代文学十讲》旨在公平客观地说明那个时代的文艺思潮，而不是要批判某种思潮。比如对当时盛行的自然主义，在日本有人认为那完全是鼓吹肉欲主义毒害人心的必须排除，也有人认为没有自然主义就没有文学而倍加推崇。但厨川认为这两种看法都过于极端，因为自然主义本来是近代科学发展带来的产物，就像电灯一样对人的生活有利有弊，所以，不能简单地一味排斥或者无限推崇。同样，对近代欧洲文学具有从病态中产生的倾向也不能片面看待，就像松茸在腐朽的地方生长出来一样，只要作品打动人就应该值得重视。厨川有这样的认识，是因为他认为没有上百年的时间很难看清文艺思潮的真相，所以，对同时代的文艺思潮的批评并不合适。同时他也感叹相关研究资料的缺乏让他难以简单地下结论。

本书虽然是面向一般读者的非专业类书，但其学术性的内容还是比较难读懂的，但是，本书出版后仅十几年就重印了98次，可见其受欢迎的程度。这也如实地反映了近代日本读者在崇拜权威和反权威之间的来回摇摆。

本书摘译（第二讲第三节全文翻译）

第二讲　近代的生活

三　疲劳以及神经的病理状态

另外，物质欲望越来越盛，而且要满足这种欲望也越来越困难，所以，人就不得不过度操劳，匆忙繁杂的近代生活是谁也避免不了的。但人的体力是有限的，这种过度操劳慢慢地就有可能形成身心的病理状态。当然，如果这种过度操劳是逐渐增加的话，自然地，人的精力也会随之增加，那就不会出什么问题。但是，针对近代这样的急剧变化，肉体的营养到底是跟不上脑以及精神消耗的。因此，人在这里就会陷入一种叫作疲劳 Blase 的病理状态。精神病，神经衰弱是"世纪末年"人们通常患的疾病。据一位学者所说，疲劳状态本身就是短暂性精神病。普通正常之人如果让自己疲劳的话，也会成为短暂性的 hysteria（歇斯底里）患者。所以，也可以认为精神病患者就是一直慢性延续着疲劳这种病理状态的人。

与这个问题关联，第一需要注意的是近代的都市生活。

前面引用过比利时诗人曾经发表过的一首名为《有触角的都会》的作品。在近代，都市的膨胀逐渐污染了田园的清净。铁路呀，工厂呀，仿佛是动物的触角，毫不顾忌地到处伸展，最后把美丽的山野也弄得一塌糊涂，令人叹息。

田园意志消沉，疲惫不堪，不能守自己。
田园意志消沉，疲惫不堪，都市来蚕食。

随着自然科学的进步，很多机械被发明出来，结果工商业显著发展了，但农业却逐步失去了发展的势头。也就是说，为了制造业、交通机关的发达，很多人离开农村会集到都市里来了。尤其是农村中受过教育的有活动能力的人向往自由的发展和享乐会集到都市里来，让都市越来越繁荣昌盛。

因为近代各国都热衷中央集权，所以首府越来越繁华，而一些小城市也逐步获得了重要的位置。实际上欧洲各国的这种都会的人口集中在统计上有明确显示的现象，最近伦敦的人口激增，结果形成了比苏格兰全部人口还多的现象。

不用说，都市是生存竞争最为激烈的地方，所谓奔走在黄尘万丈市中谋求成功的人因为过度的刺激而更加疲劳，持续的兴奋变成了狂热。以前在田园里过着清静生活的人到了人口稠密的地方，呼吸着被煤烟污染的空气，丢弃了锄头，成为工商的一员，结果体质变得衰弱了。一般来说，都市的死亡率比全部人口的死亡率高四分之一，癫狂病这类病人也增加，人都早熟早老，这都是都市生活带来的疲劳的结果。尤其是物资的显著进步，导致生活状态更加远离自然，人工的东西越来越多。本来要走路的，现在有了电车，稍微冷了就要生暖炉，这样，身体自然地减少了对天然的抵抗力，人变得很软弱，一点小事也会损害人的健康，而只有神经却越来越敏感了。

从早到晚，视神经和听神经受到的刺激比在农村或者古代都要强烈，或达数十倍。招牌广告的强烈色彩，白炽灯的光，电车的噪声，机器运转的声音，这些外界来的连绵不断的强烈刺激不断地刺激着耳朵和眼睛。实际上，都市病的原因不仅是残酷的生存竞争，外界给神经带来的强烈刺激也是一种主要的原因，这是不容置辩的。总之，都市是最受惠于近代文明的地方，也是深受其害的地方。

所以说，近代的欧洲文学就是都市的文学。这绝不是说如同18世纪那种风雅典丽的高雅的文学，而是指以受到了强烈刺激的都市生活为中心的文学，也是最能表现都市生活的种种病理状态的文学。当然，近代也并不是没有可以称为田园文学的东西，但是，已经和以前的 Burns（罗伯特·彭斯）、Wordsworth（威廉·华兹华斯）等作品完全不是同一性质的东西了。比如说，在厌倦了都市生活的人的心里往往有一种望乡心，即怀念儿时所熟悉的田园风光和简朴的生活。还有对饱尝所有刺激的人来说，静怡安稳的田园生活反而成了一种新的刺激，近代的田园文学基本上都是从这种感情中产生出来的东西。所以，近代的田园文学绝不是纯粹的田园文学，而是以都市生活为中心的文学。不得不说那还是以都市人的眼光来看的田园文学。近年来，德国有一种被称为"乡土艺术"类的小说，是离开都市生活，用作家的地方语言来描述作家乡土的文学，应该也是属于这种田园文学范畴的。

前面所说的所谓的都市病这种精神病理状态于世纪之末显著地呈现出来，尤其是在文艺方面的人更具有这种倾向，这是因为有一些学者断言近代作家很多明显是高等变态者，即神经的工作完全变成了病理性的，可以看作在正常人和狂人之间。实际上有过像尼采、莫泊桑那样曾经住过神经病医院的人，所以，不能断言这种说法是一种没有根据的妄言。

这一派的代表人物是诺尔道（Max Nordau），他生于布达佩斯的一个犹太人家庭，本来是个医生。他在巴黎发表了很多著作，因从各个方面攻击非难近代的文明而引人瞩目。在他众多的著作中有一本《变质》的书，全篇都是从病理学的角度来观察近代文艺并将之痛快地骂翻在地。由于这不是普通的道学者流那种空泛的攻击，而是据于科学的明确证据，对文艺作品作了细致的调查，所以是有一睹的价值的。现在为参考起见，介绍一下这本书议论的核心对"世纪之末"的诊断。为了诊断近代人精神病理状态，作者参考了欧洲各国的法医学者以及精神病学者的论说，采用了统计，旁征博引，煞费苦心。尤其是以刚刚去世的意大利切萨雷·龙勃罗梭教授的论说为最有力的依据。龙勃罗梭教授以天才即狂人的论述而很早就闻名于文学界。

据诺尔道所说，这些从"世纪之末"的疲劳中产生的变质者首先在其肉体上已经可以看到和常人不同的特征，即其脸部和头盖骨是左右发育并不平均，或者是耳朵形状不完全，或者眼睛斜视，牙齿排列不规则等，在其身体上呈现了种种异样的情况。同时，他们的精神状态也有很多缺点。他们缺乏常识，善恶不分，基本上没有道德观念，呈现出道德疯癫的样子。而且，自我观念非常强烈，很容易为一时冲动所左右。这些就是没有常识没有道德的心理性原因。

第二个特征就是容易被情绪所左右，即 Emotionalism（感情主义），会毫无缘由地笑着、哭着，会被平庸的诗文绘画或者是某种特殊的音乐所深深地感动。而其本人却自夸感觉敏锐，以为凡夫俗子不能理解的地方他是能够理解的。

第三个特征是心志薄弱，意气消沉。根据其周边的状况，可能表现为厌世悲观，或者对宇宙人生的所有一切都产生恐怖心。平生常常为疲惫倦怠那样的 Ennui（无聊）心态所烦恼，只要和人见面就一直发同样的牢骚。遇到万事总认为自己浅薄。

第四个特征是在活动中呈忧郁状态。因为缺乏智力又意志薄弱，所以只能一味地追求安逸无为，而且，还独自超然，认为自己体现了 Quietism（寂静主义）的哲学。

第五个特征是沉湎于不实际的梦想。没有一定的智力去集中地关注一件事，进行分析判断，形成自己的思想。从而只能沉湎于漠然的暧昧的没有顺序的断片的妄想之中。

第六个特征是具有怀疑性的倾向，即对各种问题都抱有疑念，什么都要刨根问底，但因为解决不了问题而烦闷。还有，因为不满意自己周边的现状，于是就吵吵嚷嚷地要革命要改善，结果却没有顺利进行的事。

最后一个特征是神秘狂，即 Mystical delirium 的状态，热衷于神秘的宗教信仰等。

以上是诺尔道关于近代变质者病理特征论述的要点。

诺尔道还论述了近代人歇斯底里的病理状态。第一，他们无论什么事都对印象敏感，容易感觉什么暗示。模仿本来是人的天性，但有病的他们更喜欢模仿，看到他人本来没有什么意义的想法会马上去模仿，异常热心地对待文艺作家等的新倾向，把自己拟作作品中的人物，从态度到服装都要模仿。某个当红女明星穿了黄色衣服受到大家的称赞后，巴黎的社交界一夜就变成了黄色衣服的世界。近代出现一时性流行热就是因为有这样的原因。

第二，他们凡事都以自己为中心，以一个"我"字遮蔽可以看到的一切。他们身着奇装异服，行为举止古怪，恨不得要大家的目光全部集中到自己身上来。还有很多人竟然把社会上的风言风语当作骄傲的资本。

第三，党同伐异风气盛行。他们标榜了什么主义后，在其旗下聚集多人，锣鼓喧天，热闹非凡。更有人附和雷同。诺尔道指出，文学一直是纯粹的个人性活动，但是在近代就好像创立银行、公司那样，结党团结，这也是一种病理现象。

从这样的 Diagnosis（诊断）来看，把那些精神性有欠缺的人直接归为无能之辈无用之人那也是大错特错的。所有的天才，尤其是文艺方面的天才，他们的精神性能力都有偏颇的发达。可以解释为因为在某一方面特别地成长，其他方面跟不上，从而形成了他们的病理状态。把天才当作一种精神病患者的论说已经是一种老调重弹的论说了，必须注意的是，这种说法也是只观察了某一方面的东西。特别是在近代作为物质进步的结果，分工越来越细，各种专业的范围也越来越窄，从而产生了让有些人过度使用神经的分工。从使用什么部分什么部分就更加发达的一般进化论的原则来看，其他方面的能力势必会萎缩，这作为一种牺牲，让人得到了在某一方面的能力有所偏颇地发达起来的结果。音乐家的耳朵，画家的色彩感就是非常好的事例。传说中古的 Titian（提香·韦切利奥）在一般人只能看到一种颜色的地方可以看到 5000 种颜色。这些也是近代具有精神性缺陷的人增多的原因。所以，已故龙勃罗梭教授甚至断言说，这些变质者正是促进人类一般文明进步的活力。

关于诺尔道这种论说存在着太多的争议。比如萧伯纳的著作《艺术的健全》以及无名氏的《再生》等著作都是针对诺尔道论点而写的。诺尔道的论说是完全只是从病理学角度出发的纯然的物质性观察，但完全缺乏思想界的大势变化这一重要的侧面。而被称为医生或者科学家的人往往喜欢这种偏于一面的论说，他们同样地认为恋爱不外乎性欲，实际上事物并不能这样简单地解释，尤其是极端错综复杂的近代思潮，更应该从其他种种方面做谨慎的考察。

后 记

"实际上事物并不能这样简单地解释，尤其是极端错综复杂的近代思潮，更应该从其他种种方面作谨慎的考察。"在校阅书稿的时候，笔者惊讶地发现，本书正文最后的一句话虽然是厨川白村说的，但与本书的整体内容竟然是如此的融洽，虽然不是有意安排的，却恰如本书应该有的结句。然而，尽管有厨川白村冷静的教诲，但并不能让笔者在重读这些明治时代著作时时而热血沸腾，时而冷汗一身。这是一个民族奋发向上时所留下的声音，让我们在前进路上有所思。

在《你所不知道的日本：从畅销书看日本社会走向》出版后，东方出版社原总编辑许剑秋非常欣赏从畅销书的角度来分析日本社会，鼓励笔者写下去，甚至可以写到明治时期。一闻此言，眼前顿觉黑压压的明治时代的书籍滚滚而来，根本招架不住。但为了不辜负许总的期望，笔者还是悄悄地开始准备起来。

首先是要寻找明治时代的书籍。本来笔者以为这不会是一件容易的事，因为那都是一百多年前的古董了。没想到日本近代文学馆从 1960 年以后，非常精致地复制了明治时代以来的名著。这些复制不仅在内容和形式上保持了当年的原样，而且在用纸、印刷和装帧方面也尽可能地复原了明治时代的工艺。这使我们拿到这些书的时候可以充分地感受到那个时代的气息。笔者尽可能地收集这些复制书籍，虽然超过了一百多本，但还是没有能够收全。当然，问题不在于能不能收全，而在于能不能把这些著作全部读完。由于这些名著所用的明治时代的日文与现代日语有很大的差别，读起来非常吃力。好在日本的图书馆里各类参考工具书比较齐全，对明治时代名著的解说也有不少，笔者这才得以艰难地读了下去。虽然本书所涉及的明治时代畅销书范围超过这些名著的复制范围，但说来还是惭愧，在本书书稿完成时，笔者收集的这些著作依然还有一部分被当作珍藏品而束之高阁。

说到明治时代，明治维新是绕不开的话题。笔者还记得曾经与复旦大学历史系的同班同学们讨论过为什么日本的明治维新能获得成功，中国的戊戌变法却遭到失败的一些问题。虽然当时我们并没有讨论出什么结果，而且笔者还必须承认，即便是本书撰写完毕后，对这些问题也没有找到令人满意的答案。不过，这也不坏，因为这样的问题意识可以促使笔者更加谨慎地深入思考，让笔者慢慢地体会到畅销书不仅体现了那个时代的社会变化，而且还促进了那个时代的社会变化。这也让笔者深深感受到阅读在塑造一个民族方面具有如此重要的作用。

很多被引进国内的明治时代的著作在翻译过程中都不可避免地留下了译者的风格痕迹。本书之所以尽量采用部分章节全文翻译的方式来介绍明治时代的畅销书，是希望尽可能地保留一些原作遣词造句中的风格和韵味，从而让读者能切实地感受到当时的社会气氛，加深理解畅销书在当时所发挥的影响力，加深对国民阅读与民族塑造之间有密切关系的认识。只是笔者能力有限，离理想 5 总差一段距离。同时，笔者也非常感激这些著作的翻译们，如果没有他们的辛勤劳动，笔者也很难百尺竿头，更进一步。

感谢东方出版社许总提供这样一次珍贵的机会，让笔者得以介绍一下自以为对国家和对个人来说都有意义的心得体会。也感谢刘峥编辑花费精力细心编校这本字数颇多的书稿。在活字印刷品渐行渐远的潮流中，如果本书能让更多的人重新来重视阅读的话，那便是笔者分外的欣慰了。

2021 年 10 月 18 日

图书在版编目（CIP）数据

畅销书里的日本国民史："大和民族"的形成 / 黄亚南著 . —北京：东方出版社，
2022.5
ISBN 978-7-5207-2460-9

Ⅰ . ①畅⋯　Ⅱ . ①黄⋯　Ⅲ . ①畅销书—介绍—日本—近代　②日本—近代史—
明治时代　Ⅳ . ① G239.313　② K313.41

中国版本图书馆 CIP 数据核字（2022）第 015502 号

畅销书里的日本国民史："大和民族"的形成
（CHANGXIAOSHU LI DE RIBEN GUOMIN SHI："DAHE MINZU" DE XINGCHENG）

作　　者：黄亚南
责任编辑：刘　峥
出　　版：东方出版社
发　　行：人民东方出版传媒有限公司
地　　址：北京市西城区北三环中路 6 号
邮　　编：100120
印　　刷：北京联兴盛业印刷股份有限公司
版　　次：2022 年 5 月第 1 版
印　　次：2022 年 5 月第 1 次印刷
开　　本：880 毫米 ×1230 毫米　1/32
印　　张：17.75
字　　数：366 千字
书　　号：ISBN 978-7-5207-2460-9
定　　价：79.80 元
发行电话：（010）85924663　85924644　85924641
